서울大學校 奎章閣韓國學研究院
韓國學共同研究叢書 12

한국 근대사회와 문화 III

1920 · 1930년대 '식민지적 근대'와 한국인의 대응

권태억
정규영
전우용
김경일
김영미
정숭교
윤대원
김상태
지수걸

서울대학교출판문화원

이 저서는 2003년도 한국학술진흥재단의 연구비에 의하여 연구되었음.
(KRF-2003-005-A00012)

Modern Society and Culture in Korea III

Colonial Modernity and Korean Reaction in the 1920s and 1930s

Tae-Eok Kwon
Kyu-Young Chung
Woo-Yong Chun
Keong-Il Kim
Young-Mi Kim
Soong-Gyo Chung
Dae-Won Yoon
Sang-Tae Kim
Su-Gol Ji

Seoul National University Press

韓國學共同研究叢書를 간행하면서

백짓장도 맞들면 낫다고 한다. 人文學 내지 社會科學은 自然科學과는 달리 연구팀에 의한 共同研究가 만만치가 않았고 그러한 사고의 훈련을 쌓지 못해 온 것도 사실이다. 그만큼 개인의 독자적인 연구가 대부분이었다. 個人研究가 중요함은 물론이나 연구주제에 따라서는 聯合·協力研究는 물론이고 나아가서는 공동연구까지도 필요할 때가 적지 않다. 연구기관이면서 연구지원기관이기도 한 韓國文化研究所는 지금까지 연합·협력연구 또는 공동연구를 지향해 왔다. 그러나 유감스럽게도 공동연구원들이 보고한 결과물이 집대성되지 못하고 흩어져 발표된 일이 종종 있었다. 그리하여 결국은 공동연구의 진정한 의의가 그만큼 감소되고 말았던 것이다.

공동연구이면서 진정한 의미의 공동연구가 되지 못하고 개인논문의 성격을 띤다고 하더라도 그 내용에 있어서는 주제나 목표상의 공통적인 지향점이 있게 마련이다. 연합·협력연구에 있어서도 마찬가지일 것이다. 그동안 본 연구소에서는 공동연구를 진행하면서 그 결과를 토대로 심포지엄을 개최하여 활기찬 토론을 거치곤 하였기에 연구참여자 사이의 조율과 수정이 있었던 것이 사실이다. 이러한 과정을 거친 연구결과물들이 흩어지지 않게 본 연구소에서 행한 연구에 한해 단행본으로 간행하되, 특히 韓國學共同研究叢書로 묶게 되었다. 진정한 의미에서의 공동연구가 못되고 연합·협력연구의 성격을 띠더라도 단행본으로 집대성함이 학문의 발전을 위해서 좋지 않겠나 하는 그런 생각이 들어서였다. 이상의 계획은 공동연구가 個人研究의 한계를 극복하고 앞으로는 진정한 의미의 공동연구로 나아가야 하는 방향 설정의 의미까지 포함되는 것이다.

이제 본 연구소는 그동안 개인연구 중심의 단행본으로 간행해 온 韓國文化研究叢書와 함께 이 韓國學共同研究叢書 두 종류의 상징적인 총서를 가지게 된 셈이다. 자랑스러운 일이요 새로운 전통을 마련하는 흐뭇한 일이라 하겠다.

2003. 1. 10.
서울大學校 韓國文化研究所

2006년 2월 1일 한국문화연구소와 규장각이 통합되어 奎章閣韓國學研究院이 발족됨에 따라 본 '한국학공동연구총서'는 8호부터 규장각한국학연구원의 이름으로 간행하게 되었다.

2006. 7. 14.
서울대학교 奎章閣韓國學研究院

머리말

역사는 시대가 바뀌면 새로 써야 한다는 말이 있다. 역사라는 것이 결국은 현재를 살아가는 사람들이 당면한 여러 문제들을 해결코자 벌이는 노력들 중의 하나라고 한다면, 이 말은 수긍이 간다. 한 사회나 국가가 당면한 문제나, 그 문제 해결의 출발점이 되는 새로운 사회로의 전망은 시대에 따라 달라질 수밖에 없기 때문이다.

이렇게 볼 때 1980년대 한국 역사학계에 등장한 '식민지 근대화론'은 나름대로 한국 사회의 성장을 반영하는 것이었다. 한국 사회는 1960년대 이후의 급속한 경제발전으로 물질적 빈곤 문제는 어느 정도 해결되었고, 또한 이른바 '선진국'으로의 진입도 기대할 수 있게 되었다. 이에 따라 일제 식민지기 한국사와 관련해서도 보다 객관적인 분석을 할 수 있는 마음의 여유가 생겼던 것이다.

그러나 이러한 분석 시각은 동시에 한국 사회의 보수화를 반영하는 것이기도 하였다. 식민지기 조선총독부의 '개발'에서 유래하는 경제 규모의 확대에 주목하고, 그 표현인 통계수치에 치중하는 성장주의적 분석은 그 뒤에 숨어 있는 식민지 피지배민의 고통이나, 식민지 지배가 근대 국민국가 형성에 끼친 파괴적 영향을 간과하기 쉬웠다. '식민지 근대화론'의 현대 한국 사회에 대한 문제의식은 충분하지 못하다 할 수 있다.

민족주의적 시각을 탈피하여 식민지기를 보다 객관적으로 분석해야 한다는 '식민지 근대화론'의 문제의식에 동조하면서도 동시에 그것이 한국 사회에 남겨 놓은 그림자도 놓쳐서는 안 된다는 것이 본 연구진의 입장이다. 즉 식민지기에 있었던 커다란 변화는 당연히 놓치지 말아야 하지만 그 한 측면만을 강조하는 분석은 또 다른 오류를 불러올 수 있다는 것이다.

한국문화연구소는 이러한 문제의식을 가지고 1999년 한국학술진흥재단의 '대학부설 연구소 지원사업'에 <한국 근대사회와 문화의 형성과정 연구>라는 제목으로 응모하여 연구에 착수하게 되었다. 이 연구는 3단계로 이루어졌는데, 단계별로 2년의 시간이 배당되어 총 6년간에 걸쳐 진행되었다. 본서는 그 마지막 단계인 3단계 작업 결과의 일부다. 이에 앞서 1, 2 단계의 연구는『한국 근대사회와 문화 Ⅰ— 19세기 말에서 20세기 초를 중심으로—』(서울대학교출판부, 2003),『한국 근대사회와 문화 Ⅱ—1910년대 식민지통치정책과 한국사회의 변화—』(서울대학교출판부, 2005)로 이미 출판되었다.

앞서 간행된 두 책이 각각 개항 이후 자주적 근대화의 노력과 이를 좌절시키고 성립된 1910년대 일제 식민지 지배 아래 한국 사회의 변화를 다루었다면, 이 책은 일단 형성된 식민지 지배 체제 아래 전개된 '식민지 근대'의 구체상과 그에 대한 한국인의 대응을 살펴본 것이다. 이를 위해 다양한 주제를 모색하는 연구자들이 모여 전체 주제에 대한 인식을 공유하기 위해 노력하였고, 연구가 진척됨에 따라 중간 발표회, 학술 심포지엄을 개최하여 서로 의견을 교환하고 분석시각을 상호 점검하였다. 그렇지만 부족한 점이 많이 눈에 띈다. 이는 차후 연구를 통해 보완되어야 할 것이다. 부족하나마 이 책이 학계의 한 단계 나아간 연구를 위한 조그만 디딤돌이라도 되었으면 하는 것이 연구진의 소망이다.

6년간에 걸친 연구이다 보니 그사이 많은 변화가 있었다. 처음 본 연구를 신청하였던 한국문화연구소는 이미 규장각과 합쳐져 규장각한국학연구원이 되었고, 연구 진행 및 간행에 따른 잡다한 업무를 맡아 처리하던 상임 연구원도 여러 차례 바뀌었다. 특히 이윤상, 왕현종, 조재곤, 정숭교 등 제씨의 노고에 다시 한번 감사를 표한다. 한편 공동연구가 종료되고, 연구진이 해체된 뒤 맡은 직책상 어쩔 수 없이 그 뒤 마무리를 맡게 된 규장각 한국학연구원의 여러분, 그중에서도 권기석 씨의 도움에 감사드린다.

끝으로 6년간에 걸친 연구를 지원해 준 한국학술진흥재단과 시장성 없는 본서의 출간을 맡아 준 서울대학교출판부에 감사드린다.

2007년 7월 24일
필자들을 대표하여
권태억

차례

제1부 식민지적 근대의 양상

1920 · 1930년대 일제의 동화정책론

'공립보통학교 1면1교 계획'과 조선인 초등교육(1928~1936)

일제하 경성 주민의 직업세계(1910~1930)

1920 · 1930년대 한국의 신여성과 사회주의

일제시기 도시문제와 지역주민운동

1920·1930년대 일제의 동화정책론

권태억

1. 머리말

일제의 조선 통치 정책의 특징은 동화정책이라고 흔히 말해진다. 그러나 일본에 앞서 동화정책을 시행했다는 프랑스의 경우, 그것은 원칙적으로 식민지를 행정단위인 하나의 department(우리나라의 道에 해당)로 파악하여 본국과 같은 법을 실시하고 중앙에서 파견한 관리가 통치한다. 그리고 그 주민이 프랑스의 가치를 받아들이고 일정한 자격을 갖출 경우 프랑스 시민권을 부여한다. 이는 '자유 평등 우애'라는 프랑스 혁명의 기치를 바탕에 깔고 식민지 주민도 자신과 똑같이 이성을 갖춘 존재로 파악한다는 일면 '진보적' 성격도 띤 것이었다. 반면 조선총독부는 1910년대 조선인이 이름을 자발적으로 일본식으로 바꾸는 행위도 법으로 금했다. 말하자면 자발적으로 일본사람이 되고자 하는 사람도 배제할 정도로 배타적(=반 동화적)이고 차별적이었던 것이다. 그러므로 동화정책을 "식민지를 본국의 연장이라고 생각하여 동일한 법을 적용함으로써, 식민지 및 그 주민을 본국의 국민으로 통합하는 정책"이라고 정의한다면 일제는 최소한 중일전쟁 이전에는 엄격히 말해 동화정책을 폈다고 하기 어렵다.[1)]

---

1) 졸고, 2001 「동화정책론」 『역사학보』 172집(2001년 12월호) 참조. 최근 중일 전쟁 이후 일제가 취하는 정책도 동화정책이 아니라는 의견들이 제시되고 있다. 특히 일본이 패전 후 재일 조선인에게 국적을 불허하는 것으로 볼 때 이런 의견도 상당히 설득력이 있음을 인정하지 않을 수 없다. 필자는 다만 그 바탕에

그러나 그렇다고 해서 중일전쟁 도발 이전 일제가 취한 정책에 '동화적' 요소가 있었다는 사실까지 부정하는 것은 아니다. 예를 들면 일제는 처음부터 조선을 대륙 침략을 위한 기반으로서 자신의 영토의 일부로 통합하기를 희망하였다. 또한 시종일관 일본적 가치관을 주입하는 교육을 시행했으며, 日鮮同祖論에서 볼 수 있듯이 인종적인 면에서의 동일 근원성 이론을 주입하여 한국인들의 민족의식을 약화시키고자 하였다. 또 경제적 침투를 위해 경제적 통합은 매우 이른 시기에 달성했다.[2)]

그러므로 연구자가 밝혀야 할 일은 부분적으로는 '동화적'인 조치들은 취하면서도 그 결론이자 핵심인 조선인을 일본 국민으로 통합하는 조치는 취하지 않았던 이유는 무엇이며, 아울러 일제 통치기 각 단계에서 동화의 언설 및 '동화적' 조치들은 어떻게 변해 갔는가를 밝히는 일일 것이다.

그렇다면 1920·1930년대 일제의 동화정책 및 동화정책론은 그 전후에 비해 어떤 특징을 지니고 있는가? 1920년대를 다루고 있는 일부 연구자들은 이 시기를 동화주의 지배체제가 '확정'된 시기, 또는 동화정책이 '정착'된 시기로 보고 있다.[3)] 필자는 1920년대는 3·1운동을 겪은 일제가 동화정

진정성이 깔려 있었느냐의 여부는 차치하고, 전시 일제가 취한 정책은 '형식상' 동화정책이었다고 판단한다. 패전 후 국적을 불허하는 것은 일본 '네이션' 형성의 특수성에서 찾아야 할 것이다.

2) 정상우, 2001 「1910년대 일제의 지배논리와 지식인층의 인식 — '日鮮同祖論'과 '文明化論'을 중심으로 —」 『韓國史論』 46, 서울대학교 국사학과; 김낙년, 2003 『일제하 한국경제』, 도서출판 해남, 24~35면 참조.

3) 김동명, 2006 『지배와 저항, 그리고 협력 — 식민지 조선에서의 일본제국주의와 조선인의 정치운동』, 경인문화사 참조. 저자는 일제가 3·1운동의 충격을 받아 "일본 본국과 똑같은 제도를 조선에 실시함으로써 조선인을 일본에 동화시킨다는 동화주의지배체제를 확정"했다고 이해하고(492면), 이 책의 제2장 제2절의 제목도 '「문화정치」의 제창 — 동화주의지배체제의 확정 —'이라 붙였다. 그리고 그 구체적 내용으로서 1) 중추원 활성화, 2) 지방자치제도의 개정, 3) 사회정책을 들었다. 이 중에서 사회정책을 세분화하여 근대적 시설의 확충, 구관습 배려, 민의 창달, 차별철폐, 경찰력의 충실을 들고 있다. 그러나 조선인에게 정치적 권리를 부여하지 않는 '동일한 제도의 실행(=내지연장주의)'은 그 알맹이가 빠진 것

책의 전략을 바꾼 시기로, 1930년대는 기본적으로는 1920년대의 동화정책의 특징이 유지되면서도 만주사변의 도발로 그 병참기지에 해당하는 조선사회의 통제를 강화해야 하는 필요성에서 동화정책의 요소가 짙어져 가는 시기로 파악한다. 말하자면 1920 · 1930년대는 1937년 중일전쟁 도발 이후 전시체제로 들어가면서 동화정책 본연의 모습이 나타나기 전 단계로서 파악하고자 한다. 이하에서는 그렇게 보는 이유를 살펴보기로 한다. 다만 여기서는 필자의 준비 부족으로 이 시기 동화정책의 내용을 심도 있게 분석하기보다는 그 전반적인 흐름을 개관하는 것으로 만족하고자 한다.

2. 1920년대 日鮮融和論 · '社會敎化'와 동화

1) 日鮮融和論

1919년 3 · 1민족해방운동은 일제에게 충격적 사건이었다. 문명을 베풀어 준다는 시혜자적 환상에 젖어 있던 그들에게 '야만적'이고 후진적인, 그래서 자신들이 베푸는 문명화의 선정을 고맙게 여기고 있으리라 믿었던 조선인들의 거족적인 저항은 전혀 예상 밖이었다. 그들은 자신들의 武威에 눌려 병합 때조차 최소한의 저항도 보여 주지 못했다 해서 조선인들의 기개 없음을 속으로 비웃고 있었던 것이다.

일제는 3 · 1운동의 열기가 채 가라앉기도 전에 그 원인을 알아내기 위해 널리 여론을 수집하였다. 조선 헌병대와 조선총독부 경무국이 주로 그

이다. 따라서 1910년대보다 개선된 것이기는 하지만 여전히 내지연장주의라고 부를 수는 없다고 생각한다. 그렇게 볼 때 동화정책상 1910년대와 질적인 차이가 있다고 판단되지 않는다; 保坂祐二, 1999 『일본제국주의의 민족동화정책 분석 — 조선과 만주, 대만을 중심으로 —』, 고려대학교 대학원 정치외교학과 박사학위논문, 목차 참조. 저자는 1919~1932년간을 '皇領 동화정책 정착시대'라고 규정했다. 그러나 그 근거로 든 것은 교육제도의 개정뿐이어서 논거가 희박하다.

일을 담당하였는데, 경무국에서 작성한 문서를 보면 조선인들의 불만은 지역에 따라, 또 계층별로 차이가 있었지만 가장 많이 거론된 것은 현실 및 관습을 무시하는 위압적인 행정과 민족 차별이었다. 즉 정치적 권리와 자유는 거의 인정하지 않은 채, 자신들의 필요에서 추진하는 여러 사업들을 '문명'이라는 이름으로 강요하는 것이 조선인들의 반감을 불러일으키고 있었던 것이다.[4] 이를 통해 일본인들이 발견한 것은 조선인들의 치열한 민족의식이었다. 이를 한 일본인 관리는 다음과 같이 표현하였다.

> … 이 운동으로 인해 일본과 조선과의 사이에 國民道德 근저가 현저히 틀리는 점이 있음을 느끼지 않을 수 없었던 것입니다. … 그들은 朝鮮民族으로서 獨立하는 것이 당연하다고 주장했지만 한사람도 전 皇帝의 復位를 희망하지 않아 그 이유를 물으니 어떤 피고인은 孟子의 말을 인용하여 "君이 臣을 보기를 토개와 같이 함으로 臣이 君을 보기를 寇讐와 같이 됨은 당연한 사리다. 이 소시대의 惡政은 吾等으로 하여금 君을 君으로서 볼 수가 없게 됐다. … 이에 대하여 합병 이래의 선정을 설명하고 인민의 행복이 옛날과 비할 바가 아님을 설명하고 獨立이 불이익임을 설유하면 그들은 施政 이래의 정치를 구 한국시대에 비하면 善政으로서 물질적 행복이 있음은 이를 인정하나 自由가 없고 獨立이 없는 幸福은 진실한 행복이라고 생각하지 않는다고 말하는 것이었습니다. 이로써 조선인에게 忠君의 사상은 없지만 民族意識이 치열함을 알 수가 있었습니다.[5]

4) 『現代史資料(25)』, 朝鮮(1) 3·1운동편(1)(みすず書房, 1967) 참조. 이 밖에 여론조사에서 관습을 무시한 정책으로서 자주 거론되어 결국 3·1운동 이후 철폐된 대표적인 법령은 공동묘지규칙이었다. 민족차별의 대표적인 사례로서 거론되었던 것은 관리 임용 및 보수에 있어서의 차별 등이었다. 민족 차별 문제를 악화시킨 것은 재한 일본인들의 조선인에 대한 모멸적 태도였다. 일본인들은 아무리 하층민이라 해도 사회적으로 상당한 지위가 있는 명망가, 또는 학생을 '요보'라는 모멸적인 호칭으로 불러 분노를 불러일으키고 있었다. 「騷擾事件ニ關スル民情彙報(제24보)」, 1919년 5월 29일 騷密 제3227호, 같은 책, 435면 참조.

5) 남기정, 1978 『일제의 한국 사법부 침략 실화』, 육법사, 177면 참조. 위 발언자는 國分三亥인데 그는 1908년 한국에 온 이래 통감부시기와 총독부시기 초기

즉 한국인들이 충군사상은 희박한 반면 민족의식은 강했다는 것인데, 이러한 현상은 '天皇制 下의 臣民'이라는 정체성을 가지고 있었던 일본인들로서는 이해하기 어려웠던 것이다. 그와 같이 "밥을 한 끼 줄이더라도 독립국이길 원"하는 민족 자존심이 강했던 조선인들의 입장에서 항일 운동은 필연적인 것이었다.[6]

이와 같이 민족의식이 강렬했으므로 '동화정책'은 불만을 불러일으킬 수밖에 없었다.[7] '동화정책'은 당시 조선인들에게 일반적으로 한민족으로서의 정체성을 잃고 다른 민족으로 흡수 소멸되는 것, 즉 '민족의 소멸'로 이해되고 있었다. 다만 일제의 선전으로 一視同仁이라는 말과 함께 평등 대우, 문명화를 의미하는 것이 될 수도 있다는 정도로 일부에 의해 받아들여지고 있었을 뿐이다.[8] 동화정책에 대해 한국인들이 느끼고 있었던 불만의 내용는 3·1운동이 일어났을 당시 學務局長이었던 세키야 데이자부로(關屋貞三郎)의 다음과 같은 말을 통해 추측할 수 있다.

> 同化라고 불리는 부분에 대해서는 일반적으로 오해가 많기 때문에, … 혹자는 이번 소요가 동화정책에서 기인한 것이라고 말하기조차 한다. 그러나 同化의 본래적 취지는 결코 일반인들이 오해하는 것과 같은 개념이 아니다. 여러 사람들이 말하듯, 조선의 사회가 유구한 역사를 바탕으로 스스로가 일종의 독

한국의 사법권 침탈에 앞장섰고, 高等法院 檢事長, 司法府長官 등을 역임하였다. 위의 발언은 1940년 일제의 합병 30주년을 기념하여 일본 東京 法曹會館에서 열렸던, 1910년 전후 한국의 사법관계자들의 좌담회에서 나온 것이다.

6) 주 4)와 같은 곳 참조.

7) 이와 관련해서는 김경일, 2003 「일제의 식민지배와 동화주의」『禾陽 愼鏞廈 교수 정년기념 논총2 한국사회사상사연구』, 나남출판 참조.

8) 예를 들면 최린은 "… 병합 후 10년간의 정책을 보면 일본 정치가는 선정을 표방하면서 동화주의를 부르짖고 있으나 실제는 이와 틀린다. … 그리고 지방인민에게 압제를 가하여 일본의 순사나 헌병을 범보다도 무서운 것으로 생각케 함으로써 동화보다도 위협으로 조선을 다스리자는 목적이므로…"라고 말하였다. 김정인, 1999 「천도교의 3·1운동 前史」『한국민족운동사연구』 22, 103면 참조.

> 자적 民性을 보유하고 있으며, 그 풍속과 관습 또한 여타 민족과 다르다는 것은 말할 것도 없는 사실이다. 따라서 불과 십수년 만에 일본인과 같은 心情을 지니게 된다든가, 일본인과 동일한 풍속과 관습으로 스스로의 문화를 바꾼다든가 하는 것은 결코 있을 수 없는 일이다. … 소위 말하는 同化란 무엇인가. 간단히 말해서 국민적 정신을 함께하는 것이라고 할 수 있다. 즉 일본국민으로서의 자각을 깨달아 얻는 것이다. 그러나 이것은 조선인을 곧바로 일본인으로 陶冶시키는 것과는 다르다. 바꿔 말하자면, 이는 조선인으로 하여금 일본제국 국민으로서의 영예를 받고 행복을 온전히 누릴 수 있게 하기 위하여, 국민으로서의 본분을 다하는 인물이 되게 만드는 것이다. 일본인과 조선인은 衣服이 서로 다르고, 家屋이 다르고, 생활습관에서도 차이가 있지만 이것을 똑같이 하라고 말하는 것은 아니다.[9)]

세키야(關屋)가 '일반인들의 오해'라고 하는 바로 그것이 조선인들이 생각하는 동화일 텐데, 그것은 "일본인과 같은 心情을 지니게" 만들거나 "일본인과 동일한 풍속과 관습으로" 문화를 바꾸는 것이었다. 이에 대해 세키야(關屋)는 일제 동화정책의 본질이 비록 의복, 가옥, 생활습관 등, 한마디로 문화는 다르더라도 "일본제국 국민으로서의 영예를 받고 행복을 온전히 누릴" 수 있도록 '국민으로서의 본분'을 지키도록 하는 것이라고 해명하였던 것이다. 즉 무단통치기 묘지규칙과 같이 고유한 관습을 부정하는 일은 하지 않겠다는 의미였다. 물론 전체적으로 볼 때 1910년대에도 동화정책을 강력하게 추진하였다고 하기는 힘들지만 자신을 문명의 자리에 놓고, 야만적이거나 아니면 최소한 시대에 뒤떨어진 조선인을 교화하고 문명화시켜야 한다는 것에 대해서는 추호의 의심도 가지고 있지 않았던 것은 분명하다. 즉 조선인이나 조선 문화는 비문명적인 것으로 간주하고, 이를 일방적인 교화 또는 부정의 대상으로 생각하고 있었던 것이다. 자신들의 문명화 정책이 순조롭게 진행되고 있으며 대다수 조선인들도 이에 순종하고 있다고 생각했던 것이 착각이었음을 깨달은 일제는 자신들의 1910년대 정

---

9) 關屋貞三郎, 1919「朝鮮人教育に就きて」『朝鮮教育研究會雜誌』45(1919년 6월호), 7~9면. 원문은 日文이나 필자가 번역한 것임. 이하 같음.

책을 수정하지 않을 수 없었던 것이다.

일본 국회, 군부 등에 의해서도 여러 가지 비판이 제기되었다. 그 줄거리는 동화정책은 유지하되 보다 점진적·유화적으로 실행하고, 차별대우를 완화하고, 조선인들의 물질적 생활을 향상시킴으로써 협력을 구하자는 것이었다.[10] 이와 함께 이전부터 있어 온 長州 군벌의 전횡에 대한 자유 민권파의 반발의 흐름도 있었다. 이에 앞장선 사람이 바로 당시의 수상 하라 다카시(原敬)였다. 그는 일찍이 臺灣事務局 위원으로 있을 때부터 內地延長主義를 강조하였다.[11] 그것은 식민지에도 본국과 동일한 제도 법령을 실시하는 것을 골자로 하는 것으로 총독을 본국의 감시 하에 둠으로써 그 자리를 독점하는 군벌들의 전횡을 견제코자 하는 의도를 담고 있었다. 하라(原)는 「조선통치에 대한 사견」이라는 형식으로 새로 총독으로 부임하는 사이토 마코토(齋藤實)에게 자신의 뜻을 전달한 것으로 알려지고 있다.

1910년대 무단통치의 개편과 관련해서 주목되는 또 하나의 자료는 3·1 운동 당시의 총독이었던 하세가와 요시미치(長谷川好道)가 이임 시에 남기고 간 「사무인계시 의견」이다. 여기서 하세가와(長谷川)는 민족자결론의 영향과 함께 '신정이 번쇄하고 간섭적'이라는 점, 사회의 차별적 대우에 대한 조선인들의 평소의 불만을 '소요' 즉 3·1운동의 주원인이라고 지적하면서 이에 대처할 선후책을 제시하였다. 비록 그는 여전히 "동화의 방침을 고집하여 더욱 그 달성에 노력할 것"을 첫 번째 항목으로 두어서 강조하고 있지만, 동시에 그는 이를 "파괴주의가 아니라 점진주의"로 해야 한다고 주장하면서 실무자들이 공을 올리려 일을 서두른다고 하였다. 이를 위한 구체적 방안으로서 그는 內鮮人 간의 경제관계를 밀접히 할 것 등과 함께 "학교 및 사회교육을 진흥하여 내선인 共學의 방안을 강구하고 국어보급, 내지이민 장려, 잡혼의 길을 열고, 사상의 융화통일을 기"할 것을 권고하였

10) 김동명, 앞의 책(2006), 제1부 제1장 참조.

11) 이와 관련해서는 春山明哲 외, 1980 「第1篇 近代日本の植民地統治と原敬」, 『日本植民地主義の政治的展開 1895~1934 — その統治體制と臺灣の民族運動 —』(재단법인 아시아 정경학회) 및 김동명, 앞의 책(2006), 제1부 제2장 참조.

다.[12] 이 중에서 특히 교육문제에 대해 다시 언급하면서 그는

> 동화정책을 조선통치의 근본방침으로 한다면 國民性 涵養을 목적으로 하는 교육방침을 도저히 포기할 수 없는 것이 분명하다. 혼돈된 현재의 사회를 日本化 하는 유력한 기초이다. 또 社會敎化를 단지 신교육을 받은 사람들에 의존할 수 없다. 종래 社會敎育에 충분한 힘을 기울이지 못한 것이 유감이다.[13]

라고 하여 '국민성을 함양'하는 敎育 및 그 일환으로서의 社會敎育을 강조하였다. 동화를 말하면서 교육을 언급하게 되는 것은 당연한 일이다. 하지만 사회교육의 필요성은 비록 1910년대에도 인식되고 있었지만[14] 특히 '거족적'이라는 말이 과장이 아닐 정도로 광범한 대중이 참여한 3·1운동을 통해 조선인들의 민족의식을 실감한 후라서 그 필요성은 새삼스럽게 느껴졌을 것으로 추측된다.

일본 천황은 성난 민심을 달래기 위해 1919년 8월 19일 조서를 내려 조선의 康寧을 염두에 두고 일본인과 조선인 사이에 차이 없이 일시동인으로 하였음을 다시 한번 강조하였다. 신임 총독으로 부임한 사이토(齋藤)도 이 뜻을 받들어 총독부의 관리들을 대상으로 훈시, 일반민을 대상으로 유고를 내렸다. 역시 일시동인의 원칙에 따라 조선을 통치한다는 상투적인 말과 함께 관제 개혁, 총독의 임용 범위 확대, 경찰제도 개정, 대중의 편익과 민의 창달, 조선인 임용 대우 개선을 약속하였다.[15]

---

12) 이상 長谷川好道의 사무인계시 건의 사항은 「長谷川好道の事務引繼意見書」(1919. 6.) 『現代史資料(25)朝鮮(1)三・一運動(一)』(みすず書房, 1967), 481~500면 참조.

13) 위 자료, 498면.

14) 조선총독부는 "학교 교육 이외에 사회교육에 一助할 통속서적의 편찬이 필요함을 인정하여 皇室國體에 관한 사항, 內地의 지리・역사・風俗慣習 등에 관한 사항, 일본 국민이라는 관념 양성에 관한 사항, 內鮮人 융화를 목적으로 하는 사항, 朝鮮舊來의 美風良俗・동요・전설・동화 등을 기술한 책의 편찬에 착수"하여, 1917년 제1차로 출판한 바 있다. 『朝鮮敎育要覽』(조선총독부 학무국, 1919. 8.), 97면 참조.

동화정책과 관련해서는 먼저 훈시에서 여러 가지 개혁을 약속하면서 “이상의 改善 刷新은 다만 헛되이 新奇를 誇示하고 時流를 좇고자 하는 것이 아니고 될 수 있는 한 조선의 文化 舊慣을 존중하여 그 善을 조장하고 弊를 제거함으로써 시세의 진운에 순응코자 하는 것”이라 한 것이 주목된다.[16] 그의 이 말은 유고에서 “조선의 문화 및 舊慣으로서 만일 채용할 만한 것이 있으면 이를 채용하여 통치에 이바지 하게 하고”자 한다는 구절로서 정리되어 나타났다. 결국 동화를 내세워 현실과 관습에 어긋난 시책을 강행함으로써 조선인들의 민족감정을 악화시켰던 점을 고려하여 이제부터는 조선의 구관을 존중하겠다는 입장을 밝힌 것이다.[17] 말하자면 일제는 3·1운동을 겪으면서 조선인들의 완강한 민족의식의 존재를 깨닫고 통감부 설치 이후 일종의 사명감을 가지고 강압적으로 추진하였던 문명화, 동화정책을 반성하면서 보다 점진적이고 세련되었으며, 보다 노회한 새로운 방법을 모색하게 된 것이다.

차별 철폐를 선언한 이후 일제의 정책은 ‘내선인 무차별주의’를 표방하면서 조선인들의 불만을 무마하기 위한 조치들을 취했다. 관제를 개혁하여 조선인 관리 채용의 폭을 약간 증가시키고, 그 폭력성을 약화 내지는 호도하고, 또 조선인들의 정치 참여 욕구를 조금이라도 만족시키기 위해 중추원 제도를 강화하고 지방자치를 흉내 낸 것은 잘 알려진 사실이다.[18]

---

15) 總督諭告 『朝鮮彙報』 1919. 10., 1~2면.

16) 「總督訓示」(조선총독부 소속 관서), 『朝鮮彙報』 1919. 10., 3~6면. 총독의 훈시는 9월 3일에 있었다.

17) 그렇다고 해서 寺內正毅이 모든 舊慣을 부정했다는 의미는 아니다. 그도 1912년 5월 각도 경무부장에 대한 훈시에서 “절검에 힘쓰고 質素를 귀하게 여기며 순박한 풍조를 발전시키며, 舊慣 중 선량한 것은 힘써 助長하는 것은 지방 풍기의 단속에 임하는 자가 가장 주의를 요하는 바이다.”라고 하여 ‘구관 중 좋은 것’을 조장할 것을 언급한 바 있다. 水野直樹 편, 2001 『朝鮮總督諭告·訓示集成』 1, 綠蔭書房, 東京, 102면 참조.

18) 原敬이 齋藤實 신임총독에게 ‘내지연장주의’를 내시한 것과 함께 이러한 조치들을 취했다고 해서 앞서 보았듯이 한 연구자는 이 시기에 내지연장주의가 자

또 조선인들의 危懼心과 불만을 일으킨 동화정책에 대한 반성에서 20년대 들어와서는 '동화'라는 말 대신에 '融和'란 말이 채용되었다. 1928년경에는 "총독 이하 관리들이 입을 열면 내선융화를 고조하고, 백반의 시설 경영이 이를 기조로 하지 않는 것이 없"는[19] 형편이었다고 한다. 지바 사토루(千葉了)라는 한 경찰분야에 종사하는 일본인은

> 병합 이래 소위 동화정책은 대체로 일본의 조선통치 근본방침이라고 말할 수 있을 것이다. 이는 寺內, 長谷川 양 총독의 시정을 보면 끄덕여지는 바가 있다. 原 수상은 동화라는 말을 피하여 전에는 內地延長이라 하고, 후에는 日鮮融和를 주장하고 있다. 同工異曲의 어휘지만 그간 통치 방침의 점차적 추이를 볼 수 있다고 생각한다.[20]

리 잡았다고 하지만 이는 지나친 해석이 아닌가 한다. 바로 아래의 인용문의 千葉了의 말에서 보듯이 내지연장주의라는 말 자체가 점차 쓰이지 않게 되었으며, 일본제국의 헌법의 적용 범위 밖에 있었던 '外地'였던 조선에 내지연장주의가 자리 잡았다고 하는 것은 엄밀한 의미에서 형용모순이 될 것이다. 정긍식에 의하면 식민지 통치 법제는 크게 영국의 인도지배처럼 원주민의 관습・언어 등 특수성을 강조하는 '식민지 고유법 존중주의 원칙(Hastings)'과 프랑스의 식민지 지배와 같이 원주민의 특수성을 무시하는 내지법연장주의(Rattachement)가 있다고 한다. 일본은 조선에 대하여서는 대만과는 달리 신중한 태도를 취하여 직접적으로 일본법을 적용하지 않고 조선총독이 제정권을 갖는 제령의 형식으로 조선을 지배하였다고 한다. 정긍식, 2000 『국역 관습조사보고서』(한국법제원) 10면 참조. 필자는 내지연장주의의 본질적 의미는 내지법연장주의(Rattachement)이라고 판단하며, 일제가 내건 '내지연장주의'도 '동화'와 함께 하나의 표방에 지나지 않는다고 생각한다. 한편 李炯植에 의하면 齋藤實 총독 재임기 초대 정무총감으로 부임한 水野錬太郎 등에 의해 일본 내무성 주도로 내지연장주의적 정책들이 추진되었지만, 기존의 토박이 일본인 관료들의 저항을 받아 변질, 약화되었다고 한다. 李炯植, 2006 「『文化統治』初期における朝鮮總督府官僚の統治構想」『史學雜誌』 115-4 참조.

19) 天野行武, 1929 「朝鮮統治論」(抄) 『朝鮮統治問題論文集』 제1집(1929, 京城), 208~209면.

20) 千葉了, 1924 「朝鮮の現在及將來」『朝鮮統治問題論文』 제1집(1929, 경성), 38면.

라고 하여 동화정책이 일관되게 추구되었지만, 하라(原) 수상은 동화라는 말 대신에 처음에는 '내지연장', 후에는 '일선융화'라는 말을 사용하였다는 것이다. 그에 의하면 내지연장주의는 "동화정책을 형이상으로 표현한 것"인 반면, "내선융화책은 내선 양 민족의 병립을 전제로 한 방침"이라고 하였다. 즉 동화가 말하자면 조선 민족의 소멸을 지향하는 것으로서 양 민족의 통혼 등을 통해 100~1,000년이 지나서야 가능한 것인 반면 일선융화는 "양 민족의 共存共昌이며 扶助協同"이라는 것이다.[21] 즉 일본 민족이 우세한 입장에서 조선 민족을 동화시키는 것이 아니라 대등한 입장에서 병립하여, 共存共昌하자는 것이다.[22]

融和論은 당연히 '내지인', 특히 재선 일본들의 반성을 촉구하는 것이 많았다. 즉 동화는 위정자의 힘만으로는 불가능하고 일반 민들의 협조가 필수적인데, 당시 재선 일본인들의 위압적 태도, 폭력 행사, 조선인에 대한 모멸적 태도 등이 동화를 해치고 있다는 것이 누누이 지적되었다. 동화란 말은 문명이 앞선 일본이 후진적이고 야만적인 조선인들을 동화, 즉 자신들의 상위 문화, 인종에 소화시켜 버린다는 함의가 있는 것인데, 융화는 양자가 서로 대등한 관계에서 피차간에 좋은 것은 취하고 나쁜 것은 버려야 한다는 의미였다. 이를 위해서는 조선인들의 마음을 얻도록 해야 한다는 말이 따르기도 하였다. 즉 여태까지는 자신들이 와서 조선인들의 물질적 행복을 증진시켰다고, 조선인들에게 문명을 전해 주었다고 자부해 왔는데, 이제는 이에 대한 반성으로서 보다 겸손하게 조선인들과 마음으로 소통할

---

21) 千葉了, 위의 글(1924), 41면 참조.

22) 실제에 있어서는 1910년대에도 '융화'라는 용어가 사용되곤 했다. 다만 그 경우에도 동화라는 용어에 비해 '대등성'이 가미된 경우가 많았다. 예를 들면 초대 총독 寺內正毅는 병합 직후 내린 훈령에서 "만약 금일의 개혁의 때를 만나 한층 거만한 마음을 키워 新附의 인민에게 능욕을 가한다면 오히려 저들의 악감隔意를 불러 일마다 부딪쳐 장래 영원히 융화할 기틀이 없게 되어 … 운운"하고 있다. 「併合條約ニ依リ各理事官ニ訓令」(1910년 8월 統訓 제16호), 『朝鮮總督府施政年報(1910년)』(조선총독부, 1912) 부록 훈령, 20~21면 참조. 이 밖에 '융화동화'란 용어가 쓰이기도 하였다.

수 있도록 해야 하겠다는 것이었다. 이는 조선인들에게 문명을 전파한다는 자부심이 넘친 나머지 조선인들이 이를 따라올 수 있을까 '걱정'까지 했던 1910년대 동화론과는 구별되는 3·1운동 이후의 특징이라고 할 수 있다. 마쓰오카 마사오(松岡正男)이란 일본인은

> 우리나라 식민통치의 이상은 舊來의 국민과 新附의 민 사이에 하등의 차별을 두지 않는다는 것, 환언하면 일시동인 그것이다. 이를 조선의 경우에서 본다면 즉 內鮮一家 혼연히 융화한다고 하는 곳에 이상이 존재하는 것이다. 유럽 제국이 취해 온 식민정책을 본다면 프랑스가 오랫동안 그 식민지에서 시험했으나 실패의 역사를 남기고 끝난 것으로 동화정책, 즉 아시밀레이션이라는 것이 있다. 내가 주장하는 渾然同化라고 하는 것은 결코 이 아시밀레이션이 아니다. 영어로 말하면 아말가메이션이다. 즉 지난날 일본 본토에 몇몇의 이민족이 혼효 융화하여 大 大和민족을 만들어 제국의 문화를 발양한 것이 우리들의 이상이다. 그런데 이 이상을 실현할 수 있는 근본의는 신구 민족간에 있어 동정과 경애의 념, 바로 그것만이 있을 뿐이다.[23)]

라고 하여 일본 식민통치의 이상은 프랑스의 '아씨밀레이션'(assimilation=동화)이 아니라 '아말가메이션'(amalgamation=혼합)으로서, 신구 민족 즉 한·일 양 민족이 서로 동정하고 경애하는 관념에 기초하여 혼효 융화하여 '대화' 민족이 되어야 한다는 것이었다.

결국 3·1운동을 겪은 후 일제는 조선의 전통문화를 무시하였던 입장을 바꾸어 이를 적절히 포용하고, 또 동화라는 말 대신에 융화라고 하여 한국과 일본 양자의 좋은 점을 취하자는 논의들을 내놓게 되었던 것이다. 동시에 물질적 진보보다 한·일인 간에 내면적 친밀감을 증진하는 것이 중요하다는 인식도 생겼던 것으로 보인다.

그러면 이러한 언설들의 변화는 일제가 취했던 정책에서 어떻게 구체화되어 나타났는가? 여기에서 주목해야 할 것은 앞서 인용한 세키야(關屋)의

---

23) 松岡正男, 「文明伸張 — 各國の植民政策 —」, 『朝鮮統治問題論文集』 제1집(1929, 京城) 15면. 이 글이 쓰여진 정확한 연대는 미상임.

말 중 동화란 "국민적 정신을 함께하는 것", "일본 국민으로서의 자각", "국민으로서의 본분을 다하는 인물"을 만드는 것이란 말이다. 즉 문화와 관습은 달라도 '국민으로서의 자각'을 같이하는 것이란 말이다. 이런 그의 말이 어떻게 후의 정책에 반영되었는지를 교육 및 문화정책에서 살피기로 하자.

2) '社會教化'와 동화

일제는 1920년대 자신들의 제 시책이 '내지연장주의'에 입각하였다고 선전하면서 그 한 예로서 교육제도의 개혁을 들곤 했다. 합병 직후 조선인들이 일제가 세운 보통학교에 가려고 하지 않았다는 사실과는 별개로 일제의 차별적인 교육제도는 민족차별의 한 예로서 받아들여졌고 따라서 조선인들의 불만의 대상이 되었다. 그리하여 일제는 3·1운동 이후 무엇보다도 먼저 교육제도의 개혁에 착수하였다. 교육제도의 개혁 및 확충은 3·1운동 이후 폭발적으로 터져 나온 조선인들의 신교육에 대한 욕구를 만족시키기 위해서도 필수적인 것이었다. 또 "獨立은 彼等의 口僻(=癖?)看板으로 一學年生이 一文章을 草하면 반드시 獨立에 及치 않으면 滋味가 없다고 自白"할[24] 정도로 첨예한 조선인 학생들의 민족의식도 문제였다. 일제로서는 이를 둔화시킬 방안을 강구하지 않을 수 없었다.

일제는 1922년 "內鮮共學의 정신에 基하여 동일한 제도 하에 시설의 完整을 기한다"(조선총독의 유고)는 미명 아래 「조선교육령」을 개정하였다.(1922. 2. 4.) 이것이 제2차 조선교육령인데, 그 특징은 조선총독부 정무총감 水野鍊太郎의 성명에서처럼, 1) 학교 종류 및 수업 연한에 있어 일본과 동일한 학제를 채택한 점, 2) 내선공학을 정한 점, 3) 형식상 소위 「일시동인」을 내세운 점 등이다.[25] 이로써 우선 조선인들은 1910대와는 달리 조선

---

24) 『報知新聞』 1919년 3월 9일, 『한국독립운동사 자료5』(3·1운동편 I), 국사편찬위원회 디베이스 자료.

25) 정재철, 1985 『일제의 대한국 식민지 교육정책사』, 일지사, 343~344면 참조.

에서 학교를 나온 뒤 그대로 일본의 대학으로 진학할 수 있는 길이 열리게 되었다.

그러나 이와 함께 조선인 학생들의 민족의식을 둔화시킬 방안이 숨겨져 있었다. 1922년 조선교육령을 발표하기 전 조선총독부 학무국은 사이토(齋藤)의 지시에 따라 위 교육령의 기초가 된 「朝鮮學制改正案要領」을 마련하였다.[26] 여기서는 '시세의 요구에 순응하여' 내선인의 교육을 가능한 한 구별하지 않아야 하지만 이러 저러한 사정으로 조선에서 생활해야 하는 일본인들을 위해 내지인 교육에 어느 정도 특별한 시설을 하지 않을 수 없다고 하고 나서

> 조선인 중에는 조선인을 일본국민으로서 동화하는 현금의 교육주의 및 국어(일본어; 필자)의 교수에 다수의 시간을 할당하는 것에 반대하고 조선인은 이를 조선인으로서 교육하지 않을 수 없다고 주장하는 자 있다. 내지인(일본인; 필자) 중에도 이와 같은 주장을 하는 자 없는 것이 아니다. 그러나 本案에서 조선인으로 하여금 점차 완전한 일본국민이 되게 하는 것으로써 교육의 대 방침으로 하고 또 의연히 학교에 있어 국어 교수를 중요시하는 것으로 한다.[27]

라고 하여, '조선인으로 하여금 점차 완전한 일본국민이 되게 하는 것'을 교육의 대방침으로 해야 할 것임을 분명히 밝히고 있다. 사정이 이러했으므로 내선인 차별을 부정하는 수사에도 불구하고 차별적, 동화적 본질은 변함이 없었으며 차라리 강화되었다고 하는 것이 정확할 것이다. 즉 내선공학을 내세워 마치 한일 간 민족차별을 철폐한 것처럼 선전하고, 조선인. 일본인이라는 구별 대신 '일본어를 상용하지 않는 자'(조선인)와 '일본어를 상용하는 자'(일본인)이라는 용어를 사용했지만 그것은 비난을 피하기 위한 눈속임에 지나지 않았고 한일인 교육 제도에 엄격한 차이를 두었다.

---

26) 『日本植民地教育政策史料集成』(조선편) 총목록 · 해제 · 색인(龍溪書舍, 1987) 52~53면에 수록된 편저자 阿部洋의 해설 참조.

27) 조선총독부 학무국, 1920 「朝鮮學制改正案要領」(『日本植民地教育政策史料集成』 조선편, 제16권, 龍溪書舍, 1987 수록), 1~2면.

교과과정을 보면 한국어 교과의 수업 時數는 보통학교와 고등보통학교에서 대폭 줄이고, 일본어 교과의 수업시수는 보통학교와 남녀 사범학교에서 크게 늘렸다. 일본어 교과의 경우는 교과목명을 '국어'라 칭하고 보통학교에 있어서는 '국민 된 성격의 함양'(조선교육령 제4조)을 위하여, 그리고 고등보통학교와 여자고등보통학교에서는 '국민 된 성격을 양성하고 국어(일본어)를 숙달시키기 위하여'(동 교육령 제6조, 제8조)라고 그 교육 목표가 정해져 있었고, 그 내용도 일본의 인물 · 시가 · 풍속 · 지방의 특색 등 일본문화 또는 일본주의를 선전하는 단원이 큰 부분을 차지하고 있었다. 조선어 과목도 사정을 비슷했다.

修身 교과의 목표는 제1차 조선교육령 시행기보다도 더 구체적으로 일본국에 대한 충성심을 함양하는 것으로 짜여졌다. 즉 教育勅語 · 일본천황 · 日本國體 · 日本皇室 · 일본신궁 · 肇國의 정신 · 황국신민 · 국헌국법 · 일본국민도덕 · 충군애국 · 神道 · 무사도 · 일본의 祝祭日 등 일본식의 신비주의와 합리주의 · 근대사상 및 과학적 사고 등에 반하는 전근대적 정신주의를 학습 단원에 포함하여 천황제 교육과 일본식의 도덕 및 태도를 한국인 청소년에게 주입시키는 데 주력하였던 것이다.[28]

일본인 학생들은 지배자로, 조선인들은 충량한 국민으로 키워야 한다는 생각은 일선 교육자들에 있어서도 변함이 없었다. 경상북도가 관내 소학교 및 보통학교 교장들에게 자문한 '시세의 추이에 비추어 아동교육상 특히 주의를 요한다고 인정되는 사항 및 그에 對한 의견'이라는 항목에 대해 황국신민으로서 키워야 한다는 대답이 주류를 이루는 속에서도 몇몇 교장들은 이러한 생각을 솔직히 드러냈다. 즉 邱南 소학교 교장은

> 조선 在住 내지인으로서의 각오= 조선 재주 내지인은 조선인에 대해 성실 온정을 가지고 모범을 보여 그들을 지도해야 하는 큰 책임이 있음을 자각케 하여 내선융화의 열매를 거두게 함[29]

28) 정재철, 앞의 책(1985), 348~382면 참조.

29) 경상북도, 1920『公立學校長會諮問事項答申書』(1920. 12., 경상북도)(『日本植民地

이라고 하여 조선 재주 일본인 학생들이 '지도자'로서의 책임을 자각케 해야 한다고 밝혔다. 이에 반해 한국인들 대상으로 하는 보통학교의 경우에는 국민적 성격을 가르쳐야 할 것이 곳곳에서 강조되고 있었다.[30]

이외에 종래 4년이던 보통학교의 수업연한을 6년으로 연장되었지만 각 지방의 사정에 따라 5년 또는 4년으로 단축할 수 있다고 되어 있다. 일본인을 위한 소학교의 수업연한이 6년으로 되어 있고 단축에 대한 규정이 없는데 비하여, 한국인을 위한 보통학교에 한하여 그 같은 규정을 둔 것은 일제가 우선 제도상으로 6년제의 보통학교를 만들어 차별대우에 대한 한국인의 비난을 막으려는 의도에서 취해진 조처라고 볼 수 있다. 수업연한 단축에 대한 규정은 단지 하나의 규정에 머무른 것이 아니고, 실제로 지방에는 상당한 수의 4년제의 보통학교가 일제말기까지 계속 유지되었다.[31]

한편 3·1운동에서 일반 대중의 반일 감정이 심각한 수준이고 민족의식 또한 치열함을 체험한 일제로서는 이를 '교화'할 사회교육의 필요성을 절감하지 않을 수 없었다. 하세가와(長谷川)도 앞서 본 「사무인계시 의견」에서 그 필요성을 지적하면서 자신의 임기 동안 이에 보다 주의를 기울이지 못한 것을 후회한 바 있었다. 어용지 『매일신보』가 총독부의 정책을 열심히 선전하고 있었지만 그 발행부수는 1910년대 내내 2만 부를 넘지 못하였다.[32] 또 동화정책 기관으로서 가장 중요한 보통학교에 취학하고 있는 아동도 극히 제한되어 있었다.[33] 이런 난관을 극복하기 위해 1910년대에도 헌병 경찰이며, 면서기 등이 대중교화에 동원되었지만 그러한 일방적 방식

教育政策史料集成』(조선편), 제16권(龍溪書舍, 1987) 수록 제8번 자료), 16면 참조.

30) 경상북도, 위의 책(1920), 같은 자료 참조.

31) 정재철, 앞의 책(1985), 348면 참조. 내지연장주의의 지표로 거론되는 교육제도의 개혁에 있어서도 '내지준거주의'라는 말이 쓰였다는 점을 상기해야 할 것이다.

32) 장석흥, 1992 「일제의 식민지 언론정책과 총독부 기관지 『每日申報』의 성격」 『한국독립운동사연구』 제6집(독립기념관 한국독립운동사연구소) 421면 참조.

33) 적령 아동 중 보통학교 취학률이 10%를 넘어선 것이 1923년부터였고, 1929년의 취학률도 17.4%에 지나지 않았다. 吳成哲, 2000 『식민지 초등 교육의 형성』(교육과학사) 133 「표4-8」 참조.

은 더 이상 선택될 수 없었다.[34)]

이에 조선총독부가 택한 수단이 사회교육 관련 기관의 확충과 주로 '모범부락' 설치를 통한 농민 교화였다. 이를 위해 1921년 7월 조선총독부 내무국 아래 사회과를 설치하고(지방의 경우에는 내무부에 사회과를 신설),[35)] 조선인들을 상대로 시정에 대한 이해를 구하고, 아울러 '국민된 성격을 도야'코자 하였다.[36)] 1920년대 일제가 벌인 사회교화 사업의 대표적인 사례는 모범부락의 설치였다. 이미 1910년에도 '모범면리'를 설치하여, 향촌 사회 장악과 식민지 농정을 추진하기 위한 거점으로 삼았지만, 1920년대 들어와 '모범부락'을 보다 광범하게 설정하기 시작하였다. 1920년대 초반의 모범부락은 이때 실시되는 산미증식계획과도 연관하여 농사개량, 생산력 증진을 주목표로 삼는 것이 많았지만, 중반 이후 사회주의가 유입되고 민족해방운동이 활발해지자 농촌치안대책의 방편으로서, 즉 통치거점으로서 기능이 강화되었다. 모범부락의 수는 1926년 말 158개에서 1930년 257개로 증가했는데, 1930년 현재 그러한 모범부락들에서의 장려사항을 보면 産業奬勵와 함께 生活改善에 관한 것이 가장 많았다. 이 중 후자는 위생사상에 대한 강조나 시간엄수 등 근대적 생활을 채택할 것을 장려하는 것이었다.[37)] 이와 함께 농촌을 이끌어 갈 '중심인물'을 양성하기 위해 보통학교 졸업생 지도도

34) 이 밖에 조선총독부는 관제 안에 정보계를 설치하여 그 시책을 선전하는 업무를 전담토록 하여 선전활동을 강화하였다. 다음 이미 1917년 발행한 적도 있었던 通俗教育用圖書의 발간 계획을 세웠다. 이들은 "皇室國體에 관한 사항, 內地의 지리・역사・風俗慣習 등에 관한 사항, 일본 국민이라는 관념 양성에 관한 사항, 內鮮人 융화를 목적으로 하는 사항, 朝鮮 舊來의 美風良俗・동요・전설・동화 등을 기술"한 책들로서, 앞으로 "보통학교 미입학자를 대상으로 하는 것, 보통학교 졸업자를 대상으로 하는 것, 純諺文의 일반 가정에 적합한 것, 특수한 것 등의 구별에 따라 순차로 출판할 예정"이었다. 『朝鮮教育要覽』(조선총독부 학무국, 1919. 8.), 97면 참조.

35) 조선총독부 학무국 사회교육과, 1941 『朝鮮社會教育要覽』(1941. 10.), 13~14면 참조.

36) 조선총독부 내무국, 1924 『地方改良講習會講演集 제3집』 참고자료 참조.

37) 윤해동, 2006 『지배와 자치』, 역사비평사, 308면 참조.

1927년부터 시작되었다.[38)]

모범부락 안에는 근농공제조합, 진흥회, 농사개량조합, 부인회, 야학회 등의 단체들이 조성되었는데, 이 중에서도 진흥회, 교풍회 같은 것이 대표적인 바 이는 조선 전래 향약의 관행을 이용한 것이었다. 조선 후기 이래 향촌사회에서 발달되어 온 동계나 향약 조직을 이용하여 농민들을 일제의 통치에 순응케 하고 동시에 교화하려는 움직임은 1910년대부터 있었으나,[39)] 1920년대 이것이 보다 광범하게 실시되기에 이른 것이다. 일제는 향약이 가졌던 농민통제와 자치 기능 중에서 자치기능을 배제하고 농민통제의 기능에 주목하였다. 그들은 각지에 향약이나 동계 등을 새로 강화하면서 주민들을 의무적으로 가입시키고, 그 바탕에 깔려 있는 유교적 도덕관념을 살리는 한편, 산업장려 및 생활개선 등을 시도하였다. 물론 향약의 관행을 이용한 동계나 진흥회 등의 조직들은 모범부락이 아닌 일반부락에서도 그 시행이 장려되어 실시되기도 하였다. 결국 일제는 모범부락의 설치와 새로운 향약의 실시를 통해 향촌사회를 일제의 자본주의 침투에 알맞게 재편하는 한편 농민들을 '일본 국민'으로서의 소양을 갖추도록 교화하는 한편 사회주의 사상의 유입이나 민족주의 운동에 맞서 농민들을 통제코자 했던 것을 알 수 있다.

이 밖에도 강연회 등 농민들을 대상으로 한 다양한 교화사업이 전개되었다. 이러한 교화사업에는 가장 널리 분포하고 있었던 교육기관인 보통학교가 동원되었다.[40)] 대표적인 방식으로는 각지의 보통학교를 중심으로 그 지역의 주민들을 대상으로 하는 다양한 강습회 및 단체가 조직되어 '내선인의 융화'를 도모하고, 식민 통치를 합리화하고 정당화하는 교육을 실시하였다.[41)] 충청북도의 사례를 보면 조선인들만 아니라 일본인들도 교화 대

38) 이하나, 1998 「일제 강점기 '모범부락' 정책과 조선농촌의 재편」 『학림』 19집, 193~140면 참조.

39) 이하나, 위의 논문(1998) 같은 곳 참조.

40) 李明實, 2000 「1920年前後における社會教育政策の轉換－學校を媒介とする施策の展開」 『朝鮮史研究會論文集』 38, 168면 주 14 참조.

상으로 삼고 있었는데, 이때에는 교육 내용에 차이가 났다.

조선인들의 보통학교를 중심으로 하는 지방교화 방법으로는 교장이 중심이 되어 교원, 경찰, 면 직원이 주동이 되어 실행하는 부락순회 강연회를 만들었는데, 이는 "조선인에 대한 교화시설로서 즉 지방민을 정신적으로 선도 개발하여 그 생활의 지리적 최소 단위인 각 부락을 醇厚和平의 낙토가 되게 하고, 이로써 부락민으로 하여금 각기 수신제가 순량한 국민으로서 행복한 생활을 살게 하기 위한 것"이라고 표방되었다.[42] 청주 오창면에서는 부락간담회를 조직하였는데 이는 "과거에 행해졌던 향약과 현재 각 지방에서 행해지고 있는 里洞契를 기초로 입안"한 것이었다고 한다.[43] 일본인들의 소학교를 중심으로 해서는 學校組合 懇話會를 결성하였는데, 여기서는

> 재선 내지인은 그 직업 여하를 불문하고 모두 제국이 조선 통치의 대업을 달성하는 데 극히 중대한 책무를 가지고 있다. … 본회는 회원의 互助共勵에 의해 상호 친목과 지덕의 수양을 도모하고 나아가 자제 교육의 진흥을 조성하고 이로써 國是의 진전에 공헌코자 하는 것[44]

을 목표로 하였다. 여기서도 재선 일본인을 식민통치의 지지자로 만들고자 하는 의도를 읽을 수 있다.

이러한 사회교육의 필요성에 대한 자각은 또한 당시 세계정세와도 관계가 있었던 것이니, 1차 대전 이후 세계의 개조, 문화 등이 강조되던 분위기에서 대중들에 대한 교화의 필요성도 커지고 있었던 것이고, 일본도 사정은 비슷하였던 것이다. 이러한 정세에 맞추어 이 밖에도 대중을 교화할 방법을 강구하게 되었던 것이다.

---

41) 李明實, 위 논문(2000) 참조.

42) 大島良士, 1921 「小學校普通學校を中心とする地方教化事業の計劃」 『朝鮮』 79 (1921년 9월호), 91면.

43) 위와 같은 곳 참조.

44) 위와 같은 곳.

1920년대에 활발하게 추진된 조선의 역사 및 舊慣에 대한 조사 역시 교육 교화를 위한 논리를 개발하기 위한 것이었다. 일제는 1920년대 들어 조선의 고유문화에 대한 정책적 접근을 본격화하였다. 조선 재래의 풍속과 관습을 억압 · 폐기코자 하였던 10년대와는 차이가 있는 것이다. 이는 조선에 대한 문명적 문화지배를 강화하는 가운데 조선 민중들의 생활과 관습, 문화 등을 통해 민중의식을 지배하기 위한 것이었다. 이러한 배경 하에서 사회교화 사업의 일환으로 박물관 종교, 고적 보호, 조선이 구관 조사, 위인 발굴 선양, 향약이나 계와 같은 봉건적인 제도 관습을 통해, 상하질서에 순종하는 민중들의 정서를 이용코자 하였던 것이다.[45]

조선의 國粹를 보존하는 그릇으로서의 역사도 일제는 조선 통치에 동원하였다. 2차 교육령 시기(1922~1938) 보통학교 역사교육에서 조선사 도입을 처음 논하면서 일본 수상 하라 다카시(原敬)는 "조선인에게 조선의 역사를 교육함으로써 '舊時의 조선'이기보다는 '새로운 일본국민'으로 사는 것이 조선인의 행복 · 향상 발전을 도모하는 길"이라는 관념을 심어 주는 효과적인 방법으로 삼을 것을 지시하였다. 이는 강점 초기와 같이 학교 교육에서 조선사 교육을 배제함으로써 쓸데없는 반발을 야기하기보다는 보다 적극적으로 조선 민중의 의식을 개량화시키기 위한 역사교육의 활용을 논한 것이었다. 일제 당국자들은 조선인들을 일본 국민으로 만들고자 하여도 "조국애가 싹터서 조국 회복심을 갖을지도 모르고, 기회가 오면 완전한 문화력을 가지고 조국애를 노골적으로 표명할지도 모르는" 상황에 대한 대책이 필요했던 것이다.[46]

총독부는 또 1921년 관습과 사회 문화 실태 조사의 확충에 대한 새로운 계획을 수립하고 이를 추진하였다. 이에 의해 총독부의 조선 문화 및 관습 조사는 본격적으로 문화지배체제 수립을 위한 기초 작업으로서의 의미를 갖게 되었다. 이때 총독부 조사방침은 내선 민족의 同源 · 同祖에 관한 조

45) 이지원, 2000 「1920~30년대 일제의 조선문화 지배정책」『역사교육』 75집, 68면 참조.

46) 이지원, 위의 논문(2000), 70~71면 참조.

사, 양 민족의 과거 교통에 관한 조사, 현행 시설에 이용할 수 있는 조선의 제도, 관습에 관한 조사, 부락조사 등에 중점을 두었다. 일선동조론은 3 · 1 운동 이후 더욱 강하게 제기되었다. 조선의 고유문화를 인정하고 현실에 활용하고자 한 것은 독립, 자치를 위한 것이 아니고, 동화를 위한 것. 조선적 민족의식을 고취하는 전통으로서가 아니라 일본에의 정신적 동화를 위한 이데올로기 지배의 관점에 입각한 것이었다.[47]

이상에서 살핀 바와 같이 일제는 3 · 1운동을 겪으면서 조선인들의 민족의식이 강고함을 깨닫고 이를 밑부터 서서히 무너뜨리는 작업에 착수하였다. 조선인들의 거부감을 둔화시키기 위해 '동화' 대신 '융화'라는 말을 채택했지만 그 이면에서는 조선인들의 민족의식을 약화시키기 위한 보다 조직적인 조치들을 취하기 시작했다고 할 수 있다. 즉 교육에 있어서는 동화교육을 강화하고, 사회교화라는 이름 아래 대중들을 상대로 한 '교화'를 개시하였으며, 조선인들의 민족의식 및 정체성의 기반이 되는 역사의 왜곡에 착수했던 것이다. 이는 1910년대의 강압적이고 무단적인 방식과는 구별되는 '문화'적 방식이라고 하겠다.

여기서 주목되는 것은 농민들을 대상으로 하는 '교화'의 성격이다. 이 교화 사업은 우리가 '동화'라고 하면 우선 떠올리게 되는 '일본 고유의 문화'의 주입과는 달랐다. 그보다는 생활개선으로 대표되듯이 '문명화'에 가까운 것이라고 하겠다. 이것은 얼핏 보면 동화와 관련 없는 것으로 보인다. 그러나 동화의 본령이 '일본 국민으로의 통합'이라고 한다면, 또 일제가 말하는 동화의 개념에 '문명화'가 내포되어 있는 것이라고 한다면 이도 동화정책의 한 구성부분이라고 말하지 않을 수 없다. 여기에서 일제가 1920년대 농촌개량 사업을 벌이면서 '施政에 대한 이해'와 함께 '국민의 성격을 도야'하겠다고 한 말이 의미심장하다. 러일전쟁 후 일본에서 전개된 농촌개량운동도 일본 농민의 '국민으로서의 통합'을 위한 것이었다고 하는데,[48] 1920년

47) 이지원, 위의 논문(2000), 77~78면 참조.

48) 有泉貞夫, 1976 「明治國家と民衆統合」 『岩波講座 日本歷史17 근대4』 참조.

대의 조선총독부의 모범부락설정운동도 그 경험과 무관한 것이라고는 부르기 힘들 것이다. 1920년대 모범부락의 지도자 중에는 일본의 모범부락을 시찰한 자도 상당수 있었음은[49] 시사하는 바 많다고 하겠다.[50]

3. 1930년대 농촌진흥운동의 '생활개선'과 동화

1930년을 전후한 시기 내외 정세의 급속한 변화는 조선총독부로 하여금 다시 한번 정책을 바꾸지 않을 수 없게 하였다. 1930년대 초반 조선의 농촌을 엄습한 공황은 그렇지 않아도 취약한 조선의 농가 경제에 궤멸적 타격을 가했다. 1920년대에 두 차례에 걸쳐 실시된 산미증식계획의 결과 쌀單作化 정도가 심해져 농가 수입 중 쌀이 차지하는 비중은 점점 더 커져 삼남 지방에서는 반 이상을 차지하고 있었던바 1931년의 쌀값은 1926년과 비교하여 반 이하로 폭락했던 것이다. 더구나 그 피해는 자소작 이하 빈농층에 집중되어 이들의 몰락을 재촉하였다.[51] 그에 따라 지주 소작인 간의 갈등 대립도 깊어져 갔고 소작쟁의가 급증하는 등 농민운동이 광범히 전개되었다.

그중에서도 '국체의 변혁과 사유재산 제도의 부인'을 주장하는 사회주의적 농민운동의 확산은 지배 체제를 위협하는 것으로, 조선총독부로서는 위

---

49) 조선총독부 내무국 사회과, 1930『優良部落事績』참조. 이 책은 각지의 우량부락을 소개하고 있는데 그 중심인물 중에는 일본을 시찰하고 온 사람이 상당수 포함되어 있다.

50) 다만 1920년대 모범부락 설정을 통한 농촌개량 사업에서의 조선 농민들을 상대로 한 '교화'가 처음부터 '동화'라는 목적을 가지고 행해졌던 것인지는 불분명하다. 윤해동의 연구를 따르면 모범부락 설정의 주안점은 "진전된 영농을 보급하고 소농생활을 향상"시키는 것이었다고 한다. 윤해동, 위의 책(2006), 308면 참조.

51) 정연태, 1994「일제의 한국 농지정책(1905~1945)」, 서울대학교 박사학위논문, 154~172면 참조.

기의식을 느끼지 않을 수 없었다.52) 여기에 더해 일제가 중국을 침략하여 만주국을 건설하면서 조선 내 치안확보의 필요성은 더욱 절실해졌다. 중국대륙 침략은 일제가 품고 있던 야망이었던바, 이제 그 성공적 수행을 위해서 후방기지 격이 된 조선을 확실하게 통제하는 것이 더욱 필요해졌다. 이에 당면한 과제로서 농촌의 피폐를 해결하고 아울러 내외적 위기에 대응하기 위한 농민층의 각성의 제고가 요구되었다. 이러한 일제가 처한 내외 정세 속에서 조선에 신임 총독으로 부임하는 사람이 바로 우가키 가즈시게(宇垣一成)였다. 그는 일본 제국주의의 발전을 군국주의적 침략으로 선도하였던 일본 군부를 대표하는 인물로서 조선총독으로 임명되기 직전인 1931년 5월 大阪의 재향군인회 간부회의 석상에서 일본이 만주와 연해주를 아우르는 독자적인 경제권을 구축해야 한다고 주장하고, '일본해'를 瀨戶內海처럼 그 경제권의 부와 문화의 중심으로 만들어야 한다고 주장한 바 있었다. 그는 또한 당시 유럽 열강들은 전쟁에서 승리하기 위해 경쟁적으로 총력전 체제를 구축하고 있었던 사실을 잘 알고 있었으며, 일본도 강대국이 되기 위해서는 이를 도입해야 할 것으로 생각하고 있었다.53) 이를 위해 그는 무엇보다도 '內鮮融和 즉 정신적 결합'과 '경제상 즉 물질적 결합'이 필요하다고 보았다. 이와 같이 정신 및 물질적 결합이 이루어지면 세계 1차 대전 때 영국 식민지에서 볼 수 있는 바와 같이 일치단결하여 식민지 모국과 함께 고난을 같이하고 희생을 사양하지 않는다고 보았다.54)

1931년 6월 신임총독으로 부임한 우가키(宇垣)는 施政方針을 발표하여 비상시국에 처하여 무엇보다도 대국적 관지에서 "동양에 있어서 우리의 입장을 자각"하여 官民, 內鮮人을 불문하고 "渾和融合 一體一元이 되어 용맹심을 분기하고 풍부한 천부의 자원개척에 노력할 것"을 주문하고, 이를

52) 지수걸, 1993『일제하 농민조합운동 연구』, 역사비평사, 1장 및 정연태, 앞의 박사학위논문(1994), 154~172면 참조.

53) 李潤甲, 2007「우가키 가즈시게(宇垣一成) 총독의 시국인식과 농촌진흥운동의 변화」『대구사학』87집, 37~38면 참조.

54)『宇垣一成日記 2』(みすず書房, 1970), 803면 참조.

위해 "紀綱의 振作, 民心의 作興, 民意의 暢達, 과거에 한발 앞선 內鮮融和의 촉진을 도모하여 반도 일대의 기운을 더욱 명랑 쾌활하게 하고, 나아가 일반의 건강과 행복의 증진을 기약할 것"을 천명하였다.[55] 이를 위해 등장하는 것이 바로 농촌진흥운동(이하 농진운동으로 줄임)이었다.

조선총독 우가키(宇垣)는 1932년 6월 개최된 도지사회의에서는 「농산어촌의 진흥, 자력갱생의 실시계획」을 발표하고, 이를 추진할 중심 기구로서 총독부 및 각 도, 각 도군, 각 읍면에 농촌진흥위원회를 설치하였다. 중앙인 총독부 농촌진흥위원회는 정무총감을 위원장으로 하고, 그 하위 위원회는 각각 단체장이 위원장을 맡고, 공무원, 금융조합간부, 경찰관, 학교장 등이 위원이 되었다.[56] 전조선이 총동원된[57] 일대 농진운동이 시작된 것이었다.

최말단의 읍면 농촌진흥위원회가 주동이 되어 각 읍면에 1부락을 선정(지도부락)하고, 부락 내 각 농가에 대해 영농, 생활현황을 조사하고, 이를 기초로 하여 갱생계획을 세우는 것이었다. 이 농가갱생계획이 농진운동의 핵심이었는데, 이것은 글자 그대로 농민들 자신의 勤儉力行하는 자구 노력에 기초하여, 경제적 빈사상태에 있는 농가를 살린다는 것이었다. 그 결과 1933년, 2,277부락, 1934년 2,898부락이 지도부락으로 선정되고, 각각 5만 1,705호, 6만 1,561호가 지도농가로 지정되었다.[58]

그러나 이렇게 당국이 앞장서 진두지휘한다고 해도 운동의 성패는 결국 농민들의 자발적인 참여에 달려 있는 것이었다. 그래서 당국자들은 기회 있을 때마다 농민들의 '자각'을 강조하였다. 우가키(宇垣)는 1932년 7월 도지사들에 대한 훈시에서 '자주자립의 정신'을 강조하고, 10월 郡守, 島司를 대상으로 하는 강습회에서는 '금일의 비상시국에 직면하여' 경제적 방면은 물론 '사상적 방면'에서 일층 긴장을 필요로 하며, 농민 전체에 대해 "物心

55) 朝鮮總督府, 1935 『施政二十五年史』, 668면.
56) 朝鮮總督府 농촌진흥과 편, 1939 『朝鮮農村振興關係例規』, 3면 참조.
57) 八尋生男, 1934 『朝鮮に於ける農家更生運動』, 43면 참조.
58) 松本武祝, 1998 『植民地權力と朝鮮農民』, 社會評論社, 166면 표 5-1 참조.

양 방면에 걸쳐 일대 전환을 촉구"할 필요가 있다고 하였다. 정무총감은 1932년 10월 8일의 통첩 「農山漁村의 振興에 關한 件」이라는 통첩에서

> 제국 내외의 정세와 조선 현하의 實相에 비추어 … 농촌의 진흥을 획책함으로써 國本을 굳게 하는 것이 긴요 … 농촌진흥의 要諦는 농촌의 구성분자인 개개의 농가로 하여금 自立 自營 勤儉力行하고 각자 자기 일을 즐기고 삶을 편안히 여겨 隣保가 서로 이끌어 鄕閭共榮의 열매를 거두는 데 있으며 …(농업을 합리적으로 경영케 하는 한편; 필자) 農道의 本義를 領得케 하고 농가경제의 특질을 확인하고 이로써 修身에서 齊家에 이르고, 나아가 公共에 奉仕하는 道義的 精神의 振作을 기다려야 한다[59)]

라고 하여 농촌진흥운동의 성패는 농민들의 자발적인 노력과 향촌 사회에 있어 공동체 정신, 이에 서 나아가 농민의 도를 깨달아 修身齊家를 달성하고 공공에 봉사하는 '道義的 精神'을 振作시켜야 한다고 하였다. 이러한 정신적 자세의 강조는 다음해 그가 내린 「農山漁村振興計劃實施에 관한 건」에서 농진운동의 첫째 원칙으로서 '정신 생활적 의의를 충분히 천명'할 것이라는 말로 나타났다.

총독부는 1933년, 1934년 두 해의 경험을 바탕으로 1935년 「농가갱생10개년 확충계획」을 발표하여 농진운동을 대폭 확대하였다. 이는 1935년 일본이 국제연맹에서 탈퇴하는 등 군국주의화의 길을 걷은 것과 관련 있었다.[60)] 그 결과 향후 10년간 기존 지도부락 외에 약 7만 촌락 모두를 지도

59) 이와 비슷한 의견을 총독은 다음과 같이 표현하였다. "지방 진흥, 자력갱생은 실로 명실상부 全鮮 총동원 즉 모든 공사의 기관 모든 계급, 전부의 민중이 협력 일치하여 조선의 갱생, 帝國 興隆을 위해 최대 능률을 발휘하여 매진하고 있는 바로서, 반도에 있어 최고이며, 또 가장 중요한 사업이다. 이것이 달성되는 새벽에는 內鮮의 融和도, 惡 사상의 시정도, 勞資의 협조도, 누습의 타파도, 경제의 갱생도, 생활의 안정 내지 향상도, 지방자치의 발달 등도 모두 이 분위기 속에서 醞釀되고 覆育될 수 있는 것이다." 八尋生男, 앞의 책(1934), 43~44면 참조.

60) 1935~36년 위기설. 1935년은 런던 해군조약 개정기로 3월 27일은 일본의 국제

부락으로 지정하고, 그에 속한 농가 또한 모두 참여시킨다는 목표가 설정되었다. 아울러 心田開發 운동을 개시하여 정신적 교화를 강화하였다.[61] 그 결과 1933~1939년 7년간에 조선 내 촌락의 4할 이상에 해당하는 3만 3,000 촌락이 지도부락으로서 선정되었고, 약 74만 7,000호로 전체의 25% 정도에 상당하는 농가가 지도부락으로 선정되었다.[62]

지도부락에 있어 갱생운동의 구체적 전개 양상은 일률적인 것은 아니었다. 경북지방의 경우, 구 동리나 자연촌락을 중심으로 진흥회가 결성되고, 동리민으로 조합을 결성하였다. 실행사항은 조합 총회에서 의결, 평의회를 매월 2회 이상 개최하였고, 경비는 보조금과 재산수입으로 충당하였다. 의무를 이행하지 않는 자는 총회에서 제명되었다. 군수와 읍면장의 지도 감독을 받도록 되어 있었다. 충남의 경우에는 1920년대 말 이미 전체 동리의 65% 정도에 진흥회가 설치되어 있었다. 농진운동과 더불어 진흥회 설립이 더욱 적극적으로 장려되었다. 1933년 현재 진흥회 총수 2,127개, 회원 16만 2,365인이었는데, 이는 전체 행정 동리의 95%에 달하는 것이었다.[63] 이렇게 조직된 진흥회는 기존에 있었던 향촌사회의 조직들을 유기적으로 통합하여 진흥회의 지도 아래 활동하는 경우가 많았다.

그러면 이러한 지도부락은 어떠한 목표 아래 움직였는가? 그것은 앞서

연맹 탈퇴의 효력이 발생하는 시점이다. 1936년은 워싱턴・런던 해군조약이 만기되는 해로 소련의 군사력 역시 2차 5개년 계획 완성기에 접어들었다. 즉 일본을 둘러싼 열강의 군비가 확장되어 일본이 위기를 느끼고 있었다. 이러한 위기의식 속에서 일본 군부가 통치권력의 핵심으로 등장하여 1935년 천황기관설 파문으로 상징되는 국체명칭 운동이 일어나는데 파쇼적 운동의 발효라 할 수 있다. 1936년 2・26사건을 정점으로 하는 군부 구테타의 연속은 일본-조선-만주를 잇는 하나의 영역을 구축할 필요성이 커짐에 따라 조선에서 전쟁 동원체제를 구축하게 되었다는 점에서 이해되어야 한다. 韓亘熙, 1996 「1935~37년 일제의 '심전개발' 정책과 그 성격」 『한국사론』 35, 139면 참조.

61) 松本武祝, 앞의 책(1998), 167~168면 참조.

62) 松本武祝, 앞의 책(1998), 169면 참조.

63) 윤해동, 앞의 책(2006), 347~348면 참조.

살펴본 바와 같이 농업의 다각화, 개량, 노동력의 철저한 연소를 통한 농가 경제의 개선이 첫째였다. 앞서 본 경북지방의 경우도 중점사업은 농사개량이나 농업경영과 관련된 것이었다. 충남의 경우도 농가수입 증대를 위해 1932년 진흥회 규약 준칙을 만들었다.[64] 따라서 진흥회의 가장 큰 목적은 경제적인데 있었던 것은 분명한 것 같다. 그러나 농가를 갱생시키기 위해서는 농민들의 생활과 생각을 개선해야 했는데, 이때 세금납부 충실, 국가의식 제고, 위생사상 함양 등, 말하자면 '근대인'으로 교화하기 위한 작업이 추가되었다.

이때 舊來의 향약이 동원되기도 하였다. 전래의 향약을 이용한 농민 '교화' 사업은 함북지방에서 가장 두드러지는데, 1934년 말 함북향약이 349개소에서 실시되었고, 향약원 수는 3만 5천에 달하였다. 이와 같이 향약을 활발한 이용에 앞장 선 사람은 도지사 도미나가 후미카즈(富永文一)였는데, 그는 향약의 절목을 '근대적'으로 변형하였다. 즉 1조 德行相勸에는 '국가에 충성', '국법준수'라는 항목이 추가되었다. 2조 풍속개선으로는 관혼상제례 간소, 시간존중, 색복장려 등을 강조하였다. 6조 과실상규에서는 '國憲의 遵守'가 강조되었다. 이를 전통향약 절목과 비교하면 禮俗相交가 빠진 대신 풍속개선, 산업장려, 공공봉사 조항이 들어간 것이다. 즉 전통적 의미의 예속을 이제 새로운 풍속, 즉 '생활개선' 운동으로서의 '근대적' 생활로 대체하고, 영농의 개선으로 대표되는 산업의 장려와 지방개량을 목표로 하는 공공봉사의 조항으로 채우고 있는 것이다.[65] 이 밖에도 국민으로서의

64) 윤해동, 앞의 책(2006), 347~348면 참조.

65) 윤해동, 앞의 책(2006), 314~317면 참조. 富永文一는 후에 경기도 지사가 되자 비슷한 방법으로 경기도에서도 향약을 실시하는데, 그 절목에 '덕행상권'에서 '국가에 충할 사'를 두고 그에 대해 "우리들의 평화한 생활은 국가의 힘에 의하여 보장되며 우리의 향상 발전은 국가의 힘에 의하여 촉진되나니 국가가 있는 다음에 비로소 우리의 안전과 진보가 있다고 말할지라. 고로 盡誠仕君하고 守職奉公하며 일신을 잊고 국가에 盡하기를 기약함"이란 설명을 붙였고, '국법에 遵할 사'라는 항목에는 "국가는 밖으로 타국의 침해를 방어함과 함께 안으로 국내의 질서를 보지하며 선을 권하고 불선을 벌하며 국법을 바로 하여 우리들

의무를 강조하면서 국기게양을 권장하고, 납세를 철저히 하도록 권하기도 하였다.[66] 총독 우가키(宇垣)도 조선에서의 日章旗 게양에 큰 관심을 보여주고 있었다.[67] 그 결과 농촌진흥운동은 당시 일부 농민들에 의해 "농촌진흥운동은 세금 잘 밧기 위하는 회이요, 국기 잘 꼬지라는 회"라는 비아냥거림을 듣기도 하였다.[68]

이상에서 살핀 바와 같이 조선총독부는 당장에는 농가의 피폐를 구제하기 위하여 경제적 측면에 1차적인 강조점을 두면서도 이를 위해 농민층들의 생활개선을 촉구하면서 그 하나의 항목으로서 일본 '국민'으로서의 의식을 주입코자 했던 것을 알 수 있다. 동화정책의 본질이 "국민으로 통합"하는 것이라면 이러한 총독부의 정책은 바로 그 한 구성부분이라고 하지 않을 수 없다. 사실 우가키(宇垣) 총독도 일찍부터 교육을 통한 "국가의식의 고취, 이해의 철저, 때로는 향상시켜야 할 여지가 많다는 것"을 생각을 가지고 있었나.[69]

농진운동에 있어 동화적 요소는 '중견인물' 양성 방식을 보면 보다 분명해진다. '중견인물' 양성은 이미 1920년대부터 '졸업생 지도'의 형식으로 시

의 향할 바를 알게 하나니 우리들은 국법을 준하고 官公司의 명을 지키며 근검하여 재산을 일으키고, 열심히 租賦를 납부하며 제국의 충성한 국민으로서 질서 있는 사회의 건실한 발전을 기함"이란 설명을 붙였다. 1936『農村振興會約束(경기도)』(1936. 5. 13.) 참조. 한편 이 시기의 생활개선운동의 국민정신 고취 측면과 관련해서는 최숙희, 2001「1930년대 조선총독부의 농촌 생활개선사업의 성격 ―1932~1937년을 중심으로―」, 고려대학교 석사학위논문; 井上和枝, 2007「1920~1930년대 일본과 식민지 조선의 생활개선운동」『근대 동아시아 경제의 역사적 구조』, 中村哲 외 편, 일조각 등의 논문이 참고된다.

66) 정충실, 2007「1933~1937년 농촌진흥운동에서 농가갱생계획의 성격」, 서울대학교 석사학위논문 참조.

67) 앞의『宇垣一成日記2』, 829면, 877면 참조.

68) 정세권, 1933「농촌진흥회에 대한 비판」『실생활』4-7호(奬産社), 4면 참조.(국사편찬위원회 데이터베이스)

69) 앞의『宇垣一成日記2』, 830면 참조. 1932년 2월 26일 조선 남부를 순회하고 돌아오는 길에 밝힌 소회다.

작되었지만, 1935년 농진운동 확대와 함께 본격화되었다. 1937년 현재 농촌의 청소년을 중견인물을 양성하기 위해 전국에 40개의 공사립 장기 훈련소가 있었는데, 이 중 35년에 설립된 것이 18개소, 36년에 설립된 것이 17개소였다.[70] 대개 1년을 훈련단위로 하는 장기양성소에서 총독부는 교육의 목적을

> 근로를 주의로 하여 지행합일 물심일여의 정신에 기초하여 농촌 중견인물다운 인격의 도양에 노력하며, 항상 실습과 체험을 통해 농촌생활의 실제와 접촉해 그간 스스로 농업의 본질과 농도의 본의를 체득하고 특히 창조심 연구심을 啓培하여 실질강건 인고결핍을 감내하는 정신을 함양하여 자주자립 수신제가 향토개발의 실천자로 안심입명 황국신민으로서의 이상신념으로 살아갈 것[71]

으로 삼았다. 따라서 총독부가 이상으로 삼은 중견인물이란 동화교육의 '세례'를 받은 농촌 청년이 총독부의 정책에 '충실'한 정농가, 미래의 '농촌 지도자'로 성장하여 총독부의 조선지배를 '아래'로부터 지탱해 줄 인물이었다.[72]

훈련소에 입소한 청년들은 5명 1조로 짜여져 하나의 농가로 擬製되어 농촌진흥운동의 모범농가처럼 갱생 계획표를 짜고 그 목표를 달성하기 위해 활동하였다. 하루에 10시간 이상 농작업에 종사하고, 이와 함께 정신훈련을 받아야 했다. 즉 훈련생은 일반 농민처럼 농작업에 종사하는 동시에 황민화 이데올로기의 주입을 받아야 했던 것이다.

모든 훈련소에서 일정은 대동소이했다. 즉 아침에 일어나 조회를 하고, 신사참배, 조선신궁 요배, 궁성요배, 부모요배 훈화 등이 이어졌다. 이 밖에 월례행사를 따로 실시하여, 황국신민, 일본국민으로서의 자질을 갖추고 지

---

70) 김민철, 2004 「조선총독부의 농촌중견인물 정책 연구」『한국민족운동사연구』 41, 210면 참조.

71) 김민철, 위의 논문(2004), 210면에서 재인용.

72) 富田晶子, 1981 「農村振興運動下の中堅人物の養成－準戰時體制期を中心に」『朝鮮史研究會論文集』 18, 149면 참조.

키도록 하였다. 가장 먼저 세워졌다는 경기도농사훈련소는 "所內에 天照大神을 봉사하여 매일 아침 參拜게 하는 외에 道場에 神棚을 설치하여 아침 저녁으로 禮拜"시켰고,[73] 舒川농촌청년훈련소는 "견실한 일본국민, 선량한 농민적 품격의 도야 및 農民道의 體認", "국민적 신념의 확립"을 훈련 목표의 하나로 설정하고, 훈련의 항목의 우두머리에 '국민훈련'을 들고 구체적으로 국체관념 훈련, 경신사상훈련, 조선숭배정신훈련, 무사정신훈련, 체육 및 강건 정신훈련을 구체적 항목으로 설정하였다.[74] 이렇게 볼 때 조선총독부는 훈련소 운영을 통해 철저히 황민화된 '중견인물'을 양성하여 농촌진흥운동을 통한 전 조선 농민의 황민화 작업의 첨병으로 삼고자 했던 것을 알 수 있다.

이상이 1930년대 일제가 가장 중점을 두어 추진했던 농촌진흥운동의 큰 줄거리이지만 이 밖에도 이를 성공적으로 수행하기 위해 일제는 순회 강연회, 환등기 영사 등 여러 가지 수단을 동원하였다. 이를 위해 내무국 산하의 사회과가 학무국에 편입되었고, 1936년에는 학무국 산하에 사회교육과를 별도로 설치하여 민중교화를 위한 이데올로기 지배체제를 더욱 강화하였다.[75]

이렇게 본다면 조선총독부는 1930년의 공황, 만주침략으로 시작되는 대륙침략의 후방기지인 조선의 안정화 및 통제의 필요에서 농진운동을 시작했다고 할 수 있다.[76] 여기서 중요한 것은 그 수행방식이었다. 그 목표는 '농가갱생'계획이 핵심이라고 하듯이 경제적 피폐의 해결에 있었지만 그 방식은 철저히 향촌사회의 공동체적 관행을 동원한 통제적인 것이었으며,

73) 朝鮮總督府, 1936『中堅人物養成槪要』, 5면 참조.

74) 朝鮮總督府, 1936『中堅人物養成槪要』, 70~71면 참조.

75) 이지원, 앞의 논문(2000), 63면 참조.

76) 이지원은 宇垣一成이 총독으로 부임해 오기 전 일본에서 '국가총력전 체제'의 구축을 위한 정책 경험을 가지고 있었다고 하며, 1930년대 이후 그가 조선에서 시행한 정책의 바탕에는 '총력전' 구상이 깔려 있다고 파악한다. 이지원, 앞의 박사논문(2004), 247~248면 참조.

일본적 근대의 문화의 보급을 통한 것이었다. 여기에서 일본적 근대문화라는 것은 예를 들어 시간엄수, 위생 같은 보편적인 것과 함께 물질적인 것과 함께 農民道나 精神을 강조했던 것과 같은 것이다. 이렇게 볼 때 일제는 농진운동을 통해 조선 농민의 자각 및 노동력 수탈을 강화함으로써 식민지 조선의 체제 위기를 극복함과 동시에 거기에 더하여 조선 농민의 '일본화'를 노렸다고 볼 수 있다.

이 밖에 조선의 역사와 문화의 연구 조사를 통하여 '日鮮同祖의 물적 증거'를 찾아 일선융화의 이데올로기로 이용하고, 조선인들의 민족적 정체성을 교란하려는 1920년대 이래의 노력은 1930년대에 들어와 더욱 조직적으로 진행되었다.77)

4. 맺음말

3·1운동을 통해 확인된 조선인들의 강고한 민족의식은 일제에게 커다란 충격이었다. 1910년대의 무단적인 식민통치에 대한 비판의 소리가 일본의 조야에서 터져 나왔고, 지배자로 군림하며 온갖 모멸적 행위를 일삼는 재조선 일본인들의 반성을 구하는 논의들도 이어졌다. 1920년대의 이른바 '문화'통치는 바로 이러한 배경에서 나온 것이었다.

조선인들의 불만의 원인 중 중요한 것은 현실 및 관습을 무시하는 위압적인 행정과 민족차별이었다. 그 결과 20년대 문화통치기 동화정책론에서는 '동화'라는 말 대신에 '융화'라는 말이 선호되었다. 전자가 일본이 주체가 되어 객체인 조선을 자신에게 동화시킨다는 의미라면 후자는 양자가 대등한 입장에서 서로 조화한다는 의미가 함축되어 있기 때문이다. 자연히 이 시기 논의에는 상대적으로 일본인들의 조선인에 대한 자세에 반성을 구하는 것들이 많았다.

---

77) 이지원, 앞의 박사논문(2004), 250~256면 참조.

그러나 '대등한 입장의 融和'란 애초부터 있을 수 없는 것이었다. 다만 전략의 변화라고 하는 것이 정확하였다. 조선총독부는 '동화적' 조치들을 추진함에 있어 1910년대와 마찬가지로 여전히 학교 교육을 중요시하였지만 社會教化, 舊慣調査 등에도 관심을 기울이게 되었다. 여기에서도 기본적인 입장은 일본인에게 지배자로서의 자각을 고취하고, 조선인들에게는 반대로 충량한 신민으로서의 자세를 지킬 것을 강조하는 데 있었다. 조선의 역사와 전통도 민족의식이 아닌 동화를 촉진하기 위한 보조수단으로서 동원되었다.

1920년대 일제의 정책으로서 주목되는 것은 '모범부락' 설치를 통한 '농민교화'였다. 당시 실시되고 있었던 산미증식계획과 관련하여 농사개량, 생산력 증진을 주목표로 삼는 것이 많았지만 그와 함께 '국민된 성격을 도야'하기 위해 위생사상이나 시간엄수와 같은 근대적 가치를 장려하는 경우도 많았다. 그 시도자 중에 일본을 시찰한 인사가 포함된 경우도 있었는데, 총독부는 보통학교 졸업생을 지도하여 농촌의 중견지도자로서 양성코자 하였다. 이와 함께 일제는 향약의 농민에 대한 통제의 기능에 주목하여 그 관행을 부활시키기도 하였다.

1931년 일제가 만주를 침략하고, 1933년 국제연맹을 탈퇴하는 등 내외적으로 긴장이 심화되면서 조선을 자신들의 대륙침략을 위한 교두보로 만들고 조선인들에 대한 통제를 강화해야 할 필요성이 더욱 커졌다. 여기에 등장하는 것이 바로 농촌진흥운동이었는바, 1920년대 농촌개량사업과는 비교할 수 없이 철저하고 대규모로 추진되었다. 농민들 개개인을 철저히 파악하고 그 노동력을 최대한 조직화하여 파탄상태에 빠진 농촌 경제를 구원함과 동시에 이들에게 일본 '국민'으로서의 자각을 고취하는 것이 목적이었다. 이 시기에도 1920년대의 '모범부락'과 비슷하게 '지도부락'이 설치되고 향약의 관행이 동원되고 생활개선이 표방되었는데, 이를 통해 일본 국민으로서의 국가의식을 제고하고, 위생사상 함양 등 '근대적' 가치를 주입코자 노력하였다. 농촌진흥운동의 황민화 작업으로서의 성격은 1935년 이후 더욱 뚜렷해져 갔다. 농촌의 전 부락을 지도부락으로 만들고, 40개소

설치된 훈련소에 보통학교를 마친 청소년을 선발하여 황민화 이데올로기를 철저히 주입하였다. 이들을 '중견인물'로 양성하여 조선 농촌 황민화 작업의 첨병으로 삼기 위한 것이었다.

이상과 같이 3·1운동에서 조선인들 내면에 있는 강인한 민족의식의 존재를 깨달은 일제는 이를 서서히 무너뜨림과 동시에 일본 국민적 성격을 도야하기 위한 정책을 1920년대부터 진행시켜 나아갔다. 1930년대에 들어와 대륙침략을 개시하면서 농촌 통제의 필요성이 더욱 커지자 농촌진흥운동을 개시했는바, 그 황민화 작업으로서의 성격도 일제의 위기 심화에 따라 강화되어 갔다. 일제가 동화와 관련하여 얼마나 치밀한 계획을 가지고 있었으며, 또 얼마나 이를 조직적으로 추진코자 하였는지를 말해 주는 자료는 아직 없지만 이 단계에서 일제가 취하는 제 시책들은 동화적이라고 할 수밖에 없을 것이다.

‘공립보통학교 1면1교 계획’과 조선인 초등교육(1928～1936)

정규영

1. 머리말

이 글은 1928년부터 1936년까지의 식민지 조선의 초등교육에 관해서 '공립보통학교 一面一校 계획'을 중심으로 그 실상을 밝히는 것을 목적으로 한다. 이 '계획'은 1920년대 말~1930년대 중반 조선총독부의 교육정책 중 중심적인 것이었다. 그 개요는 "1929년도부터 1936년도에 이르는 8년 동안 매년도 130여 교씩 모두 1,074교를 증설하여 완성연도인 1936년도에는 半島 어떠한 벽지라 하더라도 공립보통학교를 갖지 않는 面이 없도록 하는 것"[1]이었다.

조선총독부가 단위행정구역인 面을 기준으로 하여 공립보통학교 보급 정책을 전개하기 시작한 것은 1919년부터다. 이후 1940년대에 이르기까지 공립보통학교를 중심으로 하는 초등교육 보급 확충 정책이 전개되는데 그것은 다음과 같이 3기로 구분된다.[2]

제1차 ① 3면1교 계획(1919~1922)
　　　② 1면1교 계획(1929~1936)
제2차 조선인 초등교육 보급확충계획(1937~1942)
제3차 〃 〃 〃 (1943~1946)

1) 大野謙一, 1936 『朝鮮教育問題管見』, 朝鮮教育會, 170면.
2) 渡部學, 1975 『世界教育史大系5 朝鮮教育史』(梅根悟 감수), 講談社, 258면.

따라서 '1면1교 계획'은 제1차 조선인 초등교육 보급확충 정책의 제2단계에 해당한다. 그리고 이 계획이 시행된 시기는 1919년 3·1운동 이후의 이른바 '문화정치'와 '내지준거주의'의 한계가 드러나면서 식민지 지배가 재차 심각한 위기를 맞이하게 되는 시기이고, 그 돌파구로서 1937년도 이후 전시총동원 체제의 구축과 황민화 정책이 강행되기 시작하는 시기의 직전에 해당한다. 즉 이 시기는, 1920년대 초의 '자유주의적 개혁'이 퇴조하고 전체주의적이고 통제주의적인 정책이 강화되어 가는 시기였다.

종래의 식민지기 교육사 연구에서는 이 '1면1교 계획'이 본격적으로 조명을 받지 못하였다. 현재로서는 박진동(1997)과 오성철(2000)이 1면1교 계획에 대하여 개략적으로 소개하고 있는 정도이며 그에 관한 상세한 연구는 아직 나오지 않고 있다.[3] 그리고 이들 선행 연구에서는 '1면1교 계획' 시기 초등교육의 팽창이 총독부의 정책에 의해서라기보다는 '조선인의 적극적인 보통학교 실립운동'에 의해 주도되었다는 사실이 해명되었다. 이에 대하여 본고는 조선인들의 교육적 요구와 함께 조선총독부의 정책 의도에도 조명을 가하고자 한다. 필자는, 식민지기 교육의 실제 양상은 식민지 민중의 요구와 식민지 권력의 의도의 두 요인을 주축으로 하여 전개되었다고 생각한다.

식민지 지배의 속성상 식민지 권력이 주도하는 교육정책은 식민지 민중의 진정한 교육적 요구와는 늘 괴리가 있을 수밖에 없으며, 후자는 전자에 정당하게 반영될 수 없는 조건에 있다. 그러나 동시에 전자는 후자를 무시하고 일방통행으로 성립하는 것이 아니다. 정치적 지배 관계에서는 피지배자의 일정한 정도의 '참여'와 '협력' 없이는 어떠한 정책도 성공할 수 없기 때문이다. 따라서 식민지 초등교육의 실제 양상은 이들 근본적으로 대립하는 두 이해관계의 복잡한 상호작용에 의해 규정된다고 보아야 할 것이다. 구체적인 교육정책의 본질 역시 이 두 요인 혹은 '힘'의 그때 그때의 상대

3) 박진동, 1997「일제강점하(1920년대) 조선인의 보통교육요구와 학교설립」, 서울대학교 사회교육과 석사학위논문; 오성철, 2000『식민지 초등교육의 형성』, 교육과학사.

적인 역학관계 속에서 파악되어야 하며, 교육의 실제 양상 역시 그러한 맥락에서 포착될 필요가 있다.

식민지 초등교육은 조선인이나 조선총독부 양자에게 있어서 결코 양보할 수 없는 중요한 이해관계의 대상이었다. 조선인들은 3·1운동 이후 공립보통학교를 열렬히 원하였다.[4] 식민지 지배의 현실에서 초등교육은 조선인들이 개인적으로 생존하고 인간적인 생을 영위하기 위해서 불가결한 요인이었다. 그리고 그것은 장래의 민족적 독립을 도모하고 그를 준비하기 위한 민족 차원의 '실력 양성'의 수단이기도 했다. 그리하여 1920년 이후 조선인들은 앞다퉈 공립보통학교의 설립을 요구했고 또 공립보통학교에 취학하는 조선인 아동이 급증했다. 조선총독부로서도 공립보통학교는 조선인을 '忠良한 日本 臣民'으로 만들고 또 하급실무자·노동자로 육성하는데 있어서 가장 중요한 도구였다. 따라서 공립보통학교의 확충과 보급은 양자 모두에게 필요한 일이었다. 그러나 그 근본적인 목적에 있어서 양자 간에 메울 수 없는 間隙이 존재할 수밖에 없다. 전자에게 있어서 초등학교는 근대적 인간으로서 필요한 지식과 자격을 습득하는 제도이며 동시에 민족의 자립과 번영을 위한 '실력'을 기르는 곳이었다. 그에 반해 후자에게 있어서는 그것은 조선인의 민족적 정체성을 박탈하고 그들을 식민지제국 일본의 '하급 신민'으로 육성하는 식민지 통치의 도구였다. 즉 양자 간에는 민족적 이해의 대립이라는 근본적인 '모순'이 존재하는 것이며, 이것으로 말미암아 식민지 초등교육은 그 독특의 특수성을 지니게 된다.

이상과 같은 관계로 인해, 식민지 초등교육 체제는 양적인 면에서는 점차 규모가 확대되어 가지만, 내부적으로는 '모순'이 점점 깊어지면서, 근대 초등교육 본연의 모습으로부터의 '이탈'과 '왜곡'이 심화되어 가는 것이다. 본 고의 목적은, 바로 그러한 식민지 초등교육 체제의 외적 확대와 내적 '왜곡'이 구체적으로 어떻게 진행되었는가에 관해, '공립보통학교 1면1교

---

4) 3·1운동을 전후한 조선인들의 초등교육관의 극적인 변화에 관해서는 한우희, 1998「식민지 전기의 보통학교」,『근대한국초등교육연구』, 우용제 외, 교육과학사를 참조.

계획'을 중심으로 하여 그 실상을 밝히는 것이다.

2. 공립보통학교 1면1교 계획

1) '1면1교 계획'의 배경

가. 공립보통학교와 조선총독부

1928년에 조선총독부가 '1면1교 계획'을 수립하게 된 근본 배경은 극히 저조한 초등교육 취학률이었다. 당시 보통학교 재학자는 학령아동의 약 18%에 불과하였고 각종학교, 강습소, 서당 등 '유사 초등교육기관'의 재학생을 모두 합산하여도 30%에 미달하는 수준이었다. 이러한 상태는, 공립보통학교를 도구로 하여 한시 바삐 '충량한 신민'을 양성하려는 총독부로서는 중대한 결점이 아닐 수 없었다. '1면1교 계획'의 심의를 위해 소집한 임시위원회 석상에서 한 야마나시 한조(山梨半造) 총독의 연설은 그 사정을 잘 나타내고 있다.

> (전략) 국민 일반을 대상으로 하는 초등교육기관의 보급의 정황에 관해 보면, 그 기관의 수에 있어서도, 또 그 배치분포의 정황에 있어서도, 아직 매우 유감스러운 점이 많습니다. 즉 반도의 面의 총수 중 아직 보통학교를 배치하지 않은 것이 약 반수를 헤아리고, 보통학교에 재학하는 자도, 학령상당자의 일할 팔분에 지나지 않습니다. 이것을 보통학교 유사의 초등학교 및 서당 등에 재학하는 자를 합해도, 여전히 그 삼할에 달하지 않는 상태이므로, 반도의 통치상 심히 우려하지 않으면 안 될 것입니다.[5)]

---

5) 「臨時教育審議委員會 總督 挨拶」『文教の朝鮮』 1928년 9월호. 이하 본고의 일문으로부터의 한국어 번역은 모두 필자에 의함. 구체의 한국어문은 내용 전달상 특별한 이유가 없는 한 전부 현재의 표준 문체로 바꾸어 표기하였으며, 인용문 중의 괄호는 인용자에 의한 것임.

와타나베 마나부(渡部學)에 의하면, 1913년 데라우치(寺內) 총독이 천황에게 올린 「朝鮮統治三年間成績」에서 "해마다 공립보통학교의 증설에 힘써 … 1府郡마다 1교 이상의 설립을 보게 되었고"라고 보고한 이래, "역대 총독은 그 공을 다투기라도 하는 것처럼 銳意 공립보통학교의 증설에 주력했다."[6] 역대 조선총독에게 있어서 조선인을 대상으로 하는 초등학교의 보급 정도는 '총독 치적'의 중요한 지표였던 것이다.

공립보통학교의 보급이 조선총독의 '근무성적'의 주요 지표가 된 까닭은, 보통학교가 조선 식민지통치의 핵심적인 수단이었기 때문이다. 다카하시(高橋濱吉)는 테라우치(寺內) 초대총독의 조선교육 기본방침을, (1) 조선인을 일본신민으로 육성한다, (2) 점진주의를 취한다, (3) 근로의 습관을 형성한다, (4) 보통교육 및 실업교육에 주력한다, (5) 국어의 보급을 꾀한다, 의 다섯으로 보았다.[7] 이러한 '기본방침'에서 공립보통학교는, 조선인 아동을 대상으로 일본어를 보급하고 근로의 습관을 길러 그들을 하급의 '일본신민'으로 육성하기 위한 기본 시설이었던 것이다.

1910년대 초부터 1920년대 말까지의 공립보통학교 증설 상황을 보면, 1912~1919년의 7년 동안 학교수는 341교에서 535교로 194교가 증가되어 매년 평균 27.7교의 공립보통학교가 신설되었다. 그리고 1919~1926년까지에는 729교가 증가하여 매년 평균 104.1교가 증설되었다. 특히 1919년에서 1923년까지의 '삼면일교'기에는 매년 평균 126.3교가 신설되었다.

그림 1에서 알 수 있듯이 공립보통학교의 증가 추세는 1923년 이후 주춤해지고 이후 1920년대 말에 이르는 기간 동안 상대적으로 증가세가 둔화하고 있다. 공립보통학교의 증설이 지체된 것과 함께 조선인 아동의 취학률의 증가세도 같은 시기에 현저히 떨어지고 있었다. 이렇게 1923년 이후 공립보통학교의 증설이 저조해지고 학령아동의 취학률이 현저히 둔화된 배경으로는 당시의 극심한 경제 불황이 주요한 요인이었으나, 조속히

---

6) 渡部學, 앞의 책(1975), 254면.

7) 高橋濱吉, 1927 『朝鮮教育史考』, 帝國地方行政學會朝鮮本部, 358면.

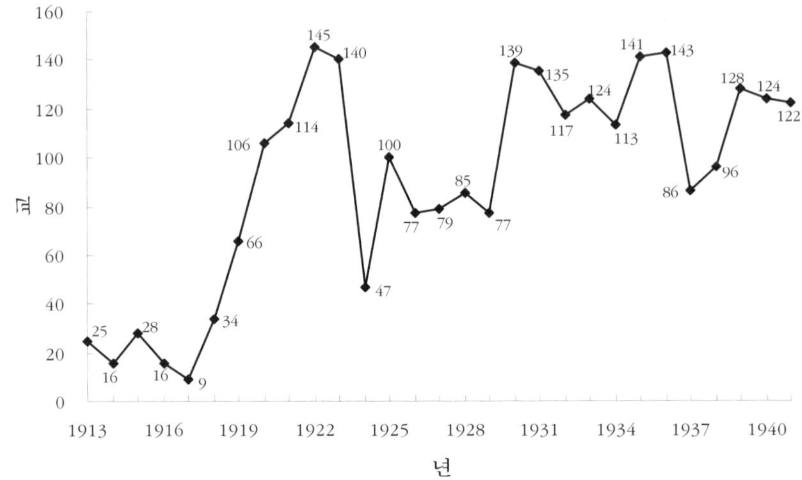

자료: 표 5에서 작성함.

그림 1. 일제하 연도별 공립보통학교의 증가 추이

공립보통학교를 전국적으로 보급시키고 조선인 아동의 취학률을 높여야 할 조선총독부로서는 초조하지 않을 수 없었다.

나. 공립보통학교와 조선인

초등학교가 절대적으로 부족하고 그로 인해 학령 아동의 취학이 크게 제약받는 상태는, 조선인들에게는 보다 직접적인 고통이었다. 약 2,500을 헤아리는 전국의 面 중에 공립보통학교가 설치되지 않은 곳이 절반에 가까우며, 마을의 학령 아동 10명 중 책보를 끼고 시설이 제대로 갖추어진 초등학교에서 근대적 교육을 받는 아동이 2명이 채 안 되고 나머지 8명은 문맹 상태에 방치되어 있었던 것이다. 근대적인 초등교육을 받을 의지도 있고 또 재력도 있지만, 단지 인근에 초등학교가 없다는 이유로 해서 대다수의 아동들이 초등교육의 기회를 갖지 못하는 것은, 조선인들로서는 도저히 수긍할 수 없는 상황이었다. 오성철의 지적대로, 교육정책을 입안하고 추진한 것은 총독부였으나 그렇게 하도록 만든 보다 직접적인 동인은 초등교육의 직접 이해 당사자인 조선인들이 제공했던 것이다.[8)]

결국 공립보통학교 1면1교 설치 계획은 조선인들의 '교육적 요구'에 대응하면서 동시에 자신의 정치적 목표를 실현하려는 조선총독부의 의도를 담은 것이었다. 후자는 1면1교 정책의 구체적인 내용의 검토를 통하여 확인될 것이므로, 그에 관해 보기 전에 먼저 전자 즉 1920년대 말의 시점에서 조선인들이 초등교육에 대하여 제기한 '요구'가 무엇이었는지를 살펴보기로 한다.

1면1교 정책이 수립되기 직전인 1927년과 28년 당시 조선인들이 초등교육에 대하여 내건 요구는 어떠한 것들이었던가? 1927년 및 1928년도 『동아일보』의 초등교육 관련 기사를 기초로 할 때, 그것은 대략 ① 보통학교의 증설, ② 학급의 증설, ③ 수업연한의 연장, ④ 수업료의 폐지, ⑤ 조선인 교원(교장)의 채용의 다섯 가지로 요약된다.[9)]

①과 ②는 초등교육시설의 부족에 기인하는 요구로서 가장 기본적인 것이었다. 각지에서는 1920년 이래의 공립보통학교 설립운동의 연장선상에서 보통학교설립기성회가 조직되어 면민들이 주축이 되어 학교설립에 필요한 기금 조성을 계속하여 군이나 도 당국으로부터 설립인가를 받는 경우가 많았다. 그 한 예로 충남 예천군의 예를 보자. 예천군은 1927년 2월 현재 12面에 공보교가 5교에 불과하였다. 이에 上里面과 下里面 주민들이 합

---

8) 오성철, 1998 「1930년대 초등교육 확대와 조선인의 교육 요구」 『근대한국초등교육연구』, 우용제 외, 교육과학사; 오성철, 2000 『식민지 초등교육의 형성』, 교육과학사.

9) 그 밖에 의무교육의 시행, 교육내용상의 민족차별의 시정과 같은 요구도 있다. 의무교육의 시행에 관해서는 아직 강령적인 수준에서 주창되고 있으며, 그것이 구체적으로 요구되는 것은 1930년대 중엽부터다. 예컨대 1934년 3월 3일 평남도회의 조선인 의원들이 의무교육 실시 건의안을 제출한 것(『동아일보』 1934년 3월 5일자), 1935년 3월 충북도회에서의 조선인 의원의 요구(『동아일보』 1935년 3월 2일자), 동년 3월 2일 강원도회에서의 조선인 의원의 발언(『동아일보』 1935년 3월 5일자) 등이 있다.

동하여 보교 1교의 신설을 결의하고, 건축기성회를 조직하여 임원을 선출하고, "총공비 팔천원중 삼천오백원은 上里民, 사천오백원은 下里面民이 부담하기로 하고 당국의 보조가 일만이천원이 있으리라 하며 공사는 今秋에 착수하여 소화 3년 4월 1일에 개교할 예정"으로, 부담금은 1戶당 평균 4원 50전씩 배정되었다.[10)]

학급 증설과 관련된 사례로는, 매년도 증축하기로 한 교실 증축이 경비 부족으로 불가능하게 되어 부득이 신입생 모집 정원을 절반으로 줄일 수밖에 없었던 사례가 있다. 安城공립보통학교는 안성읍을 비롯하여 무려 6개 읍면을 통학구역으로 하여 매년 140명씩 신입생을 모집하여 왔는데, 예정되어 있던 교실 증축이 불가능해져서 부득이 신입생 모집을 70명으로 감축하지 않으면 안 되었다. 이에 대하여 공보교의 관리를 책임지는 군수는 '교실 증축비 기부금'을 주민들이 모금해 오지 않는 이상 도나 군으로서는 방법이 없다고 그 책임을 주민들에게 돌렸다.[11)] 이에 안성공보교의 학무위원과 학부형들이 회합을 가지고, 세 교실의 증축비 7,500원을 6개 면민들로부터 기부금을 모금하여 27년도 8월까지 준공한다는 결의를 하였다.[12)]

지역마다 조금씩 사정은 다르지만, 공보교와 학급 증설의 노력은 각지에서 지속되었다. 그리고 그 대부분은 위의 예천이나 안성의 경우처럼, 지역민들이 주도하여 건축비를 모금하고 군수에게 학교 및 학급 증설의 인가를 요구하는 방식이었으며, 행정 당국이 적극적으로 나서는 일은 거의 없었다.

그런 가운데서, 경남도에서는 이례적으로 1927년부터 5개년 계획으로 1년에 22교씩을 증설한다는 '1면1교' 계획이 수립되었던 사실이 주목된다. 『동아일보』의 기사에 따르면, "학무과장 김동준 씨의 노력으로 경남 전도 257면 중 보교 설치가 110교라 하며 잔여 미설치 114면에 대하여 소화 2년부터 6년까지 5년간을 매년 23교씩 증설하여 1면1교제를 실시하기로 결정"하였다. 이 안은 당시 개회 중이던 도평의회에서도 만장일치의 찬동을

10) 『동아일보』 1927년 2월 15일자.
11) 『동아일보』 1927년 2월 22일자.
12) 『동아일보』 1927년 2월 28일자.

얻었다.[13] 이 사례는 조선총독부의 '1면1교' 계획에 선행하여 지방에서 동일한 내용의 보교 증설계획이 수립되었다는 점에서 흥미로운 사례다. 그 기간도 총독부안이 8년인데 비해 5년으로 훨씬 짧다.

③은 당시 상당수에 달했던 4년제 보통학교를 6년제로 승격시키기 위한 '학년연장운동'으로 전개되었다. 학년연장운동은 1922년의 개정조선교육령에 의해 종전의 3~4년이었던 보통학교 수업연한이 6년으로 연장되고 지방 사정에 따라 4년으로도 할 수 있도록 함에 따라, 6년제 보통학교가 다수인 가운데 4년제도 상당수 있게 되었다. 4년제의 경우 상급학교 진학을 위해서는 다시 6년제 학교로 편입하여야 하는 불편이 있기 때문에, 해당 지역민들은 6년제로의 학년연장을 위해 수년간 노력을 지속하였다.

이 '학년연장' 문제는 ① 및 ②와 함께 당시 초등교육의 최대 현안이었다. 보교 증설 운동과 함께 각지에서는 '학년연장운동'이 전개되고 있었다. 4년제를 졸업하고 6년제 보교로 편입하고자 하여도 통학거리가 멀고 또 그를 감수한다고 하더라도 6년제 보교의 수용인원에 한도가 있어서 대다수의 편입 희망자가 꿈을 접어야 했다. 한 예로 1926년 4월 어느 6년제 보교에서는 지원자 80여 명 중에서 12명만이 편입할 수 있었다.[14]

이와 같이, 4년제 보통학교를 마치고서는 상급학교로의 진학이 사실상 불가능하기 때문에 4년제 보통학교로의 입학 자체를 회피하는 일이 발생하게 된다. 경기도 시흥군의 군자공립보통학교(4년제)의 경우, 1927년 졸업생 중에서 6년제 보교로 편입한 자가 아무도 없게 되었는데, 그 때문에 취학 아동을 가진 관내 부형들은 "학교가 불필요하다고 비난하며 입학을 시키지 않으므로" 동년 군자보교의 신입학생이 전무하게 되어서, 각 이장 구장과 교사가 호별방문을 하며 입학 권유를 하고 다니는 일까지 벌어졌다.[15] 또 시흥군 수암면에 있는 안산공립보통학교에서도 1928년도 입학 지원자가 전무하였는데 그 까닭은, 안산공보교가 4년제인 관계로 "학교를 마

13) 『동아일보』 1927년 2월 23일자.

14) 밀양 김진국 「보교교육내용(1)」 중의 인용. 『동아일보』 1927년 2월 8일자.

15) 『동아일보』 1927년 3월 24일자.

쳐도 상급학교에 입학치 못하게 될 뿐 아니라 자기 성명 하나 변변히 알지 못한다"고 하여 차라리 사숙에서 한문이나 가르켜 농사에 종사하는 것이 낫다는 이유에서 사람들이 한문사숙(서당)을 택하기 때문이라고 했다. 그래서 동 면에서는 경찰관의 힘을 빌려 관내 여러 한문사숙을 폐쇄시키는 강압 조치까지 취하였다.[16)]

이러한 사례들은 4년제 보교문제의 본질을 단적으로 드러내는 것이라고 할 수 있다. 당시 조선 거주 일본인 아동의 경우는 아무리 학생수가 적어도 예외없이 6년제로 하고 있던 것에 비하면 이는 매우 차별적인 제도로 인식되지 않을 수 없다. 참고로 1929년 5월 말 현재 전국 공립보통학교 1,500교 중 4년제가 474교로 전체의 31.6%에 달했다(『朝鮮諸學校一覽』 소화 4년도 참조). 그런데 나중에 보게 될 총독부의 '1면1교 계획'은, 이처럼 조선인들로부터 배척당하는 4년제 보교 설치를 원칙으로 하고 있었다.

다음으로, ④의 수업료 폐지의 요구는, 당시의 심각한 경제불황으로 인해 빈발하고 있던 수업료 체납 혹은 미납 사태에 대응하여 학교나 군이 정학이나 재산 차압 등의 강경 수단을 취하는 등 보통학교의 수업료 징수 문제가 사회 쟁점화하고 있던 중에 제기되었다. 1923년 이래의 경제불황에 더하여 거의 매년 되풀이되는 한재 및 수재로 인해 전체 농가의 70~80%가 자소작 내지는 소작농, 그리고 전혀 생계수단이 없는 窮民으로 전락하는 등 1920년대 말 조선 농촌의 빈곤화가 가일층 진행되고 있었다. 살 길을 찾아 男負女戴로 간도 이주를 떠나는 농민들이 줄을 이었던 시기다.

당시 공립보통학교의 월 수업료('月謝')는 평균 60전이었으며, 이를 학교에서 교사가 아동으로부터 매월 직접 징수하였다. 경제불황 특히 농촌의 피폐가 극심한 가운데 수업료 체납이 늘어나자 각 군 당국에서는 아동의 출석정지나 가재도구의 차압 등의 강제수단을 동원하였고, 군청 직원을 파견하여 수업료 체납 아동을 교실에서 강제로 내쫓고 책보를 뺏는 등 불상사가 일어나 사회문제로 되었다.[17)] 함남 정평공립보통학교에서는 1927년 2

16) 『동아일보』 1928년 3월 20일자.

월 14일 수업료 체납을 이유로 130여 명에게 정학처분을 내리고 반개월이 지났음에도 정학처분을 풀지 않았다. 이에 대하여 학교관리자인 정평 군수는 학부형의 집에 가서 가재도구를 차압하더라도 아동들은 등교하도록 하겠다는 의향을 밝혔으나, 학교장인 일본인 궁협 씨는 "일단 학교에서 처분한 일인데 중도에 주장을 죽여 버릇하면 일후에도 명령이 서지 않을 터이므로 절대로 돈가지고 오기 전에는 들여놓을 수 없다."라고 강경자세를 굽히지 않았다.[18]

이와 같이 수업료 징수로 인하여 비교육적이고 비인간적인 일이 다수 발생하는 가운데, 조선인들로부터 수업료 철폐의 주장이 제기되기 시작했다. 그리고 이 문제와 연동하여 일본인 교원에 대한 加俸과 사택료 지급을 폐지하거나 일본인 교원을 조선인으로 대체하라는 주장이 제기되었다.

앞서 소개한 경남도의 1면1교 계획과 관련하여, 1927년 2월 24일의 경남도평의회에서는 5개년이라는 계획 기간이 길다고 하여 이를 3년으로 단축해야 한다는 주장과 함께, (향후 신설되는) 보통학교의 교장은 조선인을 임명하라는 내용의 건의문이 조선인 의원 20명의 연명 날인으로 결의되었다.[19] 동년 3월 19일 동아일보 사설 「보교재정과 조선인 교장」은, 만약 일본인 대신 조선인 교장을 채용하게 되면 매년 전조선 보통학교 교원 급여의 8%에 해당하는 48만 원 가량이 절약될 것이니, 이를 보교 확장을 위해 사용한다면 현재의 보통학교 입학난이 크게 완화될 것이라고 구체적인 수치를 들어가며 주장했다.[20] 또, 1928년 2월 23일 전북 고창군 학교평의회

17) 김제군 학교평의회는 수업료 체납 3개월의 아동에 대하여 출석정지를 명할 수 있도록 수업료징수규정을 개정함.(『동아일보』 1927년 3월 19일자) 함남 리원 군청에서 파견된 직원이 리원공보의 수업료 체납 학생을 매일 수업시간에 교실에서 쫓아낸 사건이 발생함.(『동아일보』 1928년 2월 18일자)

18) 『동아일보』 1927년 3월 3일자.

19) 『동아일보』 1927년 2월 27일자.

20) 이는 매우 흥미로운 주장이 아닐 수 없다. 나중에 검토하게 될 총독부의 1면1교 계획에 따르면, 보통학교 1학급당 연간 평균 경상비는 1,300원이었고, 1학급의 연간 수업료 총액(학급당 70명 기준 평균 월액 60전, 11개월)이 462원이므

에서, 평의원 정영식이 보통학교 수업료로 인해 자제 교육상 악영향이 적지 않으므로 수업료 철폐를 제의하자 의장(군수)이 수업료 철폐로 인해 결손되는 1만 1,000원을 어떻게 충당하느냐고 반문하였다. 이에 대해 정영식은, "지금 예산에 있는 일본인 교원 가봉과 사택료를 합하면 8천여 원이며 수업료 징수하는 사무원의 급료 5백여 원까지 계입하면 2천 원만 절약하여도 수업료 철폐가 가능하다."라고 구체적 논거를 들어 가며 수업료 철폐를 역설했다.[21]

이와 같이 ⑤의 조선인 교원(교장) 채용의 요구 즉 일본인 교원(교장)의 배제 요구가 보통학교 증설을 위한 재정 확보 및 수업료의 철폐와 관련하여 조선인들로부터 본격적으로 제기된 것은, 식민지 초등교육에서의 민족적 이해관계의 정면 대립의 한 양상으로써 매우 주목되는 현상이다. 이는 총독부로서는 극도로 민감한 사안으로써 이에 관해서는 논의 자체를 회피하는 방침으로 일관했다. 예컨대 경성부 학무과장 가시와기(柏木)는 조선인 교장의 채용 건의에 대하여, 그것이 "빈약한 학교비 예산상으로 보아도 이익이 될 터"라고 그 타당성을 인정하면서도, "총독부에서 정책상 허락치 않으"므로 지금까지 실현을 보지 못하여 왔다고 답변하였다.[22] 동등한 자격과 능력의 초등 교원에 대하여 단지 일본인이라는 이유만으로 '가봉'이나 '사택료'의 명분으로, 조선인의 2배 내지 3배나 되는 급료를 지급하는 것은 전적으로 식민지 지배의 특수성에 기인하는 것으로서, 그러한 명백한 민족 차별에 대한 합리적인 설명이 거의 불가능하기 때문이다.

로 이를 앞의 연간 경상비에서 제하면 838원이 학교비 등 공적 부담으로 된다. 따라서 경상비를 기준으로 할 때, 조선인 교장 채용으로 절약되는 연간 48만 원으로 573학급을, 학교수로는 약 100교의 보통학교를 증설할 수 있다는 계산이다.

21) 『동아일보』 1928년 2월 26일자.

22) 『동아일보』 1927년 3월 6일자.

다. 1920년대 말 조선 사회의 사상 및 경제 상황

1920년대 후반은 민족 및 계급 모순이 날로 격화하는 가운데 민족주의와 사회주의 운동이각급 학교에 파급되어 공립보통학교의 학생들조차 동맹휴업을 감행하는 등 식민지 공교육 체제의 전반적인 위기 상황이었다. 1921년부터 1928년까지 전국의 학생동맹휴업은 전부 404건으로, 이 중에서 관공립학교 242건, 사립학교 162건이었다. 그런데 흥미로운 사실은 이 중에서 초등학교의 동맹휴교 건수가 관공사립 합하여 192건이며, 관공립보통학교 동맹휴업 건수만 무려 156건에 달하고 있다는 사실이다.[23] 연도별 맹휴 발생건수도 1921년의 23건을 시작으로 매년 증가하다가 1927년의 72건, 그리고 1928년의 83건으로 급증하는 추세를 보였다.

조선총독부는 이러한 학생 동맹휴교의 배경으로서 '민족주의 사상과 공산주의 사상'의 '합류 혹은 교차'를 들었다. 학생 동맹휴교의 원인은 다양하였다. 그러나 후기로 올수록 식민지교육체제의 민족 차별성을 정면으로 공격하고 조선인 중심의 교육을 요구하는 것이 공통된 특징이었다.[24] 식민지 교육체제에 내장하는 민족적 모순이 직접적인 형태로 표출된 것이다.

이와 같이 1920년대 후반기에 접어들어 식민지 교육체제를 뒤흔들 정도로 조선인 학생들의 정치적 의식이 첨예화한 배경에는, 자유주의와 공산주의 사상의 전파라는 요인과 함께, 1923년부터 시작된 만성적인 경제 불황이라는 요인이 자리하고 있었다. 1923년 9월에 발생한 관동대진재와 그 피해 복구를 위한 인플레정책의 여파로 발생한 일본의 금융공황, 그리고 1929년부터 시작된 세계공황의 일본 경제로의 파급 등은, 경제적으로 본국

---

23) 조선총독부 경무국, 1929『朝鮮に於ける同盟休校の考察』, 9면.

24) 예를 들어 1926년의 6·10 만세운동을 계기로 전국적으로 속출한 동맹휴교에서는 "조선인 교육은 조선인본위로!!!"라는 표어가 널리 나돌았다. 그 구체적인 내용은, 보통교육을 의무교육으로 하라, 보통학교 용어를 조선어로 하라, 보통학교 교장을 조선인으로 하라, 중등 이상 학생의 집회를 자유로 하라, 대학은 조선인을 중심으로 하라, 라는 것이었다. 이러한 내용의 표어는 1927년 이후의 맹휴에서는 빠짐없이 등장하였다. 앞의 책, 48면.

에 종속될 수밖에 없는 식민지조선에 대해서도 파멸적인 영향을 미쳤다.

일례로, 총독부의 산미증식계획에 따라 농업분야에서 미곡 생산에 특화하고 있었던 조선에서는, '내지'의 미가 폭락과 연동하여 1930년 10월에 농업공황이 발생하였는데, 미가가 종전의 가격을 회복한 것은 1934년이었다.[25] "이미 1920년대의 산미증식계획을 통해 농민층 분해가 진전하고, 영세한 소작농이 퇴적하고 있던 조선 농촌의 타격은 심대하였으며, 공황기에 지주의 토지 집적은 일층 진행되었다. 궁핍화한 농민의 일부는, 농촌에서 도시로, 나아가 만주·내지로 유출해 갔다."[26]

농업공황으로 인해 상대적으로 더 큰 타격을 받은 것은 중하층 농민들로서, 자작 겸 소작농과 순소작농의 비율이 점차 확대되어 갔다. 한 예로 전라북도의 경우 1927년 말 현재 전체 농가 중 지주가 3만 980호, 자작 겸 소작이 5만 4,632호, 순소작이 14만 6,395호로, 전체 농가 23만 2,007호 중 순소작 농가가 63.1%에 달하며 자작 겸 소작까지 합하면 그 비율이 86.6%나 되었다. 1926년도에 비하면 자작 겸 소작인 호수는 3,000호 이상 감소하고 반면 소작인 호수가 3,000호 증가하였는데, 그 원인은 농촌이 점차 피폐해져 지주가 자작 겸 소작이 되고 자작 겸 소작이 순소작으로 전락했기 때문이었다.[27] 이러한 상황은 다른 도에서도 대동소이하였다. 그리하여 해마다 '춘궁'의 농촌에는 "바가지 꿰어차고 간도를 찾아가는 사람들"이 줄을 이었다.[28]

당시의 경제적 침체를 알려 주는 하나의 바로미터가 되는 것이 지방 재정 상황이다. 조선지방재정의 歲計 합계의 누년 비교를 통하여 1923년을 전후한 시기의 조선의 경제 상황을 대략적으로 검토하면 다음과 같다. 1918년의 세계 총계 1,587만 5,351원에서 1923년 6,251만 7,523원으로 그 증가율이 294%에 달하였으나, 1923년부터 1928년의 5년간에는 그 증가율

25) 金子文夫, 1987「資本輸出と植民地」『日本帝國主義史2 世界大恐慌期』, 大石嘉一郎 편, 東京大學出版會, 334면.

26) 위의 책.

27) 『동아일보』 1928년 3월 19일.

28) 위의 책.

표 1. 지방 세계 누년 통계(1918-1938)

연도	세계 합계(원)	전년도 대비 세계 증가율(%)	연도	세계 합계(원)	전년도 대비 세계 증가율(%)
1918	15,875,351		1929	90,884,316	8.5
1919	23,298,799	46.8	1930	86,680,368	-4.6
1920	42,640,841	83.0	1931	97,950,254	13.0
1921	46,992,068	10.2	1932	118,320,406	20.8
1922	59,239,407	26.1	1933	140,353,304	18.6
1923	62,517,523	5.5	1934	137,627,817	-1.9
1924	62,192,431	-0.5	1935	132,879,472	-3.5
1925	66,091,678	6.3	1936	151,286,274	13.9
1926	73,732,340	11.6	1937	189,274,025	25.1
1927	82,475,357	11.9	1938	202,416,021	6.9
1928	83,790,404	1.6			

자료: 조선총독부 내무국, 『朝鮮地方財政要覽』 소화 13년도를 참조하여 작성.

표 2. 소작쟁의 누년 비교표

	'20	'21	'22	'23	'24	'25	'26	'27	'28	'29	'30	'31	'32	'33
건수	14	27	24	176	164	11	17	22	30	36	93	57	51	66

자료: 조선총독부 경무국, 『最近に於ける朝鮮治安狀況』, 1934, 157~158면에서 작성.

이 35%에 그쳐, 이 기간의 경제 불황을 단적으로 나타내고 있다. 표 1을 보면, 1919년 이후 1922년까지 조선 경제가 활황 상태를 지속하다가 1923년 돌연 경제가 위축되기 시작하여 이후 1930년까지 극심한 경제 불황을 겪고 있었음을 확인할 수 있다.

한편 농촌의 경제적 궁핍화, 특히 농업공황은 소작쟁의의 격화라는 형태로 표출된다. 표 2에서 보듯이 소작쟁의는 1923년과 24년 두 해에 걸쳐 폭발적으로 증가하였으며 잠시 주춤하다가 1927년 이후 재차 증가하고 있다.

이러한 조선경제의 침체와 부진은 공립보통학교 재적 학생수에 반영되

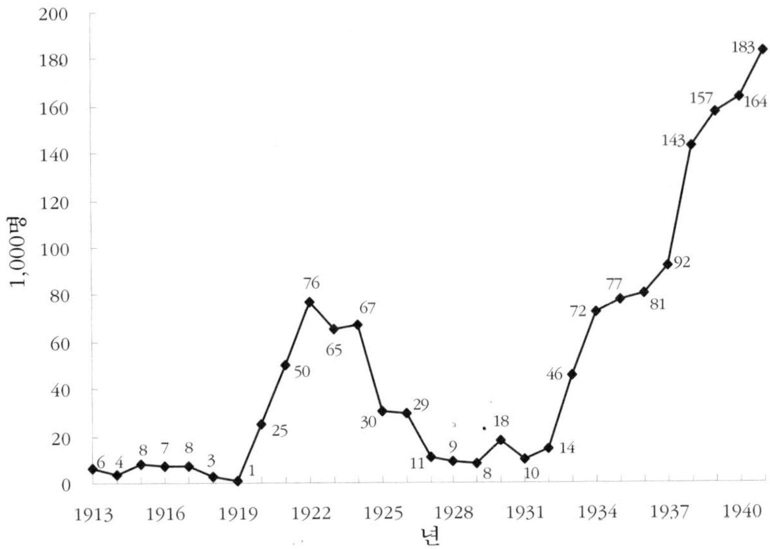

자료: 표 5에서 작성함.

그림 2. 일제하 연도별 공립보통학교 학생수의 증가추이

었다. 그림 2에서 보듯 1920년부터 가파른 증가율을 보이던 공립보통학교 학생수가 1924년 이후 급격히 감소하여 1920년대 말에는 매년 1만 명 정도의 학생이 증가하는 데 그치고 있다.

이와 같이 자유주의와 사회주의 등의 식민지통치를 위협하는 반체제적 사상이 사회 전반에 파급되는 한편 심각한 경제적 불황이 진행되고 있던 이 시기에, 식민지 공교육체제는 학생의 동맹휴교와 학생수 증가의 부진이라는 형태로 위기를 맞이하고 있었다. 식민지 초등교육을 '통치의 要諦'로 인식하였던 조선총독부로서는, 이러한 사태는 '반도의 통치상 실로 우려하지 않으면 안 될' 중대 사태였던 것이다.[29]

조선총독부 학무국이 1928년 4월에 공립보통학교의 확충을 위한 계획

29) 「臨時教育審議委員會總督挨拶」, 『文教の朝鮮』 1928년 9월호.

(「朝鮮總督府ニ於ケル一般國民ノ教育普及振興ニ關スル第一次計畫」)을 수립한 것은 위와 같은 사회적 배경 아래서의 일이었다. 동 계획의 핵심은 1929년부터 6년간에 걸쳐 공립보통학교를 증설하여, 최종 목표 연도인 1936년에는 전국 모든 면에 각 1개교씩의 공립보통학교가 설치되어 있도록 한다는 것이다. 그러나 「第一次計劃」은 그러한 초등교육의 물적 토대의 확충만을 목표로 하는 것이 아니었으며, 식민지 초등교육의 기본 궤도를 수정하는 내용을 담고 있었다.

2) 1면1교 계획의 주요 내용

가. 일반 방침

1928년 4월에 총독부 학무국에 의해 성안된 「朝鮮總督府ニ於ケル一般國民ノ教育普及振興ニ關スル第一次計畫」[30](이하 「第一次計畫」으로 약칭함)은 '一般方針'과 일곱 가지의 구체적인 '事項'들로 이루어졌다. 먼저 '一般方針'에서는 앞으로의 초등교육 정책에 관한 총독부의 기본 방침이 다음 셋으로 제시되었다.

① 초등교육의 '근본요의'로는 종래 '내지' 등에서와 같은 '독서교육의 폐'를 배제하고 '조선의 실정'을 감안하여 '국가사회인으로서의 필요한 자질'을 향상하고 '근로애호의 정신'을 진흥시켜 '興業治産의 지향'을 교양함에 주력한다.

② 교육의 실제 시설에서는 기회균등의 주의에 의해 차제에 '소수자에 대한 교육'의 향상을 꾀하기보다는 오히려 '다수민중에 대한 교육'의 보급을 꾀하여 '1면1교주의'의 실현을 추진하고 그를 통하여 각 面에 '장래 보통학교 발전의 중핵이 될 설비'를 세우고 나아가 이를 기초로 하여 '사회교육 시설의 진전'을 도모한다.

③ 초등교육 및 사회교육 시설은 대체로 그 비용을 지방단체가 부담하

---

30) 『日本植民地教育政策史料集成(朝鮮編) 17』, 龍溪書舍, 1991.

는 것을 원칙으로 하여 '교육에 대한 민중의 의무심'을 환기하는 것이 되어야 하지만, 현재의 '반도의 민도'를 고려하여 본계획에 의해 새로 각 면에 '교육기관의 중핵'을 수립할 때까지의 비용은 당분간 보조정책을 주로 하고, 점차 지방의 부담에 의해 교육시설의 유지 발전을 도모하는 방침으로 추진한다.

이를 요약하면 '지식 교육'으로부터 '근로 교육'으로의 전환, 보통학교의 사회교육시설화, 보조금에 의한 보통학교 설립·유지가 될 것이다. 이러한 정책 방침은 당시의 정치적 및 경제적 상황을 배경으로 하고 있음은 물론이다. ①과 ②는 당시 식민지 학생과 청년들의 '사상 악화'와 '반체제화'에 대한 대응책으로서의 성격이 농후하다. 지식 전수와 서적을 통한 지적 교육을 지양하고 농사활동 등의 노동교육을 위주로 함으로써, 자유주의와 공산주의 사상의 확산을 저지하자는 것이다. 초등학교를 지역사회의 사회교육시설로 삼겠다는 방침 역시, 지역사회 청년층의 '교화'에 보통학교를 활용한다는 취지이므로 그 정치적 의도가 분명하다.

그에 비해 ③은 주로 당시의 악화일로의 경제 상황을 고려한 것이라고 할 수 있다. 조선 민중 일반의 경제력이 현저하게 저하한 상태에서 신설 보통학교의 경비를 민중부담으로 할 수는 없는 것이다. ①도 간접적으로는 경제적 조건과 결부되어 있을 것이다.

나. 보통학교 보급

한편, 구체적인 7가지의 '사항'으로는, 1. 보통학교 보급, 2. 간이국민학교 제도의 창설, 3. 사범학교의 개선, 4. 을종 정도의 실업학교, 5. 청년훈련소의 제도를 조선에 실시하는 것, 6. 청년수양단체의 진흥책, 7. 도 및 府郡島의 視學 증원 및 신설이 제시되었다. 이 7개 '사항' 중 실질적인 중심은 1. 보통학교 보급과 2. 간이국민학교 제도 창설의 둘이라고 할 수 있다. 이 둘에 대해 자세히 보도록 하자.

'제일 보통학교 보급에 관한 사항'은 아래와 같이 세 항으로 구성되어 있다.

(1) 보통학교는 全鮮 各面마다 각 1교씩을 설치하는 것으로 하고 또 그 수업연한은 現制의 6개년을 이상으로 하여 점차 그 실현을 기하는 것으로 하지만 목하의 실정에 비추어 종래 4개년의 학교는 특별한 사정이 없는 한 그대로 두고 또 금후 본 계획에 의해 증설하는 것에 있어서는 당분간 그 수업연한을 4개년으로 함을 상례로 할 것.

(2) 전항에 의해 신설되는 학교수는 전선의 면의 총수 2,503 중 보통학교가 아직 설치되지 않은 면 1,050에 대하여 각 1교 2학급 이상의 학교를 신설하는 것으로 계산하여 이에 필요한 임시비 중 매년 약 75만 원은 도지방비의 보조비 중에서 지급하는 것으로 하며 경상비 16만 원(초년도) 내지 180만 원(완성연도)은 국비 보조의 길을 강구하나 만일 本府 재정상의 사정에 의해 이를 수용하지 못할 경우에는 내지의 의무교육비 국고부담의 예에 준하여 별도로 국고로부터 지출하도록 중앙정부에 請議할 것.

(3) 소학교규정 및 보통학교규정 중 개정을 가하여 실업에 관한 과목은 필설 필수과목으로 하고 이에 의해 금후 일층 근로주의를 철저하게 하는 본지를 명확히 하고 또 그와 함께 教則, 과정표 등에 필요한 개정을 하며 나아가 입학자의 연령의 제한을 청년기 이전의 연령 즉 소년기에 이르기까지의 연령 범위에 있어 현재보다 다소 완화할 것.

위의 세 항 중에서 (1)은 6개년 간 보통학교 증설의 기본 개요를, (2)는 그에 소요되는 경비를, 그리고 (3)은 앞으로의 조선내 초등학교의 교육내용에 있어서의 새로운 방침을, 각각 천명하고 있다. 먼저 (1)에서는 각 면에 신설될 보통학교가 4년제이라는 것, 그리고 기존의 4년제 보통학교의 '학년연장'도 불허한다는 것이 주안점이다. 앞서 본 것처럼 '학년연장' 문제는 조선인들에게 있어서 매우 중대한 현안이었던 것인데, 총독부는 이에 대하여 명확히 이제부터는 4년제 보통학교의 보급에 주력하겠다고 선언한 것이다. 또한 신설 보통학교는 2학급 체제로 한다는 것 역시 간과할 수 없다. 이는 2개 학년씩의 복식수업을 전제로 하는 학급 편제로서, 아동의 학습효과나 교육적 고려보다는 경비 절감을 우선한 결과였다.

(2)의 학교 증설의 경비에 관해서는, 먼저 '임시비'에서는 1교 2학급 기

준으로 교원실, 용구실, 관리실, 변소 등 계 1교당 75평으로 하고 평당 건축비 약 80원 중 50원을 보조하는 것으로 했다. 다음 '경상비'에 관해서는, 현재 보통학교 1학급당 평균 경상비 1,300원을 기준으로 할 때, 학급당 70명의 수업료(월액 평균 60전, 11개월분)의 연액 462원을 제외한 838원이 학교비가 매년 부담할 1학급당 경상비로 간주될 것이나, 이 학급당 경상비 838원 중에서 800원은 보조금으로 교부한다고 되었다. 이것은, 임시비에서는 지방민의 직접 부담이 학교 건축비의 약 40%이고, 경상비에서는 1학급당 보조금 800원이고 수업료 및 학교비 부담이 500원으로 역시 지방민 직접 부담이 약 40%에 해당한다. 요컨대, 건축비든 경상비든 지방민 직접 부담 대 국고 및 도지방비 보조가 대략 4 대 6의 비율인 것을 알 수 있다. 이 중 경상비의 지방민 부담이 실질적으로 수업료로 충당되는 사실이 중요하다. 앞서 본 것처럼, 보통학교의 수업료 월액 60전은 빈곤에 허덕이는 대다수 조선인들에게는 결코 작은 부남이 아니었다. 고액의 급료를 받는 일본인 대신 조선인 교원을 채용하자는 주장은 결코 단순한 민족감정에서 나온 것만은 아니었다.

(3)의 '실업에 관한 과목'의 '필설 필수과목'화를 통한 '근로주의'를 향후 초등교육의 주안점으로 한다는 방침은, 조선 초등교육의 본질에 관한 중요한 방향 전환이라고 할 수 있다. 이 점에 관해서는 다음 절(「3. 공립보통학교의 증설」)에서 상론하기로 한다.

한편, 총독부는 동 계획의 결과 증가하는 취학 아동 수를 16만여 명으로 계산하였다. 이것은, 계획대로 6년 후 1,050교가 신설된다고 하면, 1교당 평균 학생수 약 150명이라는 계산이다. 신설 공립보통학교가 4년제 2학급 편제를 기준으로 하므로 학급당 정원 70명이면 1교당 재적 학생수가 140명으로 위의 수치와 대략 일치한다. 따라서 4년제 보통학교의 전교생이 140명이라면 1개 학년 정원은 35명이 되며, 해마다 35명씩의 신입생을 입학시키게 되는 것이다. 참고로, 1928년도 5월 말 현재 공립보통학교 학생수는 약 44만 명이었다.(표 5 참조)

다. 간이국민학교 창설

다음으로, '제이 새로 간이국민학교의 제도를 창설하는 사항'을 보자. 총독부가 이 제도의 창설을 구상하게 된 이유는, 보통학교 1면1교주의가 완성된다고 하더라도, 여전히 6할 이상의 아동이 미취학 상태를 벗어날 수 없다는 사실 때문이었다.

'간이국민학교'는 '보통학교에 입학할 수 없는 자'에 대하여 '간이의 방법'으로 '입학자의 생업을 방해하지 않으면서 국민적 자질을 향상'시키는 것을 기본 취지로 하였다. 교육의 주안은 '공민적 훈련'과 '직업의식의 계배 및 근로애호 습성의 교양'에 두어졌다. 수업연한은 2년이며 교과목은 수신, 국어, 조선어, 산술, 실업(남자), 재봉및수예(여자), 원예(여자), 체조(남자는 주로 교련을 행함)로 수업시수는 매주 12시간이었다. 필요하면 한문도 가르칠 수 있게 하였다. 수업의 '종시시각'은 지방 실정에 따라 변경이 가능하고, '계절제'로 학교를 운영할 수 있게 하였다.

제도상으로는 '간이국민학교'는 보통학교에 '병치'하는 것으로 하였고, 학교장과 직원은 보통학교의 학교장 및 직원이 겸하는 것을 원칙으로 하였다. 또 '간이국민학교'의 교과과정에 준하는 교과과정을 시행하는 서당과 각종학교에 대해서는 '지정 간이국민학교'라는 명칭을 사용할 수 있게 했다. 한편 '간이국민학교'와 '지정 서당·각종학교'의 수료자 혹은 졸업자는 보통학교와 실업보습학교에 편입하는 방안도 제시되었다.

이러한 '간이국민학교'의 보급은 공립보통학교 1면1교 설치 계획에 맞추어 앞으로 6개년의 '계속사업'으로 추진하고, 그에 필요한 경비 중 임시비 매년 2만 1,000원에 관해서는 앞의 보통학교의 예에 준하여 도지방비 보조금을 지급하고, 경상비(초년도 6만 8,000원, 완성연도 81만 원)는 국비 내지는 국고 보조로 충당하도록 하였다.

그런데 간이국민학교를 매년 몇 교씩 설립하겠다는 수치는 제시되고 있지 않으므로, 설립 경비로 제시된 수치를 기준으로 그 수를 추정해 보기로 한다. 간이국민학교 항의 '비고'에서 "보조비 중 임시비에 관해서는 병치의 관계상 많은 비용을 요하지 않을 것이므로 1학급 50원으로 계산하였다."라고 하고 있다. 매년도 임시비가 2만 1,000원이고, 또 간이국민학교가 단급 편제라는 것을 전제로 할 때, 매년 420교가 신설되며, 계획기간 6년간 간이국민학교가 모두 2,520교 설치된다는 계산이다. 그리고 총독부는 이 계획이 완성되면 약 35만 명이 간이국민학교에 수용될 것으로 예상하였는데, 이는 곧 간이국민학교 1교당 정원이 약 140명이라는 것을 뜻한다. 간이국민학교의 학생 정원이 앞의 신설 공립보통학교의 학생 정원과 대략 동일한 규모라는 것을 알 수 있다. 또, 매년 입학정원은, 간이국민학교가 2년제이므로, 약 70명으로 공립보통학교의 신입학 정원의 2배에 해당한다.

이상과 같이 '간이국민학교'는, 수업연한과 교과과정을 대폭 단축하는 방법을 통해서 조선인의 초등교육 취학률을 높이려는 의도에서 창안된 제도이다. 제도적으로는 간이국민학교를 보통학교 내에 '병치'함으로써 보통학교의 기본 시설과 교원을 활용하여 경비를 대폭 절감하게 된다. 또, 수업도 야간제나 계절제 운영이 가능하도록 함으로써, 성규의 보통학교에 취학하기 어려운 형편에 있는 계층의 아동들이 용이하게 취학할 수 있도록 한 점이 특색이다. 그리고 2년 과정의 수료 후에는 보통학교로의 편입의 길을 열어 놓은 점도 주목된다. 이와 같이 볼 때, 간이국민학교는 공립보통학교의 아동 수용력을 최대한 높이기 위한 장치로 볼 수 있다.

그런데 흥미로운 점은 보통학교의 보조적 제도인 간이국민학교의 아동 수용력이 전자의 2배 이상이라는 사실이다. 즉 1교당 입학정원이 보통학교의 2배이며, 학교 수에 있어서도 신설 보통학교의 2배 이상의 간이국민학교가 설치될 것으로 계획되었다는 사실이다. 학교 수에 있어서 1936년도까지면 간이국민학교가 약 2,500여 교 설치되도록 하였으므로 이 숫자는 동년도 공립보통학교의 수와 거의 같다. 즉 공립보통학교가 각 면당 1교씩 세워지듯이 같은 수의 간이국민학교가 존재하게 되는 것이다. 총독부가 계획 수립 당시 간이국민학교를, 보통학교와 마찬가지로, 전국 각 면에 1교씩 설치하려는 의향을 가지고 있었는지는 불명하나, 적어도 학교수로 보면 그러한 해석도 가능하다.[31]

라. 보통학교의 직업교육과 사회교육

「第一次計劃」 수립의 시점에서 총독부는 조선인 대상의 초등교육을 개혁함에 있어서 세도적인 면에시는 4년제 보통학교와 2년제 간이국민학교를 전국적으로 평균분포적으로 배치함과 동시에, 교육내용의 면에서는 직업교육과 사회교육을 강화하는 것을 주 목표로 삼았다. 환언하면 시설 면에서의 '간이화'와 교육내용 면에서의 '실용화'가 총독부가 추구하는 목표였던 것이다. 후자에 해당하는 것이 곧 보통학교에서의 직업과교육의 강화이며 또 졸업생을 주축으로 하는 사회교육 활동의 강화 역시 같은 맥락으로 볼 수 있다.

앞서 언급한 대로 「第一次計劃」의 '일반 방침'에서 향후 조선의 초등교육에서는 '근로애호'와 '치산흥업'의 교육을 강화하겠다는 총독부의 의지가 명시되었다. 그 구체적인 방도로서, 총독부는 소학교와 보통학교의 교과목 중 종래 선택과목이었던 '실업에 관한 과목'을 '필설 필수과목'으로 바꾸어, '금후 일층 근로주의를 철저'하게 추진해 나가겠다고 밝혔다. '간이국민학교'의 교과목 중에 남자에 대하여 '실업', 여자에 대하여 '재봉및수예'와 '원예'가 개설되는 것은 앞서 보았다.

초등학교 교과과정에서의 직업과의 필수과목화는 1929년의 규정 개정을 통해서 실행되었으며, 이는 보통학교만이 아니라 일본인 대상의 소학교에도 같이 적용되었다. 이에 관해서는 나중에 상론하겠지만, 이 조치는 단지 한 과목이 필수과목으로 되었다는 정도에 그치는 것이 아니라, 당시 조선의 초등교육이 내용상 '실용화'로 방향전환을 하였다는 것을 뜻한다. 한편, 1면1교 계획에 따라 농촌 지역에 신설되는 4년제 공립보통학교의 경우, 6년제 보교에 비해 수업연한과 교과과정이 대폭 단축된다는 점을 고려하면, 직업과의 필수과목화의 현실적인 영향은 상대적으로 더 크다고 할 수 있다. 즉, 면 지역 4년제 공립보통학교는 '초등농업학교'로서의 성격을 강화

31) 후술하겠지만, 간이국민학교 창설 구상은 실현되지 못하였다. 그리고 1934년에 간이학교가 창설되어 전국적으로 보급되었으나, 이 둘은 여러 가지 면에서 성격이 다른 제도였다.

하게 되는 것이다.

앞서 검토한 것처럼, 1920년대 중반 이래 조선의 각급 학교 학생들은, 동맹휴업 사건의 빈발이 나타내듯이, 예민한 민족의식과 사회의식을 소유하고 있었으며 정치적으로 매우 활성화되어 있었다. 1921년부터 28년까지의 학생 맹휴사건 중 약 절반이 초등학교에서 일어났다는 것은, 당시 보통학교 학생의 정치적 의식의 수준이 어느 정도인지를 웅변으로 보여 주는 것이다. 이런 맥락에서 보면, 초등학교의 일상 교육활동에서 농업 등 실제적인 노동 관련 교육을 중시한다는 것은, '불온사상'의 습득으로 연결되기 쉬운 지적 교육을 상대적으로 약화시킨다는 것을 뜻한다.

다음으로, 각 지역의 공립보통학교를 학령 아동의 초등교육 시설로만 국한하지 않고, 지방민을 대상으로 하는 사회교육의 '기초'로 삼겠다는 것은, '일반 방침'에서도 명확히 밝혀졌다. 공립보통학교를 지방민 교화의 거점으로 활용하는 정책은 이미 오래전부터 시행되어 온 것으로, 이 시기에 처음 도입된 것은 아니다. 공립보통학교 제도 도입 이래 다양한 사회교화 활동이 보통학교의 주도로 실행되어 온 실적이 있다. 그럼에도 불구하고 이 시기에 총독부가 보통학교를 중심으로 하는 사회교육을 강조한 것은, 1920년대 말의 조선 농촌에의 사회주의 사상의 침투 등으로 인한 치안 악화에 대한 대응책으로 보통학교의 활용책을 새롭게 강구하고자 한 것으로 해석된다.

「第一次計劃」에서 사회교육의 새로운 방안으로 제시된 것은, 보통학교의 졸업생을 중심으로 하는 '청년수양단체'의 조직화였다. 이것은 보통학교, 간이국민학교, 지정서당 등의 졸업자를 대상으로 '국민정신을 함양'하고 '근로를 애호하는 습성'을 기르며, 겸하여 '鄕黨輯睦의 미풍을 순치'하는 것을 목적으로 하였다. 그리고 단체의 조직, 사업, 설치 및 폐지에 관한 사항은 총독부령으로 규정하도록 하여, 이 단체가 총독부의 통제 아래에 놓이는 관제 단체임을 분명히 하고 있다.

'청년수양단체'의 보급은 보통학교 1면1교주의의 완성 연차에 대응하여 앞으로 6개년에 걸쳐 각 面에 1개 단체를 조직하는 것으로 하고, 각 단체에 대하여 매년 100원씩을 국비 혹은 국고에서 보조하기로 하였다. 보통학교의 졸업생을 중심으로 하는 '청년수양단체'의 조직화 계획은, 1927년부터 실행되고 있던 경기도 공립보통학교의 '졸업생지도' 시례를 염두에 둔 것으로 보인다. 실제로 이 사업은 농촌지역 공립보통학교의 졸업생을 대상으로 하는 사회교화 활동으로 전국적으로 전개되었다.

3) 임시교육심의위원회의 '1면1교 계획' 심의

이상 보통학교 1면1교 설치를 주안점으로 하는 「第一次計劃」은 동년 6월 26일에 구성된 '임시교육심의위원회'의 자문을 거쳐서, 1929년 4월에서 6월 사이에 조선교육령 개정 및 관련 학교규정 개정과 함께 실행에 옮겨지게 되었다.

임시교육심의위원회는 총독부 정무총감을 위원장으로 하고 총독부 학무국장을 비롯한 4명의 국장과 사무관 2명, 그리고 외부에서는 경성제국대학 총장 등 8명의 사회 지도급 인사가 위원으로 임명되었다.[32] 위원회에 회부된 총독의 자문안('議案')은 보통학교 보급에 관한 건(제1호 의안), 보통학교의 내용 개선에 관한 건(제2호 의안), 국민학교의 신설에 관한 건(제3호 의안), 사범교육 개선에 관한 건(제4호 의안), 청년훈련소에 관한 건(제5호 의안)의 모두 5건이었다. '의안'의 내용은, '실업학교에 관한 사항'과 '청년수양단체에 관한 사항'이 빠지고, '간이국민학교'의 명칭이 '국민학교'로 변경된 점을 제외하면 전술의 총독부 「第一次計劃」과 동일하다.

위원회 심의 과정에서는 먼저 4년제의 수업연한에 대하여 위원들의 관

32) 임시교육심의위원회의 위원으로 임명된 사람의 직명은 다음과 같다. 총독부 학무국장, 동 내무국장, 동 재무국장, 동 식산국장, 동 사무관(2명), 경성제국대학 총장, 고등법원장, 조선군참모장, 권업모범장장, 중추원부의장, 중추원참의, 경성사범학교장, 조선식산은행대표. 이 중 조선인은 이진호(학무국장), 박영효(중추원부의장), 장헌식(중추원참의)의 3명이었다. 「임시교육심의위원회규정」, 『文教の朝鮮』 1928년 9월호 참조.

심이 집중되었던 것 같다. 증설되는 보통학교의 수업연한을 4년으로 할 경우 상급학교와의 연락 문제 등으로 인해 6년제 승격운동이 빈발할 우려가 있지 않느냐는 질의, 그리고 신설 공립보통학교를 4년제로 한다는 것은 곧 총독부로서 조선인 초등교육은 이 정도가 적당하다고 보는 것인가라는 질의가 있었다.[33] 이에 대한 학무국의 의견은 "보통학교의 현상을 보면 생도 중 오륙학년에 이르면 가정의 관계 기타로 퇴학하는 생도가 많아 전부가 상급학교에 입학하지 못하니 가령 한 골을 단위로 잡으면 중요한 면에 육학년제를 두어 사학년제 학교를 졸업한 생도로 하여금 전학케 하자"는 것이며, 또 "상급학교에 입학하는 생도는 대개 재산 정도가 얼마간 유족하여야 되므로 자기 동리를 떠나 육년제의 학교가 있는 곳으로 전학한다 하더라도 별 고통이 없으리라"고 답하였다.[34]

이미 앞에서 상세히 본 것처럼, 당시 전국 각지에서 수년 전부터 계속되어 온 '학년연장운동'이 활발히 펼쳐지고 있었으며, 심지어 4년제라는 이유로 입학 자체를 기피하는 일조차 일어나는 상황이었다. 이렇게 수업연한 문제는 조선인들에게는 중대한 문제였음에도 불구하고 총독부 학무당국은 냉담한 태도로 일관하였던 것이다.

'국민학교' 제도의 창설에 관해서는, 먼저 국민교육의 근간을 이루는 초등학교(소학교와 보통학교)와 비교하면 '정도가 낮은 학교'에 대하여, '국민'의 용어를 사용하는 것이 타당하지 못하다는 의견이 제기되었다. 또, 조선의 많은 미취학 아동을 구제하기 위해서는 2년제의 '국민학교'를 창설하는 방안 외에, 보통학교 '2부교수' 방법을 적극 활용하는 방안을 검토하는 것이 어떠냐는 의견도 있었다.[35] 그 외에는 특별한 질의가 없이 대체로 총독부의 '의안'에 대하여 양해가 이루어졌다.

이상 총독부의 1면1교 계획은 임시교육심의위원회의 심의를 통과함에 따라 확정되었다. '의안' 중 '사범교육 개선에 관한 건'(제4 의안)은 칙령인

---

33) 「臨時教育審議委員會—委員會の於ける意見」, 『文教の朝鮮』 1928년 9월호.
34) 『동아일보』 1928년 7월 2일자.
35) 「教育審議委員會の狀況に就て」, 『文教の朝鮮』 1928년 9월호.

조선교육령의 개정 사항이므로, 본국에서의 법제 심의 과정을 거쳐서 확정되었고, 그 밖의 사항은 조선총독부령(초등학교 규정)이나 정책으로 직접 실행에 옮겨졌다.

1928년의 1면1교 계획 중 1929년 이후 실행되지 못한 것은 '국민학교' 창설안이었다.36) 앞서 검토한 것처럼, '국민학교'는 4년제 농촌 보통학교와 함께 1면1교 계획의 중심적인 제도였다. 그리고 양적인 규모 면에서는 증설 보통학교를 훨씬 능가하는 것이었다. 그러한 야심적인 계획이 왜 무산되었을까?

당시 총독부 학무행정의 수뇌였던 오노(大野謙一)는 그 경위를 다음과 같이 설명하였다.

> 이미 그 명칭에 있어서 실질과 맞지 않는다는 문제가 있어서 이 점에 관해서 위원회에서도 재고를 요한다는 의견이 제출된 것은 전기 '위원회에서의 의견중'에 기술한 대로이다. 또 본안의 실질에 관하여 고찰하건대 당시 보통학교 취학의 상황은 입학지망자가 교문에 넘쳐서, 기설 학급으로써는 수용 불가능하다는 것이 아니었다. 오히려 기설의 학급에 아동 정원을 채우지 못하는 일이 적지 않았던 것이 실정이었다. 따라서 이를 보통학교 내에 부설하는 것은 그 자신 다소의 모순을 포함하는 것이라고 해야 하고, 또한 그 교과과정을 국민학교에 준하는 서당 및 각종학교는 도지사의 인가를 받아서 지정국민학교로 칭할 수 있게 한 점 등 일견 매우 자유롭고 응용성이 많은 것 같은 느낌이 없지 않지만, 이것 역시 그 경영에 임할 교원의 선택 등에 있어서도 여러 곤란을 초래할 것이라서, 이른바 국민학교안이라는 것은 단지 책상 위의 계획으로 그치고 결국 그 실시를 보지 못하고 끝났다.37)

그에 따르면, 국민학교는 학령아동의 취학률을 높이기 위해 공립보통학교에 부설되는 시설인데 당시 입학지원자가 적어 기존의 학급도 못 채우는

36) 1928년 당시의 1면1교 계획과 29년도 이후 실제로 시행된 1면1교 계획의 또 다른 차이는, 사업기간이 6년에서 8년으로 연장된 점이다. 그 이유와 배경은 현재로서는 확실하지 않다.

37) 大野謙一, 1936『朝鮮教育問題管見』, 朝鮮教育會, 181~182면.

형편에서 굳이 새로 제도를 만들 필요가 없었다는 것이다. 또 지정국민학교의 실제 운용에 있어서도 난점이 인정되어 결국 폐안되고 말았다는 것이다. 실제로 당시 공립보통학교의 학생수 증가가 극히 저조하였으며 그 주요 원인이 수업료 부담에 있다는 판단에서 총독부는 1934년에 수업료 경감 조치를 취하기도 하였다.[38)]

국민학교는, 비록 미실현으로 끝나고 말았지만, 당시 총독부의 조선인 초등교육 정책을 이해하는 데 중요한 자료가 된다. 그리고 1면1교 계획이 진행 중인 1934년도에 국민학교와 유사한 간이학교가 창설되어 전국적으로 보급된 사실이 있기 때문에, 간이학교의 이해를 위해서라도 국민학교에 관한 보다 심층적인 분석이 필요하나, 이것은 금후의 과제로 한다.

이어서 다음 절에서는, 1929년도 이후 1936년도에 이르기까지 1면1교 계획의 실행 과정을 검증하면서 당시 조선 초등교육의 실상의 해명을 시도하기로 한다.

3. 공립보통학교의 증설

1) 보통학교의 증설 과정

1929년도부터 1면1교 계획에 따른 보통학교 증설이 실행에 옮겨졌다. 앞의 「第一次計劃」에 명기된 총독부의 방침에 의하면, 학교건축비용은 1교당 6,000원(1학급 25평×2실 교원실 등 25평 합계 75평, 평당 건축비 약 80원)으로 하고 이 중 총액의 62.5%에 해당하는 3,750원을 도지방비 보조로

---

38) 경제 불황이 극심하던 1930년대 초 전조선 평균 아동 1명당 공립보통학교 수업료 월액은 약 60전이었다. 학비 부담으로 인해 늘어난 중도퇴학자가 총 재적 아동수의 10%를 넘어서는 가운데, 총독부는 국고보조금을 지출하여 일인당 평균 월액 20전을 감하는 수업료 인하 조치를 단행하여 "조선인 초등교육부진의 퇴세를 만회하는 방도를 강구했다." 위의 책, 261면.

하고, 나머지 37.5%에 해당하는 2,250원을 해당 면민이 기부금 등의 형식으로 직접 부담하는 것으로 되었다. 그러나 실제 실행 단계에서는 학교당 건축비가 이보다 더 높게 책정되었다. 오노(大野謙一)에 따르면, 보통학교 증설을 위한 임시비는 2학급 기준으로 1교당 8,400원, 연간 경상비는 2,600원이었다고 한다. 즉 경상비는 「第一次計劃」과 동일하나, 학교건축비는 40%나 증액되었던 것이다.[39]

한편『동아일보』의 기사에 따르면, 증설 보통학교의 1교당 평균 건축비는 8,400원이며 그 재원은 국고로부터 1,200원을 보조하고 나머지 7,200원은 도지방비 보조와 지방민 기부금 부담으로 마련하되, 기부금 부담의 비율은 지역에 따라 4할, 5할, 혹은 6할 이상으로 세 가지 유형이 있었던 것 같다.[40] 이러한 사정은 아래에서 보게 될 학교설립의 실제 사례들을 통해서도 어느 정도 확인된다.

보통학교 설립의 절차는 일반적으로, 보교 설립을 원하는 해당 면민들이 보통학교 설립 期成會를 조직하여 기부금 모금을 통해 일정 금액의 기금을 조성하여, 목표액에 도달하면 군을 통하여 도 당국에 설립 인가를 요청하는 것이다. 이러한 방식은 이미 1920년 이래 조선 각지에서 시행되어 오던 방식이다. 그리고 보교 설립을 위한 '기금'의 실제 규모는 일정하지 않았으며 지역에 따라 다양했다. 1929년의 보통학교 설립의 사례를 몇 가지 보기로 하자. 1929년 2월 하순부터 5월 초까지『동아일보』에 보도된 관련 기사를 소개한다.(말미의 괄호 안 숫자는 기사의 게재 일자)

사례① 1929년 2월 충남 공주군 장기면 유지들이 수년 전에 보교기성회를 조직 6,000원을 적립하여 왔다. 이번에 도의 1면1교 시설 방침으로는 1만 2,000원 금액 적립에 한하여 설립을 인가한다는 규정이 정해졌으므로,

39) 大野謙一, 앞의 책(1936), 170면. 오성철(1998)은, 당초 계획보다 증액된 학교건축비 2,400원이 그대로 지방민의 직접 부담으로 전가되었다고 보았다. 「1930년대 초등교육 확대와 조선인의 교육요구」『근대한국초등교육연구』(우용제 외, 1998), 교육과학사, 133면.

40)『동아일보』1932년 1월 22일자.

다시 기부금 모집에 노력한 결과 기부금이 답지하여 총 적립금이 만여 원에 달하여 학교설립 인가원을 제출하였다.(2. 21.)

사례② 1929년 3월 황해도 곡산군 동촌면 면장을 비롯하여 면민의 노력으로 수년 전부터 학교설립을 위해 기부금 4,000여 원을 모집하여 학교 설립 운동을 해 왔는데, 금번 군당국의 말에 의하면 1면1교 계획 실시에 의해 8,000원의 건축비로 동촌공립보통학교를 설치하고 5월 1일부터 생도모집을 하여 동월 중에 개교할 예정이라고 한다. 교사 건축비 중 4,000원은 기부금, 1,185원은 국고, 2,071원은 지방비 보조이며, 744원은 동 군 학교비 지출이라고 한다.(3. 13.)

사례③ 1929년 3월 12일 강원도 이천군 학봉면에서는 면민대회를 개최하여 공보교기성회를 조직하고 금년도내로 임시비 8,500원을 조성하기로 결의하였다.(3. 18.)

사례④ 1929년 3월 경기도 시흥군 안양면에서는 3년 전부터 안양공보기성회를 조직하고 1만여 원의 기부금 승락을 받았으나 작년 한재 여파로 수금이 여의치 못하여 면민 일반이 비관하고 있던 중 군 당국에서는 우선 1, 2학년 2학급만 금년도 중에 설립하기로 내정한 후 교사 건축비 중 도지방비 6,000원 보조와 기타 면민의 기부금 등으로 건축공비 7,500원을 계상하여 공사에 착공하고 7월 1일부터 개교할 예정이다. 차후로 매년 계속사업으로 1학급씩 증설할 예정이다.(3. 18.)

사례⑤ 1929년 3월 충남 논산군 성동면. 작년 7월 기성회를 조직한 이래 면민으로부터 호별 등급에 따라 의무부담금을 징수해 왔다. 학교는 9월 경 신축 예정으로, 基地는 3,000평이며 총의무부담금이 1만 1,500원에 달한다.(3. 28.)

사례⑥ 경북 김천군 곡송면은 호수 1,000여 호에 6,000여 인구가 사는 면으로 아직 초등교육기관이 없다. 1925년 6월경부터 보교기성회를 조직하고 다년간 교사 건축 기부금을 모집한 결과 4,000여 원에 달하였으며 건축비 6,000원 예산 중 부족액 2,000원은 면장 조모씨가 개인 사채를 얻어 충당하고 9월 1일부터 개교할 예정으로 건축공사에 착수하였다. 학교부지는 면내 독지가 이모씨가 3,000여 평 토지를 기부하기로 하였다.(4. 7.)

사례⑦ 경북 김천군 증산면. 김천군은 2면 1교제로 20개 면에 10개 보교가 실립되어 있다. 증산면은 10개 동 30촌락에 호수가 1,300여 호에 달하며 상당한 재산가도 많으나 아직 보교가 없다. 4년 전에 보교설립기성회가 조직되어 의연금으로 현금 2,000여 원을 모금하였으나 보교설립 기금으로는 부족하여 우선 사립 숭덕강습소를 설치하여 의연금 중 1,500여 원을 강습소에 제공하였다. 금년도 3월 9일 군수로부터 기성회에서 3,000원만 적립하면 1930년도에 보교 설립이 가능하다는 언명에 따라 동 기성회에서는 의연금 모집에 적극 나섰다.(4. 15.)

사례⑧ 강원도 이천군 판교면과 서면에서는 공보교기성회를 조직하고 쟁선하여 보교 속성에 노력 중인데, 군 당국에서는 어느 면이든 임시비 8,500원만 속성되는 면에 대하여 허가 수속을 하겠다고 하였다.(5. 7.)

이상에서 보듯이, 지방민 부담금이 최하 3,000원(사례⑦)부터 최고 1만 2,000원(사례①)까지로 다양하다. 또 도지방비 보조와 지방민 기부금의 비율이 당초 계획에서는 대략 6 대 4였으나, 사례②와 사례④에서는 지방민 기부금의 비율이 더 높은 것으로 되어 있다.

한편 각 도에서는 1면1교 계획에 의거하여 연차별 학교증설 계획을 수립하여 추진하였다. 한 예로 충청남도의 경우를 보면, 14군 내 175면에 보통학교가 1929년 3월 말 현재 112교(재적학생수가 조선아동 3만 1,721명, 일본아동 65명 합계 3만 1,786명)로 63면에 보통학교가 없었는데, 1면1교 계획에 의거하여 표 3과 같이 연도별 학교증설 계획을 수립하였다.[41]

또 함경남도는 1929년 12월 현재 공립보통학교의 총수가 67교로 이는 2

표 3. 충청남도 연차별 보통학교 증설 계획

연도	1929	1930	1931	1932	1933	1934	1935	계
학교 수	9	9	8	8	8	7	7	56

41) 『동아일보』 1929년 4월 7일자.

면당 1교에도 미치지 못하는 숫자였다. 도 당국에서는 총독부의 초등교육 보급계획에 호응하여 8개년 계획을 세우고 8년 후에는 1면1교의 기준에 맞추어 도내 147교 보통학교 보유를 목표로 29년도 내에 10교를 증설할 계획을 세웠다.42) 함경남도의 경우는, 소기의 목표 달성을 위해서는 매년 10교씩 보통학교 8년간 모두 80교를 증설해야 한다는 계산인데, 위의 충청남도에 비해 상대적으로 벅찬 과제다.

한편 군 단위의 추진 계획을 보면, 황해도 재령군에서는 11개 면 중 7개 면에만 공립보통학교가 설립되어 있어, 군 당국에서는 29년도부터 매년 1교씩 증설하여 1932년도까지 4개년간에 1면1교를 완성할 계획을 수립하였다.43) 또 경남 남해군은 7개면에 공립보통학교가 7교였으나 1면1교에서 제외되었던 이동면에 1929년도에 학교 설립이 결정되어 총예산액 5만 9,375원 중 건축비 1만 185원의 예산으로 계획을 진행 중이므로 남해군은 1929년도 내로 1면1교가 완성될 전망으로 있었다.44)

총독부의 당초 계획은, 1929년도부터 1936년도에 이르기까지 8년간에 매년도 130여 교씩 모두 1,074교를 증설하여 완성연도인 1936년에는 조선의 모든 면에 공립보통학교를 세운다는 것이었다.45) 그러나 실제로는 표 4에서 보는 것처럼, 당초 목표대로 130교 이상을 설립한 것은 4개년이며, 초년도인 1929년을 비롯하여 1932~1934년은 목표치에 미달하였다. 그리고

표 4. 1면1교 기간 중 보통학교 수

연도	1929	1930	1931	1932	1933	1934	1935	1936	계
보통학교 수	1,505	1,644	1,779	1,896	2,020	2,133	2,274	2,417	
증가학교 수	77	139	135	117	124	113	141	143	989

자료: 표 5에서 작성함.

42) 『동아일보』 1929년 12월 19일자.
43) 『동아일보』 1929년 3월 16일자.
44) 『동아일보』 1929년 4월 7일자.
45) 大野謙一, 앞의 책(1936), 170면.

1929년도 이후 36년도까지 8년간 증설된 보통학교 수는 모두 989교였다.

특히 초년도인 1929년도의 설립교수가 77교에 그치고 있는 것이 주목되는데, 그 정확한 이유는 알 수 없으나, 총독부의 조선인 초등교육 대확장 사업의 출범연도 성적으로는 빈곤하다고 하지 않을 수 없다. 그리고 1932년도는, 앞의 표 1에서 보는 것처럼, 1면1교 계획 기간 중 지방 재정 상황이 가장 양호한 연도였음에도 불구하고, 목표치에 미달하고 있다. 이와 관련하여, 『동아일보』는 1932년 1월 하순 '국고보조금 삭감으로 1면1교 계획 축소'라는 제하에 그 이유를 다음과 같이 설명하였다.

> 1면1교 계획은 소화 4년부터 11년까지 8개년간 계속사업으로 매년 136교씩 6년간 끝으로 2년간은 130교씩 도합 1,076교를 4학년제로 창설하는 것이다. 경비는 1교당 건축비가 8,400원인데 재원은 그중 국고로부터 1,200원을 보조하고 나머지 7,200원을 (중략) 그런데 내년도 총독부 예산에는 95,418원을 계상하였으므로 금년의 실행예산대로 보조금을 5%씩 줄여 1,140원씩으로 계산하더라도 83교분밖에 되지 않으며 (중략) 명년의 1면1교 계획은 변경되어 예정보다 적게 설치할 전제라고 본다. (중략) 총독부에서 보조금을 줄이게 된 이유는 작년도 보조금의 잉여금이 있다는 말도 있고 건축비를 절약한다는 말도 있으나, 그것은 진정한 이유가 못되고 내용은 국고보조금 외에 지방비와 민간 기부금으로 학교를 지어야 할 터인데 이왕 3년간에 기부금 부담 능력이 있는 곳부터 골라 먼저 세웠으므로 (중략) 지금부터 세울 곳은 기부금 부담 능력이 박약한 곳 뿐이므로 도저히 예정액에 달할 수 없으리라 하여 국고보조도 이 전제하에 적게 계상한 것이라고 한다.46)

즉, 『동아일보』의 추정으로는 1932년도 이후 보통학교를 설립할 면 지역이 상대적으로 재력이 약한 곳이므로 설립 요청이 적을 것이라는 전제에서 총독부가 예산을 축소했다는 것이다. 그 추정이 타당한지 확인하기는 어려우나, 당시의 재정 상황이 상대적으로 양호했음에도 불구하고 분명한 설명도 없이 총독부가 예산을 축소한 것은 납득하기 어려운 처사다.

---

46) 『동아일보』 1932년 1월 22일자.

총독부의 국고보조금 삭감에 맞추어 도지방비 보조금도 삭감되었다. 전라남도는 1932년도 보통학교 보조비 예산을 전년도에 비해 4만 2,352원 감축함으로써, 매년 16교씩 증설하여 1933년도내로 1면1교를 완성시키려고 했던 계획에 차질이 생겼고, 그에 따라 1932년도에는 7교만 증설하게 되었다.[47] 이러한 국고 및 도지방비 보조금의 삭감에도 불구하고, 각지에서는 지방민들이 변함없이 열성적으로 보통학교 설립운동을 전개했다. 예를 들면, 강원도 이천군 산내면에서는 동년 3월 15일 면민대회를 열고 산내공립보통학교 설립을 위하여, 7,000명 면민들이 禁酒斷煙 운동을 실시하여 면내 1,000여 명 미취학 아동의 구제를 위해서 1년 내로 학교설립 기본자금을 조성하기로 결의하였다.[48]

아래의 표 5와 같이, 전국 각 면에 1개씩의 공립보통학교를 빠짐없이 설립한다는 총독부의 1면1교 계획은 1936년도에 그 목표가 달성되었다.[49]

표 5의 동세 중 1년1교 계획 기간 중의 공립보통학교 수에는, 면 지역이 아닌 읍 내지 府의 공립보통학교 증설 수도 소수이나마 포함되어 있다. 따라서 이 기간 중에 신설된 공립보통학교의 전부가 면 지역 공보인 것은 아

표 5. 공립보통학교 기본 통계

연도	학교수	학급수	학생수	학교건축비	학교당 학급수	학급당 학생수	학교당 건축비(원)
1912	341	1,100	41,141	60,336	3.2	37.4	
1913	366	1,232	47,066	107,288	3.4	38.2	4,292
1914	382	1,330	50,753	119,974	3.5	38.2	7,498
1915	410	1,428	58,787	119,087	3.5	41.2	4,253
1916	426	1,566	65,653	146,819	3.7	41.9	9,176
1917	435	1,723	73,157	163,920	4.0	42.5	18,213
1918	469	1,838	76,031	333,501	3.9	41.4	9,809

47) 『동아일보』 1932년 3월 9일자.

48) 『동아일보』 1932년 3월 24일자.

49) 1936년도의 전국 면은 모두 2,325곳. 『朝鮮總督府統計年報』 소화 11년판 참조.

표 5. 계속

연도	학교수	학급수	학생수	학교건축비	학교당 학급수	학급당 학생수	학교당 건축비(원)
1919	535	2,035	76,918	507,516	3.8	37.8	7,690
1920	641	2,431	102,024	2,887,320	3.8	42.0	27,239
1921	755	3,078	152,305	4,033,512	4.1	49.5	35,382
1922	900	4,090	228,674	5,326,487	4.5	55.9	36,734
1923	1,040	5,256	293,643	4,281,140	5.1	55.9	30,580
1924	1,087	6,146	360,478	3,289,405	5.7	58.7	69,987
1925	1,187	6,900	390,455	2,403,650	5.8	56.6	24,037
1926	1,264	7,443	419,824	2,622,693	5.9	56.4	34,061
1927	1,343	7,766	430,831	2,318,325	5.8	55.5	29,346
1928	1,428	7,844	439,840	2,022,083	5.5	56.1	23,789
1929	1,505	8,070	448,204	1,986,141	5.4	55.5	25,794
1930	1,644	8,380	466,130	1,613,572	5.1	55.6	11,608
1931	1,779	8,661	475,767	1,441,766	4.9	54.9	10,680
1932	1,896	8,931	489,822	1,491,574	4.7	54.8	12,748
1933	2,020	9,254	535,547	1,621,933	4.6	57.9	13,080
1934	2,133	9,528	607,694	2,023,415	4.5	63.8	17,906
1935	2,274	10,192	685,162	2,773,415	4.5	67.2	19,670
1936	2,417	10,879	765,706	3,229,670	4.5	70.4	22,585
1937	2,503	11,912	857,384	5,603,869	4.8	72.0	65,161
1938	2,599	13,625	1,000,089	7,484,292	5.2	73.4	77,961
1939	2,727	15,794	1,157,361	10,161,615	5.8	73.3	79,388
1940	2,851	18,039	1,320,950	11,610,956	6.3	73.2	93,637
1941	2,973	20,550	1,503,818	15,646,877	6.9	73.2	128,253
1942	3,110	23,258	1,684,945	n.a.	7.5	72.4	n.a.
1943	3,717	25,020	1,912,628	n.a.	6.7	76.4	n.a.

자료: 조선총독부 학무국, 『朝鮮諸學校一覽』 각 연도판을 참조하여 작성함. 기준일은 각 연도 5월 말 현재임. '학교당 건축비'는 당해연도 학교건축비를 당해연도 학교 증가 수로 나누어 계산함.

니다. 그러나 총독부는 국고 및 도지방비 보조는 면 지역 공립보통학교 설립에 우선적으로 제공한다는 원칙이었으므로, 읍에서 부 지역의 공보 설립 수는 그다지 많은 수는 아니었을 것으로 추정된다. 그렇지만 바로 그 점 때문에, 만성적인 '입학난'을 겪고 있던 도회지의 초등교육의 어려움은 일층 더 컸을 것이다. 예를 들어 경성부는 해마다 입학철에는 수많은 공립보통학교 입학 지원자들이 '입학 전형'에서 탈락하여 순전히 학교 부족이라는 사실로 인해 초등교육의 기회를 박탈당하는 일이 반복되었다. 수많은 아동이 적지 않은 수업료를 지불하고서라도 공립초등학교에 입학하기를 원함에도 불구하고, 그 길이 막혀 있었다는 사실은 근대 초등교육사에서 드물게 보는 특이한 현상이 아닐 수 없다.

한편, 동 기간 중의 초등교육의 전체적인 특징으로는 먼저 학교당 학급수가 현저히 줄어들었다는 사실이다. 이는 물론 증설 보통학교가 4년제 2학급을 표준으로 한 것에 기인한다. 완성연도인 1936년에는 10년 전에 비해 학교당 학급수가 한 학급 반 정도 즉 약 24%나 감소하였다. 이는 각 초등학교의 규모가 소형화하였다는 것을 의미하며 또 수업연한 4년제 보통학교가 대폭 증가했다는 것을 뜻한다.

그에 반해 학급당 학생수는 1932년도까지는 오히려 줄어들다가 1934년도 이후 60명대를 넘어서 빠른 속도로 늘어나면서 1936년에는 무려 70명선까지 도달하였다. 전반기의 학생 수 증가 부진은 경제불황으로 인해 수업료를 지불할 여력이 부족하여 중도퇴학을 하거나 아예 입학을 단념하는 일이 많았던 사실을 반영하는 것으로 보인다.

세 번째로는, 학교당 건축비가 그 전후의 시기에 비해 오히려 줄었다는 사실이다. 특히 1930년도에서 1935년도까지는 1교당 건축비가 2만 원에도 미달하고 있는 점이 특징적이다. 이는, 이 시기에 건축된 보통학교가 2학급을 표준으로 하였으며 또 농촌에 설치하는 것을 원칙으로 하였기 때문에 상대적으로 건축비용이 저렴하였을 것이고, 또 이 시기에 경제불황이 심하여 그에 따라 토지가격을 비롯하여 물가가 전반적으로 하락하였던 점도 그와 무관하지 않을 것이다. 한 예로 1930년 농업공황의 발발로 조선에서는

표 6. 1면1교 기간 중 학교당 건축비 · 학급수 · 학급당 학생수

연도	1929	1930	1931	1932	1933	1934	1935	1936
1교당 건축비	25,794	11,608	10,680	12,748	13,080	17,906	19,670	22,585
1교당 학급수	5.4	5.1	4.9	4.7	4.6	4.5	4.5	4.5
1학급당 학생수	55.5	55.6	54.9	54.8	57.9	63.8	67.2	70.4

자료: 표 5에서 작성함.

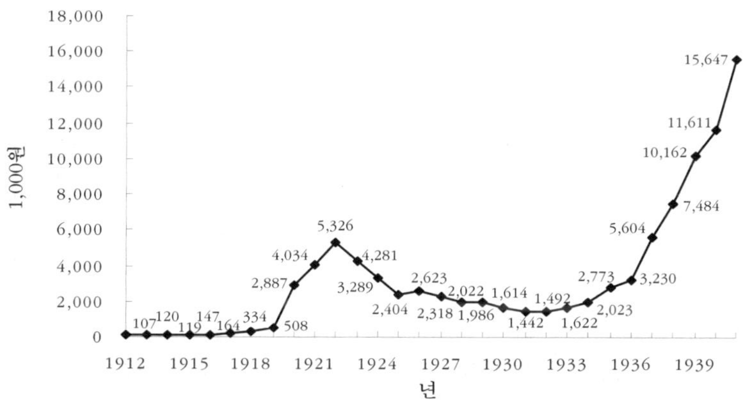

자료: 표 5에서 작성함.

그림 6. 연도별 공립보통학교 건축비

米價가 대폭락하였고 그것이 종전의 가격을 회복한 것은 1934년이었다.[50]

이상과 같이 총독부가 의도한 1면1교 계획은 소기의 목표를 달성하고 완성되었다. 다만, 그 실행 과정에서는 당초 4년제 보통학교의 보급과 동시에 2년제의 국민학교를 창설하여 전국적으로 균등 분포시킨다는 야심적인 구상은 실행되지 못했다. 앞서 검토한 것처럼, 간이국민학교가 학교 및 학생 수에 있어서는 신설 보통학교를 두 배 이상 능가하고 있었다는 사실을 생각하면, 그 점에서는 총독부의 1면1교 계획은 '절반의 성공'이라고 해야

50) 앞의 주 24)를 참조.

할 것이다.

그렇다면, 1면1교 계획에 의해 조선인 학령아동의 취학률을 높인다는 목표는 어느 정도 달성되었을까? 당초 총독부는 1928년 현재 추정학령아동수 260만 명 중 공보 취학자 45만 명으로 그 비율은 19%라고 보았다.[51] 그리고 계획 완성연도의 목표치를 대략 30%로 잡았다. 아래의 표 7 중 '취학률1'이 그에 해당하는 통계치다. 1936년의 공보 학생 비율이 학령아동의 26.5%를 점하고 있는 것이다. 비록 당초 목표치에는 미달하지만 상당히 근

표 7. 초등교육 취학률 통계(공립보통학교 재학생 기준)

연도	총인구	학령아동수1	학령아동수2	공보 학생수	취학률1	취학률2
1926	18,615,033	2,513,029	2,978,405	419,824	16.71	14.10
1927	18,631,494	2,515,252	2,981,039	430,831	17.13	14.45
1928	18,667,334	2,520,090	2,986,773	439,840	17.45	14.73
1929	18,784,437	2,535,899	3,005,510	448,204	17.67	14.91
1930	19,685,587	2,657,554	3,149,694	466,130	17.54	14.80
1931	19,710,168	2,660,873	3,153,627	475,767	17.88	15.09
1932	20,037,273	2,705,032	3,205,964	489,822	18.11	15.28
1933	20,205,591	2,727,755	3,232,895	535,547	19.63	16.57
1934	20,513,804	2,769,364	3,282,209	607,694	21.94	18.51
1935	21,248,864	2,868,597	3,399,818	685,162	23.88	20.15
1936	21,373,572	2,885,432	3,419,772	765,706	26.54	22.39
1937	21,682,855	2,927,185	3,469,257	857,384	29.29	24.71
1938	21,950,616	2,963,333	3,512,099	1,000,089	33.75	28.48
1939	22,098,310	2,983,272	3,535,730	1,157,361	38.80	32.73
1940	22,954,563	3,098,866	3,672,730	1,320,950	42.63	35.97

자료: '총인구'는 『朝鮮總督府統計年報』 소화 7년도판 및 소화 15년도판을, '공보 학생수'는 『朝鮮諸學校一覽』 각 연도판을 각각 참조하여 작성함.

51) 「朝鮮總督府の於ける一般國民の教育普及振興に關する第一次計畫」(1928. 4.), 『日本植民地教育政策史料集成 17』, 龍溪書舍, 1991.

접한 수치로 볼 수 있다.

그런데 이 취학률은 학령인구를 총인구의 13.5%로 추정하여 얻은 수치로서 그동안 총독부의 취학률 계산은 이 방법에 의해 왔다. 그러나 1925년도와 1930년도의 국세조사의 연령별통계에 따르면 학령인구는 총인구의 16%로 추정하는 것이 타당하다는 사실이 밝혀졌다.[52] 이 새로운 계산법에 의한 것이 표 7 중의 '학령아동수2'이고 그에 기초하여 새로 산출한 취학률이 '취학률2'이다. 즉, '취학률2'가 보다 실제에 가까운 수치인데, 그에 따르면 1928년도의 공립보통학교 취학률은 14.7%이고, 1936년도의 그것은 22.4%이다. 1면1교 계획의 완성 후에도 여전히 조선인 학령기 인구 중 77.6%에 해당하는 아이들, 즉 342만 명 중 265만 명이 공립학교의 '바깥'에 있었다는 결론이다.

2) 보통학교 4년제 2학급 편제에 따르는 문제들

총독부의 1면1교 계획의 내용이 처음 알려졌을 때 조선인들이 보인 최초의 반응은 증설될 수많은 보통학교가 4년제 2학급 편제라는 사실에 대해 실망하고 낙담하는 태도였다. 『동아일보』는 1928년 3월 21일의 사설 '普校年限縮小設'에서, "현하의 통칙인 육년제를 사년제로 저하시켜서 現狀을 미봉하려는 의향이 있다"고 강하게 총독부의 4년제안을 비판하였다. 기존의 6년제 학교는 그대로 두고 신설하는 것은 4년제로 한다는 것은 결국 초등교육기관인 보통학교에 "二種의 體系"를 세우자는 것이며, 이는 원칙적으로 용인할 수 없는 일이라고 주장했다.[53]

당시 각지의 4년제 보통학교를 가진 지역에서 지역 주민들에 의한 '학년연장운동'이 줄기차게 펼쳐져 왔음은 이미 앞에서 검토하였다. 4년제 졸업 후 6년제 보통학교로의 편입의 길이 극히 곤란한 실정이었기 때문에, 대다

52) 大野謙一, 앞의 책(1936), 405면.

53) 『동아일보』 1928년 3월 21일자.

수의 4년제 졸업생은 상급학교로의 진학을 단념해야 했고 또 그 영향으로 일부 4년제 학교에서는 신입생 모집조차 어려움을 겪어야 했다. 총독부의 4년제 보통학교 설치 계획이 "구폐를 되풀이할 뿐 아니라 결과에 있어서 개선이 되지 못하고 개악이 되는 일"이며, "실제에 있어서 오히려 (조선인) 일반에게 고통을 더 주고 말 것"이라는 조선인 측의 지적은 결코 근거없는 비판은 아니었다.

1910년대에는 보통학교의 수업연한이 4년 혹은 3년이었다. 그 후 총독부는 1920년 11월에 조선교육령을 일부 개정하여 보통학교의 수업연한을 6년으로 연장하였다. 이는 3·1운동 후 나날이 고조하는 조선인의 향학열에 부응하는 한편, 교육에서의 민족적 차별에 대한 조선인의 비판을 완화시키려는 의도에서 나온 것이었다. 그러나 '토지의 사정'에 의해서, 5년 또는 4년으로도 할 수 있도록 하였기 때문에, 실제로 공립초등학교의 수업연한은 4년제와 6년제의 두 종류가 있었다.

1920년대 후반 무렵 4년제 공립보통학교는 전체 공립학교의 대략 3분의 1정도로 추정된다. 표 8에서 보는 바와 같이, 1929년도의 경우 4년제 공립보통학교는 전체 공립보통학교 수의 31.6%에 해당하는 474교였다.

총독부의 「第一次計劃」에서는, 신설 보통학교는 4년제를 '상례'로 한다는 것과 관련하여, "수업연한은 현재의 6개년을 理想으로 하여 점차 그 실현을 꾀하는 것으로 하지만, 목하의 실정에 비추어"(「일차계획」)라고 설명하였다. 이 총독부 방침은, 1936년도 이후에는 6년제로의 학년연장이 가능하다는 의미로 해석되지만, 역으로 1936년도까지는 '학년연장'을 원칙적으

표 8. 각 도 공립보통학교 수업연한별 통계(1929년 5월 말 현재)

	경기	충북	충남	전북	전남	경북	경남	황해	평남	평북	강원	함남	함북	계
6년제	83	64	106	51	108	112	105	89	74	79	65	53	37	1,026
4년제	75	8	10	79	82	30	87	21	17	19	19	18	9	474
합계	158	72	116	130	190	142	192	110	91	98	84	71	46	1,500

자료: 조선총독부 학무국『朝鮮諸學校一覽』소화 4년도를 참조하여 작성함.

로 불허한다는 의미로도 풀이될 수 있다.

실제로 1면1교 계획이 아직 공표되기도 전에 어느 지방 학무당국은 6년제로의 학년연장은 1면1교가 실현된 후에 검토할 문제라고 명언한 일이 있다. 1928년 3월 초의 전라북도평의회에서 4년제 보교의 학년연장을 요청하는 조선인 의원들에 대하여 도학무당국자는 말하기를 "설혹 예산이 풍부할지라도 도내의 현상황을 본다면 1면1교가 실현되어 일반으로 보급케 하여야 할 것인데 산간벽지로 보면 교육기관이 없어서 입학치 못한 아동이 다수인데 4년제인 보교만 연장하고 신설을 계획치 아니한다면 언제든지 교육기관이 없는 지방에는 불평이 있을 뿐 아니라 교육이 보급되지 못할 것은 명확한 사실이라."라고 하면서, "연장문제는 1면1교가 실현된 후에 (검토할) 문제"라고 답변하였다.[54)]

공립보통학교 전체에 있어서 4년제 학교의 비율은, 1929년도가 31.6%이었는데, 1면1교 계획기간 중 점차 높아져 완성연도인 1936년도에는 4년제가 전체 2,411교 중 1,155교로 그 비율이 47.9%로 상승하였다. 그 후 1937년 2,503교 중 4년제 1,089교(43.5%), 1938년 2,599교 중 4년제 851교(32.7%), 1939년 2,727교 중 4년제 570교(20.9%), 1940년 2,851교 중 437교(15.3%)로 해마다 감소하는 추세였다.[55)]

1면1교 계획에 따르는 신설 공립보통학교는, 4년제인 동시에 전 학년 2학급 편성을 위주로 하였다. 그에 따라 실제 교과지도에서는 2개 학년을 단일 학급으로 편성하여 지도하는 이른바 복식수업의 형태를 취할 수밖에 없다. 복식수업은 종전에도 시행되어 왔으나 4년제 2학급의 공립보통학교가 대거 설립됨에 따라 복식수업 문제가 학교 현장의 주요한 교육문제로 부각되었다.

한 통계에 따르면, 1934년 현재 보통학교 중에서 학년별로 학급을 달리하는 單式 편제의 학교가 전체의 27.5%이며, 복식 편제의 학교가 71.2%였

54) 『동아일보』 1928년 3월 6일자.

55) 조선총독부 학무국, 『朝鮮諸學校一覽』 소화 18년도 참조.

표 9. 보통학교 및 소학교의 학급편성 형식(1934. 5. 현재)

학급형식 / 학교종류	단식	복식	단급	합계
보통학교	586(27.5)	1,516(71.2)	26 (1.2)	2,128
소학교	56(11.6)	241(49.8)	186(38.5)	483

괄호 안은 비율(%).

다.(표 9 참조)[56] 즉 보통학교 4교 중에서 단식 수업을 할 수 있는 것은 1교 정도에 불과하다. 이와 같이 여러 학년을 한 교실에서 같이 지도하는 복식수업이 당시의 초등교육에서는 보편적인 방법이었다.

소학교의 경우는 보통학교에 비해 단급 학교가 훨씬 많은데, 이는 주로 일본인 아동의 취학자가 소수이기 때문이다. 즉 소학교의 경우는 학생수가 너무 적어 부득이 복식 혹은 단급 편성을 할 수밖에 없지만, 보통학교의 경우는 학생수는 넘쳐나지만 그를 수용할 학급이 부족하기 때문에 복식 편제를 하게 되는 것이다. 그 결과, 보통학교의 경우 복식이 대종을 이루며 그에 비해 단급 학교는 극소수에 불과하다. 이 점에서 소학교와 현저하게 다르다. 그리고 오늘날에도 복식 혹은 단급 편제의 학교가 존재하지만, 그것은 어디까지나 산간벽지나 도서지방의 학교에 국한되는 예외적인 사례에 속한다.

1면1교 계획으로 증설되는 대다수의 보통학교가 2학급 편제를 취함에 따라, 1930년대 조선의 초등교육 현장에서는 복식수업의 지도 문제가 중요한 이슈로 되었다.(1934년에 창설되어 전국에 보급되기 시작한 간이학교가 단급제였던 것도 그러한 경향을 촉진했다.) 복식 혹은 단급 학급 편성의 경우 일반적인 단식 수업에 비해 교사의 부담이 매우 커진다. 복수 학년의 아동을 한 교실에 모아서 동시에 가르쳐야 하기 때문에, 기본적으로 복수의 수업을 동시에 수행해야 하며 특별한 교수기법이 동원되지 않으면 안

56) 上田槌五郎, 1936. 3.「單級並に複式學級の教育精神」『朝鮮の教育研究』, 朝鮮初等教育研究會, 50면.

된다. 또 학생에게는 일반 단식 학급의 경우에 비해 더 강한 자기 규율과 자기 통제가 요구된다. 상대적으로 정교한 교수기법과 학생에 대한 규율 통제가 적절히 이루어지지 못하면 수업은 질서를 상실하고 혼란상태에 빠지게 된다. 교사와 학생 모두에게 고도의 집중력과 자기통제가 필요한 것이 복식수업이며 또 단급 수업인 것이다.

단식이 정상이며 복식은 변칙적이고 비효율적인 교육방법이라고 단정할 수는 없다. 복식수업도 잘 활용하면 획일적인 일제식 교수법에 의존하는 단식 수업에 비해 더 효과적일 수도 있다. 그러나 당시 조선 초등교육에서 복식 혹은 단급이 주종을 이루었던 것은 그와 같은 교육학적 고려의 결과가 아니라, 단지 당시 식민지 조선이라는 '현실'이 그를 강요한 것에 지나지 않는다. 당시 어느 일본인은, "조선에 있어서 복식 및 단급의 교육법은 (중략) 현실이 이것을 강요한 문제"였다고 말했다. 그 '현실'이 "내지에서는 이러한 종류의 학급은 산간벽지 또는 도서의 학교나 혹은 그 분교장에 있지만, 조선에 있어서는 오히려 이것이 본체"가 되도록 만들었던 것이다.[57)]

이와 같이 1930년대에 접어들어 1면1교 정책의 실행에 따라 보통학교에서의 복식 편제가 급속히 증가하였다. 그 위에 1934년도의 단급제 간이학교의 창설과 전국적 보급은 그러한 경향을 가속화하였다. 그 결과 초등교육기관에서의 복식교수법 개발의 필요성이 일층 커지게 되었고, 조선 초등학교 교육의 실질적인 성패는 복식 교육의 성패에 달린 문제로 되었다. 이에 총독부는 그 하나의 대책으로, 1935년도에 조선초등교육연구회에 대하여 복식 및 단식 교육의 개선책에 관해 자문을 구하였고, 12월 26일부터 사흘간 조선초등교육연구회의 주최의 전국 연구대회(「복식 및 단급 교육의 제문제」)가 경성사범학교부속학교에서 개최되었다. 대회에는 조선내 초등학교에 근무하는 많은 조선인 및 일본인 교육자가 참가했는데, 그중에서 공립보통학교의 한 조선인 교사의 사례를 소개하기로 한다.[58)]

---

57) 위의 책, 51면.

58) 具斗書(全北 益山郡 望城公立普通學校), 1936. 3.「一年有半の体驗を語る複式教育の凝視点」『朝鮮の教育研究』, 朝鮮初等教育研究會, 139~148면.

그는, 보통학교의 복식 학급편제가 "실로 경제 문제로부터 타산"된 '특수적 존재'이며, "단식에 비해 사제 모두 와신상담의 고통을 맛보는 일이 허다할 것"하다고 본다. 그가 맡은 학급은 1, 2학년의 복식이었는데, 초등학교 저학년의 복식 학급을 맡게 되었을 때의 심경은 "낙담, 실망, 비탄, 고민, 분노"였다고 그 어려움을 솔직히 토로하고 있다. 2개 학년 이상의 아동을 하나의 학급으로 편제하여 지도하는 복식 학급의 지도는 무엇보다도 교사를 매우 '다망'하게 만들며, 교사로 하여금 "이백 퍼센트의 에네르기 발산을 요구한다".

그는 복식 교육과 관련하여, '교수', '훈련', '양호'의 셋으로 구분하여 자신의 교육 실천을 설명하였다. '교수'로는 (1) '자습시간'을 설정하여 각조의 급장을 중심으로 아동이 자학자습하도록 한 것, (2) '교안'을 월안, 주안, 일안 별로 미리 상세히 작성하여 복식수업 지도에 만전을 기한 것, (3) '분단조직'을 만들어 아동들이 '협동집목의 비풍'을 발휘하여 자학자습을 하도록 하였으며 그를 위해 좌석 배열도, 觀背式 · 對面式 · 절충식 가운데서 절충식을 취하고 연장자를 '분단장'으로 정한 것 등이 소개되었다.

다음으로 '훈련'은 복식수업이 무질서 통제불능으로 흐르는 것을 막기 위한 규율 장치를 의미했다. 즉, "훈련의 여하는, 복식교육 부침의 수평선이며 분수령"이고 교사의 교수법이 아무리 좋아도 이것을 들어주는 아동의 '학습태도'가 제대로 되지 못하면, 그 수업은 실패하고 만다. 단식 수업에 비해 복식의 경우는 아동 훈육의 필요성이 더 큰 것이다.

그가 아동의 '훈련'을 위해 고안하여 실행한 방법으로는, (1) 약속제도, (2) 간부제도, (3) 여러 집회의 활용, 의 셋이었다. '약속제도'는 그 내용이 다음과 같다.

> 1. 입을 열지 않는 것. 특히 농촌의 아동은 다변이다. 아동이 학습할 때 매우 시끄러워지는 것은 이 입을 여는 것에 기인한다. 그래서 아동과 상담하여, "(교실에) 모이면 입은 오직 一文字"라는 표어를 내걸고, 학습문제의 발표 · 질의응답의 경우 외, 일절 입을 열지 않기로 했다.

2 자신의 일은 자신이 하라. 의뢰심과 의타심의 제거야말로 복식의 교수·훈련의 골자이어야 하며, 자동작업의 완벽을 기하는 것으로 한다.

(중략)

5 고학년은 늘 저학년에 모범을 보이고 그를 사랑하며, 저학년은 고학년에 대하여, 상당의 경의를 표한다.

(중략)

7 타 학년의 직접지도 때는, 일절 교사에 대하여 질문하지 않는 것으로 한다.[59]

'간부제도'는, 학급에서 소수의 아동을 선발하여 학급 관리의 임무를 분담하는 것으로 그 종류는 다음과 같다. 급장 및 부급장 각 1명, 그리고 매 분단마다 분단장 1명을 두며, 그 외에 여러 係를 두어 각각 2명씩의 계원을 임명했다. 계는 配水係, 配湯係, 窓係, 靴箱係, 청결정돈계, 學校園係, 帽子係, 花瓶係 등 여덟 개였다.

다음 (3)의 '집회'로는, 매일 방과후의 '반성회', 매주 2회 이상의 '자치회', 매일 3회 이상의 '중심아동회'를 개최하였다.

복식 학급의 수업을 위하여 얼마나 면밀한 자기통제와 관료제적인 규율장치가 고안되어 활용되었는지를 알게 된다. 지정된 경우 외는 일절 입을 다무는 것, 매일 3회 이상의 '중심아동회'의 개최 등과 같은 '훈련' 방법이 어떤 동기에서 고안된 것인지는 불문가지다.

3) 보통학교의 직업교육

1929년의 보통학교규정의 개정에 따라 보통학교의 교육과정에 직업과가 특설되었다. 표 10은 1929년의 보통학교규정 개정에 따라 정해진 4년제 공립보통학교의 교과목별 매주 수업시수다.

종래의 보통학교규정(1922년 공포)에 의하면, 보통학교의 교과목은 수신, 국어, 조선어, 산술, 일본역사, 지리, 이과, 도화, 창가, 체조, 재봉(여자)의

59) 위의 책, 145면.

표 10. 4년제 공립보통학교 교과목별 매주 수업시수

<table>
<tr><th>학년
교과목</th><th>제1학년</th><th>제2학년</th><th>제3학년</th><th>제4학년</th></tr>
<tr><td>수신</td><td>1</td><td>1</td><td>1</td><td>1</td></tr>
<tr><td>국어</td><td>12</td><td>12</td><td>12</td><td>11</td></tr>
<tr><td>조선어</td><td>4</td><td>4</td><td>4</td><td>3</td></tr>
<tr><td>산술</td><td>5</td><td>6</td><td>6</td><td>5</td></tr>
<tr><td>이과</td><td></td><td></td><td></td><td>3</td></tr>
<tr><td>직업</td><td></td><td></td><td>남3, 여1</td><td>남3, 여1</td></tr>
<tr><td>도화</td><td>(1)</td><td>(1)</td><td>1</td><td>1</td></tr>
<tr><td>창가</td><td rowspan="2">3</td><td rowspan="2">3</td><td>1</td><td>1</td></tr>
<tr><td>체조</td><td>남3, 여2</td><td>남3, 여2</td></tr>
<tr><td>가사 및 재봉</td><td></td><td></td><td>3</td><td>3</td></tr>
<tr><td>수공</td><td>(1)</td><td>(1)</td><td>(2)</td><td>(2)</td></tr>
<tr><td>계</td><td>25</td><td>27</td><td>31</td><td>31</td></tr>
</table>

비고: 괄호 안은 수의로 부과할 수 있는 시수. 1, 2학년 창가의 시수는 체조에 포함.
자료: 조선총독부 학무국 학무과, 1932『朝鮮學事例規』, 제국지방행정학회.

10개 교과가 필수교과목으로 지정되었다. 그 외에 '토지의 정황'에 따라 수공을 부과할 수 있으며, 또 수의 혹은 선택 과목으로 농업, 상업, 한문 중 어느 한 과목을 부과할 수 있었다. 그러나 수업연한을 4년제로 하는 때는 교과목 중에서 일본역사와 지리를 뺄 수 있는 대신 농업, 상업, 한문을 가할 수 없도록 하였다.[60] 즉, 종래 4년제 보통학교의 교과편제에서는 隨意(수의) 또는 선택과목으로조차 개설될 수 없었던 직업교육관련 교과가, 1929년 이후에는 6년제는 물론 4년제 보통학교에서도 일약 필수과목으로 특별히 가설된 것이다.

표 10은 1929년 이후의 4년제 보통학교 교과목별 주당 수업시수다. 이를 종전의 그것과 비교하면, 필수 설치의 교과목 수가 '직업'의 특설에 따라

60) 김영우, 1999『한국초등교육사』, 한국교육사학회, 148면.

종전의 10개에서 11개로 늘어났고 '재봉'이 '가사 및 재봉'으로 바뀌었다.(보통학교규정 제7조) 그에 따라 주당 시업시수가 최소 1시간에서 최대 4시간까지 증내하였다. 한편, 6년제 보통학교에서는 직업과가 4, 5, 6학년에 주당 각각 2(여자 1), 3(여자 1), 3(여자 1) 시간씩 개설되었다.

1929년 이후 초등교육에 특별히 도입된 직업과 교과목은 4년제 보통학교의 경우 주당 남자는 3시간, 여자는 4시간(가사및재봉 포함)을 3학년 및 4학년에 가하도록 되었다. 이는 주당 총 시수 31시간의 약 10%에 해당하지만, 실제의 지도 시간을 그보다 많았다. '직업'의 교수에 있어서는 '가정의 업무'와 밀접히 관련을 맺도록 하고 특히 '실습실험의 지도'에 주력하도록 하였다.(보통학교규정 제15조의2)

그리고 '실습'은 '규정의 교수시수 외'에 별도로 가할 수 있도록 하였다. 일종의 방과 후 수업과도 같은 형태로 '직업' 교과의 '실습'을 부과할 수 있으며 그 시수는 특별히 정하지 않고 있다. 이러한 방식으로 '직업'은 정규수업시수에 더하여 과외의 '실습' 시간까지를 활용할 수 있도록 하였다. 그러므로 1, 2학년의 경우도 비록 정규 수업 시수는 편성되지 않지만, '실습' 시간을 통해 근로교육을 할 수 있게 된다. 나중에 실제 사례를 통해서 그 실상을 알아보기로 한다.

또한 '직업'의 교육은, '국어의 교육' 및 '공민적 교육'과 함께, 주당 교육시간의 정도 여하를 떠나서, 보통학교 교육의 중심적 목표로 특별한 위치를 점하였다. 즉 "근로애호의 정신을 기르고 흥업치산의 志操를 견고히 하는 것"은 보통학교의 교육에 있어서 '교수상 특히 주의해야 할 사항'으로서, 어떤 교과목에서라도 늘 유의해야 하는 것이었다.(보통학교규정 제8조)

1928년 이래의 총독부의 초등교육 정책은 농촌지역에의 간이한 초등학교(4년제 2학급 보통학교)를 보급하는 것과 동시에, '근로애호'와 '흥업치산'의 교육을 실행하는 것이었다. 그와 같은 초등교육의 '실제화'는 직업과의 특설과 정규교과 외의 '실습' 시간을 통해 구체화되었다. 앞서 언급한 것처럼, '근로의 습관'을 육성하여 조선인 아동을 순종적인 하급 실무노동자로 길러내는 것은, '국어의 보급'과 함께 한일합방 이래 공립보통학교의 기본

사명이었다. 일본어를 알아듣는 하급 실무자의 육성, 이것이 일본의 식민지교육의 주안점이었다. 1919년의 3·1운동 이후 잠시 주춤하였던 보통학교에서의 '근로교육'이 이때 재차 강화되기 시작한 것이다.

1910년대 보통학교에서, '농업초보'가 '상업초보'와 함께, 필수교과는 아니었지만 '노작의 취미'와 '근로의 습관'을 기른다는 취지에서 정책적으로 장려되었다. 오노(大野謙一)에 따르면, "농업초보와 같은 것은 교육령 실시 후 얼마 지나지 않아 거의 모든 농촌학교에 그 실현을 보았고, 실습지를 얻기 쉬운 점, 그리고 수용 아동의 연령이 높은 점 등의 호조건에 힘입어 사실상 중요한 필수과목의 하나로서, 현저한 성적을 거둘 수 있었다."[61]라고 한다. 제1차 교육령 발포 당시 총독부는 훈령을 통해, 농업을 가르치는 보통학교는 지방의 향교 재산에 속하는 學田을 실습지로 이용할 수 있도록 조치하였다.[62] 그러나 3·1운동 직후 '내지준거주의'에 따라 보통학교의 수업연한이 6년으로 연장되고 입학연령도 6세로 저하하는 등의 교육개혁이 이루어지는 가운데, 종래 '사실상 필수과목'이었던 농업을 위시한 실업과목이 수의과목 또는 선택과목으로 취급되었고, "십년노고의 결정인 實習圃場도" 불과 몇 년 사이에 황폐해지고 말았다.[63]

그런 점에서, 1929년의 보통학교 '직업과'의 필수교과화는, 1910년대의 보통학교 근로교육의 '부활'을 의미한다고 할 수 있다. 그러나 직업과는 농업초보와는 달리 정식의 필수교과목으로 가설되었다는 점에서 그 의의가 각별하다고 해야 할 것이다. 보통학교 직업교육의 공식적 연구서인 『직업과의 본질과 그 실제』(1931)에 의하면, 이때 직업과가 남여 공통 필수과목으로 신설된 것은 일본의 초등교육 역사상 최초의 일이었다.[64]

직업과교육의 실제 사례를 농촌지역 보통학교를 중심으로 살펴보자.

전남 鶴橋공립보통학교의 경우[65]를 보면, 직업과교육은 '재학 중' 교육

61) 大野謙一, 앞의 책(1936), 61면.

62) 위의 책, 55면.

63) 위의 책, 235면.

64) 朝鮮初等教育研究會 編, 1931 『職業科の本質と其の實際』, 1면.

과 '졸업 후' 교육으로 나뉘는데, 전자에서는 정규 교과 미개설의 저학년에 대해서도 '趣味園', '양계' 등 가급적 노동력을 요하지 않으면서 직업적 취미를 함양할 수 있는 것을 '근로작업'으로서 과외로 부과한다. 상급 학년으로 진급함에 따라 취미함양 이상의 "개인 또는 단체적 작업 훈련"의 철저를 기하며, '기초적 훈련'을 포함하는 각종의 '실습작업'을 부과한다. 한편, '졸업 후'의 교육으로는 졸업생을 대상으로 '직업선택지도교육' 즉 '일반적 졸업생 지도법', '특별 졸업생 지도법', '동창회 청소년 지도법' 등이 시행된다.

동 교의 직업과교육은 정규교과의 유무를 막론하고 철저하게 '실습' 위주로 실행되었다. 직업과를 정규교과로 하지 않는 저학년은 매주 1시간 이내 '근로작업'으로서 '취미 관상원'의 손질 및 '애완 소동물'의 관리를 과외로 부과한다. 4, 5학년은, 매주 2시간씩 '기초적 기술'을 포함하여, '단체적 작업훈련'을 통한 '組分擔當 방법'에 의한 실습을 과외로 부과한다. 6학년은 매주 2시간씩 '전문적 기술'을 포함하여, '부락별담당 방법'에 의한 실습을 과외로 부과한다. 한편, 정규 학과에서도 직업과는 실습을 위주로 하며 '書物 교육'은 완전히 폐지하고, 단지 '作業前口授'에 의해 요령만을 '手記' 시킨다.

한편, 직업교육의 '설비'와 관련하여, '토지' 즉 실습지로서 저학년 1인당 1평 이상, 4학년 이상은 1인당 20평 이상을 표준으로 하고, '農舍'는 간이한 것을 '교사 및 아동의 공동공작에 의해 건설'하는 것으로 하였다. '농구'는 대략 "2학급의 전 아동이 일시에 작업할" 수 있는 정도를 구입하는 것을 원칙으로 하며, 아동이 가정으로부터 직접 농구를 가져오게 하는 것은 피한다. 또, '농용 가축 가금류의 사육'은 돼지, 닭, 토끼 등을 학년별로 나누어 사육케 하고 이들 가축 사육에 의해 퇴비생산을 도모한다. 그리고 '실습'에 의해 산출된 '생산품처분'에 관해서는, '영리적 경영수단'에 의해 종묘, 비료, 소작료 등 경비를 정산하고 난 후의 '순익'을 당장 배분하지 않고

65) 위의 책, 170~182면.

아동별로 적립하여 졸업 후에 사용하도록 조치한다.

이상과 같은 전남 鶴橋공립보통학교의 직업교육의 주안은, 저학년부터 조직적으로 실시하는 것, 지방에 적합한 '부업'을 함께 부과하는 것, "군 및 도의 산업방침과 일치"시키는 것, 그리고 가정과의 연락에 유의하는 것 등이었다.[66]

위의 예를 통해서 당시 공립보통학교 농업교육의 실상을 어느 정도 알 수 있을 것이다. '실습'을 통하여 정규 시수의 몇배나 되는 시간이 농업교육에 사용되며, 지방 행정 당국의 농업 정책과 보조를 맞추어서 농업교육이 실행되고 있는 것이다. 또한 방대한 면적의 농업교육용 실습지 등 시설이 갖추어져 있는 것도 당시의 초등교육의 특수성의 한 단면을 이루는 것이라고 해야 할 것이다. 위의 예에는 실습용 토지의 정확한 면적이 제시되어 있지 않으나, 1935년경 함경남도 양천공립보통학교의 예를 보면, '학교원'으로 '桑園' 759평, 재목견본원 27평, 교재원 20평, '杞柳園' 23평의 도합 829평이 있으며, '실습지'로는 논 611평, 밭 685평의 도합 1,296평이 있고, '학교림'이 3,000평이었다.[67] 실로 방대한 농업교육용 농토와 시설을 갖추고 있는 것이다.

오노(大野謙一)에 따르면, '농촌 보통학교'에서의 '농업실습'은, '보통 농사'는 물론 양잠, 축산, 농업수공, 요업, 그리고 연해부에서는 수산제조, 산야부에서는 농림수공, 약초에 의한 제약 등 매우 넓은 범위에 걸쳐 행해졌으며, 이른바 '適地適業主義'에 따라 農漁家 부업의 기초를 닦는 데도 상당한 공헌을 하였다. 그리고 '專科敎員'을 두지 않고 학교장 이하 전 직원이 일반 수업을 하는 틈틈이 농업실습에 임했다. 이들 교직원들은 매년 여름 도내의 농업학교에서 개최되는 약 1개월간의 합숙 연수인 '장기농업강습회'에 참가하여, 일반 농업기술은 물론 새끼꼬기 등의 짚 세공, 목공, 철사수공, 콘크리트 공법을 위시하여 양잠실이나 가축사의 건조에 이르기까지

66) 위의 책, 182면.

67) 「咸鏡南道優秀學校經營の實際」, 朝鮮初等教育研究會, 『朝鮮の教育研究』, 1935년 3월호, 93~94면.

일반 농업 경영상 필요한 사항을 남김없이 실지에서 체득하였다.[68]

이상이 '독서교육의 폐'를 지양하고 '근로애호'와 '흥업치산'의 교육을 강화하고자 한 총독부 초등교육정책 하의 보통학교의 구체상이다. 이와 같이 '총독정치' 개시 후 4반세기가 경과한 1930년대 중반에 이르러, '간이'한 규모의 공립보통학교가 전국적으로 '산간벽지'에 이르기까지 평균 배치되었고 이들 초등학교에서는 '근로애호'의 직업교육이 착착 실행되었다. "시대가 요구"하는 '근로적 인격'의 도야를 위해[69] 농업 생산의 '실제적' 교육에 매진하는 농촌의 4년제 공립보통학교. 이것이 1면1교 계획을 수립할 때 총독부가 염원하던 조선의 전형적인 초등학교상이었다. 그리고 그것은 1930년대 중반 대다수의 농촌 공립보통학교의 보편적인 양상이기도 했다. 그러나 그것은 대다수 조선인들이 원하던 보통학교의 모습과는 거리가 멀었다. 즉 조선인들의 근대적 초등교육을 향한 줄기찬 열망이 식민지 지배자들의 정치적 의도에 의해 '왜곡'된 형태로 구체화된 것이다.

4) 보통학교의 졸업생지도

이미 검토한 것처럼, 1928년 4월 총독부는 보통학교, 간이국민학교, 지정서당의 졸업생을 대상으로, '근로애호의 습성'을 장려하고 '鄕黨輯睦의 미풍'을 '馴致'하기 위해 '청년수양단체'를 1면1교 계획에 맞추어 6개년 동안에 전국 각 면에 하나씩 설치하는 계획을 수립했다.[70] 이 계획은 1929년 이후 '보통학교 졸업생지도'라는 형태로 구체화되었다. 즉 동년 1929년도 보통학교에 직업과가 필수과목으로 특설되고 동시에 농촌 보통학교에서 농업을 중심으로 하는 '직업교육'이 강화되어 가는 것과 보조를 같이하여, 보통학교의 졸업생 중에서 대상자를 엄선하여 그들로 하여금 농촌에 정주

68) 大野謙一, 앞의 책(1936), 238면.

69) 위의 책, 93면.

70) 조선총독부 학무국, 1991 「朝鮮總督府ニ於ケル一般國民ノ教育普及振興ニ關スル第一次計畫」『日本植民地教育政策史料集成(朝鮮編) 17』, 龍溪書舍.

하면서 '농업 애호'의 정신과 농사 기술을 체득하여 농촌부락의 '우수 중견 농민'이 되도록 함으로써, 보통학교 직업교육의 '완성'을 기함과 동시에 '농촌갱생'의 '중심인물'의 양성을 도모하려는 것이다.

보통학교 졸업생지도는, "조선 이외에는 그 유례를 찾아볼 수 없는 반도의 독특한 시설"[71]이었으며, 보통학교 직업과교육과 더불어 "조선에 있어서 초등교육의 二大 특색"[72]을 이루는 것으로 평가될 정도로 그 의의가 크다. 이 시설은, 1927년 당시 경기도지사, 내무부장, 그리고 농무과장 및 학무과장 등에 의해 입안되었고, 동년도에 도내 보통학교 10교가 지정되어 그 졸업생 110여 명을 대상으로 하여 졸업생지도가 개시된 것을 그 시초로 한다.[73]

1927년 경기도에서 처음 졸업생지도 학교로 지정된 10교 중에서도 안산공립보통학교는 졸업생지도의 대표적인 모범사례로서 널리 알려졌다. 동교가 위치한 수암면은 총호수 1,592호에 총인구 8,124명으로 전 호수의 93%(1,487호)가 농가이며, 그중 약 80%가 소작농인 전형적인 농촌이었다.[74] 안산공보는 1912년 4월 개교 이래 15년간 모두 207명의 졸업생을 배출했는데 그중 진학(상급학교 입학 및 '내지유학' 12.5%), 취직·자영업(8.3%), 기타(24.4%)를 제외한 나머지 54.8%(113명)가 '농업'(100명)이나 '무업'(13명)으로 면 내에 머무르는 자들이었다.

이들 졸업 후 면내에 머무는 자들 중 '무업'은 상당한 재산이 있는 가정의 자제임에도 '무위도식'으로 날을 보내고, '농업'에 종사하는 자들도 사실은 그와 대동소이하며 "직업에 대한 자각도 신념"도 없이, 그저 매일 부형이 하는 대로 추종만 할 뿐이었다. 그리하여, "여가 있으면 惡戱에 빠지고

71) 高橋濱吉, 「농촌진흥과 보통학교 졸업생지도」, 『朝鮮』 1931년 12월호; 富田晶子, 「농촌진흥운동하의 중견인물의 양성 — 준전시체제기를 중심으로 —」 『일제말기 파시즘과 한국사회』, 최원규 편(1988), 청아출판사, 212면에서 재인용.

72) 八束周吉, 1933 『卒業生指導の精神と方法』, 조선공민교육회, 1면.

73) 大野謙一, 앞의 책(1936), 239면.

74) 林虎藏, 1932 『體驗五年 安山の卒業生指導』, 교육연구회, 7~10면.

악습에 물들어 완전히 독서도 폐지하고 수양을 하지 않으며, 전혀 무교육자와 변함없는 생활을 되풀이"하고 있었다.[75] 그리고 4년제 학교인 안산공보는 면민들의 '오해' 때문에 매년 신입학생 모집에 어려움을 겪었으며 평소의 출석률도 60% 정도에 불과하였다.

'보통학교 졸업생지도' 창안의 배경은 바로 이와 같은 농촌지역 보통학교 졸업생들의 상태였다. 정책 의도는 졸업생 중에 소수를 엄선하여 보통학교 교원이 직접 영농기술을 지도하고 또 관이 영농자금을 지원하여 신세대의 모범 농민을 육성함으로써, 농촌 보통학교의 '효용'도 증명해 보이고 침체일로에 있는 농촌경제의 '갱생'도 꾀하자는 것이다.

졸업생지도의 실제에 관해 발상지인 경기도를 중심으로 살펴보기로 한다.[76] 졸업생지도의 기본 방침은, 보통학교 졸업생으로서 "농촌에 안주하여 농업에 종사하려고 하는 자"에 대하여, "본 도의 농사장려방침에 따라 영농 및 생활상의 지도"를 가하여 "우량한 농민의 자질 향상"을 도모하여 '지방개량의 선구자'가 되도록 부단한 '誘導·啓發'을 가하는 것이다. 지도대상은 '연령 및 기분'을 고려하여 선정하되 주도면밀한 지도가 이루어지도록 1회 20명 이내로 한정한다. 지도방법으로는 다음 세 가지가 주요한 것이다.

1. 개인지도: 각 개인의 가정 및 경작지에서 농업 실제를 지도하는 것으로 각 가정 및 개인의 정황을 상세히 파악한 다음 그에 적응한 농사작업을 실행토록 하며, (교사가) 실지에 임하여 지도를 가하는 것이다.
2. 공동지도: 사정을 같이하는 자 또는 일반적인 지도를 요하는 사항을, 학교 또는 부락에 소집하여 공동으로 지도를 행하는 것이다.
3. 기록지도
   ① 작물 작업 등에 관해 재배상 또는 작업상의 설계서를 작성하게 하는 것.
   ② 자립영농자가 되기 위해 5개년 혹은 7개년을 예정하여 그 간의 영농연차계

75) 위의 책, 15~17면.
76) 이하, 조선총독부 학무국 편, 1931. 2.『學校卒業生指導に關する講習會並協議會集錄』, 71~74면.

획서를 작성토록 하여, 계획적 농업경영을 행하도록 하는 것.

③ 실습일지를 기재하게 하여 작업의 과정 일가 경제의 상황 및 매일의 의문점 등을 적어 지도상의 편리를 도모하는 것.

④ 각종 통신을 발하여 작업상 시기를 놓치지 않고 적기 지도를 행하는 것.

그 밖에, 연중 및 월중 행사표를 작성토록 하는 것, 농한기 또는 계절적으로 강습회・경기회・순회강화 등을 통해 '수양에 관한 지도'를 실시한다. 그리고 가정, 면 및 군 당국 특히 기술원, 농회 및 각종 산업단체, 기타 지방 유지 및 독지농가 등 '지도기관'의 상호 연락을 면밀히 하여 '擧道一致指導'를 행한다.

지도기간에 관해서는 "직접적이고 集注的으로 지도하는 기간"은 대체로 3년으로 하고, 그 후는 조합 등을 통한 자치를 중심으로 간접지도를 행하는 것으로 했다. 또, 졸업생을 한 단체로 하는 '조합'을 결성하여 '상호 共勵'를 꾀하고, 또 각 호에는 조합원 명찰을 붙이며 실습지에도 명패를 세운다. 한편, 도지방비에서 지도학교에 연액 200원을 보조하여 소모품비, 강습회비 및 가정작업 지도 여비 등에 사용토록 하며, 그 외에 종자, 비료, 농구 등의 구입을 위해 개인에게 대부하는 운전자금으로 사용하도록 하였다.

이와 같이 경기도를 최초로 하는 '보통학교 졸업생지도'는 보통학교 직업과의 설치 이전에 이미 시작되었으나, 이 시설이 전국적으로 보급된 것은 역시 1929년의 직업과 설치 이후의 일이었다. 도미타(富田)에 의하면, 졸업생지도는 "29년의 직업과 설치로부터 30・31년의 농업공황을 거치면서 급속히 보급되어, 농촌진흥운동이 본격화하는 34년에는 전국 보통학교의 62%에 달하는 1,326 학교가 지도학교로 선정"[77]되는 등 이 기간 중에 비약적으로 발전하였다.(표 11 참조) 특히 1932년 여름부터 시작된 총독부의 '농촌진흥운동'에서는 보통학교 졸업생지도가 '농촌갱생'의 중요한 방책으로서 적극적으로 장려되었다.

앞서 언급한 경기도 안산공보가 위치한 수암면에서는, 1932년 11월 이

---

77) 富田晶子, 앞의 책(1988), 213면.

표 11. 보통학교 졸업생지도 실시 상황

	공립보통학교 수	지도교	지도생(명)	지도원(명)	지도생1인당 실습 수익(원)
1928	1,428	43			
1929	1,505	107			
1930	1,644	305			
1931	1,779	638			
1932	1,896	947	9,215	5,936	38.44
1933	2,020	1,158	10,855	6,198	49.66
1934	2,133	1,326	11,687	6,476	62.17
1935	2,274	1,402	12,736	6,911	61.65

자료: 富田晶子, 앞의 책(1988), 213면.

후 농촌진흥운동이 개시되어 면내 45부락의 '갱생'에 면 주재소와 학교직원이 한 덩어리가 되어 참여하였는데, 그중 "성적 우수한 부락은 대개 그 부락 내에 우량한 지도생이 중견이 되어 활동"하고 있었다.[78] 이와 같이하여 졸업생지도는 1932년 말 이래 농촌진흥운동의 일부로 재편되면서 새로운 발전 국면으로 접어들었다. 즉 보통학교는 종래의 졸업생지도를 매개로 하여 이 무렵부터 '부락지도'라는 새로운 형태의 사회교화 활동을 전개하게 된 것이다. 그에 따라 총독부가 "모든 공사기관, 모든 계급, 전체 민중이 협력 일치"하여 진행하는 '全鮮총동원운동'으로 추진한[79] 농촌진흥운동이 확대되어 감에 따라, 보통학교의 졸업생지도 및 부락지도도 확장되어 갔다.

이렇게 하여 경기도에서 출발한 보통학교 졸업생지도는 1면1교 계획의 실행과 더불어 전국으로 확산되었으며, 그 위에 농촌진흥운동이라는 준전시체제적인 총동원운동의 등장에 따라 개별 부락에 대한 전면적 '지도'로

78) 龍江省公署總務廳 편, 1937『(農村振興資料 第二輯)朝鮮の卒業生指導に就て』, 黑龍江民報社, 17면.

79) 富田晶子, 앞의 책(1988), 201면.

그 범위를 확장시켜 갔다. 이미 언급한 것처럼, 보통학교의 직업교육과 함께 졸업생지도는 1920년대 말~30년대 중반기 조선인 초등교육을 특징짓는 것으로 세계에서 유례를 찾아보기 힘든 사례였다.

4. 맺음말

이상 1면1교 계획을 중심으로 1920년대 말에서 1930년대 중엽에 이르는 시기의 조선인 초등교육에 관해 검토하였다. 3·1운동 이후 조선인들은 공립보통학교의 증설을 통한 취학 기회 확대를 줄기차게 요구했다. 식민지 현실에서 개인적인 생존과 발전을 도모하고 동시에 장래의 민족 독립을 위한 실력을 배양하려는 동기에서 조선인들은 공립보통학교를 적극적으로 수용하였던 것이다. 총독부로서도 조선인들을 '근로를 애호'하고 일본어를 이해하는 '충량한 일본신민'으로 시급히 바꾸어 놓기 위해서 무엇보다도 먼저 보급시켜야 하는 것이 공립보통학교였다. 그런데 1920년대 말의 상황은 전국적으로 약 절반의 농촌 지역에 공립보통학교가 아직 설치되어 있지 않았고, 그 취학률도 15% 정도로 학령기 아동 10명 중 8, 9명은 공교육의 기회를 얻지 못하였다. 한편 식민지적인 민족차별의 현실과 악화일로의 경제불황은 조선인들의 사상과 정치의식을 날카롭게 각성시켰고, 그러한 사회적 모순은 식민지 공교육 체제를 심각한 위기에 빠뜨렸다. 1928년의 '1면1교 계획'은 그러한 식민지 공립학교 체제의 위기 상황에 대한 대응책으로 구상된 것이었다.

1면1교 계획은 4년제의 공립보통학교와 2년제의 국민학교를 전국적으로 배치하여 각 면에 최소한 1교의 초등학교를 설치함과 동시에 취학률을 급속히 높인다는 것을 기본 목표로 하였다. 그러나 국민학교안의 무산과 함께, 취학률을 최대한 높인다는 정책 목표는 사실상 방기되었다. 결국 총독부의 목표는 4년제 2학급 편제의 공립보통학교를 약 1,000여 면 지역에 배치시킨다는 것으로 압축되었다. 취학률 제고보다는 전국적인 공립보통학교

망의 구축이 우선시된 것이다.

한편 총독부는 식민지 초등교육의 내적 측면에서의 중요한 '전환'을 행했다. 즉 공립보통학교에서의 '직업교육'의 강화를 추진함으로써 1910년대의 '실용교육' 노선으로 회귀한 것이다. 1929년 1면1교 정책의 시행과 동시에 보통학교의 교육과정에 '직업과'가 필수과목으로 특설됨으로써, 이후 대다수의 농촌 보통학교는 실질적으로 '초등농업학교'로 변모하였다. 그리고 1932년 이후 총독부가 '총동원' 태세로 전개한 농촌진흥운동 하에서 농촌 보통학교는 '졸업생'을 매개로 하여 각각의 '부락'을 직접적으로 통제하고 '지도'하는 사회교화의 기능을 맡게 되면서, 식민지지배의 최말단 행정기구로 변모해 갔다.

이상이 1면1교 계획이 '완성'된 1930년대 중반 식민지 초등교육의 실제 양상이다. 당시 초등교육은 '보통교육'으로, 초등학교는 '보통학교'로 불렸다. 그런데 '보통'이란 의미상 '보편'과 '공통'의 두 개념이 결합되어 이루어진 말이다. 따라서 '보통교육'은 계층과 지역의 차이를 불문하고 동일한 교육, 한 사회의 구성원(시민 혹은 국민)으로서 반드시 필요한 기초적인 사항을 공통으로 베푸는 교육을 뜻한다. 즉 '보통교육'이라는 말에는, 보편교육(universal education)과 일반교육(general education)이라는 근대 초등교육의 기본 이념이 함의되어 있는 것이다.

그렇기 때문에 본래 '보통학교'는 계층이나 지역의 차이에 구애되지 않고 모든 학령아동에 대하여 동일한 교육을 동일한 정도로 제공해야 하는 법이다. 그런데 이 시기 총독부의 조선인 초등교육 정책은 그러한 기본 이념과는 거리가 멀었다. 지역별로 다른 정도의 초등학교를 배치하였고, 또 초등학교에서 직업교육을 중점적으로 실행하였다.

이러한 조선인 초등교육의 '특수성'에 대하여 당시 일본인 학무당국자들은 자신들이 조선의 조건에 맞추어 창조적으로 개발한 독창적인 업적으로서 자부하였다. 와타나베 마나부(渡部學)도, 당시의 총독부 교육정책이 '정책의 침투'라는 점에서는 '커다란 효과'를 거두었다고 평가하였다.[80] 본론에서 자세히 검토한 것처럼, 이 시기 농촌지역 공립보통학교의 증설은 조선인의 재력과 성의에 힘입은 바가 컸다. 조선인의 변함없는 '향학심'이 뒷받침하지 않았다면 그 정도의 보통학교가 설립되기 어려웠을 것이다. 총독부는 그러한 식민지 민중의 교육적 열망을 제도화하는 과정에서 자신들의 정치적 의도를 관철시켜 나갔던 것이다.

총독부는 1면1교 계획이 아직 완료되기 전인 1935년에 「第二次朝鮮人初等教育普及擴充計劃」을 수립하였다. 1937년도를 기점으로 하여 10년에 걸쳐 취학률을 60%로 높여서, 1935년 당시 공립보통학교 입학지원자 전원을 취학시킨다는 것이 계획의 골자였다. 그리고 그에 기초하여 조선에 의무교육을 시행한다는 것이었다. 이 계획은 1938년에 목표기간을 4년 단축하여 1942년도까지 완성하는 것으로 변경되었다. 당시는 미나미(南次郎) 총독 부임과 함께 황국신민화 정책이 시작된 때였다. 중일전쟁의 발발과 함께 일본제국주의는 동아시아 대륙으로의 군사적 침략을 본격화하였고 그에 따라 식민지 조선의 '병참기지화'가 급속히 진행되었던 시기였다. 그러한 상황에서, 1930년대 전반기 '1면1교 계획'과 함께 '간이·실용'으로 재편된 식민지 초등교육은 또다시 중대한 변화를 경험하게 된다.

---

80) 渡部學, 앞의 책(1975), 289면.

일제하 경성 주민의 직업세계(1910~1930)

전우용

1. 머리말

근대 이후의 직업은 개인의 정체성을 구성하는 근본적인 요소다. 오늘날 직업은 한 사람의 사회적 지위와 영향력뿐 아니라 그의 품성과 교양 정도까지를 평가하는 기본 척도로 기능한다. 직업은 또한 사람이 자신을 둘러싼 세계를 이해하는 방식을 결정한다. 현대인들은 자신의 직업적 소양과 경험을 여과장치로 삼아 세계를 이해한다. 사람들은 일상의 대부분을 직업 활동 속에서 보내며 그 과정에서 세계를 구체적으로 체험한다.

중세 사회에서 직업은 그야말로 天職이었다. 타고난 신분[天分]이 직업을 규정했고, 직업은 대체로 세습되었으며 고정적이었다. 士農工商은 직업의 구분인 동시에 신분의 구분이기도 했다. 그러나 근대 이후 직업은 개념상으로나 현실적으로나 선택가능한 것으로 바뀌었고, 직업이 세습되는 것은 오히려 예외적인 일이 되었다. 세대 간 직업 변동이 일반적일 뿐 아니라 한 사람의 일생에서도 여러 직업을 거치는 일이 드물지 않게 나타나고 있다. 그런 점에서 근대화는 체험 주체의 입장에서 본다면 안정적이고 고정적이던 직업세계가 다양화하고 유동화하는 과정이라고도 할 수 있을 것이다.

체험주체로서의 개인이 겪는 직업세계의 변화는 비단 근대 이행기에 국한되는 문제는 아니다. 근대 이후의 직업세계는 끊임없이 변화해 왔으며 그 유동성과 안정성도 경제순환의 국면에 따라 수시로 달라졌다. 따라서 대상시기를 식민지 시기로 국한한다 하더라도 그 변화 전반을 다루기 위해서는 지역별, 시기별 사례연구의 집적을 기다려야 한다. 이 글은 한국이 식민지화된 직후부터 1920년대까지의 짧은 시기를 대상으로 서울 주민이 겪은 직업세계의 변동을 검토함으로써 한국 근대화 및 도시화 과정의 일단을 살펴보는 데 목적이 있다.

서울은 조선왕조의 수도였을 뿐 아니라 조선 후기 사회변동의 성과가 집중된 곳으로서 주민의 직업분화도 가장 진전된 지역이었다. 그런 만큼 일제 강점으로 인한 사회적 충격도 가장 심각했을 것으로 보인다. 군대해산과 식민지 행정기구의 정비, 왕실의 몰락 등이 관료 및 예비관료층—士—의 직업세계를 일거에 파괴시켰다면, 상업·유통질서의 식민지적 재편과 일본인 인구의 증가, 새로운 산업의 발흥과 離村向都 현상 등은 일반 주민—農工商—의 직업세계를 크게 동요시켰다. 짧은 기간 동안 급박하게 진행된 직업세계의 변동은 서울 주민을 극도의 혼란에 빠뜨렸을 것이며, 그에 적응하기 위한 필사적인 노력을 부추겼을 것이다. 이 글에서 주목하고자 하는 것은 바로 이 '변동'과 '적응'의 양 측면과 그에 대한 체험적 기억의 문제다. 즉 식민지적 도시 직업구조의 형성 문제 및 그에 대응하여 자신을 '식민지 도시민'으로 재구성해야 했던 도시민의 직업생활 문제가 이 글의 주된 관심사다.

일제 강점기 산업별 인구구성의 변화에 대해서는 이미 상당한 연구가 축적되어 있으나[1] 직업사정 전반에 대한 연구는 아직 본격적으로 이루어진 바 없다. 노동운동사나 빈민생활사, 산업사 관련 연구들에서 조선인 직업생활의 단면이 간간히 언급된 바 있을 뿐이다.[2] 직업관련 연구가 지지부

---

1) 백욱인, 1987「식민지시대 계급구조에 관한 연구」『한국사회의 신분 계급과 사회변동』, 문학과지성사; 孫禎睦, 1996『日帝强占期 都市化過程 硏究』, 一志社; 權泰煥, 1990「日帝時代의 都市化」『한국의 사회와 문화』 11, 한국정신문화연구원; 이준식, 1998「일제시대의 사회통계 1—인구—」, 『한국현대사연구』 1-1, 한국정신문화연구원 등.

2) 金潤煥, 1982『韓國勞動運動史』, 청사; 姜萬吉, 1987『日帝時代 貧民生活史 硏

진한 것은 연구자들이 이 문제의 중요성을 간과한 탓이 아니라 계통적인 자료를 구할 수 없기 때문이었을 것이다. 세분화된 직업별 인구 분포에 관한 조사는 1930년 국세조사가 최초였기 때문에 직업구조의 변동상황을 일관된 기준하에 시계열적으로 추적하는 것은 불가능하다. 필자 역시 자료의 한계를 극복할 별다른 묘안을 가진 것은 아니다. 이 글에서는 1930년 국세조사의 직업별·민족별 분류에 따라 경성 주민의 다수가 취업하고 있던 직업 영역을 주된 분석 대상으로 하면서, 당시의 신문·잡지 등에서 자주 문제삼았던 직업군을 중심으로 수량적 분석과 텍스트 분석을 병행하고자 한다. 단 상공업자와 공장노동자에 관해서는 기존에 상당한 연구가 축적되어 있기 때문에 이 글의 검토대상에서는 일단 제외한다. 충분하지는 않겠지만 이로써 일제 강점기 경성주민이 느꼈던 직업세계의 변화상을 개략적으로나마 추적하는 것은 가능하리라 본다.

2. 직업 분류의 변화와 직업 규제

1) 직업분류의 변화

가. 국세조사 이전의 직업분류

조선 전기 서울 주민은 기본적으로 왕과 宗室, 관료집단과 市民 — 商民 — 및 奴婢로 구성되어 있었다. 양란 직후에도 이러한 구성은 크게 변하지 않아 인조 16년(1638)에도 서울 주민은 宗室, 駙馬, 士大夫, 醫·譯·胥徒, 市民 등으로 구분되고 있었다.[3] 그러나 18세기 이후 給價募立이 일반화되어 役이 業으로 바뀌는 경향이 나타남에 따라 새로운 직업이 속출했

究』, 創作社; 김경일, 2002 「일제하 여성의 일과 직업」, 『사회와 역사』 61, 한국사학회; 박은경, 1999 『일제하 조선인관료 연구』, 학민사; 정재정, 1999 『일제침략과 한국철도』, 서울대학교출판부 등.

3) 『備邊司謄錄』, 5책, 인조 16년 8월 13일.

고, 19세기 초반에는 관찬자료에서조차 서울 주민을 職任者, 胥吏, 貢人, 市廛商人, 軍兵, 行商坐賈, 手工業者, 閑雜之類로 구분하기에 이르렀다.[4] 이들 외에도 妓女나 藝能人, 각종 匠人과 荷役人夫 등이 새로운 직업인으로 등장하여 이 무렵에는 이미 서울 주민의 직업구성이 중세적 특질에서 벗어나고 있었다.

서울 주민의 직업은 개항 이후 한층 급속하게 늘어났고 그에 따라 직업 표기 방식도 다양해졌다. 1898년부터 1903년 사이에 작성된 光武戶籍은 役이 業으로 바뀐 사실을 반영하여 生業을 기준으로 직업을 기재했는데, 여기에는 종래의 士農工商 외에 遞傳夫, 人力車, 總巡, 巡檢, 新聞社 社員, 銀行 副總務, 牛痘 등 수십여 종의 새로운 직업이 추가로 표기되었다.[5] 조성윤은 광무호적의 분석을 통해 이 시기 직업별 인구를 다음 표 1과 같이 추산했다. 광무호적에는 서울 인구의 1/3 이상을 차지한 것으로 추정되는 寄口 및 雇傭이 제외되어 있기 때문에 양반의 수는 이 표보다 훨씬 적었을 것이고, 반면 상민의 수는 표에 제시된 것보다 많았을 것이다. 그를 전제로 하여 조성윤은 이 시기 서울인구의 30% 이상이 商民이었고, 양반 및 관료는 20% 이내, 수공업자는 많아야 10% 정도였을 것으로 보았다.

일관된 직업 분류 기준을 마련하여 조사를 실시한 것은 1909년 民籍法에 따라 실시된 民籍調査가 최초였다. 이 조사는 戶主의 직업만을 대상으

4) 高東煥, 1998 「조선후기 서울의 生業과 경제활동」 『조선후기 서울의 사회와 생활』, 서울학연구소, 220면. 高東煥은 閑雜之類를 坐板行商으로 보았지만, 그보다는 高錫珪나 강명관이 말한 왈짜나 무뢰배로 보는 것이 나을 듯하다. 일제강점기에도 서울 주민의 직업과 관련하여 가장 문제시된 집단이 이들 浮浪子였다. 高錫珪, 1999 「18 · 19세기 서울의 왈짜와 상업문화—시민사회의 뿌리와 관련하여—」 『서울학연구』 13, 서울학연구소; 강명관, 2003 『조선의 뒷골목 풍경』, 푸른역사.

5) 조성윤, 1998 「조선후기 서울주민의 신분 및 직업구성」 『조선후기 서울의 사회와 생활』, 서울학연구소. 다만 이때에는 아직 직업 표기 원칙이 마련되지 않아 幼學과 儒業, 또는 商民과 商賈가 따로 기재되는 등 직업표기에 일관성이 결여되어 있었다.

표 1. 성내외별 호주의 신분 및 직업구성

(단위: 명, %)

구분 성내외	양반					중인	상민								근대직업	기타
	한말관직	한말군직	전통관직	일반양반	계		평민	농민	상인	수공업자	관청근무	하급군병	여자호주	계		
성안	3.3	3.3	22.9	9.4	38.9	2.7	13.6	0.2	24.1	0.5	4.3	1.2	5.6	49.5	4.0	5.0
성밖	0.1	0.1	2.3	8.8	11.3	0.4	12.1	39.5	28.4	0.2	0.9	1.7	2.2	84.9	1.1	2.2
합계	2.7	2.8	19.4	9.3	34.2	2.3	13.3	6.9	24.8	0.4	3.7	1.3	5.1	55.5	3.5	4.5

조성윤, 1998「조선후기 서울주민의 신분 및 직업구성」『조선후기 서울의 사회와 생활』 서울학연구소, 211면.

로 한 것으로서, 조사 대상 직업은 官公吏, 兩班, 儒生, 農業, 商業, 漁業, 工業, 鑛業, 日稼, 其他, 無職의 11개였다.[6] 이 단계의 직업분류는 전통적인 士農工商 체계를 근간으로 하면서 漁業과 鑛業을 각각 農과 工에서 분리해 내고 뒤에 日稼(雇傭人)와 기타, 無職을 덧붙인 데에 불과했다. 특히 官公吏와 양반, 유생을 별도로 조사한 것은 이 시기 직업분류가 아직 과거의 영향을 강하게 받고 있었음을 보여 준다. 이는 조선인 직업 분류에서뿐 아니라 일본인 직업 분류에서도 일관되게 나타나는 현상이다. 『朝鮮總督府統計年報』(이하 『통계연보』로 略記) 1910년판에는 在鮮 일본인 직업 통계만이 수록되었는데, 거기에 기재된 직업은 관리, 공리, 교원, 신문잡지 기자, 神官, 승려 및 선교사, 농업, 상업, 공업, 어업, 잡업, 藝娼妓 酌婦, 勞力, 무직의 14종이었다. 민적조사의 직업난보다는 세분화되었지만 역시 士農工商의 순서를 따르고 있으며, 분류체계 역시 그 기준에서 크게 벗어나지 않았다.

『통계연보』의 직업분류는 조선인의 직업별 호구수가 기록되기 시작하는 1912년판부터 크게 달라진다. 이때부터 농업·목축·어업·임업, 공업, 상업 및 교통업, 공무 및 자유업, 기타 유업자, 무직업 및 미신고자의 6종으

---

6) 李憲昶, 1996「民籍統計表의 檢討」『古文書』9·10, 韓國古文書學會.

로 분류하는 체계가 적용되어 『통계연보』에는 내내 이 체계에 따른 호구표가 기재되었다. 이 기준에 따르면 관리는 공무 및 자유업으로 분류되고 양반, 유생은 무직업 및 미신고자로 분류될 수밖에 없다. 1910년경까지 유지되던 士農工商의 순서가 뒤바뀌어 農工商이 앞에 나오고 士에 해당하는 직업군이 뒤로 밀려난 것도 주목할 만하다. 이 같은 분류순서의 변화는 이 무렵부터 무위도식하는 양반·유생을 浮浪子로 몰아 집중적으로 공격하기 시작한 사정과도 관련된 것으로 보인다.

『통계연보』는 직업별 호구 외에 경성의 諸傭人 賃金調査 項目을 두어 임금조사 대상이 되는 직업을 수록하고 있는데, 1907년의 경우 해당 직업은 大工(대목, 목수), 木挽, 左官(미장이), 煉瓦積, 石工, 中仕, 鳶人足, 平人足, 土方, 車力, 靴職, 仕立職, 洗濯職, 建具職, 擔軍, 商店傭人, 下男, 下女의 18종이었다. 1910년에 이르러 조사대상 직종은 大工, 左官, 石工, 木挽, 家根葺, 瓦葺, 煉瓦積, 煉瓦造職, ペンキ塗職, 疊刺, 表具師, 桶工, 車製造職, 鍛冶職, 錻力職, 鑄物職, 彫刻, 金銀細工, 染物職, 洗濯職, 和服裁縫, 洋服裁縫, 朝鮮服裁縫, 靴職, 活版植字工, 理髮職, 杜師, 醬油製造職, 煙草製造職, 米搗, 植木職, 鳶人足, 平人足, 土方, 人力車夫, 擔軍, 農作夫, 漁夫, 坑夫, 仲士, 下男, 下女의 42종으로 확대된다. 이 분류는 노동형태를 기준으로 한 것으로서 당시의 공업화 수준에 비추어 본다면 도시 노동의 거의 모든 부문을 망라한 것이라 할 수 있다. 이 같은 직종별 임금조사는 1925년까지 큰 변화 없이 유지되다가 1926년에 대폭 변경되어 煉瓦造, 提燈職, 鍛冶職, 錻力職, 鑄物職, 彫刻職, 金銀細工職, 洗濯職, 和服裁縫, 朝鮮服裁縫, 米搗, 植木職이 삭제되고 自動車運轉手와 下級船員이 추가되었다.[7]

생산물을 기준으로 공업인구를 분류하거나 영업세 부과를 위해 업종을 나누는 경우도 있었다. 『每日申報』 1912년 5월 4일자의 「京城各製造業者」에서는 경성 내 제조업자 255인을 연초제조업, 철공업, 가구제조업, 疊 제

---

7) 1913년에는 坑夫가 제외되고 提燈職이 추가되어 42종이 유지되었고, 1925년에 煙草製造職이 제외되었다.

조업, 건구 제조업, 桷 제조업, 금은세공업, 下駄 제조업, 靴 제조업, 비누제조업, 가마니 제조업, 양초 제조업, 제지업, 유리제조업, 제분업, 청량음료제소업, 주류양조업, 장유제조업, 과자제조업, 히치 제조업, 석회 제조업으로 분류했고,[8] 경성부는 영업세 부과를 위해 과세대상 영업자를 은행업, 보험업, 물품판매업, 소매업, 금전대부업, 염물업, 세탁업, 사진업, 창고업, 요리점, 湯屋, 이발옥, 대서방, 유희장, 가스전기업, 운송업, 여인숙, 음식점, 하숙, 제조업 1종, 제조업 2종, 인쇄출판, 청부업, 주선 및 중립업, 대리 및 문옥업의 25종으로 나누기도 했다.[9]

나. 1930년 국세조사의 직업분류와 민족별 직업 분리현상

일원적 기준에 따라 직업을 세분하여 조사한 것은 1930년 國勢調査가 처음이다. 국세조사에서는 3단계 분류방식을 택했는데, 대분류는 직업군을 농업, 수산업, 광업, 공업, 상업, 교통업, 공무자유업, 가사사용인, 기타 유업자, 무업의 10종으로 나누었다. 이 분류는 가사사용인 부분이 추가되었을 뿐 전체적으로는 통계연보의 분류와 같다. 중분류는 대분류 업종을 다시 생산물이나 직업활동의 특징을 기준으로 1~13종으로 나눈 것이다. 중분류 직업은 총 41종으로 다음 표 2와 같았다.

소분류 직업수는 총 377종이었는데, 세분류가 추가된 경우가 있어 국세조사에 나타난 직업은 총 400여 종에 달했다. 그런데 377종의 직업 중 경성부 내에 해당 직업을 가진 사람이 없는 것이 벌목부, 어업조수, 운탄부 등 37종이어서 소분류에 의한 경성부 내 직업수는 340종이었다. 소분류 항목은 조선 내 직업사정을 반영한 것이 아니라 일본의 국세조사 직업항목을 그대로 적용한 것이지만, 직업조사 과정에서 각 개인은 자신의 노동행위가 갖는 성격과 사회적 역할을 개념적으로 인지할 수 있었다. 예컨대 조사대상자는 조사원의 질문에 따라 공업－방직공업에 종사하는 자－제사

8) 『每日申報』 1912년 5월 4일자, 「京城各製造業者」.

9) 『每日申報』 1916년 3월 28일자, 「課稅와 營業者」.

표 2. 국세조사의 직업 분류

대분류	중분류
농업	농경에 종사하는 자, 축산에 종사하는 자, 잠업에 종사하는 자, 임업에 종사하는 자의 4종
수산업	어업에 종사하는 자의 1종
광업	채탄에 종사하는 자, 채광에 종사하는 자, 석유광업에 종사하는 자, 토석채취에 종사하는 자, 요업 토석가공에 종사하는 자의 5종
공업	금속공업·기계기구제조·조선·운반용구 제조에 종사하는 자, 정교공업에 종사하는 자, 화학제품 제조에 종사하는 자, 방직공업에 종사하는 자, 피복·장신구제조에 종사하는 자, 종이공업·인쇄에 종사하는 자, 피혁·뼈·쇠털류품 제조에 종사하는 자, 木竹草藁類에 관한 제조에 종사하는 자, 제염에 종사하는 자, 음식료품·기호품 제조에 종사하는 자, 토목건축에 종사하는 자, 가스·전기·수산업에 종사하는 자, 기타 공업적 직업의 13종
상업	상업적 직업, 금융 보험에 종사하는 자, 접객업에 종사하는 자의 3종
교통업	운수에 종사하는 자, 통신에 종사하는 자의 2종
공무자유업	관리·공리·고용원, 육해군 현역군인, 법무에 종사하는 자, 교육에 종사하는 자, 종교가, 의료에 종사하는 자, 서기적 직업, 기자·저술가·예술가·遊藝家, 기타 자유업의 9종
가사사용인	가사사용인의 1종
기타유업자	기타 유업자, 수입에 의한 자의 2종
무업	기타 무업의 1종

공이라는 순차로 자신의 사회적 지위와 역할을 구체적으로 이해할 수 있었을 것이다.

1930년 현재 경성부 내 340종의 직업 중 500인 이상이 취업한 직업은 철공, 고무성형공, 인쇄공 등 56종이었고 이들이 학생 생도와 종속자, 기타 무업자를 제외한 전체 취업인구에서 점하는 비율은 80.6%였다. 취업인구가 5,000명 이상인 직업은 주인세대에 사는 가사사용인(1만 2,094명), 日傭(1만 57명), 물품판매업주(9,449명), 상점 점원(7,825명)의 4종이었는데, 이 4개 업종에 취업한 인구는 전체 직업활동인구의 22.4%를 점했다.

표 3. 민족별 취업상태

일본인이 우세한 직업(순차)	민족별 차이가 미세한 직업	조선인이 우세한 직업(순차)
군인, 토목건축업수·정부업주, 간호인, 관리, 관공서고용인, 석공, 大工, 사무직, 守衛, 교원, 기타 상업적 직업, 목공, 기타 운수업, 이발업, 電工, 기타 서기적 직업, 여관 등의 女中·給仕, 부동산임대업자, 상업조수, 娼妓, 목공, 접객업주, 기자·저술가·문예가	과자 등 제조공, 注文取·外交員, 의사, 여관업주·하숙업주, 여관 등의 番頭·客引, 左官, 관청·회사 등의 給仕, 요리인, 점원, 藝妓(妓生), 물품판매업주, 洗濯職, 학생, 금속조립공, 철공, 재단공, 행상	제사공, 日傭, 부제지주, 고무성형공, 짐수레꾼, 문선공·식자공, 인력거부, 배달부, 靴제조공, 인쇄공, 가사사용인, 농경업주, 운반부, 중매인·주선인, 자동차운전수, 잡역부

※ 1930년 현재 경성 인구 중 일본인 인구는 26.8%였기 때문에 일본인이 40% 이상을 점하는 직업을 일본인이 우세한 직업으로, 조선인이 70% 이상을 점하는 직업을 조선인이 우세한 직업으로 하고 그 사이에 있는 직업을 민족별 차이가 미세한 직업으로 분류했음.

위 56종의 직업인구를 민족별로 나누어 상대비를 본 것이 표 3이다.

표 3에서 보는 바와 같이 1930년 현재 경성주민의 80% 이상이 취업하고 있는 직업군에서 민족별 분리 현상은 대단히 뚜렷했다. 사회적 지배력이 큰 자본가 집단은 수적으로 적기 때문에 제외했지만, 그를 빼고 보더라도 일본인은 관공리, 교원, 사무직, 기타 전문직에서 우위를 보였고, 반면에 조선인은 공장노동자, 일용직, 수레꾼, 인력거부, 배달부, 가사사용인 등 단순 육체노동에 집중되어 있었다. 학생수에서 민족별 차이가 거의 나타나지 않는 점을 보면, 민족별 직업분리 현상에 교육 외적 요소가 크게 작용하고 있었음을 알 수 있다.[10)]

10) '朝鮮人은 學을 마치고 다소의 기술이 있으되 취직에서도 선점권을 잃어서 향상 및 생존의 기회로부터 항상 제외되고 있다.' 『朝鮮日報』 1928년 3월 3일자, 「社說: 朝鮮人과 實業補習敎育」.

2) 직업규제

가. 浮浪者 문제와 대책

조선 후기 서울에는 도시화의 진전에 따라 閑雜之類 혹은 왈짜라 불리는 다수의 無爲徒食者들이 거주하고 있었다. 이들은 別監 등 형식적인 官職을 띠고 있거나 閑良, 先達 등 양반의 신분을 가지고 있었지만, 특별한 生業 없이 父母의 遺産을 물려받아 도시적 소비문화의 싹을 틔우고 있던 자들이었다.[11] 일제는 한국을 강점한 직후 양반을 독립된 직업으로 인정하는 한편 일부에게 은사금을 지급하는 등 회유책을 썼다. 그러나 국권 상실로 인해 가장 큰 피해를 본 집단이 양반이었기 때문에 일제의 회유는 별다른 영향을 미치지 못했다. 官職 진출 기회를 봉쇄당한 서울의 양반들은 강점을 진후한 시기에 대거 망명하거나 연고가 있는 지방으로 이주했다.[12] 서울에 남은 양반이나 구관료들은 貴族 작위를 받는 등 안정적인 지위를 유지한 자들이 아니면 대개는 서울에 世居한 탓에 지방에 별다른 연고를 갖지 못한 자들이었다.[13] 그렇다고 이들이 서울에서 별다른 일자리를 얻을 수 있는 것도 아니었다. 관직은 이미 일본인들이 독점한 상태였고, 그들이 할 수 있는 일은 변호사나 대서업, 서당훈도가 아니면 사무직 정도였지만, 그조차 쉬운 일이 아니었다. 이들은 어쩔 수 없이 無職·失業 상태로 내몰렸다.

양반 유생에 대한 일제 당국의 태도도 1912~3년을 경계로 해서 크게 바뀌었다. 1912년부터 통계연보의 직업난에 양반·유생이 제외되었고, 1913년부터는『每日申報』등을 통해 직업이 없는 양반들을 浮浪者 — 또는 浮浪子 — 로 몰아 공격하기 시작했다. 당시 매일신보에 실린 기사들은 浮浪

11) 강명관, 앞의 책(2003) 참조.

12)『每日申報』1910년 9월 17일자,「京城住民의 移轉」.

13) 일제의 조사에 따르면 1911년 2월 현재 서울의 양반호는 1,298호, 유생호는 208호였다.『每日申報』1911년 2월 5일자,「京城班族儒生數」.

者를 "제 마음대로 돌아다니며 부랑패류와 동모하여 주색잡기에 종사하기와 이외에 부당한 금전을 함부로 남용"[14]하는 자, "부형은 재산이 있으나 본인은 재산이 없는 자",[15] "돈 한 푼 없이 요리점에 가서 음식을 막 먹고 도망하기와 선선하게 인력거 타고 삯 주지 않는 일과 계집의 집으로 가서는 외상으로 모든 음식을 먹고 심지어 자기까지"[16] 하는 자 등으로 규정했다. 이런 지탄을 받는 부랑자는 비단 하급 양반이나 閑雜之類뿐이 아니었다. 1914년 12월 북부경찰서장 마쓰이 노부스케(松井信助)는 대한제국기 칙임관으로 있던 양반 16명을 호출하여 "그대들로 말하면 前日 政界에 출입하던 터이오, 문벌 좋고 지위도 훌륭한 터에 있으며, 하급사회의 인물과는 판이하여 상당한 학문과 상당한 지식이 있는 터로 감히 하류배도 행치 못할 나쁜 짓을 행하여 나의 자격과 지위를 타락케 하며, 세상사람의 嘲笑를 취함이 곧 自暴自棄가 아닌가"라고 훈계했다.[17]

浮浪者의 중심에 舊兩班·官僚가 있다고 보는 태도는 1910년대 후반까지 지속되었다.[18] 특히 이 무렵에는 양반의 浮浪行爲만이 아니라 그들이 '예전에 문벌이 낮은 사람이 잘 되어 가는 것'을 무시·질시하여 '진정한 사회의 융화를 방해'하는 점도 공격대상이 되었다.[19] 이제 양반 부랑자들은 단지 무직자이거나 사회의 풍기를 어지럽히는 자로서뿐 아니라, 일제의 식민통치와 그 결과에 불만을 품는 반사회적 집단으로 취급받기 시작했다. 그들은 더 이상 경성 사회의 중심이거나 주류가 아니었고, 스스로 반성하고 물러나야 할 '舊特權集團'이자 '전일에 어림없이 얻든 재산 혹은 불의로 강탈한 재산'[20]에 기대고 사는 죄인이었다.

---

14) 『每日申報』 1913년 6월 3일자, 「無業浮浪者末路」.
15) 『每日申報』 1913년 6월 7일자, 「高利貸와 浮浪者」.
16) 『每日申報』 1914년 8월 9일자, 「逃亡性의 浮浪團」.
17) 『每日申報』 1914년 12월 4일자, 「浮浪兩班을 嚴諭」.
18) "今之浮浪子는 其父其兄 其家其室이 皆世祿世守之家오" 『每日申報』 1918년 5월 3일자, 「浮浪子 一覽」.
19) 『每日申報』 1917년 1월 25일자~1월 26일자, 「양반아! 노인아!」.
20) 『每日申報』 1918년 7월 21일자, 「京城은 惰眼의 市街」.

양반 부랑자를 범죄자로 취급하는 태도가 확산되면서 부랑자 개념의 외연도 확대되었다. 1918년 경기도에서는 관내 부랑자와 걸인을 함께 묶어서 통계자료를 작성했다.[21] 이후 1920년대 중반부터 양반 부랑자는 신문 잡지류에 더 이상 언급되지 않는다. 부랑민 또는 부랑자는 거지와 행려병자를 통칭하는 개념으로 바뀌었고,[22] 그가 과거 어떤 신분에 속해 있었는지는 더 이상 문제거리가 되지 않았다.

1910년대의 무직자 대책은 사실상 양반 부랑자의 '風紀問題'를 단속하는 데에 집중되었다. 1913년 6월 동대문경찰서에서 '일호 성업이 없이 뻔들뻔들 돌아다니는' 無業浮浪者들을 검거하여 취조한 것을 시작으로 1913년 말부터 집중적이고 정기적인 부랑자 단속이 시작되었다. 1913년 11월에는 떼지어 다니는 乞人을 단속했고,[23] 익년 1월에는 乞人을 일제 검거하여 위생인부로 삼았다.[24] 1914년 11월 북부경찰서에서는 '일정한 직업이 없이… 연극장과 계집의 집으로 출몰하는' 부랑자들을 하루에 20명씩 잡아들여 15일간의 구류에 처했다.[25] 당시 북부경찰서에 잡힌 사람들 중 다수는 "모두 다 양반의 신분으로 전일에 대관까지 지내던 터로 지금은 아무것도 할 수 없는 사세에 이르러 이 사랑 저 사랑 구석으로 빙빙 다니며 노름이나 하고, 남의 땅 매매에 대하여 흥정붙인다고 공연히 돌아다니기 기타와 협잡질로 교묘히 돈을 빼어서 한때 호구들을 하는 썩어빠진 자들"이었다.[26] 黃金町分署와 東大門分署에서도 부랑자 검거에 나섰는데,[27] 유독 일본인 거류지 관할인 남부와 용산경찰서에서는 부랑자 단속을 실시하지 않았다.

제2회 부랑자 단속은 조선물산공진회를 코앞에 둔 1915년 6월부터 실시

---

21) 『每日申報』 1918년 2월 3일자, 「浮浪者取締數」.
22) 『東亞日報』 1925년 10월 2일자, 「大京城의 裏面에 五百餘名의 流浪民」.
23) 『每日申報』 1913년 11월 9일자, 「東署의 乞人取締」.
24) 『每日申報』 1914년 1월 25일자, 「乞人就業의 感服」.
25) 『每日申報』 1914년 11월 7일자, 「浮浪者 大檢擧」.
26) 『每日申報』 1914년 11월 13일자, 「浮浪者 大掃蕩」.
27) 『每日申報』 1914년 11월 18일자, 「黃金町分署에서도 浮浪者大淸潔」; 同 1914년 12월 4일자, 「浮浪者 檢擧中」.

되었다.[28] 이때에도 역시 단속 대상은 '일정한 거주도 없고 아무 생업이 없이 낮과 밤으로 각 연극장이나 그렇지 않으면 주색장으로 다니'는 자들이었나. 부랑사 검거는 주로 密賣淫女의 집을 급습하는 방식으로 이루어졌으며, 그 탓에 密賣淫女 단속도 병행되었다.[29] 부랑자에 대한 처벌 수위도 높여 '3주일씩 구류에 새끼줄이나 짚신을 만들게 함에 그치지 않고, 가장 준엄한 처벌로 단단히 징계할' 방침을 세웠다.[30] 실제로 이때 검거된 부랑자들은 '작년과 비하면 그 징역하는 품이 더욱 엄중'했다고 한다.[31] 제3회와 4회 단속은 공진회 개최 중인 1915년 9월과 10월에 각각 실시되었는데,[32] 특히 제4회 단속 때에는 공진회 관람을 목적으로 上京한 지방 출신 浮浪者들까지 검거되었다.[33] 검거된 부랑자들은 25일간 서대문 감옥에 구류된 후, 석방될 때에는 10일 안에 직업을 얻을 것을 서약해야 했다.[34]

공진회 이후 부랑자 단속은 한동안 경성부 내 각 경찰서의 정례행사가 되었다. 1916년 1월에는 종로경찰서에서만 100여 명을 검거했고,[35] 같은 해 5월에도 同署에 검거된 부랑자가 50여 명에 달했다.[36] 1917년 5월의 부

28) '본년 9월 11일에 개최할 始政紀念 朝鮮物産共進會가 개최되는 때를 당하여 더욱이 주의할 바가 적지 않으므로, 그 안에 각종 방해물 되는 부랑자 등을 타파하여, 그 근적을 소멸할 필요가 있음으로 당국에서 그에 대한 방책을 강구 중', 위의 자료.

29) 『每日申報』 1915년 9월 7일자, 「京城 全市에 亘하여 浮浪者 大檢擧」.

30) 『每日申報』 1915년 6월 23일자, 「今回 浮浪者 檢擧」.

31) 『每日申報』 1915년 7월 20일자, 「浮浪者 檢擧 益益 嚴重」.

32) 『每日申報』 1915년 9월 7일자, 「京城 全市에 亘하여 浮浪者 大檢擧」.

33) 『每日申報』 1915년 10월 29일자, 「또 다시 檢擧」.

34) 『每日申報』 1915년 11월 6일자, 「浮浪者의 誓約書」; 이후 浮浪者로 검거되었던 자가 석방될 때는 항상 같은 내용의 서약을 해야 했던 것 같다. 1918년에도 부랑자는 석방될 때 서약서를 썼는데, 이때는 취업 기한이 1개월이었다. 同 1918년 1월 11일자, 「浮浪者 放免」.

35) 『每日申報』 1916년 1월 20일자, 「喫太飯行 三十名」.

36) 『每日申報』 1916년 5월 28일자, 「第六回 浮浪者 檢擧」; 同 1916년 5월 30일자, 「拘留된 浮浪者」.

랑자 단속으로 검거된 인원도 59명이었다. 특히 이 무렵부터는 鄕曲의 부랑자들이 서울에 들어와 '밤낮 없이 기생을 자동차에 태우고 경성 시중을 호기롭게 달려 다니고, 밤에는 요리점에 출입이 번삭하여 돈을 불같이 쓰는' 행위가 새로운 문제로 부각되었다.[37]

1920년대 전반기에도 부랑자 단속은 주로 '風紀團束' 차원에서 이루어졌고, 그 때문에 항상 密賣淫 단속과 병행되었다.[38] 그러나 浮浪者를 행려병자, 거지와 함께 취급하기 시작하면서 그 단속 내용도 점차 바뀌어 갔다. 1922년 7월 1일에는 경성부고시 제15호로 「경성부인사상담소규정」이 발포되었고 그 즉시 府營 인사상담소가 설치되어 직업소개 업무를 개시했다.[39] 1925년 5월에는 私設 노동자숙박소도 설립되었다.[40] 1928년 12월 본정경찰서는 검거한 부랑자 500명을 구류에 처하거나 강제노역을 시키는 대신에 '취직을 시켜 주거나 부모를 찾아 주는' 조치를 취했다. 경성부 내에서 일사리를 구하지 못한 사람들을 부산 초량의 하천공사장에 집단적으로 취업을 알선해 주기도 했다.[41] 이 무렵의 부랑자는 이미 '취업을 기피하는 자'가 아니라 '취업을 하지 못한 자'가 되어 있었던 것이다.

1910년대 중반부터 반복적으로 시행된 '부랑자 단속'은 경성주민의 직업관에 큰 영향을 미쳤다. 직업이 없는 것은 곧 범죄였다. 이에 대해 종로경찰서장 마쓰이 노부스케(松井信助)는 "처음으로 시작할 때에는 소위 부랑자 중에 전 군수이니 전 관찰사이니 하는 머리 굵은 사람들이 많더니 지금은 많이 정한 직업에 종사하게 되었으며 또 일반이 이왕에는 농업이니 상업이니 하는 것을 천하게 여기고 경찰서에서 조사를 하여도 열이면 열 다

---

37) 『每日申報』 1917년 9월 6일자, 「浮浪者 檢擧」; 同 1917년 12월 22일자, 「浮浪者 檢擧」.

38) 『朝鮮日報』 1921년 5월 19일자, 「京城의 風紀取締」; 同 1921년 8월 22일자, 「風紀取締 將近」.

39) 「京城府人事相談所 開始」, 『朝鮮經濟雜誌』 79, 1922년 7월호.

40) 『東亞日報』 1925년 5월 29일자, 「勞動宿泊設立」.

41) 『朝鮮日報』 1928년 12월 29일자, 「無職者를 檢束하여 일터로 보낸 本町警察局」.

무직업이라고 대답할 뿐 아니라 무직업으로 지내는 것을 도리어 한 자랑거리로나 아는 듯한 경향이 있더니 지금 차차 직업이 신성한 것인 줄을 알며 한편으로 경찰서에서 묻는 말이 귀치 아니했어도 직업이 있으면 바로 신고하고 또 사실이 이왕보다 무직업자가 많이 줄었은 즉 이는 부랑자 검거의 효력이 없다 하지 못할 것이라"고 自評했다.[42]

나. 직업활동에 대한 규제

일제는 한국을 강점한 직후부터 각종 직업 관련 법규를 제정·공포하기 시작했다.[43] 이들 법규는 모두 직업활동에 대한 통제의 전권을 경찰에 부여했다. 관청이나 회사, 공장 등 자체의 직무규율을 가지고 있던 곳을 제외하면,[44] 거의 모든 직업이 식민지 권력의 직접적 통제 대상이 된 것이다. 더구나 1920년대까지는 도시 산업이 낮은 수준에 머물러 있었기 때문에 회사나 공장은 경성부 내 직업활동 인구의 다수를 포용할 수 없었고, 그런 만큼 절대 다수의 직업인구가 경찰이 일방적으로 제정한 규율 아래 놓여 있었다.

일제 경찰의 직업활동에 대한 규제는 대략 네 가지 차원에서 진행되었다. 첫째는 치안 대책이었다. 이와 관련된 법규로는 代書業取締規則(1910. 9. 26.),[45] 宿泊及居住規則(1911. 6. 20.),[46] 古物商取締法(1912. 3. 12.)[47] 등

42) 『每日申報』 1916년 1월 20일자, 「浮浪檢擧後 繼續하여」.

43) "취체 규칙이 조문으로 보면 지난번 새로히 시행한 자전거 승용의 취체규칙을 위시하여 경찰범처벌규칙, 도로, 질옥, 고물상, 요리옥, 음식점, 숙옥, 인력거, 하차, 건축, 수도, 도박, 이발업, 자동차, 도량형, 청결 등에 관하여는 모두 취체의 규칙이 있어서 규칙을 위반하는 자는 발견한 경관이 고발하고 고발된 자는 경찰서에 불려가서 구류와 과료 또 조선인은 태형 등 즉결 처분을 받는 터이라." 『每日申報』 1918년 5월 10일자, 「叱責 많이 받는 自轉車와 古物商」.

44) 일제하 공장 내의 노동규율에 대해서는 강이수, 1997 「공장체제와 노동규율」 『근대주체와 식민지 규율권력』, 문화과학사 참조.

45) 『朝鮮總督府官報』 30, 1910년 10월 3일자.

46) 『朝鮮總督府官報』 241, 1911년 6월 20일자.

이 있었다. 본래 漢城府는 조선시대 三法司의 하나였기 때문에 소송대리업으로 생활하던 사람이 많았다. 일제가 한국 강점 직후 이들을 단속한 것은 일차적으로 치안 관련 사건을 소송 없이 즉결처리하기 위함이었다.[48] 당시 조선인의 문맹률은 대단히 높았고, 또 글을 아는 경우라도 복잡한 법률서식을 직접 작성할 수 있는 사람은 드물었다. 따라서 모든 소송사건은 일차적으로 대서인의 손을 거치게 마련이었고, 일제는 이 점에 주목하여 대서업취체규칙을 서둘러 마련했던 것이다.

숙박업자・객주에 대한 단속 규칙 역시 이들 업소에 유숙하는 자의 신원과 이동경로를 파악하려는 의도에서 나온 것이었다. 이 규칙에 따라 숙박업주들은 외부인이 숙박했을 때와 숙박하던 고객이 떠난 때 모두 24시간 내에 숙박인의 신상정보와 전 숙박지, 행선지를 경찰에 신고해야 했다. 고물상 단속은 일차적으로 장물의 유통경로를 파악하기 위함이었지만, 주로 면허 없이 떠돌아다니던 엿장수가 처벌대상이 되었다.[49]

둘째는 위생 및 안전에 관한 규제였다. 일제는 위생상태의 개선이 식민지 통치의 성과를 즉각적으로 보여 주는 것이라 믿었고, 기후풍토가 다른 朝鮮에 이주해 온 일본인들의 위생환경을 개선할 필요도 느끼고 있었다. 그에 따라 우선적으로 의사, 약제사 등의 자격규정을 마련하고 漢方醫들에 대해서는 醫生規則을 제정하여 그 활동영역을 제한했다. 일제 당국의 위생의료 문제에 대한 감독은 주로 경찰서・헌병관서 소속 의사 및 약제사를 통해 이루어졌다.[50] 부적당한 의약품을 판매하는 행위,[51] 醫生이 약을 지어 판매하는 행위,[52] 무허가 藥商[53] 등이 모두 처벌 대상이었다. 전염병이 창

47) 『朝鮮總督府官報』 460, 1912년 3월 12일자.

48) 경찰은 대서업취체규칙이 발포된 직후 대서인들을 전원 불러들여 치안관련 사건에 대한 소송 대서를 하지 말도록 嚴飭했다. 『每日申報』 1910년 10월 12일자, 「嚴飭代書人」.

49) 『每日申報』 1917년 7월 21일자, 「엿장사 처벌됨」.

50) 부령 제74호 「藥品巡視規則」 『朝鮮總督府官報』 288, 1913년 7월 16일자.

51) 『每日申報』 1913년 8월 2일자, 「一般藥商의 注意」; 同 1914년 7월 15일자, 「不正藥商을 注意」.

궐할 때에는 경찰서에서 醫生을 불러 따로 교육을 실시하기도 했다.[54] 이밖에 과거 泮人이 전담해 왔던 도축장이나 獸肉販賣業에 대한 단속,[55] 음식섬의 청결상태에 대한 단속,[56] 야채 및 果物 행상이나 청량음료상에 대한 단속,[57] 우물물을 길어 파는 水商에 대한 단속,[58] 이발기구를 소독하지 않거나 마스크를 쓰지 않고 영업하는 이발사에 대한 단속,[59] 목욕물과 세수물을 한 데 장치한 목욕탕 업자의 단속,[60] 전염병 환자의 세간을 소독하지 않고 매매하는 고물상 단속[61] 등이 일상적으로 이루어졌다. 藝娼妓, 酌

52) 『每日申報』 1915년 7월 22일자, 「漢醫藥業者 傳染病과 注意」; 同 1918년 7월 16일자, 「管內醫生에게 傳染病豫防의 講話」.

53) 『每日申報』 1917년 11월 27일자, 「許可없는 藥商」.

54) 『每日申報』 1916년 2월 20일자, 「醫生에게 講話」.

55) 『每日申報』 1910년 11월 17일자, 「肉種取締와 市民」; 同 1913년 5월 22일자, 「豚肉販賣者 注意」; 同 1914년 3월 27일자, 「獸肉商의 惡行爲」; 同 1916년 5월 31일자, 「牛肉商에게 訓示」; 同 1916년 9월 16일자, 「京城屠場 統一」.

56) 『每日申報』 1915년 11월 3일자, 「不精한 飮食店 發見하는대로 處罰」.

57) 『每日申報』 1913년 5월 29일자, 「菁根商의 注意」; 同 1917년 6월 12일자, 「菜蔬를 開川에서 씻고 處罰된 者 十餘名」; 同 1917년 7월 22일자, 「菜蔬店같은 警察署」; 同 1913년 7월 3일자, 「不正果物의 嚴禁」; 同 1913년 7월 10일자, 「淸凉飮料의 注意」; 同 7월 18일자, 「不正飮料의 嚴禁」; 同 1917년 7월 22일자, 「淸凉飮料 取締」; 同 1916년 8월 11일자, 「淸凉飮料의 取締」; 同 1916년 8월 30일자, 「不良飮料의 廢棄」 등.

58) 『每日申報』 1914년 7월 7일자, 「水商과 飮料水」.

59) 이발사 단속의 근거는 경무총감부령 제6호 理髮營業取締規則(1911. 5. 1.)으로 만들어졌다. 이는 이발소 설치 장소, 의복, 기기 소독 등을 규정하고 있었다. 『朝鮮總督府官報』 198, 1911년 5월 1일자; 『每日申報』 1913년 11월 21일자, 「理髮者의 新規程」; 同 1916년 7월 9일자, 「不消毒한 消毒器 理髮業者의 處罰」; 同 1916년 7월 14일자, 「不潔한 理髮業者」; 同 1916년 7월 21일자, 「3理髮業者處罰」; 同 1917년 8월 25일자, 「理髮規則違反」; 同 1917년 4월 19일자, 「理髮士健康診斷」; 同 1917년 4월 20일자, 「飮食店, 理髮業者의 健康診斷」; 同 1918년 4월 20일자, 「理髮業者健康診斷」; 『朝鮮日報』 1929년 8월 5일자, 「理髮業者健康診斷」.

60) 『朝鮮日報』 1924년 4월 9일자, 「不良浴湯 本町管內에 六處」.

婦 등 성매매 여성들을 대상으로 한 위생 검진도 정기적으로 실시되었다.

도로미관 및 안전을 목적으로 하는 직업 규제도 있었다. 일제강점 초기 인력거에 대한 규제는 人力車賃의 통일에 主眼을 둔 것이었으나,[62] 공진회 직전부터는 人力車夫의 복장, 인력거의 안전성, 심지어 인력거부의 용어 사용에까지 단속의 손길을 미쳤다.[63] 자동차가 시내 교통수단으로 등장한 1920년대 이후에는 자동차, 자전거에 대한 단속도 강화되었다.[64] 牛馬車 단속은 도로 훼손 방지에 주안을 둔 것이었고,[65] 柴炭商 단속은 도시 미관의 정비를 위한 것이었다.[66]

셋째는 조세 징수의 근거를 마련하거나 업자 간의 담합을 방지하기 위한 가격규제였다. 연초세 시행에 따른 煙草商 단속,[67] 측량업자의 부정측량과 측량비 과다 징수 단속,[68] 家儈들의 수수료 징수 및 사기행위 단속,[69]

---

61) 『每日申報』 1916년 1월 21일자, 「古物商의 罰金」.

62) 1905년 5월 경시청에서 인력거임을 규정한 바 있으나 지켜지지 않자 1910년 12월에는 경무총감부에서 시내 각처에 인력거 임금표를 게시했다. 『每日申報』 1910년 12월 4일자, 「人力車賃의 一定」

63) 인력거 단속의 기준이 마련된 것은 1914년 9월 人力車取締規則이 제정된 이후의 일이었다. 『朝鮮總督府官報』 625, 1914년 9월 1일자; 『每日申報』 1915년 4월 21일자, 「面目一新할 京城 人力車」 공진회를 계기로 통일되었던 인력거부의 복장은 시일이 흐르면서 다시 각양각색이 되었다. 1921년 봄, 경기도 경찰서에서는 관내 인력거부 복장을 통일하라는 지시를 하달했다. 『東亞日報』 1921년 4월 15일자, 「人力車軍等 服裝統一」; 『每日申報』 1915년 10월 7일자, 「惡車夫의 取締」; 同 1915년 10월 13일자, 「發覺되면 嚴罰」; 同 1916년 4월 23일자, 「人力車檢查」; 同 1917년 4월 27일자, 「人力車 檢查 成績이 良好하다」.

64) 『朝鮮日報』 1929년 6월 14일자, 「營業取消된 運轉手 74名」.

65) 朝鮮總督府令 제54호 「荷車取締規則」 『朝鮮總督府官報』 247, 1913년 5월 29일자; 『每日申報』 1917년 12월 2일자, 「本町署의 荷車檢查」.

66) 『朝鮮日報』 1921년 1월 14일자, 「柴炭商 嚴重取締」.

67) 『每日申報』 1914년 6월 20일자, 「煙草商의 注意件」; 同 1918년 7월 27일자, 「煙草販賣業者에게 稅金講話」; 同 1918년 8월 1일자, 「煙草稅令의 改定과 販賣業者의 注意할 事項」.

68) 『每日申報』 1913년 7월 3일자, 「測量業者에게 說諭」.

보험권유원의 강권 또는 사기행위 단속,[70] 전당업자의 조기 방매나 장물 취급 단속,[71] 水商의 물값 단속[72] 등이 모두 이 목적하에 진행된 것이었다. 특이 米商에 대한 단속은 처음 백미에 잡곡이나 수입쌀을 섞어 파는 행위 등에 집중되었으나[73] 일본에서 쌀소동이 일어난 1918년 이후에는 가격 조절행위가 주된 단속대상이 되었다.[74] 1920년대 이후에는 인력거임이나 여관 숙박료, 목욕탕 요금 등이 새로 가격 통제 대상에 포함되었다.[75]

넷째는 풍속에 관한 규제였다. 부랑자, 藝娼妓, 밀매음에 대한 규제가 중심이었지만 이 밖에 巫堂도 惑世誣民의 죄목으로 수시로 검거, 처벌되었다.[76] 일제 강점기 경성 주민의 직업세계에 대한 권력의 개입은 전면적이었다. 관공서나 회사, 공장 등 자체의 직업규율을 마련해 둔 곳에서 근무하지 않는 경성부의 대다수 직업생활자들은 일상적으로 경찰권력과 대면해

---

69) 『每日申報』 1913년 10월 16일자, 「家僧惡習의 矯正」; 同 1916년 2월 13일자, 「家僧取締計劃」; 同 1916년 2월 24일자, 「家僧의 家券橫領」 등.

70) 『每日申報』 1913년 5월 28일자, 「保險業者 取締規則」; 同 1927년 4월 14일자, 「保險外交員을 嚴重取締 方針」.

71) 『朝鮮總督府官報』 460, 1912년 3월 12일자, 「質屋取締規則」; 『每日申報』 1913년 11월 27일자, 「典當業者의 注意」; 同 1916년 7월 22일자, 「典當業者는 注意」; 전당업자에 대한 단속은 특히 빈번하여 1917년 한 해 동안에만 질옥취체규칙 위반으로 검거된 건수는 무려 1,421건에 달했다. 同 1918년 3월 6일자, 「典當營業者의 取締받은 數爻」.

72) 『每日申報』 1913년 9월 7일자, 「水商悖行의 取調」.

73) 『每日申報』 1911년 3월 10일자, 「不精米商 嚴査」; 同 1913년 5월 25일자, 「米商奸策과 嚴締」.

74) 『每日申報』 1918년 8월 27일자, 「米商招致」.

75) 『東亞日報』 1921년 3월 27일자, 「旅館主와 車夫에게」; 『朝鮮日報』 1921년 6월 4일자, 「理髮과 湯屋料 値下勸告」; 同 1921년 6월 16일자, 「湯屋料와 理髮料의 値下實行을 伴하여 —料理店 態度如何—」; 『朝鮮日報』 1924년 1월 18일자, 「沐浴代金引上請願」.

76) 『每日申報』 1913년 7월 27일자, 「惑世巫女의 拘留」; 同 1913년 8월 7일자, 「惑世誣民의 妖物」; 同 1913년 12월 25일자, 「惑世衆盲의 處刑」; 同 1917년 6월 27일자, 「巫女藝者를 檢擧」; 同 1917년 7월 12일자, 「巫女는 拘留五日」.

야 했다. 경찰은 訓諭, 取締, 處罰 등 다양한 방법으로 주민의 일상적인 직업생활에 개입했다. 경성부민에게 경찰은 범죄와 관련해서만 연상되는 존재가 아니라 이미 삶 그 자체에 깊이 침투해 있는 존재였다. 식민지 경찰에게 경성부의 조선인 주민은 일종의 교화대상이자 처벌대상 — 죄수 또는 범죄자 — 이었을 뿐이다.

3. 취업과 실업

1) 취업의 자격과 조건

가. 학교 및 직업훈련기관 졸업생의 취업

일제의 한국 강점 이후 경성의 조선인 주민들에게 직업은 '부랑자가 아님'을 증명하는 신분 증명이 되었지만, 그 증명을 얻는 것이 쉽지는 않았다. 士農工商의 위계 하에 편제되어 있던 중세적 직업세계를 대체해 가고 있던 식민도시의 근대적 직업세계는 조선인들에게 우호적이지 않았다. 보수와 노동조건이 좋으며 명예가 따르는 '좋은 직업'은 거개가 일본인의 몫이었다. 회사와 기업, 공장의 관리자 역시 일본인들로 채워졌다. 일본인들의 땅이 된 경성에서는 하다못해 지게꾼을 하려고 해도 '일본어'를 알아야 했다. 조선인들에게 식민지 교육기관은 새롭게 형성된 직업세계에 적응하고 그 안에서 우위를 점하기 위해 꼭 필요한 신분증명을 제공해 주는 곳으로 인식되기 시작했다.

그러나 1910년대에는 수준 높은 직업교육을 제공해 주는 정규학교는 거의 만들어지지 않았다. 대한제국기에 만들어져 있던 법관양성소,[77] 의학강습소,[78] 공업전습소 등이 전문학교로 승격한 것은 1916년의 일이었고,[79]

---

77) 『每日申報』 1911년 3월 21일자, 「法學校 卒業式」.

78) 『朝鮮總督府官報』 140, 1911년 2월 20일자, 朝鮮總督府令 제19호 「朝鮮總督府醫院附屬醫學講習所規則」.

이 밖에 세브란스 의학전문학교(1917. 6.),[80] 철도학교(1919. 4.) 등이 고등 직업교육기관으로 설립되었을 뿐이다. 일제는 1922년이 되어서야 조선총독부 전문학교 제도를 실시하여 법학, 의학, 공업, 상업, 농림의 5개 분야 고등교육기관을 설립했다.[81] 이 해 사립 경성치과의학교가 문을 열었고,[82] 1925년 3월에는 경성의학전문학교 부속 치과의학교가 경성치과학교로 승격되었다.[83]

그런데 관립 전문학교들은 조선인들의 전통적 관점에서 볼 때에는 과거의 中人과 商工人을 대상으로 한 것들뿐이었다. 고위 官職 진출이 차단된 조선인들에게 교육환경은 그 자체로 '예전에 문벌이 낮은 사람이 잘 되어가는' 현상을 촉진하고 있었던 셈이다. 사립 전문학교에서도 직업교육이 이루어지기는 했지만 공급은 항상 수요를 밑돌았다. 그 때문에 많은 경우 강습소 형태의 교육기관이 부족분을 메우지 않을 수 없었다.[84] 전문교육기관 외에 관청이나 관영 기업 등에서 운영하는 강습소·교습소도 유리한 취업기회를 제공해 주었다. 경찰은 경관교습소를 운영했고,[85] 토지조사국

---

79) 『每日申報』 1915년 11월 28일자, 「朝鮮醫學專門學校」; 同 1916년 4월 20일자, 「醫學專門校 開校式」; 同 1916년 4월 26일자, 「工業專門 開校式」; 同 1917년 3월 20일자, 「京城專修學校의 제1회 卒業式」.

80) 『每日申報』 1917년 6월 15일자, 「세브란스 醫學專門校 開校式」.

81) 『朝鮮總督府官報』 2888 號外, 1922년 4월 1일자.

82) 『東亞日報』 1922년 2월 9일자, 「齒科專門學校 開校」.

83) 『朝鮮總督府官報』 3760, 1925년 2월 28일자, 朝鮮總督府 告示 제28호; 『東亞日報』 1925년 3월 2일자, 「昇格된 齒科醫學校」.

84) 1915년에는 조선약학강습소가 설립되었는데, 이 강습소는 1918년 사립 조선약학교로 승격했다. 『每日申報』 1918년 4월 12일자, 「醫學講習所 發展」; 同 1916년 4월 2일자, 「漢醫講習所 卒業式」; 同 1916년 4월 5일자, 「藥業講習所 卒業式」; 同 1918년 4월 19일자, 「朝鮮藥學校 設立」. 법학강습소로는 1923년 경성법학원 안에 설치된 강습소가 있었다. 『東亞日報』 1923년 9월 14일자, 「法學院內에 講習所를 내었다」.

85) 『每日申報』 1916년 3월 31일자, 「警官教習所 卒業式」; 同 1918년 2월 28일자, 「警官練習所 卒業式」.

은 사무원 양성소를 두는 한편[86] 수시로 측량강습회나 조사원강습회를 개최하여 직원의 직업 능력을 배양하고자 했다.[87]

일제 강점 초기의 학교 교육은 그 이수자에게 유리한 취업기회를 제공해 주었다. 특히 1920년대 중반까지는 고등교육 이수자에게 '취업난'은 거의 문제가 되지 않았고 다만 '취직처'가 문제였을 뿐이다.[88] 조선인 고등교육 이수자는 다른 조선인들에 비해 월등히 유리한 기회를 누리고는 있었지만, 동일한 조건의 일본인들에 비해서는 한참 열악한 지위에 있었다. 관립학교 졸업생의 취업상황을 표시한 표 4에 따르면 일본인들은 학생수에 대비해 볼 때 '가업 종사'를 제외한 모든 영역에서 상대적으로 높은 취업률을 보이고 있었다. 특히 은행 회사 등 기업체 취직자는 일본인이 압도적 다수를 점했다. 이는 조선인이 전통적 직업관에 따라 기업체 입사를 기피하고 관공서나 학교 취업을 선호했기 때문이 아니라 기업체의 급여가 관공서에 비해 두 배 이상 높았기 때문이다.[89]

---

86) 『每日申報』 1912년 2월 29일자, 「土地事務員卒業式」.

87) 『每日申報』 1916년 5월 10일자, 「測量講習所 終了」; 同 1917년 5월 2일자, 「土地測量講習會」; 同 1917년 8월 21일자, 「林野調査員 講習會」.

88) 1910년대 조선인들의 경우 의학강습소 졸업생은 대부분 지방의 자혜의원 조수나 통역생으로 채용되었고, 법학교 졸업생은 지방 재판소 서기 등으로 임용되거나 기타 관청, 은행 회사 등에 취직되었다. 공업전습소 졸업생 역시 대부분 각 지방에 산발적으로 설립되고 있던 회사, 공장에 기술자로 채용되었다. 『每日申報』 1910년 9월 10일자, 「醫生卒業의 收用」; 同 1916년 3월 28일자, 「醫學講習所卒業式」; 同 1917년 3월 21일자, 「京城專修學校의 제1회 卒業式」. 1920년대 중반에도 이 같은 상황은 변하지 않아 醫專, 法專, 高商, 高工, 師範 졸업자는 거의 전원 취업하는 성적을 올리고 있었다. 『東亞日報』 1922년 2월 8일자, 「醫專 卒業生의 就職」; 同 1924년 3월 21일자, 「法學專門 卒業式」; 『朝鮮日報』 1925년 3월 21일자, 「6명의 藥劑師」; 『朝鮮日報』 1925년 3월 25일자, 「全部就職되는 京城師範卒業生」; 同 1927년 9월 25일자, 「今春 專門校 卒業生 可謂 全部가 就業」.

89) "보수로 말하면 재판소 서기 같은 것이 되면 겨우 사오십 원에 불과하며 그 밖에 은행회사에 가면 팔구십원까지 받을 수 있다 한다." 『朝鮮日報』 1928년 1월

표 4. 관립학교 졸업생의 취업상황

	가업 종사자		관공서 취직자		은행회사 취직지		학교 교원		학교 입학자		기타		사망	
	朝	日	朝	日	朝	日	朝	日	朝	日	朝	日	朝	日
전문학교	14	9	55	23	6	43	9	6	7	1	1	10	1	0
중학교	1	33	0	1	0	7	1	2	0	168	1	65	0	1
고등보통학교	33		14		1		122		122		13		4	
여자고등보통학교	60		0		0		103		66		3		1	
관립사범학교							1	130						
공업학교				9	1	1				6	1	1		
계	108	42	69	33	8	51	236	138	195	175	19	76	6	1

『朝鮮日報』 1924년 9월 13일자, 「官立學校 卒業者 狀況」을 토대로 작성.

그런데 1920년대 말부터는 전문학교 졸업생조차 취업난을 겪기 시작했다. 1927년 2월 총독부 학무국은 관서, 학교, 병원 등에 관립 전문학교 졸업생을 반드시 한 사람 이상 채용하도록 각 도 도지사에게 지시했다.[90] 관립전문학교 졸업생 전원 취업의 '전통'이 깨질 위기에 직면했기 때문이다. 1928년에는 法專 졸업생의 다수가 취업을 못했고, 사립 전문학교 졸업생의 취업난은 한층 심각해서 연희전문이나 보성전문의 경우 졸업생의 반수 정도가 취직처를 구하기 어려운 상태였다.[91] 1920년대 말 전문학교 졸업생의 취직난을 심화시킨 요인 중 하나는 일본 유학 출신 조선인의 귀환 및 일본에서 고등교육을 받은 일본인의 조선 진출이었다. 특히 일본 내 취업난을 피해 조선에 건너온 일본 청년들은 조선 내 전문학교 졸업생들에게 가장 위협적인 존재였다.[92] 관공서, 은행 회사 할 것 없이 묵시적으로 '일본인

27일자, 「朝鮮高等學府 나서는 새일꾼 數百名은 어느곳으로」.

90) 『朝鮮日報』 1927년 2월 23일자, 「卒業生 就職 問題와 學務當局의 頭痛」.

91) 『朝鮮日報』 1928년 1월 27일자, 「朝鮮高等學府 나서는 새일꾼 數百名은 어느곳으로」.

92) "朝鮮에 있는 産業 其他 諸設의 重要機關이 朝鮮人의 손으로 된 것이 적게 되느니 만치 밖에서 몰려오는 失職群에게 먼저 諒解하지 아니할 수 없게 된다."

우선 채용'의 원칙을 고수하고 있었기 때문에 조선인의 취업률은 시간이 갈수록 낮아졌다.[93] 1928년 하반기 경기도 내 관립전문학교 졸업생의 취직률은 조선인이 60%였던 반면, 일본인은 100%였다.[94]

일본에서 고등교육을 받고 귀국한 유학생들은 조선 내 전문학교 졸업생보다 더 극심한 취업난에 시달렸다.[95] 1927년 모은행에서 고등학교 졸업 학력의 은행원 6명을 채용하고자 했을 때, 지원자는 무려 174명이었고, 그들 거의 모두가 학사 직함을 가진 자들이었다.[96] 고등보통학교나 실업학교 졸업생의 취업난은 전문학교 졸업생의 취업난보다 더 빨리 도래했다. 1927년 봄의 경우 일본인 중학교 졸업생의 6%만이 취직을 못했던 데 반해 고등보통학교 졸업생은 무려 20%가 직장을 구하지 못하고 있었다.[97] 1928년 봄의 상황은 더 심각했다. 43명을 모집한 식산은행에는 1,471명이 지원했고, 7명을 모집한 殖銀 일본지점에는 대학·전문학교 출신자들만 364명이 지원했다. 심지어 보통학교 졸업생을 뽑는 전차 차장·승무원 모집에도 다수의 고등보통학교 졸업자가 지원하는 형편이었다.[98] 1929년에도 사정은 마찬가지여서 대부분의 기업에 채용예정 인원의 10배 이상에 달하는 중등학교 졸업자가 지원하고 있었다.[99]

1920년대 전반기까지만 해도 전문학교나 중등학교, 해외 유학 등은 '좋

『朝鮮日報』 1928년 3월 9일자, 「社說: 知識層의 就職難」.

93) "朝鮮에서 最多數의 人員을 包容하고 第一 큰 살림살이를 하는 朝鮮內 官公廳의 職員이 모두 朝鮮人에게는 그 重要한 地位를 許與할 수 없는 現狀에 있어서는 朝鮮人의 就職難은 勿論이요, 就職을 云謂하는 것만도 一稱 奢侈的 座論이 아닐는지 모를 것이다." 『朝鮮日報』 1926년 3월 22일자, 「卒業과 就職問題」.

94) 『朝鮮日報』 1928년 9월 30일자, 「官私立 專門出身의 就職」.

95) "年年이 日本이나 外國에서 遊學하고 돌아오는 知識層이 前者에 比하여 못지않게 많음을 보게 된다. 그러나 그들의 就業狀態는 實로 말하기 어려울만치 困難한 모양이다." 『朝鮮日報』 1928년 11월 12일자, 「時評 — 知識層의 失業」.

96) 『朝鮮日報』 1927년 1월 9일자, 「銀行員 六名 募集에 물경 應募者 百餘」.

97) 『朝鮮日報』 1927년 5월 17일자, 「中學은 百分六, 高普는 百分二十」.

98) 『朝鮮日報』 1928년 3월 8일자, 「就職難! 卒業生 就職難!」.

99) 『朝鮮日報』 1929년 3월 14일자, 「卒業生의 就職難」.

은 직업'을 위한 유리한 기회를 제공해 주었고 그런 만큼 근대교육의 '효용성'은 의심의 여지가 없는 것처럼 보였다. 그러나 일본인 우선의 채용관행, 근대교육 이수자의 증가, 일본 경제의 장기 불황에 따른 일본인의 조선 진출 등에 따라 1920년대 후반부터 취업에 관한 한 고등교육의 효용성은 눈에 띄게 낮아졌다. '失業知識群'이라는 표현이 자주 등장했고, 학사 룸펜들이 거리를 배회하기 시작했다. 경성의 지식 청년들에게는 임금차별 외에 취직 차별이 새로운 문제로 부각되기 시작했다.

나. 취업시험과 자격증·면허증

근대의 직업세계에서 가장 보편적으로 사용되는 선발 방식은 시험이다. 조선시대에도 科擧 외에 取才 등의 시험 방식이 사용되기는 했지만 대개 관련 학문이 家學으로 전수되는 경우가 많았고, 그런 만큼 시험이 '직업 선택'에 결정적 변수가 되지는 않았다. 그러나 일제 강점 이후 '시험'은 거의 모든 직업영역으로 확대되어 갔다. 판임관 이상의 문관 임용시험은 1913년 6월 26일 총독부령 제64호 「朝鮮總督府及所屬官署文官採用に關する件」에 의해 법제화되었다.[100] 하급관리 채용도 대개 시험제도에 의했다. 警察이나 순사보, 헌병대 통역원, 감옥의 간수는 물론 최하급의 총독부 雇員이나 경성부 고원에 이르기까지 시험은 일반적이었다.[101] 학교 교사가 되기 위해서도 시험을 치러야 했고,[102] 은행 회사 등의 기업체도 입사시험으로 월

100) 『朝鮮總督府官報』 271, 1913년 6월 26일자, 「朝鮮總督府及所屬官署文官採用ニ關スル件」.

101) 『每日申報』 1914년 5월 24일자, 「鮮人警部 特別考試」; 同 1914년 8월 6일자, 「鮮人警部採用試驗」; 同 1914년 10월 10일자, 「警部考査試驗」; 同 1916년 5월 16일자, 「朝鮮語通譯試驗」; 同 1916년 8월 8일자, 「總督府雇員試驗」; 同 1918년 5월 9일자, 「看守採用改正」; 『東亞日報』 1922년 2월 11일자, 「府臨時雇員試驗」; 同 1910년 10월 28일자, 「巡査採用試驗」; 同 1910년 12월 6일자, 「巡査補試取」.

102) 『每日申報』 1916년 4월 20일자, 「私立學校教員試驗」; 同 1917년 3월 27일자, 「私立教員試驗狀況」; 同 1917년 10월 4일자, 「教員試驗施行」.

급제 직원을 선발했다.[103] 기업체는 간혹 '소개장'으로 시험을 대신하기도 했지만, 이는 대개 일본인에게 유리한 채용방식이었다.[104]

전문직 종사자나 특별한 기능이 필요한 개인 영업자는 자격 시험을 치러야 했다. 강점 직후만 해도 변호사, 의사, 의생, 약제사 등은 관련 경력을 인정하는 면허제에 의해 자격을 얻었으나,[105] 1910년대 전반기에는 그에 관한 시험 규정이 순차로 제정되었다.[106] 1920년대에는 이발사나 자동차 운전수처럼 고객의 '위생'과 '안전'에 관련된 직업에 대해서도 자격 시험제도가 도입되었다.[107]

일제는 자격에 제한을 둘 필요가 없는 직업에 대해서까지 광범위한 면허제를 시행했다. 고물상, 요리점, 음식점, 여관, 인력거부, 하마차, 水商, 藝娼妓 등은 모두 경찰의 면허를 얻거나, 경찰이 인정한 組合에 가입해야 영업할 수 있었다.[108] 특정한 교육을 이수하면 바로 면허를 주는 경우도 있었지만,[109] 이는 오히려 예외적이었다. 그보다는 아무런 근거 없이 단지 '관련 직업인이 많아 통제에 불편하다는 이유'만으로 관청의 임의적 기준에 따라 면허 발급을 제한하는 사례가 더 많았다.[110] 1910년대의 '사벨주

---

103) 『朝鮮日報』 1928년 1월 14일자, 「殖銀行員 採用에 支援者 二十餘倍」; 『東亞日報』 1925년 12월 12일자, 「電車乘務員 採用은 今後로는 公募치 않는다」.

104) 『朝鮮日報』 1928년 3월 8일자, 「就職難! 卒業生 就職難!」.

105) 『每日申報』 1910년 11월 23일자, 「醫師規則의 內容」.

106) 『朝鮮總督府官報』 91, 1910년 12월 16일자; 同 222, 1911년 5월 29일자; 『每日申報』 1914년 7월 23일자, 「醫師試驗規則에 對하여」; 同 1914년 8월 14일자, 「醫師試驗에 對하여」; 『朝鮮總督府官報』 1916년 4월 28일자, 「朝鮮藥劑師試驗規則」.

107) 『朝鮮日報』 1923년 7월 28일자, 「理髮營業取締規則 要點」; 『朝鮮日報』 1928년 2월 2일자, 「自動車運轉手 試驗」.

108) 『每日申報』 1918년 5월 10일자, 「叱責 많이 받는 自轉車와 古物商」.

109) 제생원 맹아부 졸업자에게는 안마사 면허증을 교부해 주었다. 『每日申報』 1917년 3월 25일자, 「盲과 啞의 免許式」.

110) 1912년 동부경찰서에서는 가쾌가 많아 혼란이 빚어진다고 하여 동마다 일정수의 가쾌만 영업하도록 임의로 제한했다. 『每日申報』 1912년 10월 31일자, 「東

의'는 직업생활에 관한 한 1920년대에도 맹위를 떨치고 있었다.[111] 조선인들은 '먹고 사는 일'까지도 관의 허가를 받아야 하는 처지에 놓여 있었다.

다. 알선과 소개

'건강해 보이는' 신체 말고는 아무런 자격요건을 둘 수 없는 단순 육체노동자의 직업세계는 알선과 소개라는 인적 네트워크가 지배적으로 작동하는 영역이었다. 토목건축노동자 등의 일용인부, 가사사용인(下男, 下女),[112] 관공서나 회사의 給仕,[113] 상점 점원과 공장 직공 등이 이 방법으로 취업했다. 경성의 노동인구가 주로 '서울 토박이'로 구성되어 있던 1910년대까지는 對面的인 인적 네트워크가 작동했으나, 지방 인구가 서울로 밀려들어오기 시작한 1920년대부터는 사적 네트워크를 공적인 것으로 전환시킬 필요가 생겼다.[114] 그에 따라 1922년에 신설된 것이 경성부 인사상담소였다.[115] 1920년대에는 부영 인사상담소 외에 사설 직업소개소도 여럿 생겨났지만, 소개비를 지급해야 했기 때문에 상대적으로 '조건이 좋은' 직업을 구하고자 하는 사람들만 이용할 수 있었다.[116]

部家僧選擇」; 또 1926년에는 자본금이 적은 주조업자를 도태시킨다는 명목하에 시내 주조업자 300명 중 200명을 강제폐업시켰다. 『朝鮮日報』 1926년 4월 7일자, 「市內 朝鮮人 酒造家中 200戶 廢業命令 方針」.

111) 小林英夫 編, 1994 『植民地への企業進出 — 朝鮮會社令の分析』, 柏書房.

112) 『每日申報』 1916년 7월 12일자, 「詐欺의 職業周旋」.

113) 『每日申報』 1915년 10월 1일자, 「給仕運動으로 詐取」; 『朝鮮日報』 1929년 3월 30일자, 「給仕十名에 八百名 志願」.

114) 1923년 봄 경성부 인사상담소에 구직신청을 한 2,063명 중 경성부 내 거주자는 396명에 불과했고 나머지는 상경민이었다. 『東亞日報』 1923년 5월 29일자, 「府 人事相談所에 모여드는 求職者 激增」.

115) 「京城府人事相談所 開始」 『朝鮮經濟雜誌』 79, 1922년 7월호. 경성부 인사상담소는 1922년 7월 1일 경성부 고시 제15호로 관련 규정이 마련됨과 동시에 개소했다. 설립 당초의 주된 업무는 고용인 소개와 노동 소개, 기타 가옥소개와 직업상담 등이었지만, 뒤에는 단순한 직업소개소로 변화되었다.

116) 『東亞日報』 1924년 5월 18일자, 「就職者 3千餘人」.

인사상담소는 주로 육체노동자, 특히 가사사용인과 상점 점원 전용의 취업알선소로 기능했다.[117] 1920년대 전반기 인사상담소를 통한 구직자는 매월 400~500명, 취직자는 매월 100명 정도였다.[118] 그러나 1920년대 중반에 이르면 그 수가 급증하여 구직자가 700~1,000명, 취직자는 200~300명에 달했고[119] 구직자의 학력도 전문학교 중퇴자를 포함하여 보통학교 졸업생 이상이 급증하는 현상을 보였다.[120] 1920년대 말 인사상담소의 직업 알선 수는 매월 200명 내외에서 안정되지만, 질적으로는 크게 저하되는 모습을 보인다. 조선인 구직자의 경우 1920년대 중반까지는 상점 점원 등으로 취업하는 남성이 월등히 많았지만, 이 시기에는 불황으로 인해 남성 취업률이 급감했고, '어머니 おもに'나 '여보 よぼ' 등 일본집 하녀로 취업하기를 원하는 여성이 크게 늘어났다.[121] 1929년 9월의 경우 조선인 구직자 983명 중 '어머니'로 취업하겠다는 여성이 510명에 달했으며, 취직자 383명 중 230명이 '어머니'였다.[122]

인사상담소를 통한 취업에도 민족별로 묵시적인 제약이 있었다. '신문 한 장이라도 읽을 줄 아는 사람'이라야 인사상담소를 이용할 수 있었고,[123]

---

117) 『朝鮮日報』 1923년 4월 3일자, 「人事相談所 槪況」; 『東亞日報』 1923년 4월 5일자, 「人事相談所 槪況」.

118) 『東亞日報』 1922년 11월 7일자, 「人事相談에 現한 實社會」; 『朝鮮日報』 1923년 1월 22일자, 「無職者의 就職難」; 『東亞日報』 1923년 3월 6일자, 「人事相談客月 成績」.

119) 『東亞日報』 1924년 6월 5일자, 「相談所成籍」; 同 1924년 7월 7일자, 「可憐한 求職難」; 同 「人事相談所 10月中 就職率」; 同 1925년 5월 7일자, 「客月 人事相談」; 同 1926년 12월 7일자, 「客月 職業紹介所」; 『朝鮮日報』 1925년 6월 7일자, 「더욱 심한 求職難」; 同 1926년 5월 7일자, 「800 求職者中 200未滿 就業」 등.

120) 『東亞日報 1925년 1월 19일자, 「嚴冬의 求職者 狀況」.

121) 『東亞日報』 1929년 3월 8일자, 「求職 760여명, 就職은 不過 200」; 同 1929년 8월 3일자, 「紅爐地獄에 求職難」; 『朝鮮日報』 1929년 7월 5일자, 「진고개 어머니도 就職率은 不過 四分一」.

122) 『東亞日報』 1929년 10월 9일자, 「求人 600에 求職 900여」.

123) 『朝鮮日報』 1923년 5월 4일자, 「人事相談所에 失業者 輻輳」.

표 5. 1923년 4월 중 경성부 인사상담소 성적

	일본인			조선인			계		
	남	녀	계	남	녀	계	남	녀	계
구인수	149	54	203	385	31	416	534	85	615
구직수	149	31	180	1,186	57	1,233	1,335	88	1,422
소개수	130	21	151	486	22	508	616	43	659
취직수	48	8	56	309	6	315	357	14	371
취직률(구직 : 취직)	100	25	31	26	10	25	27	16	26

『朝鮮日報』 1923년 5월 4일자, 「人事相談所에 失業者 輻輳」를 토대로 작성.

막상 인사상담소를 방문할 경우에도 조선인은 그 자체로 취업에 차별을 받았다. 표 5는 1923년 4월의 인사상담소 성적을 표시한 것이다. 일본인 남성은 100%, 일본인 여성은 25%의 취업률을 보였음에 반해 조선인 남성은 26%, 조선인 여성은 10%밖에 취업에 성공하지 못했다.[124] 이 같은 상황은 1920년대 말에도 변함없이 지속되어 1928년 10월의 경우 일본인은 구직자 104명 중 98명이 취업한 데 반해, 조선인은 구직자 806명 중 208명이 취업했을 뿐이다. 그나마 조선인 취업자의 대다수는 일본집 '어머니'였다.[125] 求人市場 자체가 민족별로 분할되어 있었기에 임금격차가 존재하는 상황에서도 취업기회는 일본인에게 더 많이 제공되었던 것이다.

2) 실업문제

가. 해고와 퇴직

서울 주민의 직업세계는 일제의 한국 강점을 전후하여 대량 해고를 통해 재정비되었다. 1905년 이후 관료와 胥吏, 軍人과 巡檢이 대량해고의 직

124) 일본인은 하녀나 심부름꾼 등 가사사용인을, 조선인은 상점 점원을 주로 구했고, 취직자 역시 이 방면에 많았다. 『東亞日報』 1924년 4월 17일자, 「京城內의 求職區別」.

125) 『朝鮮日報』 1928년 10월 4일자, 「日本人은 殆全數 朝鮮人은 四分一」.

표 6. 일제 강점기 관공서의 대량 해고사례

일자	관공서 및 직종	인원	전거
1911년 1월	昌德宮·德壽宮의 宮人	다수	每日申報
1912년 1월	裁判所	고등관만 50여 명	每日申報
1913년 4월	李王職	고등관 이하 200여 명	每日申報
1916년 5월	李王職	20여 명	每日申報
1918년 4월	土地調査局	판임 72명 이하 다수	每日申報
1920년 4월	李王職 洋樂隊	40여 명	東亞日報
1923년 3월	總督府	300여 명	朝鮮日報
1924년 9월	總督府	6,275명	朝鮮日報
1925년 2월	李王職	150여 명	朝鮮日報
1929년 9월	京城府	43명	朝鮮日報
1929년 11월	朝鮮博覽會 事務局	5,000여 명	朝鮮日報

격단을 맞았다. 관공서의 내량 해고는 총독부 설치 이후에도 여러 차례 반복되었다. 해고에는 별다른 기준이나 원칙이 없었다. 있었다면 관공서에 일본인 직원을 늘리기 위해 조선인 직원을 감한다는 것 정도였다.

표 6은 신문자료에 散見되는 일제 강점기 관공서의 대량해고 상황을 표시한 것이다. 해고된 관리들은 落鄕하거나 몇 푼 안 되는 퇴직금으로 장사길에 나서거나 浮浪者로 떠돌 수밖에 없었다.[126] 그러나 浮浪者는 범죄자 취급을 받았기 때문에 그 또한 오래 할 수 있는 일은 아니었다. 양반 관리 출신이 書堂 訓長으로 나서거나 軍人들이 미장이, 모군, 인력거부가 되는 것은 흔한 일이었다.[127]

관직 세계만 유동적인 것은 아니었다. 일반 기업체, 공장의 해고도 일상적이었다. 식민지적 산업질서가 자리 잡아 감에 따라 수많은 수공업장, 상

126) 1910년대 퇴직 관리들의 기업활동에 대해서는 全遇容, 1997 「19세기말~20세기초 韓人會社研究」, 서울대학교 박사학위논문 참조.

127) "지금도 미장이 모군 인력거군 중에 40세 넘은 이 중에는 혹은 俄語로 혹은 日語로 혹은 韓語로 교련을 받던 한국 군인의 遺物이 많다." 李光洙, 「주인조차 그리운 20년전의 경성」, 『別乾坤』 4-1, 1929년 1월호.

점이 파산상태에 내몰렸고 그 대극에서 새로운 일자리가 浮上했다. 전통적 기술에 의존하고 있던 鍮器製造業, 製靴業 등은 지속적인 몰락의 길을 걸었고, 경기변동에 따른 일시적 조업 감축도 바로 대량 해고로 이어졌다. 1920년 6월에는 시내 80여 제화업자가 전부 휴업함에 따라 직공 500여 명이 대량 해고되었고[128] 동년 9월에는 시내 제직공장이 700여 명의 직공을 해고했다.[129] 이 기간 다른 업종까지 포함한 각 공장 해고자 총수는 2,272명으로 공장 취업자 총수 1만 3,687명의 16.7%에 달했다.[130] 1921년 봄에도 시내 각 공장의 조업단축으로 해고된 자는 2,500명에 달했다.[131] 해고는 장기근속자를 도태시킬 목적으로도 행해졌다. 1926년 9월 경성전기주식회사는 급료를 많이 받는 종업원 27명을 해고하고는 다시 신입사원으로 채용했다.[132] 이 같은 상황에서 장기근속은 꿈같은 얘기였다. 10년 근속자조차 신문기사거리가 될 정도였다. 일반 노동자는 물론 하급 관리에게조차 직업세계는 극도로 불안정했다.

(2) 실업자 사정

경성은 조선왕조와 대한제국의 首都였다는 이유만으로도 식민지화와 동시에 失業 문제로 몸살을 앓을 수밖에 없었다. 시일이 흐르면서 여기에 학교 졸업자와 지방 이주민이 가세했다. 경성 거주 조선인의 실질 실업률은 언제나 전국 평균보다 높았다. 1910년대까지 실업자는 浮浪者에 통합된 채로 언급되었고, 그런 만큼 실업을 초래한 원인은 “일하기 싫어하는 조선인”, 또는 “무직업을 자랑으로 삼는 양반의 낡은 사고”에 돌려졌다. 그러나

128) 『朝鮮日報』 1920년 6월 10일자, 「80여처의 製鞋業者 全部休業」.

129) 『每日申報』 1920년 9월 14일자, 「京城府內 失業者 若一千名」.

130) 「京城の失業者」 『朝鮮事情』 1921. 1.(上); 『朝鮮日報』 1921년 1월 13일자, 「京城의 失業者」.

131) 『東亞日報』 1921년 3월 18일자, 「府內工場狀況」.

132) 『東亞日報』 1926년 9월 11일자, 「京電從業員 淘汰」; 同 1926년 9월 14일자, 「減額을 補充하려는 京電의 惡手段」.

1920년대부터는 더 이상 이 같은 호도가 통할 수 없었다.

1923년 말 단순 육체노동자로 실업상태에 있는 사람이 7,000여 명이었고 공장노동자로 있다가 해고되어 실업상태에 있는 자는 수만 명에 달했다. 1917년 경성부 내 공장 노동자는 5만 6,000여 명이었으나 1923년 말에 그 수는 오히려 1만 7,000명으로 급감했다.133) 이 무렵 조선인 인구는 20만 7,000여 명, 일본인 인구는 7만 6,000여 명, 기타 외국인 인구는 4,000여 명이었는데 취업자는 조선인 5만 4,800명, 일본인 2만 9,600명, 외국인 3,300명 정도로 인구대비로 볼 때 유직자 비율은 조선인 26.5%, 일본인 39%, 외국인 82.5%였다.134) 1925년 말에도 이 추세는 지속되어 그해 국세조사를 통해 확인된 경성부 거주 조선인 총인구 21만 5,940명 중 유직자는 5만 7,000여 명에 불과하여 26.4%를 점할 뿐이었다. 더구나 일본인 無職者가 주로 노인층에 집중되어 있었음에 반해 조선인 무직자는 대개 '혈기왕성한 젊은이'들이었다.135)

街頭에 실업자가 넘쳐나기 시작하면서 역설적으로 '부랑자 단속'은 중단되었다. 인사상담소가 매월 100여 명 이상에게 새로운 일거리를 찾아 주었지만, 그보다 더 많은 사람들이 일거리를 잃었다. 실업자들은 재취업이나 전업을 위해 안간힘을 썼지만, 대개 일은 생각대로 되지 않았다. 수시로 대규모 채용과 대량 해고를 경험했던 공장 노동자들과 '운수 좋은 날'에나 일거리를 얻을 수 있었던 지게꾼·날품팔이가 오히려 사정이 나은 편이었다. 퇴직금 몇 푼 받고 쫓겨난 전직 관리나 회사 사무원들이 상점 주인이 되었고, 글 줄이나 읽은 양반이 서당 훈도가 되었으며, 겨우 집 한 채 가진 '有産者'들이 여관 주인이나 하숙집 주인이 되었다. 사대부집 안방 마님들이 針母나 일본집 '어머니'로 전락하는 일도 드물지 않았다.136) 조선인은 거의

133) 『朝鮮日報』 1923년 11월 5일자, 「朝鮮勞動者의 慘狀」.

134) 『東亞日報』 1924년 2월 29일자, 「朝鮮人 有職者는 全體의 2할 5푼」.

135) 『朝鮮日報』 1925년 12월 12일자, 「市內 朝鮮人 有職者는 僅히 百分의 三에 不過」.

136) 『朝鮮日報』 1927년 12월 2일자, 「年末은 가까운데 街頭에 찬 失業者」.

표 7. 종로와 본정 상점의 개업시기별 표

구별	종로		本町	
	상점수	백분비	상짐수	벡분비
1910년 이전	22	4.1	60	12.3
1920년 이전	37	6.8	94	19.3
1925년 이전	48	8.9	67	13.8
1930년 이전	88	16.2	78	16.0
1931년 이후	347	64.0	188	38.6
계	542	100.0	487	100.0

「京城商店街としての本町及鐘路通の概況」『經濟月報』242, 1936년 3월호, 51~52면을 토대로 작성.

모든 직종에서 장기지속적이고 안정적인 직업생활을 경험하기 어려웠다. 家業으로 전승되어 왔던 상업에서조차 조선인의 직업적 지위는 끊임없이 동요했다. 표 7에서 보는 바와 같이 1936년 현재 영업하고 있던 종로 일대 조선인 상점 542개 중 64%에 달하는 347개가 설립된 지 5년 미만의 것들이었다. 상점의 수는 1910년대나 1936년이나 별 차이가 없었지만, 상점 주인은 거의 바뀐 상태였다. 직업인구의 총량은 '안정적'으로 유지되고 있었지만, 그 내부에는 반복적인 해고와 재취업, 轉業이라는 극심한 '浮動性'이 자리 잡고 있었던 것이다.

재취업도 전업도 할 수 없는 실업자들이 선택할 수 있는 길은 많지 않았다. 친척집을 전전하며 원조를 청하거나 빌어먹거나 범죄자가 되거나 자살하는 것 말고는 다른 길이 없었다. 1925년 봄에는 실업 청년들이 경찰서에 찾아와 '유치장에 넣어 달라'고 간청하는 일이 밤마다 되풀이되었다.[137] 이 무렵에는 생활난을 견디지 못해 자살하는 청년 실업자에 관한 기사가 신문 지면을 장식하는 일도 잦았다.[138]

137) 『朝鮮日報』 1925년 3월 21일자, 「府內 失職者 激增」.

138) 『朝鮮日報』 1923년 10월 14일자, 「解雇된 職工」; 同 1929년 1월 8일자, 「就職難을 悲觀 自殺」 등.

4. 직업사정과 직업단체

1) 주요 직업 사정

가. 관공리 및 관공의 고용원

1930년 국세조사에 따르면 경성부 거주 관리는 4,233명, 관공의 고용원은 3,283명으로 7,516명, 전체 취업인구 14만 1,064명의 5.3%였다. 그중 조선인 관리는 857명으로 관리 총원의 20.2%, 조선인 고용원은 862명으로 고용원 총원의 26.3%였다. 또 조선인 취업자 9만 1,872명 중 이 직종에 속한 인구는 1.9%였다. 일본인 인구가 전체 인구의 26.8%였기 때문에 이 직종의 민족별 취업상태는 극단적인 일본인 우위현상을 보였다. 더구나 관리든 고용원이든 상층부는 거의 일본인이 점하고 있었다.

전통적인 직업관에 따른다면 官吏는 가장 좋은 직업이었다. 그러나 일제강점기 하급 관리는 그리 좋은 직업이 아니었다. 일단 급여가 무척 낮았다. 보통학교 여교사 초임이 40원이었는데 조선인 巡査의 월급은 30여 원에 불과했다.[139] 제복과 대검으로 위세를 뽐내던 순사보가 생활고를 못이겨 자살하거나[140] 토막생활을 면하지 못하는 경우가 적지 않았다.[141] 뇌물이 아니고서는 '품위 있는' 생활은 불가능했다. 뇌물은 일상적이었던 것으로 보인다. 관리의 뇌물 수수 사례가 신문에 보도되는 경우는 거의 없었지만, 관공서에서 소속 관리에게 뇌물 수수 금지령을 하달하는 경우는 종종 있었다.[142]

---

139) 『東亞日報』 1925년 10월 2일자, 「市內 朝鮮人 巡査 住宅問題로 大恐慌」.

140) 『每日申報』 1915년 1월 1일자, 「巡査補의 自殺」.

141) 『朝鮮日報』 1925년 4월 3일자, 「日收入 百餘圓으로 近千口가 延命」.

142) 1924년 말 경성부에서는 연말연시를 앞두고 뇌물 수수사례가 너무 많아 앞으로 뇌물을 받는 관리는 엄단하겠다는 지시를 내렸다. 『東亞日報』 1924년 12

직장 자체도 안정적이지 못했다. 하급 관리는 총독부나 경성부의 '행정정리'로 인해 수시로 쫓겨날 위협에 직면해 있었다. 사회적 시선도 우호적이지 않았다. 동족에게는 '왜놈의 앞잡이'로 백안시당하고, 직장 내에서는 '조센징'으로 경멸받는 것이 이 직종 종사자들이 겪는 일상적 체험이었다. 무엇보다 심각한 것은 민족 차별이었다. 조선인 관리가 전체 관리의 20% 내외에 불과했음에도 불구하고 그들에 대한 恩給, 퇴직금, 유족 부조료 등은 1918년에 가서야 법률로 규정되었다.143) 진급 기회도 일본인에게만 집중되었고, 퇴직금도 일본인에게만 지급되었다.

경성 거주 조선인 관리는 반 이상이 경찰이었다. 1924년 현재 경성 내 경찰관 중 경부보 이상의 간부직은 일본인이 97명, 조선인이 22명이었고, 순사는 일본인이 647명, 조선인이 443명이었다.144) 1930년의 사정과 바로 비교하기는 어렵지만, 1930년의 조선인 관리가 1924년보다 줄어들지 않았을 것으로 가정한다면, 조선인 관리의 반 이상이 하급 경찰이었다. 1920년 조선인 경찰들이 집단적으로 차별 철폐를 요구하는 초유의 사태가 발생했다. 그들의 요구사항은 (1) 인격을 균일하게 채용할 것(승진기회의 균등 보장), (2) 봉급을 동일하게 할 것, (3) 여비와 사택료를 동일하게 할 것. (4) 수험자격의 차별 철폐, (5) 순사보의 연한을 통산하여 퇴직금을 줄 것이었다.145) 요구는 수락되지 않았지만 그들이 일상적으로 겪는 차별의 실상은 여실히 폭로되었다.

총독부, 경성부청에서 심부름하는 고용인들도 상당수였다. 1923년 시점에서 고용원들의 월급은 24원 남짓으로 당시 1인당 한 달 최저 생계비가 8원 정도였기 때문에, 그 액수로는 가족을 부양할 수 없었다.146) 그나마 직

월 23일자, 「京城府의 團束」.

143) 『每日申報』 1918년 4월 7일자, 「鮮人官吏恩給法 發布」.

144) 『朝鮮日報』 1924년 11월 26일자, 「大京城生活記(17) ― 大京城을 지키는 常備軍 千三百」.

145) 『朝鮮日報』 1920년 6월 15일자, 「無差別을 提唱하는 平等主義의 矛盾」.

146) 『東亞日報』 1923년 2월 8일자, 「最低生活費 七圓」.

업적 전망도 극히 불안했다. 임시토지조사국, 철도국, 전매국 등은 수시로 고용원을 채용했다가 대량 해고하곤 했다.

나. 敎員

1930년 국세조사에서 각급학교 교원과 서당 훈도, 유치원 보모 등 교육에 종사하는 자는 2,277명으로 전체 취업인구의 1.6%였다. 그중 일본인이 1,237명, 조선인이 992명으로 인구비례로 본다면 역시 일본인이 압도적 우세를 보였다. 조선인 중에서는 남성이 756명, 여성이 236명으로 상대적으로 여성의 진출이 활발한 직종이었다. 상급학교일수록, 그리고 상급 교원일수록 일본인이 압도적 다수를 점했다. 1928년 현재 조선 내 공립보통학교 교원 8,111명 중 조선인은 5,822명, 일본인은 2,289명이었는데 조선인이 교장인 학교는 전체의 10% 미만에 불과했다. 조선인은 장기 근속자라도 산간벽지 학교가 아닌 한 교장 승급은 꿈도 꾸기 어려웠다. 조선인 전용의 공립 고등보통학교도 교사 407인 중 조선인은 55인에 불과했다.[147] 정규 교원 외에 '기타 교육에 종사하는 자'로 분류된 직종은 대개 서당이나 유치원에 근무하는 자로 추정되는데, 조선인 남성 167명은 동시기 서당 수와 대략 근사한 수치를 보이는 것으로 보아 거의가 서당 훈장이었던 것으로 추정된다.[148]

조선인 고등교육 이수자에게 1920년대까지 敎職은 가장 매력적인 직업이었다. 급여도 적지 않았고, 사회의 시선도 우호적이었다. 士農工商의 직업관념에서 보나 교육구국을 소리높이 외치던 한말부터의 민족운동적 관성에서 보나 교원은 흠잡을 데 없는 직업이었다. 1910년대 敎員들의 조직적 불만이 신문지상에 표출된 적은 거의 없었다. 그러나 1920년대 중반부터 교원 사회에서도 불만이 쏟아져 나오기 시작했다. 1925년에는 인사적체

147) 『朝鮮日報』 1928년 10월 6일자, 「社說; 公立學校 職員 採用에 對하여」.

148) 1920년 현재 경성부 내 서당수는 한문만 교수하는 것이 117개소, 한문 국어 산술을 교수하는 것이 19개소, 한문 산술을 교수하는 곳이 6개소로 합계 142개소였다. 『朝鮮日報』 1921년 4월 28일자, 「京城府內 書堂數」.

에 대한 불만이 표출되었고,149) 1926년부터는 '조선인 본위 교육'에 대한 요구가 제기되기 시작했다. 1926년 3월 16일, 경기도 내무부장은 도내 각 사립 고등보통학교에 修身, 國語, 歷史 및 地理科 담임 교원은 가급적 일본인을 채용하라는 통첩을 발했다. 이에 먼저 조선인 고등사범 졸업생과 재학생 사이에서 동요가 일기 시작했다.150) 일본인 교사 우선 채용은 중등학교에 한정되지 않았다. 보통학교에도 일본인 우대 바람이 일었다. 학부형회, 학교 평의회에서 조선인 교사를 채용해 달라는 요구가 빗발쳤고 일부 학교에서는 盟休鬪爭까지 벌였지만, 소용이 없었다.151) 급여가 높고 효율이 떨어지는 일본인을 우선 채용하는 해괴한 현상은 다른 영역에서도 이미 일반화되어 있었다.

다. 이발소·여관·하숙집

1930년 말 현재 경성부 내 이발사와 女結髮(미용사)은 1,116명이었고 그 중 일본인이 411명, 조선인이 505명, 외국인이 200명이었다. 이 역시 일본인이 우세한 직종이었지만, 특히 중국인도 많았다.152) 조선인에게 이발은 1895년 단발령 이후에 가서야 조금씩 익숙해진 문화였지만, 이발업의 성장은 대단히 빨랐다. 1920년대 서울에서는 상투 튼 '늙은이'조차 거의 보기 어려웠다. 이발업자에게 주로 문제가 된 것은 경찰의 '위생단속'과 아울러 일본인, 중국인, 조선인별로 따로 조직된 이발조합 간 요금경쟁이었다. 이발요금은 각 조합이 경찰의 양해 하에 자율적으로 결정하게 되어 있었지만, 언제나 중국인 이발소 요금이 쌌다.153)

149) 『朝鮮日報』 1925년 1월 18일자, 「普校教員 大不安」.

150) 『朝鮮日報』 1926년 4월 22일자, 「各 私立高等普通學校에 日本人 教員 採用을 畢竟 露骨的으로 命令」.

151) 『朝鮮日報』 1927년 6월 1일자, 「教育界의 一問題」.

152) 중국에 '三把刀'란 속어가 있다. 三把刀는 세 자루의 칼, 즉 菜刀(식칼), 剪刀(가위), 剃刀(면도칼)로 각기 요리, 재봉, 이발기술을 뜻한다. 해외 이주 華僑들은 처음엔 거의 이 三把刀를 糊口之策의 도구로 삼았다. 秦裕光, 「華僑」 26(호떡), 『中央日報』 1979년 10월 18일자.

1930년 말 현재 여관업과 하숙업자는 738명이었고, 그중 일본인이 235명, 조선인이 501명이었다. 여관업 확산에 결정적 계기가 된 것은 1915년의 조선물산공진회였다. 총독부는 공진회에 강제동원될 100만 관람객을 수용하기 위해 숙박시설 확충에 총력을 기울이다시피 했다. 집 한 채밖에는 가진 것이 없던 실업자들에게 마구잡이로 여관업을 허가해 주었으니 여관업은 당시 조선 내에서 유일하게 '허가 없이' 영업할 수 있는 업종이 되었다.[154] 그러나 공진회가 끝난 후 여관은 곧바로 과잉중복투자 업종이 되어 버렸다. 대다수 여관이 문을 닫았고, 나머지는 지방 출신 유학생 등을 위한 하숙집으로 업종을 바꾸어야 했다.[155] 여관업은 1929년 조선박람회를 앞두고 한 차례 더 호황을 보였다. '여관 발전의 전성시대'라는 말이 나돌 정도로 여관업 출원자가 격증했지만,[156] 박람회가 끝나자 이번에도 여관업자의 파산이 속출했다.[157]

라. 가사 사용인

1930년 말 현재 경성부 내의 주인 세대에 사는 가사사용인은 1만 2,094명으로 전체 취업자의 8.6%, 단일 직업으로는 가장 많은 수를 점했다. 그중 일본인은 1,144명에 불과했고 조선인이 1만 829명이었다. 조선인 중에도 여성이 8,872명으로 전체의 82%였다. 조선시대에도 서울은 세력가가 集居하는 지역이었기 때문에 奴婢·婢夫 등 下人이 많이 살았다. 서울의 노비들은 갑오개혁 이후에도 많은 수가 주인집을 떠나지 않았던 것으로 보인다.[158] 사실 가내 노비 처지에서는 해방된다 하더라도 갈 곳이 마땅치

153) 『每日申報』 1915년 4월 23일자, 「紛爭中의 理髮料」; 同 1916년 4월 16일자, 「理髮料金의 昇降問題」.

154) 『每日申報』 1915년 7월 10일자, 「旅客業 經營者의 注意」.

155) 『每日申報』 1915년 9월 7일자, 「旅館問題」.

156) 『朝鮮日報』 1929년 8월 13일자, 「博覽會 앞두고서」; 同 1929년 9월 22일자, 「問題解決과 宿泊料 減下爭奪」.

157) 『朝鮮日報』 1929년 10월 18일자, 「近30 東部旅館業者 破産者 續出形勢」.

158) 윤웅렬, 윤영렬 형제가 가내 노비를 해방시키고 노비 문권을 소진시킨 것은

않았을 것이다. 일제 강점 초기까지만 해도 구관료, 양반가에서는 집안에 下人을 두는 것이 일반적이었고, 양반가 부녀들은 下人 없이는 시장도 보지 못했나.[159]

그러나 1910년대 말이 되면 下人을 내보내고 행랑살이를 두는 것이 가계에 도움이 된다거나 행랑살이 자체를 개량해야 한다는 주장이 제기되기 시작했다. 이 무렵에는 奴婢 출신 下人들조차 '후한 주인'을 만나기 위해 집을 옮기는 경우가 흔했다. 주인은 下人에게 온갖 가사일을 시키면서도 재워 주고 먹여 주는 것으로 그만이었고, 조금 후한 주인이라면 가끔씩 衣資를 대 주는 정도였다. 그러나 그조차도 대다수 양반가의 가계에는 부담이 되었다. 더구나 下人들의 '주인집 도둑질'은 다 아는 관행이었다. 서울에서 마땅한 거처를 찾지 못하는 상경 지방민이 늘어나면서 下人은 행랑살이로 바뀌기 시작했다. 주인은 행랑 한 칸을 내어 주는 것만으로 추가적인 비용 없이 下人을 부릴 수 있었고, 지방민은 일단 부녀자 한 사람의 노동력을 제공하는 것만으로 주택 문제를 해결할 수 있었다. 그러나 행랑살이 역시 엄밀한 계약관계에 입각한 것은 아니었다. 대면적이고 인정적인 관계가 지속되는 상황에서 주인이 행랑살이의 곤경을 모른 체 하기도 어려웠고, 행랑살이 역시 곤궁한 상황에서 '아는 도둑질'을 피하기도 어려웠다. 주인이 행랑채 식구들 전체의 생계를 떠맡는 경우가 드물지 않게 생겼고, 그렇게 되면 행랑채 식구는 전원이 주인집 下人이 되어 버렸다. 그러나 막상 주인집에는 행랑채 식구를 전부 下人으로 부릴 만큼 일이 많은 것도 아니었다. 행랑살이를 개량하여 엄밀한 계약관계로 전환시켜야 한다는 주장이 나올 수밖에 없었다.[160]

일제의 한국 강점 직후인 1910년 9월의 일이었다.(『每日申報』 1910년 9월 2일자, 「奴婢文券 消盡」) 또 韓相龍은 가내 노비에게 한씨 성을 주어 종신토록 부리고 살았다. 韓相龍氏還曆紀念會, 1940, 『韓相龍君を語る』.

159) 『每日申報』 1918년 3월 10일자, 「下人은 何所用인가」.

160) 『每日申報』 1918년 2월 3일자, 「生活難과 行廊살이」; 同 1918년 2월 5일자, 「體面을 傷하는 行廊」.

그런데 행랑살이 형태의 가사 사용인은 조선인 가정에서나 존재할 수 있었다. 일본인들은 오직 여성 1인만을 '어머니'나 '여보'라 불리는 가내 노예로 고용했고, 상당수 조선인들이 점차 그를 뒤따르기 시작했다. 조선인 가정에서 침식을 같이하며 일하는 개인 가사사용인은 따로 '針母'로 불렸다. 이 경우 가사사용인은 오직 '개인'으로서만 주인과 대면했다. 1920년대부터 가사사용인 고용이 일반화되었고, 인사상담소를 통한 취업에서도 '어머니'나 '針母'가 首位를 점하기 시작했다. 이들은 중세의 노비보다도 열악한 노동조건을 감수해야 했다. 가족과 함께 살 수도 없었고, 가족을 부양할 수도 없었다. 針母는 주인집에서 寢食을 제공받는다는 명목하에 종일토록 일해야 했지만 한 달 수입은 無給에서 5원 사이였다.[161] 일본인 집 '어머니'들이 밤에 몰래 빠져 나와 남산기슭에서 남편과 '밀회'하다가 풍기단속에 걸려 경찰서로 끌려가는 것은 무척 흔한 일이었다. 그들은 주인집에서는 성적 희롱과 폭력의 대상이 되어 있으면서도 정작 남편과는 만나기 조차 힘든 존재였다.

마. 日傭勞動者 · 지게꾼

1930년 말 현재 日傭은 1만 57명으로 가사사용인에 이어 두 번째로 많은 취업인구를 포괄하고 있었다. 이 밖에 지게꾼(운반부)으로 기재된 자가 806명으로서 두 직종 종사자는 전체 취업인원의 7.7%에 달했다. 그중 일본인은 64명이었고 조선인이 1만 799명으로 전체의 99.4%를 점했다. 이들은 형식상 취업 인구에 포함되어 있었지만, 실제로는 실업 · 반실업 상태에 있었던 사람들로서 경성 직업세계의 최저변에 포진해 있었다. 이들에게 그날그날의 취업은 완전히 '운수' 소관이었다. 이들의 일상은 새벽부터 시내 네거리에 모여 일꾼을 찾는 사람을 기다리는 것으로 시작되었다. 1928년의 경우 일용 인부들이 일자리를 구하는 노동시장은 경성부 내에 34곳이나 있었다.[162] 이들은 대개 지방출신 상경민들로서 단순 육체 노동이라면 아

161) 『每日申報』 1927년 2월 22일자, 「職業婦人의 生活裏面(4)」.

무 일에나 뛰어들었지만 하루 일당은 70전 내외(1928년 기준)에 불과했다.[163] 그나마 일이 없는 날이 많아 한 달 수입이래야 10원이 채 되지 않았다. 이 수입으로 생계를 유지한다는 것은 원천적으로 불가능했다. 가족이 있는 日傭 人夫나 지게꾼의 경우 행랑살이가 사실상 유일의 생계 보조수단이었다.[164]

단신 상경한 出嫁 노동자는 수용소나 노동숙박소에 거처하면서 하루하루를 힘겹게 버티는 것이 일반적이었다.[165] 노동조건도 극히 열악했다. 몇 푼 되지 않는 일당에서 알선료를 떼 주어야 하는 경우도 비일비재했다. 1922년 여름 일본인 다카노(高野庄一) 등은 한강변에서 하역노동에 종사하던 일용노동자들을 착취할 목적으로 仲士組合이라는 것을 설립하고 일용 인부들을 여기에 강제가입시켰다. 가입하지 않은 노동자는 일거리에서 배제하고 가입한 노동자들로부터는 삯전의 1/10을 징수했다. 이에 대해 人夫들은 격렬히 저항했지만, 하주와 일체가 된 일본인 모리배의 횡포를 막을 도리는 없었다.[166] 소개꾼 등 모리배들의 품삯 갈취는 이 시기 일반적인 현상이었다. 1927년 5월 일용 인부들이 자유노동자시장이라는 노동조합을 조직한 것도 노동 청부업자를 배제하기 위함이었다.[167] 일본인 일용노동자는 극히 드물었지만, 조선인과 같은 노동에 종사할 경우에도 하루 품삯은 50전~1원 가량 높았다.[168] 여기에 일본인 십장이나 현장 지휘자의 민족 차별과 폭행이 더해졌기 때문에[169] 조선인만으로 구성된 이 직업세계에서도

162) 『朝鮮日報』 1928년 10월 29일자, 「大道에 彷徨하는 500여 勞動群」.
163) 『朝鮮日報』 1928년 4월 6일자, 「日收入 八十錢의 五百名 지게꾼」.
164) 『每日申報』 1918년 8월 15일자, 「悲慘한 細民의 生活」.
165) 『每日申報』 1920년 12월 16일자, 「街路에 彷徨하는 持械軍 收容所」; 『朝鮮日報』 1928년 9월 27일자, 「勞動宿泊所 新設」.
166) 『東亞日報』 1922년 7월 19일자, 「廓大되는 龍山紛爭」.
167) 『朝鮮日報』 1927년 5월 7일자, 「自由勞動者市場」.
168) 『朝鮮日報』 1924년 11월 7일자, 「大京城生活記(3) — 우슴과 정조를 팔어」.
169) 1925년 8월 4일 한강 인도교 복구공사장에서 1,000여 노동자 품팔이와 물주인 小寺組 사이에 충돌이 발생했다. 노동자들은 을축대홍수로 집과 세간을 잃은

민족모순은 일상적으로 체감되었다.

바. 사무직 회사원

1930년 국세조사보고에서 부기계·출납계·회계계로 기재된 인구는 1,219명, 속기사·타이피스트는 61명, 기타 서기적 직업은 3,623명으로 이들 세 직종 종사자는 4,903명, 전체 취업인구의 3.5%였다. 그중 조선인은 2,152명으로 43.9%였다. 1923년 말 현재 경성 내 봉급생활자 총수가 1만 2,000명이었다고 한 것으로 보아[170] 이들보다 훨씬 많은 수의 회사원이 있었겠지만, 이들이 사무직 회사원의 중추였을 것이다.

대한제국기에도 다수의 회사가 설립되었지만, 이들 회사는 상인 연합체의 성격이 강해 회사 내 분업체계는 그다지 발전하지 않았던 것 같다.[171] 회사령이 맹위를 떨친 1910년대에도 회사원은 흔치 않은 직업이었다. 회사령이 폐지되고 회사 설립이 봇물을 이룬 1920년대에 가서야 비로소 회사원이 중요 직업으로 일반에 인식되었을 것으로 보인다. 이들은 신식 직업인, 또는 하이칼라 직업인으로 묘사되었지만, 조선은행이나 식산은행, 경성전기 등의 초일류 기업체에 다니지 않는 한 급여는 많지 않았다. 1918년의 경우 열의 7, 8은 한 달 20원 이내의 수입을 얻었을 뿐이어서 이들 중에도 부영 場屋이나 토막에서 거주하는 자가 적지 않았다.[172] 그러면서도 '의관

사람들이었는데 일부는 잠을 잘 곳이 없어 小寺組 가마니 두는 헛간에서 잠을 잤다. 이들을 小寺組 직원 柳仙一(일본인)이 마구 구타하자 조선인 인부들이 집단 저항했는데, 다른 일인 淺井虎之助가 가마니 도둑놈들은 때려도 괜찮다고 오히려 노동자들을 격분케 하여 노동자들이 淺井虎之助 등을 구타하여 중태에 빠트렸다. 『朝鮮日報』 1925년 8월 4일자, 「漢江人道敎 工事場에 千餘勞動者 激憤」.

170) 『朝鮮日報』 1923년 12월 14일자, 「月給쟁이 過歲는 豊足」.

171) 全遇容, 1997, 앞의 글 참조.

172) 「京城의 貧民, 貧民의 京城」, 『開闢』 48, 1924년 6월호, 103~104면; 『朝鮮日報』 1925년 4월 3일자, 「日收入 百餘圓으로 近千口가 延命」; 「大京城의 特殊村」, 『別乾坤』 4-6, 1929년 10월호, 106~113면.

을 추레하게 하고는 여러 사람이 모인 곳에 나갈 수도 없'었고, '글 배울 아이가 있으면 학교에도 아니 보낼 수 없'었다.[173] 다른 직업에 비해 상대적으로 안성석이기는 했지만 수시로 해고의 위협에 직면해야 했고, 일본인 회사에 다닐 경우에는 일본인과의 진급경쟁에서 이길 수도 없었다.

사. 여성의 직업

1930년 말 현재 여성 취업인구는 27,356명으로 전체 취업인구의 19.4%였다. 조선인만을 대상으로 할 때에는 20%로 일본인 중 여성 취업률 20.9%와 거의 같았다. 조선인 여성이 200명 이상 취업한 직종을 여성이 점하는 비율을 기준으로 하여 살펴본 것이 표 8이다. 취업인구수에 따른 여성 직업순위는 가사사용인, 재단공·재봉공, 繰絲工, 妓生, 여관 등의 女中·給仕, 지주, 여관 등의 番頭·客引, 娼妓, 行商·노점상, 상업조수, 고무성형공, 접객업주, 물품판매업주순이었다. 가사사용인은 8,872명, 재단공·재봉공·繰絲工 등 피복섬유류 제조업체 종사자는 1,779명, 예창기, 여관 등의 給仕나 客引, 접객업주 등 性的 서비스와 연계된 직업에 종사하는 인원은 2,580명으로서 이 3가지 업종에 취업한 여성은 전체 여성 취업인구의 72.1%에 해당한다. 性的 서비스업은 공식적으로 전체 여성 취업인구의 14.1%를 점유했지만, 이 업종의 인구수는 과소평가되는 경향이 있는데다가 가사사용인이나 여점원, 심지어 고무여공조차도 '아양이 무기인 사람'으로 취급되던 분위기를 고려한다면,[174] 취업 여성의 반 정도는 '情操'가 의심스럽거나 '처녀성이 마비된' 여성으로 취급되었을 것이다.[175]

---

173) 『每日申報』 1918년 8월 16일자, 「悲慘한 細民의 生活」.

174) 당시 고무여공에 대해서는 다음과 같은 노래가 유행했다고 한다. "이른 새벽 공장의 뚜 소리에 / 고무공장 큰애기 변또밥 싼다 / 하루종일 쭈그리고 신 붙일 제 / 큰애기 젖가슴이 자주 뛴다네 / 얼굴 예쁜 색시라야 감 잘 준다고 / 감독 앞에 헤죽헤죽 아양이 밑천 / 고무공장 큰애기 세루치마는 / 감독나리 사다준 선물이라네 / 치마 속에 변또 끼고 공장 나서면 / 동천에 반짝반짝 별이 맞추며" 雪友學人, 「職業夫人 언 파레트－고무工女의 生活裡面」 『實生活』 1-1, 1931년 8월호, 28면.

표 8. 성별 취업분야

여성이 50% 이상인 직업	여성이 20% 이상인 직업	여성이 20% 미만인 직업	여성이 참여하지 못하는 직업
藝妓(妓生), 창기, 조사공, 간호인, 가사사용인, 여관 등의 女中·給仕	고무성형공, 상업조수, 여관 등의 番頭, 재단공·재봉공, 부동산임대업자, 結髮·미용사, 접객업주, 지주	교원, 세탁직, 관공서 고용인, 요리인, 관청 회사 등의 급사, 통신업주·직원, 행상, 과자 등 제조공, 기타 서기적 직업, 사무원, 물품판매업주, 점원, 守衛, 注文取·外交員, 의사, 기타 상업적 직업, 농경업주, 기자·문필가, 기타 운수에 종사하는 자, 잡역부, 日傭, 인쇄공, 관리, 문선공·식자공, 중매인·주선인, 靴제조공, 목공, 자동차 운전수	철공, 금속조립공, 목공, 토목건축업주·청부업주, 大工, 左官, 석공, 電工, 인력거부, 짐수레꾼, 운반부, 배달부, 군인

여성전문직이라 할 수 있는 직업 중에서는 교원이 166명, 간호원이 162명, 요리사가 152명이었고, 사무직과 기자 등은 다 합해서 50명 내외에 불과했다. 1920년대 어떤 잡지는 여성 직업의 대표격으로 교원과 보모, 기자, 음악가, 상점원, 의사, 산파와 간호부, 양복재봉사, 전화 교환수, 기생과 직공을 들고, 유독 기생과 직공에 대해서만은 '손가락질 하지 말자'고 했다.[176] 1934년의 어느 잡지도 여성의 직업을 성스러운 직업(교원, 간호부 등), 고통스러운 직업(여직공), 에로틱한 직업(여급, 여점원)으로 나누어 보았다.[177] 달리 말하자면 전체 여성 취업인구의 80% 이상이 현실적으로 '손가락질 받는' 위치에 있었던 셈이다. 더구나 여성의 '에로틱한 외모'는 취업시장에서 점점 더 강력한 무기가 되어 가고 있었다. 여성 자신의 의지와는 무관하게 "직업여성에게 용모가 가장 필요한 것은 어쩔 수 없는 시대사조"[178]가 되어 있었다. 여성의 직업세계는 이렇듯 관념과 현실이 상반된 세계였다. 관념의 세계에서는 성스럽고 母性을 보호할 수 있으며[179] 독립

175) 盧靜園, 「職業女性行進曲」 『實生活』 5-5, 1934년 9월호, 22면.
176) 「우리 職業婦人의 總評」 『新女性』 3-4, 1925년 4월호.
177) 盧靜園, 「職業女性行進曲」 『實生活』 5-5, 1934년 9월호, 22면.
178) 『每日申報』 1930년 10월 5일자, 「직업여성에게 필요한 것은 용모」.
179) 『時代日報』 1926년 5월 9일자, 「婦人의 職業과 母性」.

을 뒷받침할 수 있는 직업[180]을 찾았으나, 막상 그들 앞에는 웃음과 아양을 팔아야 하고 고통스러우며 경제적으로도 별 도움이 안되는 직업들만이 놓여 있었을 뿐이다.

이 시기 여성교육은 급격히 확대되어 학생수에서만 본다면 남성과 별 차이가 없을 정도였다.[181] 1910년대까지만 해도 여성 교육의 주안은 '집안일'을 규모 있게 처리하는 능력을 배양하는 데 있었지만,[182] 1920년대에는 이미 중등학교 여자 졸업생들이 '시집갈까 공부 더할까 마땅한 직업을 구할까'를 고민하게 되었다.[183] 그러나 막상 여성들이 취업할 기회는 극히 제한되어 있었다. 여성의 직업은 대개 부업취급을 받았고, 직업 훈련도 재봉, 편물, 수예 등에 관한 것이 대부분이었다.[184] 의사, 기자, 아나운서, 자동차 운전수 등은 수자가 문제가 아니라 상징성이 문제였을 뿐이다. 여성들이 미래의 이상적인 직업을 꿈꾸기에는 현실은 너무나 척박했다.

2) 직업단체

1930년 말 현재의 조사에 따르면 경성부 내에 소재한 상공업조합 및 실

---

180) '(남녀평등에 관한) 이 모든 주장과 모든 부르짖음이 실현토록 하는 데는 무엇보다도 경제적 독립, 즉 생활의 독립을 도모치 않고는 안될 것입니다.' 「우리 職業婦人의 總評」 『新女性』 3-4, 1925년 4월호, 28면.

181) 1930년 경성의 조선인 학생은 4만 4,513명이었고, 그중 여학생은 2만 1,010명으로 47.1%였다.

182) 『每日申報』 1910년 9월 16일자, 「女子教育의 方針」; 同 1915년 2월 5일자, 「女子에게 教育을 施하라」.

183) 『每日申報』 1928년 2월 7일자, 「시집갈까 공부더할까」.

184) 『每日申報』 1917년 3월 11일자, 「女子高業技科選擇」; 同 1912년 3월 14일자, 「朝鮮婦人의 進化」; 同 1913년 4월 18일자, 「婦人就業의 好機」; 同 1913년 5월 8일자, 「婦人就業의 喜聞」; 同 1913년 7월 16일자, 「婦人就業의 好機」; 『東亞日報』 1925년 8월 27일자, 「女子美術講習院」; 同 1925년 8월 28일자, 「婦人手工講習」; 同 1926년 7월 11일자, 「여자미술학원 구일부로 인가」; 『朝鮮日報』 1927년 6월 13일자, 「새로 설립된 여자기술원」.

표 9. 1930년 말 현재 경성 내 상공업 조합 및 실업관계 단체

종별	단체수		
	합계	일본인이 대표인 것	조선인이 대표인 것
상업 관련	62	51	11
공업 관련	11	8	3
금융업 관련	17	12	5
접객업 관련	23	16	7
주선업 관련	2	2	0
전문 기술직 관련	6	5	1
숙박업 관련	4	3	1
약업 관련	3	3	0
노동자 단체	17	14	3
기타	1	1	0
총계	146	115	31

「京城商工業組合及實業關係團體一覽表」『朝鮮經濟雜誌』179, 1930년 11월호.
(1) 노동자 단체에는 공장 노동자의 노동조합이 포함되어 있지 않음.
(2) 접객업은 이발업, 여숙업, 대좌부업이며, 금융업에는 금융조합이 포함되었음.

업관계단체는 총 146개였는데, 그를 부문별로 보면 표 9와 같다. 상인들의 조합이 가장 많은 수를 점했고 그 다음이 여관업, 숙박업, 이발업, 대좌부업 등 접객업자 단체였다. 노동자 단체는 모두 17개소였는데, 그중 2/3 이상은 토목건축업 관련 단체로서 순수 노동자 단체라기보다는 인력청부업체에 가까운 것들이었다. 전문 기술직 관련 단체로 분류한 것은 의사회, 변호사회, 약제사회다. 의사회는 일본인과 조선인 합동 단체였고, 변호사회만 조선인 변호사회와 일본인 변호사회로 분리되어 있었다. 이들 146개 단체에 소속된 인원(회원 단체)는 1만 3,000여 명[185]이었다. 금융조합과 조합연합회를 제외한 회원수 100인 이상의 단체는 경성곡물협회(300명), 경성과

185) 인원이 밝혀진 단체의 회원수 합계는 1만 2,741명이지만, 인원이 밝혀지지 않은 단체가 몇 있기 때문에 1만 3,000여 명으로 추산했다.

자상조합(101), 경성약업조합(445), 경성한약업조합(140), 경성고물상조합(446), 京城鮮人古物商組合(530), 京城左官業組合(247), 京城煉瓦築造組合(103), 경성양복기공소합(120), 경성선낭포조합(180), 경성식당조합(130), 龍山鮮人飮食店組合(307), 京城女結髮業組合(109), 경성중앙번영회(338), 경성하주협회(100)의 15개소였다. 그런데 이 시기 실제로 회원들에게 구속력을 행사했던 직업별 단체는 이보다 훨씬 많았다. 그러나 직업세계가 유동함에 따라 직업단체 역시 단명해졌고, 그를 조직하는 방식이 달라지기도 했다. 1930년 말의 직업단체는 직업세계의 격심한 浮沈이 일정 정도 안정된 뒤에 살아남은 단체들이었다.

조선 후기에도 모든 직업활동은 특정한 직업단체 = 都中의 틀 안에서만 가능했다. 시전 상인이나 貢人은 그들대로, 募軍이나 짐꾼은 그들대로, 행상은 또 행상대로 都中이나 契를 구성했고, 그 구성원이 되지 않으면 해당 직업활동을 할 수 없었다.[186] 일제의 한국 강점 이후 조합 설립이 허가제로 됨으로써 조합의 신설은 크게 위축되었고, 조합의 성격도 바뀌기 시작했다. 우선 새로운 업종이 출현하고 업종 간 경계가 바뀌는 등의 변화에 따라 기존 都中이 급속히 와해되었다. 조합의 설립도 대개는 일본인 업자들이 주도했다. 그런데 강점 이전의 조합은 단순히 동업자의 공동이익만을 도모하는 기구가 아니었다. 조선 후기 이래의 모든 都中이 그러했던 것처럼, 患難相恤과 德業相勸, 稅納代行이 조합의 기본 임무였다. 그러나 일본인이 주도하는 조합이 都中을 대체하면서 위기에 대처할 수 있는 안전판이 사라졌다. 조선인들의 지속적이고 반복적인 몰락, 직업세계의 불안정도 都中의 구속력을 약화시킨 주요인이었다. 일제 권력은 소규모 영업자를 손쉽게 통제하기 위한 수단으로 조합을 이용하려 했을 뿐, 조합의 相互扶助 기능에는 별다른 관심이 없었다. 都中의 扶助를 기대할 수 없게 된 사람들은 단독으로 위기에 맞서야 했다.

186) 외국인 관찰자들은 이 같은 사정을 "한국의 상업은 고유한 특질이 있는데 그 중에서도 가장 현저한 것은 많은 전매조합의 존재다."라고 묘사했다. 露國大藏省, 1905 『韓國誌』, 93면.

가. 상공인 단체

육의전의 금난전권이 폐지된 뒤에도 各廛都中은 그대로 남아 1920년대 초반까지도 명맥을 유지했지만,[187] 일본의 한국 강점을 전후하여 都中을 조합으로 개편하는 사례도 적지 않게 나타났다.[188] 이 무렵 새로 설립되거나 개편 조직된 상공인 단체는 대략 세 가지 성격으로 나누어 볼 수 있다. 첫째는 독점판매권 또는 分稅 징수권을 목적으로 한 都賈的 단체다. 대한제국기에 설립되어 1914년 해산된 水商組合은 조합의 鑑札을 찬 水商들에 한해 영업할 수 있도록 했으며,[189] 1910년 10월에 설립된 豆腐組合은 두부상들로부터 제조 두부 1斗當 2전씩의 세금을 징수했다.[190] 그러나 시장이 지속적으로 확대되고 있던 상황에서, 또 식민지 권력이 도고권을 원칙적으로 부인하고 있던 상황에서 이런 단체가 오래 지속될 수는 없었다. 다만 조합원에 한해 판매단가를 낮추도록 제조업자에게 요구한다든지,[191] 거꾸로 제조업자가 상인들의 헐가판매 요구에 대응하여 가격통일을 내세운 조합을 조직한다든지[192] 하는 식으로 단체의 힘에 의지하여 독점권을 행사하려는 시도는 끊이지 않고 나타났다.

---

187) 1910년대 말, 육의전 도중에 소속된 상인은 2,000여 명 이상이었을 것으로 추정된다. 전우용, 2002 「근대 종로의 상가와 상인」『종로; 시간, 장소, 사람』, 서울학연구소 참조.

188) 全遇容, 앞의 글(1997) 참조.

189) 『每日申報』 1914년 6월 17일자, 「水商組合解散諭告」.

190) 『每日申報』 1910년 10월 19일자, 「豆腐組合과 取締」.

191) 1918년 3월 서적상조합은 비조합원에게는 서적 도매시에 가격을 할인하지 않기로 결의했다. 이는 일단 모든 서적상을 조합에 가입시킨 후 가격을 통일하려는 목적에서 취해진 선행 조처였다. 『每日申報』 1918년 4월 3일자, 「書籍業組合 問題의 決議」.

192) 1917년 여름 조선신 제조업자들이 鮮鞋製造組合을 조직하고 신발 공급가격을 동시에 올리려고 하자 鞋廛 상인들이 이에 대응하여 따로 在京城鮮鞋商組合을 조직한 것은 업자 간 단결을 통해 가격문제에 대처하고자 한 시도였다. 『每日申報』 1917년 8월 8일자, 「製造者對販賣者; 京城의 朝鮮鞋問題」.

둘째는 일제 권력이 영업세 부과의 근거를 확보하거나 치안, 위생 기타의 단속을 위해 설립하도록 한 官邊 단체다. 고물상 영업을 통제할 목적으로 설립된 경성고물상조합(1912),[193] 연초세령 제정 이후 官製煙草 판매를 감독할 목적으로 설립된 官製煙草販賣鮮人組合(1913),[194] 주세령에 따라 酒造 및 주류 판매를 통제할 목적으로 설립된 京城酒商組合所(1910년 한성주조조합소로 설립),[195] 獸肉 처리의 위생상태를 감시・감독하고 조합원들에게 관련 교육을 시킬 목적으로 설립한 獸肉販賣組合(1926년 이전)[196] 등이 이에 해당한다.

셋째는 동업자 간의 친목 도모, 정보 교환 등 '순수한' 의미의 동업자 조직이라 할 수 있는 것들이다. 京城時計興振會(1911),[197] 京城鐵物商組合(1912),[198] 漆工會(1917),[199] 금은세공업조합(1918),[200] 경성곡물상조합(1918),[201] 경성백미상조합(1920),[202] 경성직물조합(1923),[203] 京城燃料商組合(1924),[204] 경성견포상조합(1925)[205] 등이 이런 종류의 조합들이다. 이 경우에도 조합의 주도권을 둘러싸고 조선인과 일본인 사이에 분쟁이 발생하는 경우가 종종 있었다. 米商組合이 대표적인 예인데, 본래 이 조합은

193) 『每日申報』 1913년 5월 15일자, 「古物組合 創立記念」.
194) 『每日申報』 1913년 10월 28일자, 「煙草販賣組合 總會」.
195) 『每日申報』 1910년 10월 6일자, 「酒造組合」; 同 1916년 8월 8일자, 「京城酒商組合會」.
196) 『朝鮮日報』 1925년 6월 23일자, 「屠夫組合 臨時總會」.
197) 『每日申報』 1911년 1월 19일자, 「京城時計興振會」.
198) 『每日申報』 1912년 1월 25일자, 「鐵物商 同業組合」.
199) 『每日申報』 1917년 2월 20일자, 「漆工會 朝鮮 漆工業의 發達을 圖謀함」.
200) 『每日申報』 1918년 5월 17일자, 「金銀細工組合 總會」.
201) 『每日申報』 1918년 7월 13일자, 「京城穀物商組合」; 同 1918년 7월 19일자, 「京城穀物組合」; 同 1918년 9월 15일자, 「穀物商組合 開始」.
202) 『朝鮮日報』 1920년 7월 17일자, 「白米商組合例會」.
203) 『東亞日報』 1923년 12월 8일자, 「共同染色所 設立計劃」.
204) 『東亞日報』 1924년 1월 22일자, 「燃料商組合總會」.
205) 『東亞日報』 1925년 2월 19일자, 「絹布商組合 創立」.

대한제국기에 조선인 米商들이 조직한 단체였다. 그런데 강점 직후인 1910년 12월 일본인 도미나가(富永麗太郎)가 별도의 미상조합을 발기하고 총독부의 인가를 얻은 후 원 미상조합원 50여 명을 자신이 조직한 미상조합에 가입시켰다.[206] 이후 원 미상조합은 소멸하고 일본인 주도의 미상조합만 남았다. 또 이런 형태의 조합이 총독부나 경성부의 방침에 따라 가격통제를 시도하는 경우도 있었다. 1920년 7월 물가등귀가 심각한 사회문제로 부각되자 경성목탄상조합에서 목탄가 인하를 결의했는데,[207] 이 과정에 일제 권력이 작용했음은 의심할 여지가 없다.

그런데 이들 상공인 단체는 대개 동업자가 바로 경쟁자인 자영업자들로 구성되어 있었기 때문에, 권력에 의해 강력한 독점권이 허용되지 않는 한 그 구성원들에게 실질적인 구속력을 행사할 수 없었다. 육의전 도중이 이 시기까지 살아남을 수 있었던 것은 오직 그들의 '共有財産'이 남아 있었기 때문이다. 1930년대 중반 이후 경제통제가 본격화하기까지는 상공인들의 동업자 단체는 대개 유명무실했다. 종로 상인들로 구성된 '중앙번영회'처럼 지역을 기반으로 한 상공업 단체 정도가 실질을 확보할 수 있었을 뿐이다.

나. 노동자 단체

대한제국기까지 서울의 공업인구는 전체의 6% 정도였고,[208] 그들 대다수가 자영업자나 도제적 노동자였기 때문에, 공장 노동자는 많지 않았다. 그 같은 상황에서도 연초공장 노동자나 인쇄직공들은 이미 초보적인 노동자 단체를 조직하고 있었다. 그러나 이들은 전통적인 '都中' 형태의 동업자 조직이어서 주로 상호부조와 친목도모 중심의 활동을 펼쳤다.[209] 간혹 동맹파업이 일어나기도 했지만,[210] 이는 근대적 의미에서의 '자본-임노동관

---

206) 『每日申報』 1910년 12월 17일자, 「米商組合 認可」.
207) 『朝鮮日報』 1920년 7월 2일자, 「숯값이 싸게 되어」.
208) 李憲昶, 1997 『民籍統計表의 해설과 이용방법』, 고려대학교 민족문화연구소.
209) 『每日申報』 1913년 5월 20일자, 「東亞職工運動會 盛況」.
210) 『每日申報』 1916년 8월 27일자, 「南草切工의 同盟罷業」.

계'에서 파생된 것이라기보다는 '상인-수공업자' 간 갈등의 결과로 표출된 것이었다.

일제 강점 이후 모든 집회와 결사가 금지됨으로써 노동자 단체는 거의 만들어지지 못했다. 3·1운동 이전 서울에서 설립된 노동자 단체로는 1917년 11월 동대문시장 車夫(구루마꾼)들이 조직한 차부조합이 유일했던 것 같다.[211] 노동자 단체는 3·1운동 이후 제한적으로나마 집회 및 결사의 권리가 허용됨에 따라 비로소 소생하기 시작했다. 1920년 7월 조합원 80여 명으로 경성 家具工組合이 조직되었고,[212] 1922년에는 일용인부, 지게꾼, 募軍 등으로 자유노동자조합이 창립되었다.[213] 이후 金物職工組合(1922),[214] 양화직공조합(1923),[215] 양말직공조합(1923),[216] 신문배달조합(1923),[217] 경성여자고무직공조합(1923),[218] 경성철공조합(1924),[219] 경성인쇄직공조합(1924),[220] 屠夫組合(1925),[221] 조선직뉴직공조합(1925),[222] 양복기공조합

211) 1917년 11월 洪淳錫이라는 자가 동대문시장 인근에 구루마 보관소를 설치하고 허가를 얻어 車夫의 구루마를 강제 보관케 하고 세금을 징수하는 사태가 발생했다. 車夫들은 그에 반대하여 동맹휴업하는 한편 독자적인 구루마 보관소를 마련하기 위해 별도의 조합을 설치했다. 이 단체가 이후 기록에 나타나지 않기 때문에 그 후의 사정은 알 수 없다. 『每日申報』 1917년 11월 11일자, 「荷車의 組合」.

212) 『朝鮮日報』 1920년 7월 7일자, 「家具工組合總會」.

213) 『東亞日報』 1922년 10월 29일자, 「自由運動組合」.

214) 『朝鮮日報』 1922년 12월 4일자, 「金物職工의 組合」.

215) 『朝鮮日報』 1923년 1월 1일자, 「洋靴職工의 新計劃」.

216) 『朝鮮日報』 1923년 7월 7일자, 「洋襪職工도 同盟罷業」.

217) 『朝鮮日報』 1923년 2월 25일자, 「新聞配達의 組合」.

218) 『東亞日報』 1923년 7월 10일자, 「고무職工組合臨時總會」.

219) 『東亞日報』 1924년 7월 8일자, 「創立된 鐵工組合」; 同 1924년 7월 21일자, 「鐵工組合 創立」; 『朝鮮日報』 1924년 7월 8일자, 「서울鐵工組合 發起」; 同 1924년 7월 12일자, 「서울鐵工組合의 創立總會」; 同 1924년 7월 22일자, 「鐵工組合創立總會」.

220) 『朝鮮日報』 1924년 7월 13일자, 「印刷職工組合 創立總會」; 同 1924년 7월 16일자, 「印刷職工組合 創立」; 『東亞日報』 1924년 7월 15일자, 「印刷工組合 創

(1925),[223] 고용인조합(1926),[224] 木工組合(1926)[225] 등이 속속 설립되었다. 노동자 단체의 설립에는 대개 사회운동가들이 개입했고, 조선노동공제회가 상당한 역할을 했다. 그러나 그에 앞서 노동자들의 사용자, 또는 매집상인들에 대한 집단적 쟁의가 있었다. 1920년 4월에는 임금인상을 요구하는 금은직공의 대회가 열렸고,[226] 1921년 6월에는 경성부 내 양복직공 200여 명이 동맹파업에 돌입했다.[227] 1922년 7월과 익년 7월에는 양말직공이,[228] 1923년 7월에는 鍮器 제조공과 고무여직공이,[229] 1925년 8월에는 인쇄직공이[230] 각각 파업에 돌입했다. 대다수 노동조합은 파업과정에서 단결력과 협상력을 높이기 위해 조직되었다.

그런데 이 시기 노동자 단체는 모두가 '직업별' 조합이었다. 여기에는 대규모 공장제 공업이 충분히 성장하지 못하여 대다수 노동자가 자신의 숙련도를 기반으로 공장의 '外業部'에서 노동하고 있던 점과 조선 후기 이래의 '都中' 경험이 크게 작용했을 것으로 보인다. 직종별 조합은 그런 점에서 의식적이라기보다는 자생적이었다. 사회운동가들의 역할은 직업의식에 매몰되어 있는 노동자들의 의식을 '계급의식'으로 확대시키는 데에 있었다. 1925년 7월 인쇄직공, 양말직공, 양화공, 철공, 급수부의 5개 직종별 조합 간부들이 연합간친회를 개최하고 경성노동연맹회를 발족한 것은 그 같은

立」.

221) 『朝鮮日報』 1925년 6월 23일자, 「屠夫組合臨時總會」.

222) 『朝鮮日報』 1925년 9월 7일자, 「朝鮮織紐職工組合을 組織」.

223) 『東亞日報』 1925년 9월 30일자, 「洋服技工組合 總會」.

224) 『東亞日報』 1926년 1월 11일자, 「雇傭人組合 創立」.

225) 『東亞日報』 1926년 1월 13일자, 「木工組合 發起」.

226) 『東亞日報』 1920년 4월 21일자, 「金銀職工 決議」.

227) 『朝鮮日報』 1921년 6월 25일자, 「朝鮮初有의 洋服職工 罷業」.

228) 『朝鮮日報』 1923년 1월 10일자, 「洋靴職工의 近狀」; 同 1923년 7월 7일자, 「洋襪職工도 同盟罷業」.

229) 『朝鮮日報』 1923년 7월 6일자, 「鍮器職工의 同盟罷業」; 『每日申報』 1923년 7월 11일자, 「고무職工總會의 決議」.

230) 『朝鮮日報』 1925년 8월 14일자, 「罷業 印刷社 情景 悲慘」.

의식적 노력의 산물이었다.[231] 이 시기 사회주의 운동이 급속히 확대되면서 산업별 조합을 만들려는 노력도 전개되었고, 그에 따라 직업별 조합을 우선 직종별 조합으로 바꾸려는 시도도 이루어졌다. 그에 따라 서울의 직업별 노동조합 중 가장 선진적이던 인쇄직공조합이 먼저 출판노동조합으로 개편되었다.[232]

그러나 직업별 조합이든 직종별 조합이든 그 조직은 그리 오래 가지 못했다. 노동자계급 의식이 미처 성숙하지 않았다거나 사회운동가들이 서툴렀기 때문만은 아니었다. 1920년대의 직업세계는 대단히 유동적이었고, 그만큼 노동자들의 직업적 정체성도 수시로 흔들렸다. 노동자의 숙련은 점점 그 가치를 잃어 갔고 사양산업이 속출했으며, 처음 접하는 일거리도 생겨났다. 직업은 더 이상 노동자들을 잡아 두지 못했다. 이 시기 유기직공이 인력거부가 되었다가 다시 지게꾼으로 전락하는 일은 무척 흔한 현상이었을 것이다.

다. 전문직 단체

일제 강점 초기 노동자 단체가 거의 설립되지 못했던 것과는 대조적으로 의사, 변호사, 기자 등 이른바 '전문직종'에 종사하는 사람들은 큰 제약 없이 직업단체를 만들 수 있었다. 경성 내 개업의들이 京城醫會를 설립한 것은 1910년 11월이었고,[233] 일본인 변호사들이 변호사협회 조선지부를 만든 것은 1912년 10월이었다.[234] 1915년 조선물산공진회를 전후해서는 총독부의 권유에 따라 여러 직업단체가 만들어졌다. 공진회 기간 중 조선기자대회와 경성기자단 대회,[235] 전선의생대회,[236] 朝鮮藥學總會,[237] 朝鮮醫學

231) 『朝鮮日報』 1925년 7월 9일자, 「職工組合 聯合懇親」; 同 1925년 7월 10일자, 「京城各職工組合 勞動聯合會 組織」; 同 1925년 8월 11일자, 「雨下하는 祝辭中에 勞動聯盟發會式」; 『東亞日報』 1925년 7월 10일자, 「肉體勞動者聯盟 組織」.

232) 『東亞日報』 1928년 7월 15일자, 「出版勞組委員會」.

233) 『每日申報』 1910년 11월 9일자, 「總督府醫院과 醫會」.

234) 『每日申報』 1912년 10월 22일자, 「京城辯護士會」.

大會[238] 등이 속속 개최되었고, 일부는 그 결과로 상설 조직체를 결성했다.[239]

이들 단체는 전문 직업인 단체를 표방한 만큼 '연구와 토의'를 주목적으로 삼고 있었고, 대개 조선인과 일본인을 구별하지 않고 가입시켰지만,[240] 차별은 엄존했다. 1925년 4월 경성 치과의사회는 府內 소학교와 보통학교 아동들을 대상으로 무료 치아 검사를 실시했는데, 일본인 소학교 교장이 조선인 치과의사의 진료를 거부하는 사건이 발생했다. 이들은 비록 조선인 사회 내에서는 최상층에 있었지만, 일본인들의 시선으로는 '식민지 야만인'의 범주를 벗어나지 못하고 있었던 것이다.[241]

1920년대 중반 이후에는 '예술인·문필가'가 독립적 직업으로 인식되면서 이들 단체도 하나둘씩 설립되었다. 1925년에는 영화 관계자들이 三友會를 조직했고,[242] 1926년 1월에는 동양화가들이 朝鮮東洋畵家協會를 창립했다.[243] 설립 시기는 확실지 않으나 이 무렵에는 조선문예가협회도 강연회를 개최하는 등 활발한 활동을 벌이고 있었다.[244]

---

235) 『每日申報』 1915년 4월 7일자, 「朝鮮記者大會」; 同 1915년 7월 17일자, 「京城記者團例會」.

236) 『每日申報』 1915년 10월 6일자, 「全鮮醫生大會」.

237) 『每日申報』 1915년 10월 8일자, 「朝鮮藥學總會」.

238) 『每日申報』 1915년 10월 10일자, 「朝鮮醫學大會」.

239) 전선의생대회의 결의를 바탕으로 1915년 10월 7일 全鮮醫會가 발기되었다. 이 단체에는 그 후 한방의강습소와 한방의생회가 추가로 가입했다. 『每日申報』 1915년 10월 29일자, 「全鮮醫會會則」; 同 1915년 11월 9일자, 「全鮮醫會 發起總會」; 同 1916년 1월 25일자, 「醫會合同承諾」.

240) 변호사회의 경우 처음에는 일본인 변호사회와 조선인 변호사회가 따로 설립되었지만, 1915년 12월 총독부의 합병 지시에 따라 1917년 7월 합동하여 단일 변호사회가 되었다. 『每日申報』 1917년 7월 5일자, 「辯護士會合併」.

241) 『朝鮮日報』 1925년 4월 3일자, 「齒科醫師會 大憤慨」.

242) 『朝鮮日報』 1925년 4월 26일자, 「三友會 發會式」.

243) 『朝鮮日報』 1927년 2월 3일자, 「朝鮮東洋畵家協會 設立」.

244) 『朝鮮日報』 1928년 10월 15일자, 「文藝家協會 講演 盛況」.

5. 맺음말

절대다수 한국인들이 痛恨의 심정으로 亡國을 맞이했겠지만, 아마도 경성주민들은 그 사태를 더 민감하게 받아들였을 것이다. 사람이란 주로 직업적 프리즘을 통해 세계를 이해하기 마련인데, 국권 피탈로 인한 직업세계의 변화는 다른 어느 지역보다도 서울에서 심했기 때문이다. 官治的 질서는 오히려 강화되었지만, 士農工商의 직업관념은 조선인의 고질적 병폐로 몰려 집중적으로 공격받았다. 수백 년간 서울의 주인 행세를 했던 양반 관료, 서리, 군인들이 타의로 실업자가 되었으나 일제는 그들을 '浮浪者'로 몰아부쳤을 뿐이다. 상인들은 정부를 상대로 하는 안정적인 거래선을 빼앗겼고, 수공업자들은 새로운 기계와 새로운 질서에 적응하는 데 곤란을 겪었다. 강점 직후 경성의 직업세계는 극심한 혼란에 빠져 들었다.

일제 권력이 주도한 직업세계의 재정비 과정에서 최상층부를 점한 자들은 말할 것도 없이 일본인들이었다. 그들은 고위 관료, 기업가, 의사, 변호사, 회사원, 학교장 등 좋은 직업을 독점했을 뿐 아니라, 같은 직업 내에서도 월등한 지위에 있었다. 일본인들은 임금과 복지, 취업과 승진, 해고의 순위 등 직업생활의 모든 부면에서 같은 직종의 조선인들보다 유리한 조건을 누렸다. 여기에 '능력과 자질'이라는 경제 논리는 개입될 여지가 없었다. 士農工商의 직업차별보다 더 고질적이고 견고한 민족차별이 직업생활의 모든 부면에 관철되었다. 일제 강점기의 새로운 직업세계는 '근대적 골품제' 위에 구축되었던 것이다.

새로운 직업세계에 그나마 가장 빨리 적응할 수 있었던 사람들은 '근대교육'을 받은 자들이었다. 1910년대에 근대교육의 효용성은 매우 높았다. 은행, 회사, 학교, 병원, 공장 등 '근대적 시설'이 이식되는 속도는 무척 빨랐지만, 조선인으로서 그에 합당한 능력과 자질을 갖춘 사람들은 아직 적었다. 의학, 법률, 어학 등 조선시대 '中人'이 독점했던 학문 분야가 근대학문으로 각광을 받았기 때문에, 또 조선인에게 고급 관리로 진출할 수 있는 길은 사실상 봉쇄되어 있었기 때문에, 새로운 교육환경은 과거의 신분질서를 전면적으로 뒤엎는 것이었다. 양반자제들이 '浮浪者'로 몰려 경찰관서를 들락날락 하는 사이에 '문벌이 낮은 자들이 잘 되어 갔다.'

근대교육의 효용성이 명백해지면서 근대교육을 받고자 하는 사람들도 급속히 늘어났다. 그러나 이는 다시 근대교육의 효용성을 크게 떨어뜨렸다. 국내의 중등학교나 전문학교 졸업생은 물론 일본에서 귀국한 유학생들까지 대거 취업시장의 문을 두드리기 시작한 1920년대 중반부터는 '知識人失業者'가 새로운 문제로 부각되었다. 1910년대까지 무직자에게 취업을 '강요'하던 식민지 권력이 강요를 그만둔 것도 이 무렵부터였다.

일제하 경성주민이 겪은 새로운 직업세계는 식민지 권력이 정한 규율이 일방적으로 통용되는 세계였다. 모든 대규모 직장에는 '복무규율'이 있었고, 번듯한 직장에 다니지 못하는 사람들은 업종별 '취체규칙'을 지켜야 했다. 경찰권력은 경성 주민의 일상적 직업생활에 깊숙히 침투해 있었다. 엿장수가 고물을 살 때에도, 여관주인이 손님을 받을 때에도, 배추장수가 야채를 씻을 때에도 경찰은 언제나 그들 가까이에서 감시의 시선을 던지고 있었다. '근대적 식민지적 골품제'하에서 시민사회의 형성이 원천적으로 제약되었기 때문에, 동업자들이 자율적으로 결정할 수 있는 영역은 거의 없었다.

새로운 직업세계는 도시민들 내부의 전통적 유대관계를 와해시키는 방향으로도 작용했다. 날품팔이나 남의 집 행랑살이를 하지 않는 한, 하다 못해 인력거부나 전차 차장이 되기 위해서라도 시험은 치러야 했다. 모든 취직시험이 공정하게 치러졌을 것으로는 보이지 않지만, '國語'(일본어)를 잘 아는 것이 이제 이웃이나 친척을 잘 아는 것보다 취업에 더 유리했다. '자격증'이 필요한 최상위 직업으로 진입하기 위해서는 시험에 합격하는 것 말고는 다른 길이 없었다. 시험제도는 도시민들 사이의 온정적 관계를 약화시키고 냉정하고 '합리적'인 관계를 강화시켰다.

새로운 직업세계는 또한 매우 유동적인 세계였다. 관청과 회사는 수시로 대규모 해고를 단행했고, 상점들은 끊임없이 파산의 위협에 직면했다. 수공업자가 수십 년에 걸쳐 체득한 숙련 기술은 하루아침에 무용지물이 되기 일쑤였다. 1920년대부터는 상경하는 지방민도 갈수록 늘어났다. 최고급의 근대적 기술과 지식을 갖춘 극소수의 사람들을 제외하면, 이 시기 조선인들에게 '안정적'인 직업은 거의 없었다. 주임관 대우를 받던 이가 토막민으로 전락하는 일도 드물지 않았다.[245] 그 때문에 그들은 일관된 직업적 시선으로 세계를 볼 수 없었다. 수백 년에 걸친 관행에 의해서, 권력의 통제 편의를 위해서, 또는 당면한 직업적 이해를 위해서 수많은 직업단체들이 만들어졌지만 직업인 자신이 동요하는 상황에서 이들 단체가 안정적으로 유지되기는 어려웠다.

245) 『朝鮮日報』 1925년 4월 3일자, 「日收入 百餘圓으로 近千口가 延命」.

1920 · 1930년대 한국의 신여성과 사회주의

김경일

1. 신여성과 사회주의 여성

1920년대 이후 본격적으로 등장한 이른바 신여성에 대해서는 상대적으로 많은 연구가 나오고 있는 추세에도 불구하고 그 실체와 개념에 대해서는 연구자들 사이에 여전히 의견이 엇갈리고 있다. 신여성의 개념과 관련해서는 무엇보다도 먼저 신여성의 등장은 몇몇 선구적 개인의 출현을 의미한다기보다는 하나의 시대적 현상이자 새로운 사회 세력의 등장으로 해석되어야 한다는 점이 강조되어야 할 것이다. 이와 아울러 신여성은 고정적이고 단일한 집합체라기보다는 이념의 차이나 세대의 구분에 따라 복합적인 양상을 띠고 나타나는 범주라는 점에 주목할 필요가 있다. 식민지 시기 초기 신여성들은 자신의 전통과 사회에 대한 관심에서 근대적인 것을 수용하였지만, 식민 지배의 심화에 따라 내부에서 분화가 일어나면서 다양한 경로를 밟아 갔다. 다른 말로 하자면 식민성과 근대성이 복합된 근대교육을 통하여 자기의식을 획득한 신여성은 제국주의적 지배와 민족주의적 저항이라는 상황에서 다양한 방식으로 반응하였다.

범주적으로 보자면 제국주의 지배에 대하여 가시적 형태로 가장 먼저 출현한 것은 저항의 양식이었다. 동화주의라는 일본 제국주의의 공식 정책에도 불구하고 식민지 사회에 만연되어 있었던 민족적 차별과 아울러 근대 일본과 대비되는 낙후된 식민지 현실에 대한 자각에서 민족에 대한 애착과 열정이 자연스럽게 형성될 수 있었다. 비록 그사이에는 민족에 대한 막연한 감정에서부터 주의로 일컬을 수 있는 정형화된 이념의 형태에 이르기까지 다양한 편차가 있었다고 하더라도 민족에 대한 공감과 그 침탈에 대한 저항은 식민지 현실의 기저에서 자연스럽게 형성될 수 있었다.

이러한 점에서 민족주의로 일컬을 수 있는 범주의 여성들이 가장 먼저 근대의 무대에 등장하였다. 식민 지배의 미래가 불안정해 보였던 19세기 말부터 그것의 점차적인 해체기에 들어갔던 1930년대 전반기에 이르기까지 이들은 전통적 인식의 타파를 위한 계몽과 자기의식의 각성을 주조로 하였다는 점에서 자유주의 사조의 전도사로 불러도 무방할 것이다.[1] 일제의 대륙침략이 시작되고 헤게모니가 공고해지는 듯이 보였던 1930년대 전·중반기 이후 점차 자유주의로부터 일탈하여 파시즘에 동화해 나갔던 이들은 민족을 제국으로 내용만 바꾼 상태에서 자신들의 존립 근거를 유지해 나갔다.

자유주의와 어느 정도 겹치면서도 이와는 구분되는 신여성의 범주로는 이른바 '급진주의'로 명명할 수 있는 범주의 여성들을 들 수 있다. 金明淳, 羅蕙錫, 尹心悳으로 대표되는 이들 여성들은 자유연애나 남녀평등, 그리고 여성으로서의 자기 정체성과 같은 사적인 주제를 민족이나 계급과 같은 공공의 쟁점보다 우선시했다는 점에서, 민족에서 제국으로 이행해 갔던 자유주의 계열의 여성들이나 궁극적으로는 계급의 대의에 민족의 쟁점을 해소시켜버렸던 사회주의 계열의 여성들과는 구분된다. 이러한 사실은 자유주의 계열의 여성들과 마찬가지로 일본 유학이나 기독교 등을 통한 서구의 근대 지식이나 교육을 받았음에도 불구하고, 1930년대 후반에 이르러 이들이 사회주의 계열의 여성들과 마찬가지로 식민지의 공공 영역에서 왜 사라져 버렸던가를 설명해 준다.

그러나 사회주의 여성들의 퇴장이 자신의 자발적 의지에 따른 것이었다면, 급진주의 여성들은 식민지 사회의 공공 영역에서 강제적으로 추방되었

1) 그러나 후술하듯이 이들의 운동이 과연 서구에서 말하는 부르주아 여권 운동에 비견될 수 있는 것인지에 대해서는 이견이 존재한다.

다는 점에서 달랐다. 민족적 관심의 기조는 있었지만 식민지의 민족적, 정치적 쟁점들에 상대적으로 무관심하였음에도 불구하고, 그리고 문학이나 미술, 음악과 같이 비교적 남성들과 경합하지 않는 부분을 자신의 활동 영역으로 설정했던 전략에도 불구하고, 궁극적으로 이들이 공공 영역의 삶을 부인당하고 개인적으로 비참한 파국을 맞이할 수밖에 없었던 주요한 이유는, 이들이 남성 지배의 식민지 사회에서 여성의 자기의식과 정체성의 문제를 아무런 매개 없이 직접적이고 지속적으로 제기한 데 있었다.

마지막으로 여성 사회주의자들이 있었다. 이들은 식민 지배의 초기에 민족주의, 민족개량주의를 거쳐 예속적 친일의 길을 밟아 갔던 자유주의 계열의 여성들과는 달리 일제에 대한 저항의 자세를 비교적 일관되게 유지하였다. 자유주의/급진주의 계열의 여성들이 대부분 기독교나 일본 유학, 또는 미국 유학 등과 같이 외국 경험을 공유하고 있었던 것에 비하여 사회주의 여성들은 소비에트의 모스크바공산대학에 유학하는 등의 사례를 제외하고는 거의 국내에 머물렀으며,[2] 기독교와도 일정한 거리를 유지하였다.[3]

1920년대와 1930년대 전반에 이들은 민족 문제와 계급 문제, 그리고 여성 문제의 동시적 해결을 주장하면서 사회 운동과 여성 운동에 헌신하였

2) 이러한 점에서 일본 유학생들을 사회주의 진영으로 분류하는 경향은 재고될 필요가 있을 것이다. 박지향, 1988「일제하 여성고등교육의 사회적 성격」『사회비평』창간호, 287면 참조. 구체적인 분석은 이들 여성이 일본 유학의 배경을 갖는 경우가 의외로 드물다는 것을 보이고 있다. 예컨대 드문 예외에 속하는 사례로는 東京여자의학전문학교에서 수학한 劉英俊, 李德耀와 동경에서 노동자로 일하면서 공부하였던 朴元熙, 일본의 고베신학교와 미국 유학의 경험이 있었던 許貞淑, 東京여자대학을 다녔던 李賢卿(崔恩喜와 黃信德도 같은 학교를 다녔다), 그리고 이보다 늦게 東京영어강습소와 東京여자기예학교에 다녔던 丁七星 등이 있었다. 1900년대에 태어났던 金助伊와 朱世竹은 각각 유명한 공산주의자인 曺奉岩과 朴憲永의 아내로 모스크바 공산대학에서 수학하였다. 이 밖에도 공산대학에서 수학한 여성으로는 高明子를 들 수 있다.

3) 1910년대 중반에 한때 기독교 전도 부인으로 생활하였던 鄭鍾鳴을 제외하고는 기독교의 영향은 이들 사회주의 여성에게서는 거의 발견되지 않는다.

다. 1930년대 후반 이후 전시 체제에 협력하면서 친일의 길을 걸어간 사례는 주류 자유주의 계열의 여성들이나 전향한 일부 남성 사회주의자들에게서 찾아볼 수 있는데, 소수의 예외를 제외하고는[4] 사회주의 계열의 여성들에게서 이러한 경향을 거의 발견할 수 없다. 시련의 시기에 이들 여성들의 대부분은 해외로 나가거나, 시골로 은둔, 잠적하는 생활을 선택함으로써, 서울을 중심으로 한 식민지의 공공 영역에서 자취를 감추었다.[5]

표 1은 19세기 말부터 1910년대에 걸쳐 태어나 1920~1930년대에 여성

표 1. 이념에 따른 신여성의 분류

출생연도	자유주의/급진주의	사회주의
1880	김미리사(1955)	
1890		유영준(?)
1896	나혜석(1948), 김명순(1951)	정종명(1947?)
1897	윤심덕(1926), 박인덕(1980)	
1898	황신덕(1983), 박순천(1983)	
1899	김활란(1970), 임영신(1977)	박원희(1928)
1900		이덕요(?)
1901		주세죽(1950년대 중엽)
1902		허정숙(1991), 이현경(?)
1904	최은희(1984), 이숙종(1985)	고명자(?), 김조이(1946?), 김필수
1905	송금선(1987)	강정희(?)
1906	배상명(1986)	조원숙(?), 박호진(1934)
1908		정칠성(1957?)
1909	모윤숙(1990)	

4) 표 1에서 황신덕과 최은희가 아마도 이에 해당할 것이다. 이들 경우는 사회주의자인 이현경과 같은 학교를 다녔던 일본 유학의 영향으로 1920년대 후반기를 전후한 시기에 사회주의자들과 함께 활동한 정도에 그친 것으로, 다른 여성 사회주의자들과 같이 자신의 신념에서 이념에 대한 헌신을 한 것은 아니었던 것으로 짐작된다.

5) 김경일, 2004『여성의 근대, 근대의 여성』, 푸른역사, 69~72면 참조.

계의 중견으로 활동한 근대 여성들을 이념적 성향에 따라 분류한 것이다. 이 표에는 모든 사례가 망라된 것은 아니며, 또한 이들 중에는 어느 한편으로 분류히기에 애매한 경우가 있다. 예컨내 사유주의자로 분류된 황신덕과 최은희는 1920년대에는 주로 사회주의 계열의 여성들과 함께 활동하였다. 이 글의 주된 대상이 되는 1920년대에 사회주의자로 활동했기 때문에 사회주의자로 분류해야 하겠지만, 1930년대 이후 민족주의로 '전향'하여 해방 이후에 이르기까지 활동한 사실을 고려하여 자유주의로 분류하였다. 사회주의자로 분류된 유영준 역시 엄밀한 의미에서의 사회주의자라기보다는 사회주의에 공감하는 중도적 입장으로 보아야 할 것이다.

유영준을 논외로 한다면 여성 사회주의자들의 시조는 鄭鍾鳴이었다. 1923년을 전후해 급속하게 확산되던 사회주의에 합류한 그녀는 무산계급 여성의 해방을 강조하면서 1923년 6월 코민테른 자부 조선공산당을 조직하기 위하여 블라디보스톡에 설치된 코민테른 극동총국 산하 꼬르뷰로의 국내조직인 꼬르뷰로 국내부의 공산청년회에 가입하면서[6] 본격적인 사회주의 여성으로서의 길을 걸었다. 당시 그녀는 유일한 여성 공산청년회 회원이었다. 출생연도 불명으로 위의 표에는 기재를 하지 못했지만 불교여자청년회를 기반으로 한 禹鳳雲이나 정종명과 마찬가지로 산파였던 沈恩淑도 조선여성동우회와 경성여자청년동맹, 근우회 등에서 활동한 여성운동가였다. 이 시기에 활동한 사회주의 계열의 여성으로는 金命時(1907∼?) 등도 있으나 국내 여성운동에는 거의 관여하지 않았다.

이 글은 이들 초기 여성 사회주의자들을 주된 대상으로 하여 이들에 의해 제기된 여러 쟁점들을 검토해 보려고 한다. 제2장과 제3장의 두 장은 사회주의 여성 운동과 관련하여 계급 문제와 여성 문제, 그리고 민족 문제에 대한 이들의 입장을 검토해 보고자 한다. 제4장에서는 이들 사회주의 여성들이 근거하고 있었던 이론적 자원들과 쟁점들을 검토할 것이다. 이들

---

6) 김준엽 · 김창순, 1986 『한국공산주의운동사』(자료편1), 11∼13면. 자세한 이력에 관해서는 강만길 · 성대경 공편, 1996 『한국사회주의운동인명사전』, 창작과비평사, 440면 참조.

이 어떠한 관점에서 근대적 서구의 이론을 해석하고 또 그것을 식민지 조선의 사회 현실에 적용하려 했는가를 보려고 하는 것이다. 사회주의 여성들의 이론과 실천은 자유주의나 급진주의 여성들의 그것과 비교할 때 보다 분명한 형태로 부각되고 평가될 수 있다는 점에서 이 글은 사회주의의 입장 만에 초점을 맞추는 것보다는 다른 입장과의 대조나 상호 작용을 통해서 제시해 보고자 하였다.

2. 사회주의와 대안적 근대의 실천

일제 시기 민족의 독립과 발전에서 가장 현안이 되었던 문제 중의 하나는 전통적 인습과 봉건적 관습을 극복하는 문제였다. 그리고 이는 마치 도시보다도 농촌이 그러했듯이 남성보다는 여성의 경우에 더 절박한 문제로 인식되었다. 지식인 남성들은 말할 것도 없고 여성문제와 여성운동을 위한 주체적 역량을 강조하였던 여성 당사자들에게 이 문제는 식민지 시기 내내 현안이 되었던 중요한 문제였다.

사회주의 조류가 식민지에 영향을 미치기 이전인 적어도 1923년 무렵 이전에 봉건적 제도와 관습의 문제는 전적으로 자유주의(민족주의) 운동의 주요한 관심 대상이었다. 1919년 3·1운동 이후 조선의 개조와 신문화 건설을 위한 민족주의 운동의 흐름에서 여성 문제는 '개조'를 위한 봉건적 대상으로 설정될 수 있는 어떤 것이었다. 사회의 개조를 위해서는 가정을 개조해야 하고 가정을 개조하기 위해서는 가정의 주인인 여성을 먼저 개조해야 한다고 생각했기 때문이다. 이러한 논리에서 여성을 개조하기 위해서는 여성의 해방이 필요한 것으로 인식되었다.[7]

---

7) 1920년 9월에 창간된 『신여자』 창간사에서 "사회를 개조하려면 먼저 사회의 원소인 가정을 개조하여야 하고 가정을 개조하려면 먼저 가정의 주인 될 여자를 해방하여야 할 것"이라고 한 것에서 보듯이 사회개조의 기초로서 여자의 해방이 제시되었다. 이지원, 1991 「1920년대 여성운동의 이념과 활동」 『한민족

나아가서 여성의 해방은 남녀평등에 대한 주장으로 이어졌다. 남녀평등은 문화운동이라는 이름으로 전개된 민족주의 계열의 실력양성운동의 논의 안에서 문화주의, 민중주의, 노동본위주의 등과 함께 중요한 쟁점이 되었다. 남녀평등주의에 입각해서 여성의 의식을 각성하는 것 역시 '사회 개조'의 일부분으로 인식되었던 것이다.[8] 이에 따라 조선여자기독교청년회연합회의 사례에서 보듯이 전통적 봉건사회의 모순을 타파하기 위한 조혼금지와 문맹퇴치 운동 등이 전개되었다.[9] 운동의 주안점은 특별히 여성 교육에 주어졌다. 여성에 대한 교육 계몽에 집중된 초기 여성운동에서의 남녀평등은 위생과 육아 등에 대한 교육에 역점을 두고 합리적인 가정 경영에 필요한 과학적 지식의 보급과 여성의 자각에 기초한 봉건적 인습 타파를 목표로 한 것이었으며 여성해방이라는 말은 그러한 의미에서 이해되었다.[10]

사회주의의 등장은 여성해방과 남녀평등의 개념을 새로이 해석하는 인식의 틀을 제공하였다. 자유주의에서 추구한 여성의 근대상에 대한 한계를 지적함과 아울러 그에 대한 비판을 근거로 사회주의는 대안적 근대의 모습을 제시하고자 하였다. 그에 대한 이론적 자원으로서의 사회주의 이론에 근거한 여성해방이론은 1923년 무렵부터 신문과 잡지 등을 통해 점차 소개되기 시작하였다. 마르크스와 엥겔스(Engels), 베벨(August Bebel)을 중심으로 하는 서구 이론의 영향을 받으면서 여성 문제는 이제 봉건주의나 식민지와 관련된 쟁점이라기보다는 우선적으로 계급적 관점에 입각하여 이해되는 어떤 것으로 되었다. 사회주의가 급속히 확산될 수 있었던 것은

독립운동사9 — 3·1운동 이후의 민족운동2』, 국사편찬위원회, 143면 참조.

8) 전상숙, 1987「'조선여성동우회'를 통해서 본 식민지 초기 사회주의 여성지식인의 여성해방론」, 이화여자대학교 대학원 정외과 석사학위논문, 37면 및 박찬승, 1992『한국근대정치사상사연구』, 역사비평사, 197~199면 참조.

9) 천화숙, 1997「일제하 조선여자기독교청년회연합회의 여성운동」『실학사상연구』 제9집, 125~134면.

10) 송연옥, 1984「1920년대 조선여성운동과 그 사상—근우회를 중심으로—」『1930년대 민족해방운동』, 거름, 346~347면.

3·1운동 이후 전국적 차원에서 '여자청년회', '부인회' 등의 이름으로 활발하게 결성되었던 여성단체들이 이 시기에 들어와 침체 상태에 빠졌던 상황과도 관련이 있었다.[11] 사회주의 여성운동은 자유주의 운동의 한계와 무력화의 틈을 타서 급속하게 확산될 수 있었던 것이다.

여성운동 단체에서도 예컨대 초기에 상호부조를 위주로 하였던 조선여자고학생상조회는 1923년 후반부터 차츰 사회주의 색채를 띠기 시작하였다. 1923년 7월부터 이들은 그룹을 나누어 각 지방을 순회하는 강연회를 전국적 차원에서 조직하고 사회주의와 여성해방이론을 전파하면서 지방 여성운동에 활력을 불어넣었다. 같은 시기인 1923년 7월 서울 동대문 바깥에서 일어난 고무공장 여성노동자들의 파업은[12] 미약하나마 식민지 조선에서도 "무산계급 여성의 사회적 힘을 객관적으로 증명"하는 것으로 보였다. 비록 여성 사회운동자들이 이 파업을 직접 지도하지는 못했다 하더라도, 정종명은 이 파업 투쟁을 지원하기 위한 연설회의 연사로 활동하였다.

1924년 5월 사회주의 이념을 기초로 하여 여성해방을 목표로 한 최초의 여성단체로서 조선여성동우회가 출현하였던 것은[13] 이러한 맥락에서 이해될 수 있다. 여성동우회는 여자고학생상조회의 활동을 바탕으로 여학생 등

---

11) 주요한 이유는 여성 교육이나 교양, 지식 계발 등의 계몽 운동이 가지는 운동의 목표가 불명확하고 모호하다는 데 있었다. 식민지에서 여성억압의 현실과 그에 대한 전망의 설정과 관련하여 그것은 물산장려운동을 비롯한 이 시기 자유주의 운동 일반이 가졌던 한계를 공유하였다. 또 다른 요인으로 鵑園生(「조선여성운동의 사적 고찰」『동아일보』 1928년 1월 6일자)은 "3·1운동 시에 급진적으로 진출하였던 운동은 민족운동 전체의 정세와 또 전위여성들의 예포로 인하여 미구에 무력하게" 되었다고 지적하고 있다.

12) 김경일, 2004『한국노동운동사 — 일제하의 노동운동 1920~1945 —』, 고려대학교 노동문제연구소, 113~114면.

13) 1923년 말부터 정종명, 丁七星, 吳壽德 등은 여성 사회운동 단체를 조직하려고 노력하였으나 공명자가 적어 오수덕은 주로 여학생계에서, 정종명, 정칠성은 일반 부인을 대상으로 역할 분담을 하여 조직준비를 진행하였다. 경기도 경찰부, 1929『治安槪況』, 32면; 김준엽·김창순, 1972『한국공산주의운동사』 2, 고려대학교 아세아문제연구소, 153면 참조.

여성 인텔리 층이 주도하고 지방의 일부 사회주의자들이 참여하여 조직한 것이었다. 여성동우회의 이념적 지향은 "사회진화법칙에 의하여 신사회의 건설과 여성해방운동"을 꾀한다는 강령에 단적으로 나타난다.[14] 같은 해 10월 1일 중앙청년회관에서 여성동우회가 주최한 '남녀 연합 대강연회'에서 정종명이 "우리 여성을 해방함에는 무엇보다도 먼저 현대 경제 조직을 개혁하려는 사회운동자와 악수를 하여 가지고 무산계급 해방운동에 노력하여야 된다."라는 취지의 연설을 하였던 것에서 보듯이,[15] 남성들이 주도하는 무산계급 해방운동에 보조를 함께하는 것을 주요 목표로 설정하였던 것이다.

여성동우회가 조직된 이후 사회주의 계열의 여성 운동자들은 사회주의 내부의 분파와 성향에 따라 다양한 다른 여성 단체들을 이어서 조직하였다. 1925년 1월 21일에는 朱世竹, 許貞淑(琡) 등이 중심이 되어 경성여자청년동맹을 창립하였다. 북풍・화요회 계열에서 주도한 인천철공조합, 인천노총, 인천무산청년동맹 등 5개 단체가 축사를 한 것에서 보듯이[16] 이 단체는 북풍・화요계가 주도한 것이었다. 이에 대항하여 서울청년회 계열에서는 한 달 후인 2월 21일에 朴元熙와 金繡俊이 주도하여 경성여자청년회를 조직하였다.[17]

이에 앞서 경성여성청년동맹이 결성되기 불과 며칠 전인 같은 해 1월 17일에는 여성해방동맹의 발기식이 있었다. 金賢濟, 李貞淑 등이 중심이 된 이 조직의 성격에 대해서는 연구자들 사이에 의견이 엇갈리고 있다. 예를 들면 김준엽・김창순은 조선여성동우회의 내부에 서울청년회와 신사상연구회계의 대립이 첨예화됨에 따라 중도파인 김현제 등이 조직한 것으로 이해한다. 따라서 김현제가 친서울청년회 계열이라는 사실을 지적하면서

14) 김준엽・김창순, 위의 책, 154면.

15) 그러나 정종명의 연설은 경관의 제지로 중단되었다. 『동아일보』 1924년 10월 3일자 참조.

16) 『동아일보』 1925년 1월 23일자.

17) 『동아일보』 1925년 2월 24일자.

도 양파의 파쟁에서 벗어난 기본적으로 중도적이고 중립적인 조직으로 제시하는 것이다.[18] 그러나 이와는 달리 박용옥은 여성해방동맹의 결성 준비 작업을 "서울청년회파의 북풍회 파에 대한 공격"으로 이해한다.[19] 이와 비슷하게 박혜란 역시 여성해방동맹은 "광범위한 여성대중의 견인"을 목표로 서울파에서 조직한 것으로 파악한다.[20] 백순원도 여성해방동맹이 "화요-북풍회 계에 맞서는 서울청년회계의 여성대중단체로서 조직"된 것으로 보았다.[21]

여성해방동맹은 서울청년회 계열의 여성대중단체로서 조직되었다는 주장이 더 개연성을 갖는 것으로 보인다. 조직 경위를 추론해 보면 여성동우회에서 북풍·화요계열이 우세를 보이고 있던 상황에서 이에 맞서 서울계가 대중단체로 조직하려고 시도한 것이 여성해방동맹이었다. 그러자 이에 대하여 주류 계열에서 일종의 전위적 성격을 갖는 여자 청년 단체로서[22] 경성여자청년동맹을 조직하고 나오자, 서울계에서는 내중단체의 조직을 일시 중단하고 같은 여자청년단체로서 경성여자청년회를 조직한 것으로 보인다.[23] 그러나 발기식을 마친 여성해방동맹이 더 이상의 조직적 진전을

18) 김준엽·김창순, 앞의 책, 155~156면.

19) 박용옥, 1986『한국여성 항일운동사 연구』, 지식산업사, 266~267면 참조. 그러나 이 여성해방동맹이 프로여성동맹으로 발전한 것으로 보는 부분은 재고의 여지가 있다. 이에 관해서는 위의 책, 같은 곳 참조.

20) 박혜란, 1993「1920년대 사회주의 여성운동의 조직과 활동」, 이화여자대학교 대학원 사학과 석사학위논문, 37~38면.

21) 백순원, 2003「일제하 한국 여성단체와 여성운동」, 연세대학교 교육대학원 석사학위논문, 41~42면.

22) 대중적인 일반 여성 단체와 전위적인 여성 청년 단체와 같은 이원적 조직 방식은 이 시기 노동운동에서도 일반 노동조합에 대하여 노동 청년 단체들이 조직되었던 사례를 통하여 찾아볼 수 있다. 김경일, 앞의 책, 142~146면 참조.

23) 여성동우회와 여성해방동맹이 대중단체이고 경성여자청년동맹과 경성여자청년회가 일종의 전위단체라는 것은 당시 사회주의 운동 단체의 일반적 조직방침을 반영한 것이었다. 전위단체로서의 성격이 가장 강했던 것은 경성여자청년동맹이었다. 이 단체가 16세 이상 "만 26세 미만의 여자청년"으로 나이를 제한했

보지 못하고 유야무야되었던 것은 여성운동에서 서울청년회의 조직적 열세를 반영한 것일 수도 있고, 혹은 서울파 내부에서 박원희와 김현제 등의 여성운동에 대한 의견 차이를 반영한 것인지도 모르겠나.[24]

어쨌든 서울계에서 경성여자청년회에 활동의 역량을 집중하였다 하더라도 사회주의 여성운동의 주도권은 조선공산당의 결성을 주도한 북풍·화요회 계열의 경성여자청년동맹에서 가지고 있었다. "무산계급여자 청년의 투쟁적 교양과 조직적 훈련을 기"하고 그 단결력과 조직력으로 "여성의 해방을 기하고 당면의 이익을 위하여 투쟁"한다는 강령에서 보듯이[25] 경성여자청년동맹은 노동계급을 중심으로 한 매우 한정적이고 교조적인 계급주의적 운동방침을 고수하였다. 실제 활동 내용을 보더라도 공장 방문대를

던 것도 이러한 조직의 성격을 반영한 것이었다. 그러나 사회주의 계열의 청년단체들이 엄격한 나이 제한을 두고 있었던 것과 대조적으로 회원의 연령 제한을 설정한 여성청년단체의 경우는 의외로 드물었다. 방금 언급한 경성여자청년동맹과 함북 경성의 경성여성공조회(16~36세)의 사례를 제외하면 회원의 연령을 제한한 단체는 찾을 수 없다.(박혜란, 앞의 글, 77면) 아마도 여성 회원을 확보하기가 쉽지 않았던 현실에서 연령을 제한한다면 실제로는 거의 회의 유지가 어려웠기 때문일 것으로 짐작된다. 이러한 이유도 있었지만 경성여자청년회는 근대적 교육을 받은 신여성만이 아니라 가정부인을 비롯한 구여성까지를 회원으로 포용하고자 한 방침에 따라 나이 제한을 설정하지 않은 것으로 짐작된다. 여성동우회에 대해서는 김준엽·김창순(앞의 책, 158면)은 연령 제한이 없었다고 하지만 사실은 "만 18세 이상의 조선여성"이라는 제한 규정이 있었다.(『조선일보』 1925년 12월 21일자) 통상적으로 청년회에서 나이 제한은 기성세대의 영향력을 차단하기 위하여 상한선을 설정하는 데 반해, 여성동우회의 경우는 하한선을 두어 실제로는 학생층의 일정 부분을 배제하려고 했던 점이 주목된다.

24) 양명이 사상단체를 비롯한 여성단체에서 화요계와 서울계의 양대 진영을 중심으로 한 파쟁양상을 지적하면서, "서울을 예로 하면 일면에 여성동우회와 여자청년동맹이 있고 반면에 경성여자청년회가 있다."라고 하여 여성해방동맹을 언급하지 않았던 것도 이 단체의 위상을 보이는 것이었다. 양명, 1926 「여시아관」 『개벽』 65호(1월호), 5면 참조.

25) 김준엽·김창순, 앞의 책, 157면.

조직하고 노동부인 위안음악회를 개최하고, 무산아동학원 설립을 계획하거나 혹은 국제무산부인데이 기념식을 개최하는 등 계급적 색채를 분명히 하였다.[26)]

경성여자청년동맹으로 표상되는 급진적 사회주의 여성 단체의 지향은 여성 운동 전반에서 사회주의 운동 내부의 미묘한, 그러나 때로는 치명적인 의견 차이를 넘어서는 강력한 영향력을 행사하였다. 마르크스-레닌주의를 비롯한 서구 이론에 근거하여 이들은 자유주의 계열에서 말해 오던 남녀평등이나 여성해방, 여성의 경제적 자립의 개념에 새로운 해석과 의미를 부여하고자 하였다. 여성의 자각과 실력의 양성에 의거하여 이해되던 남녀평등은 이제 여성의 권리에 대한 주장과 남성의 억압에 대한 투쟁으로 바뀌었으며, 교육과 계몽을 통한 여성의 지위 향상으로 이해되던 여성해방은 무산계급의 단결과 지도에 의한 투쟁으로 해석되었다. 마찬가지로 여성의 지위 향상을 위한 경제적 독립의 필요는[27)] 이제 '남자의 노예' 상태와 '완롱물'로부터 벗어나서 '근본적 해방'을 하기 위한 여성해방의 전제로 이해되었다.[28)]

이와 같이 기존의 "민족주의 여권사상"은 이제 "부르주아적 자유평등사상에 기초한 여권론"으로 비판되었다.[29)] 봉건적 유제가 여전히 생활 전

---

26) 『동아일보』 1926년 3월 6일자 및 백순원, 앞의 글, 42면.

27) 천화숙, 앞의 글, 135~137면.

28) 秀嘉伊(허정숙), 「여자해방은 경제적 독립이 근본」 『동아일보』 1924년 11월 3일자.

29) 鵑園生, 「조선여성운동의 사적 고찰」 『동아일보』 1928년 1월 6일자. 그러나 남화숙(1991 「1920년대 여성운동에서의 협동전선론과 근우회」 『한국사론』 25, 205~206면)은 이 시기 민족주의 계열의 여성운동이 부르주아 여권운동에도 미치지 못하는 것이었다고 비판한다. 즉 "당시 소개되던 부르주아 여권론의 이들에 대한 영향은 미미하며, 그 핵심이 되는 여성참정권 문제는 당시의 정치적 상황으로 보아 제기하기 어려운 문제라 하더라도 연애, 결혼, 이혼의 자유에 대한 주장이나 재산권, 친권 등에서의 법적 평등의 요구도 찾기 어려우며, 심지어 당시의 여성들에게 심각한 고통을 안겨 주던 축첩 문제조차 별로 언급되지 않는 형편"으로, "단지 기성사회의 호응을 얻기 쉬운 문제들, 예컨대

반에서 강하게 영향력을 행사하고 있는 식민지의 현실에서 여성 사회주의자들은 봉건적 도덕관념과 인습에 여전히 사로잡혀 있었던 여성 대중에게 미치는 자유주의 여권운동의 반동적 영향력에 주목하고 대중적 영향력을 확보하고자 하였다. 그 일환으로 이들은 이른바 '가정개량론', '현모양처주의', '여성교육론', '참정권' 등 체제 개량적 여성운동은 무의미할 뿐만 아니라 부르주아 계급이 "자본주의 사회에서 여성을 압복하는 수단으로 이용"되는 것임을 우선적으로 강조하였던 것이다.[30]

이와 아울러 여성 사회주의자들은 자유주의적 신여성론이 여성 대중에게 미치는 의식적 마비라는 측면에 주목하였다. 이들이 보기에 이른바 이들 '신여성'들의 '공훈'은 무산계급 여성들에게 허위의식을 심어 주고 '기독교정신'으로 "계급의식을 좌절"시킨 점에 있었다. 이와 같이 '신여성'에 대한 비판을 바탕으로 이들은 신여성에 대한 새로운 개념 정의를 시도하였다. 그에 따르면 "부르주아의 玩具되기를 絶望하는 의식 없는 불구자", "부르주아 도덕을 옹호하는 신여성"은 진정한 신여성이 결코 될 수 없었다. "봉건사상에 빠져 있는 '紀元前 여성'"은 여성해방에 가장 반동적인 범주로 지목되었다. 또한 진정한 신여성이란 "구제도에 집착되어 남성 대 여성, 유산 대 무산의 착취에 굴종하는 구여성"과는 정반대되는 것이었다. 따라서 진정한 신여성이란 "이 모든 불합리한 환경을 부인하는 강렬한 계급의식을 가진 무산여성으로서 새로운 환경을 창조코자 하는 열정 있는 새 여

미신 타파, 의복 개량, 조혼 금지, 인신 매매 금지 등이 도덕적인 견지에서 온건하게 주장되는 데 그쳤다"는 점에서 이 시기의 운동을 '부르주아 여권운동'이라고 규정지을 수는 없다는 것이다. 문제의식은 다르지만 이지원(앞의 글, 145면) 역시 1920년대 전반기의 여성운동론이 "당시 소개되고 있던 서구의 부르주아 여권론의 영향을 전혀 안 받았다고 할 수 없으나 부르주아 여권론의 핵심이었던 참정권 문제는 물론 연애, 결혼, 이혼의 자유, 재산권, 친권 등에서의 제반 법적 평등의 요구를 거의 다루지 않았다"는 점에서 서구의 부르주아 여권론과는 그 현실기반이 달랐다는 점을 지적하고 있다.

30) 이춘수, 「신년을 際하여 ─ 특히 무산부인에게 ─」 『조선일보』 1926년 1월 4일자 참조.

성"이라고 주장되었던 것이다.[31)]

3. 전통과 한국적 특수성

그렇다면 사회주의 여성들은 계급주의에만 사로 잡혀서 봉건적 제도와 관습의 문제에 전혀 관심을 가지지 않았는가? 그렇지는 않았다. 이 시기 근대적 교육을 받은 이른바 신여성들은 서구의 여성과는 전혀 다른 상황에 놓여 있는 식민지 여성의 현실에 주목하였다. 이러한 인식은 최초의 사회주의 여성 단체로 일컬어지는 여성동우회의 창립 선언에서도 찾아볼 수 있다. 여성동우회의 창립 선언은 계급의식에 못지않게 여성이 남성으로부터 받는 성적, 경제적 압박을 강조하였다. "횡포한 남성들이 여성에게 주는 보수는 교육을 거설하고 모성을 파괴할 뿐" 아니라 나아가서 여성은 "동양적 도덕의 질곡"에서 고통받는 "비인간적 생활에서 분기하여 결속"해야 한다는 것이다.[32)] 여성동우회의 활동 내용을 보더라도 노동부인이나 무산여성에만 관심을 기울인 것은 아니었다. 1926년 3월에 열린 정기총회의 결의사항에서 보듯이 가정부인이나 지방여성, 농촌 여성과 같이 봉건적 인습의 영향이 특히 강하게 남아있는 범주의 여성들에 주목하였으며, 그 전 해인 1925년 말에는 노동, 농민, 기타 직업여성 이외에 학생과 가정주부들에 대한 통계표 작성을 계획하기도 하였다.[33)]

다른 여성단체들의 경우를 보면 특히 무산계급 위주의 교조적·공식적 입장이 강했던 경성여자청년동맹과 달리 반대파인 서울청년회 계열의 여성단체들에서 여성문제에 대하여 다른 인식을 보였던 것은 주목된다. 여성

31) 정칠성, 「신여성이란 무엇인가—가치대폭락의 허물은 누구에게—」『조선일보』 1926년 1월 4일자. 또한 박혜란, 앞의 글, 25면의 주 61 참조.

32) 『조선일보』 1924년 5월 24일자; 백순원, 앞의 글 33~34면 참조.

33) 『조선일보』 1925년 12월 21일 및 『동아일보』 1926년 3월 6일자; 백순원, 위의 글, 36~37면 참조.

해방동맹을 창립하려고 할 때의 설립 취지는 "종래의 우리 조선여성단체는 일반으로 보아 신여성을 중심으로 하여 편벽한 폐해가 적지 않음으로 구식 가정여자의 자각과 교양에 힘쓰자"는 것이었으며, 이에 따라 주요 사업으로 "구식 여자의 교육 기관을 설립"한다는 계획을 제안하였다.[34] 즉 근대교육을 받은 신여성 중심이 아니라 여전히 전통적 인습에 젖어 있는 '구식 가정 여자'를 대상으로 한 운동을 강조한 것이다.

북풍 · 화요파에 의한 경성여자청년동맹과는 구분되는 서울파의 이러한 입장의 차이는 경성여자청년회의 강령에도 다른 형태로 반영되었다. 즉 "무산계급여자청년의 투쟁적 교양과 조직적 훈련"을 강조한 경성여자청년동맹과는 달리, 경성여자청년회는 "부인의 독립자유를 확보하고 모성보호와 남녀평등권인 사회제도의 실현을 기한다."라는 것을 강령으로 내걸었던 것이다.[35] 여성의 독립 자유, 모성보호, 남녀평등 등의 요구는 무산계급을 중심으로 한 투쟁과는 구분되는 이른바 '최소 강령'으로서의 성격을 지니고 있다고 말할 수 있다.[36] 활동 내용을 보더라도 노동여성과 공장부인을 중시하였던 경성여자청년동맹과 대조적으로 경성여자청년회는 여성의 직업이나 연애, 자유결혼과 같이 여성 일반에 해당되는 공통의 쟁점들에 관심을 보였다.[37]

그러나 여성문제에 대한 경성여자청년회의 제안들이 구체적으로 실행되는 데는 일정한 한계가 있었다. 우선 북풍 · 화요회 계열의 주류 여성 사회주의자들과 비교할 때 사회주의 여성운동의 주도권과 조직력, 그리고 그 영향력이라는 점에서 서울청년회 계열의 여성 운동자들이 갖는 한계가 있었

34) 『동아일보』 1926년 1월 4일자 참조.

35) 『동아일보』 1925년 2월 24일자; 김준엽 · 김창순, 앞의 책, 159면.

36) 김준엽 · 김창순은 양파의 차이를 지적하면서 경성여자청년회가 "훨씬 보수적"이라고 평가하면서, "이는 경성여자청년동맹의 과격적인 '투쟁적 교양', '조직적 훈련', '단결력과 조직에 의한 투쟁' 노선에 불쾌와 혐오를 느끼는 일반 여성운동자들의 총의를 규합하려는 데 아마도 목적이 있었던 것 같다."라고 지적하고 있다. 김준엽 · 김창순 위의 책, 같은 곳 참조.

37) 백순원, 앞의 글, 42면.

다. 이와 아울러 여성문제에 대한 경성여자청년회의 접근은 자유주의 여성운동에서 공유할 수 있는 최소한의 요구들을 내세운 것이었음에도 불구하고 당시 조성된 정세에서 명확한 원칙과 전망의 부재 등을 반영하여 자유주의 여성운동과의 제휴가 효과적으로 이루어질 수 없었다. 나아가서 봉건적 인습과 제도의 틀에서 벗어나지 못하는 조선의 일반 여성대중, 특히 가정주부들을 바깥의 단체 조직으로 끌어들일 수 있는 현실적인 방침의 제시라는 점에서도 한계가 있었다.[38] 이러한 이유들로 비록 실현될 수는 없었다 하더라도 주류 사회주의와는 구분되는 서울청년회 계열의 여성운동에 대한 상이한 접근과 제안들은 단순한 사회주의자들 사이의 주도권 다툼이나 파벌 현상으로 치부해 버릴 수 없는 의미 있는 차이로 평가할 수 있을 것이다.

이와 같이 주류 사회주의 여성운동이 계급주의적 편향으로 흘렀다고는 하더라도 근대적 문물의 세례를 받은 도시 거주 극소수의 여성을 제외하고는 여성 인구의 대다수가 여전히 봉건적 인습에 사로잡혀 있었던 현실에서 여성 사회주의자들은 점차로 이 문제의 심각성을 깨닫게 되었다. 조선의 여성이 처한 고유의 특수성에 대한 인식이 자리 잡기 시작한 것이다. 이들은 식민지 상황과 여성이라는 조건에서 기인하는 억압적 요소 이외에 미처 청산하지 못한 봉건적 유제가 가져오는 사회적, 문화적, 도덕적 압박으로 인한 고통이 중층적으로 존재하는 식민지 현실에 주목하였다.

자유주의 계열의 여성들이 봉건적 인습의 타파에 전적으로 운동의 역량을 기울였던 현실에서 그것을 비판적으로 바라보았던 사회주의 여성들은 점차 그것의 중요성을 강조하는 쪽으로 옮겨 가기 시작했던 것이다. 그러나 비록 동일한 표현을 사용했다고는 하더라도 그것을 이해하는 방식에는 차이가 있었다. 자유주의 계열의 여성들이 봉건적 인습만을 문제 삼고 그것의 근대적 변형태들에는 거의 관심을 기울이지 않은 것과 대조적으로 사회주의 여성들은 전통적 인습과 '근대'적 모순이 밀접하게 결합되어 있는 현실에 주목하고자 하였다.

---

38) 박혜란, 앞의 글, 37~38면.

이러한 점에서 전자의 입장에서 봉건적 인습은 근대의 도입을 통해서 적절히 극복될 수 있는 어떤 것이었다. 반면 후자는 근대 자체가 이미 봉건적 전통에 의해 짙게 오염된 것으로 보았으며 따라서 그것은 근대 자체를 부정하는 새로운 질서와 체제를 통해서만 타파될 수 있는 어떤 것이었다. 근대적 의미의 현모양처주의에 대한 다음의 언급은 이러한 인식을 잘 보이는 것이었다. 아내나 어머니라는 사회적 역할의 구속과 규정으로부터 벗어나서 사회의 구성원으로서, 사람으로서 인정받기를 주장하였다는 점에서 비록 그것이 계급적 목표나 대의로 수렴되는 것이었다고는 하더라도 급진주의적 입장의 여성들의 주장과 비슷하게 이상주의적 지향을 보였다고도 할 수 있다.

> 자! 보십시요! 오늘날 우리 사회에서 여성의 처지와 지위가 어떠한가를! 여자는 재산을 상속할 권리가 없고 남편이나 아들이 있는 여자는 재산을 소유할 수가 없습니다. 직업을 구하기가 어렵기도 하고 같은 시간의 노동을 하고도 같은 품삯을 받지 못하거니와 특히 한번 아이를 배면 대개는 일자리를 떼이게 됩니다. 교육을 받을 기회도 남자보다 극히 적거니와 설령 기회를 얻는다 하더라도 소위 현모양처주의라 하여 남자에게 매여 살게 하는 교육밖에 시켜주지 않습니다. 남자는 첩을 두셋씩 두고 기생집 색주가집을 다녀도 상관이 없지만 여자는 남편이 죽은 뒤에라도 개가를 해서는 말썽이 됩니다. 특히 그의 가정생활이 어떠합니까? 빨래를 하고 음식을 만들고 아이를 기르고 집일을 보살핌으로 아침부터 저녁까지 징역생활을 하지 않습니까? 우리는 결코 아내가 되고 어머니가 되는 것을 싫어하거나 정조를 지키지 않으려는 것이 아닙니다. 그러나 원리상으로 보아서 여자가 정조를 지켜야 한다면 남자도 정조를 지켜야 할 것이고 (이하 52자 검열에 의해 삭제) 남자가 남편이 되고 아버지가 되기 전에 우선 '사람'이 되고 사회의 한 분자가 되어야 할 필요가 있다면 여자가 아내가 되고 어머니가 되기 전에 우선 그러하여야 할 것이 아닌가요?[39]

사회주의 여성들은 전통을 둘러싼 인식의 차이에서도 자유주의 계열의

---

39) 이현경, 「여성과 단결」, 근우회 리플리트 제1집, 1927년 8월, 최은희, 1972 『조국을 찾기까지(1905~1945 한국여성활동비화)』(하), 탐구당, 131면.

여성들과 의견을 달리하였다. 근대에 대한 맹목적 믿음을 가지고 있었던 자유주의 여성들에게 전통은 그 자체로서 배격되고 타파되어야 하는 것이었다. 이와 대조적으로 사회주의 여성들에게 인습의 타파는 계급과 민중이라는 대의를 위한 수단에 지나지 않았던 만큼 전통 자체에 대하여 보다 유연하고 전략적인 태도를 가질 수 있었다. 1920년대 중후반에 벌어졌던 단발을 둘러싼 논쟁에서 보듯이,[40] 사회주의 여성들은 민중에 가까이 가는 운동을 위해서 자신들이 주장하던 단발을 버리고 기꺼이 다시 전통적인 머리모양으로 되돌아갔던 것이다.

마지막으로 자유주의 여성들이 봉건적 도덕관념을 미시적이고 고립적인 방식으로 이해하고자 했던 것과 대조적으로, 사회주의 여성들은 그것을 보다 역사적 사회발전이라는 보다 폭넓은 거시적 과정 안에서 파악하였다. 허정숙이 식민지의 특수한 현실을 자본주의의 미발달이라는 사회경제적 측면과 봉건적 도덕관념이라는 이념적 측면으로 규정한 것은 이러한 맥락에서 이해된다. 즉 "여성운동이 따로 일어나게 되는 원인은 조선은 자본주의가 완전히 발달하지 못한 것도 한 가지 이유이며 따라서 조선의 여성이라는 것은 재래의 인습과 도덕이라는 그물에 억매여 온갖 압박 구속을 받아 왔"기 때문에 "조선의 여성은 반드시 남성보다 특수한 운동을" 할 수밖에 없다는 것이다.[41]

이러한 점에서 그녀는 "여성운동의 마지막은 사회운동과 같이 노예의 지위에서 어떠한 방면으로든지 착취와 압박을 당하는 무산계급의 해방운동과 일치될 것"이라는 계급주의적 입장을 고수하면서도, 여성으로서는 계급의식의 각성 그것보다는 "개성으로서의 참된 반성이 있은 후 반역이 있어야 할 것"이라고 주장하였다. 즉 여성운동은 여성의 개성을 찾는 운동이어야 하며, 이를 위해서는 먼저 "사상의 개혁과 성적 반성"이 필요하다는 사실을 강조하였다. 나아가서 그녀는 여성운동의 '선구'로는 "아직까지 조

40) 구체적인 내용에 대해서는 김경일, 『여성의 근대, 근대의 여성』, 앞의 책, 182~197면 참조.

41) 허정숙, 「신년과 여성운동」 『조선일보』 1926년 1월 3일자(부록 3면).

선에 있어서는 가정부인, 신여성, 여학생을 중요시"해야 한다고 보았다. 즉 여성운동의 주도층으로 노동부인이나 무산여성보다는 가정부인이나 신여성 등을 지목한 것이다.

1928년 『동아일보』에 기고한 글에서 그녀는 자신의 이러한 주장을 더욱 발전시켰다. 그에 다르면 '개성과 각성이나 작업상 대우' 등에서 남성과 별다른 차이를 보이지 않는 구미 각국의 여성과는 달리, 조선 여성은 '고루한 관습과 제도의 희생'으로 아무런 교육도 받지 못하였으며, 사회와는 단절된 생활을 하였다. 또한 그녀는 "경제적 독립을 한 여성이 극소수가 되고 대부분이 경제상으로 무산계급에 속한 여성"인 현실에서 자산가 여성이나 노동여성을 구분하는 것은 별다른 의미가 없다고 보았다. "농촌 부인도 소작농이 다수인 동시에 무산계급에 처하게 된 도회지의 유산계급 및 중류계급의 여성이나 노동부인이나 농촌부인이나 직업부인 등이 다 같이 경제적으로 성적으로 2중 3중의 노예관계에 있다"는 점에서 "대체로 보아 조선 여성은 경제적으로 무산계급에 속하였고 개성으로 보아 노예의 지위에 처하여 있다"는 것이다.[42)]

나아가서 조선 여성이 여성 전체로 당면한 이러한 사정은 여성 운동 단체의 조직에도 반영되어야 한다고 그녀는 주장하였다. 서구와는 다른 조선에 고유한 특수성의 원칙이 여성 운동 단체의 조직에 적용되어야 한다는 것이다. 즉 "노농 러시아나 […] 일본 등지의 여성운동은 따로이 여성만을 위주"하는 여성단체가 존재하지 않고,[43)] "언제나 남성과 동일한 보조로"

---

42) 허정숙, 「부인운동과 부인문제 연구-조선여성지위는 특수」(2) 『동아일보』 1928년 1월 4일자.

43) 그러나 이는 허정숙이 오해한 것으로 사실과 다른 것이다. 여성의 정치조직에 거의 관심이 없던 러시아에서도 1917년 당 내부에 여성조직의 설립을 계획하였다. 많은 볼셰비키들은 여성조직의 존재가 계급투쟁을 약화시키고, 노동계급을 계급투쟁으로부터 분리시킴과 동시에 부르주아 여성운동을 촉진한다고 생각하였다. 그러나 콜론타이(Alexandra Kollontai)를 비롯한 일부 운동가들은 여성은 미래 사회주의 국가를 건설하는 데 반드시 필요한 존재이며, 동시에 여성들의 삶의 변화가 전통사회의 영향력을 감소시키고 새로운 사회문화적 가치들

"노농단체라든지 청년단체 기타 어떠한 단체이든지 남녀성의 구별이 없이 동일한 지위와 전략을 가지고 진행"되지만 조선 여성은 예외적으로 남성에 대해 독자적인 분리 조직이 필요하다는 것이다.[44]

1920년대 중반 이후 여성운동에서 정립된 이른바 성별에 따른 분리 조직론은 이러한 주장을 반영한 것이었다. 식민지 여성의 특수성을 배경으로 대중 단체로서 각 지역에서 조직되었던 청년 여성 단체에 대한 조직 방침은 철저한 성별 분리원칙에 입각하여 진행되었다. 내외의 구별이 여전히 엄연히 존재하고 여성에 대한 편견과 아울러 여성의 사회 활동에 대한 인식이 부족한 식민지 현실에서 여성들이 남성과 동일한 단체에 가입하여 활동한다는 것은 매우 드물고 또 어려운 일이었기 때문이다.[45] 1927년 5월 민족협동전선의 일환으로 창립된 근우회 역시 이러한 논쟁의 연속선 위에서 조직된 것이었다. 이러한 점에서 허정숙은 근우회의 조직적 성격을 "조선사회의 객관적 조건이나 여성 주체적 조건에서 여성운동이 성별적 조직의 단계를 밟"아 온 것으로 요약하였다. "현하 조선 여성운동의 사회적 조건"을 고려해 볼 때, 여성의 성별 조직 즉 성적 차별 문제 등을 위하여 투쟁하는 조직체를 통하지 않으면 결국 여성의 사회의식의 각성과 그에 합당

을 만들어 내는 데 중요한 요소가 된다는 근거에서 여성조직 설립을 열렬히 지지했다. 이에 따라 여성회의, 여성위원회, Zhenotdel(Woman's Bureau, 당중앙위원회 서기국의 여성부), 대표자회의, 여성클럽과 같은 다양한 여성조직들이 만들어졌다. 여성들에 대한 당사업의 일환으로 조직된 제노뜨젤은 1930년에 해체되었다. 고유경, 2003 「알렉산드라 콜론타이의 여성관연구」, 고려대학교 교육대학원 석사학위논문, 28~30면, 58면 참조. 유럽 국가들의 경우에도 실천의 경험에 비추어 별개의 일반적 여성조직이 필요함을 꾸준히 제기했고(村田陽一, 『コミンテルン資料集』 4, 大月書店, 542~543면), 일본도 성별 조직을 반대하던 山川均이 몰락하고 福本主義가 공인(1926년 12월)된 후 성별 조직으로서의 관동부인동맹을 결성(1927년 7월 3일)했다가 원칙에 위배된다 하여 다시 해체(1928년 3월)하는 곡절을 겪었다.(工位靜枝, 1973 「關東婦人同盟」 『歷史評論』 제280호) 남화숙, 앞의 글, 218면 참조.

44) 허정숙, 「신년과 여성운동」 『조선일보』 1926년 1월 3일자.

45) 박혜란, 앞의 글, 54면.

한 조직을 가질 수 없기 때문이라는 것이다.[46]

또 다른 사회운동자는 『동아일보』에 기고한 글을 통하여 "각 방면에서 여성에는 특수가 있다 하여 조직을 남자와 분리하는 경향"을 지적하면서, "조선여성의 특수의 전부를 조직한 근우회가 성립된 이상 기타의 모든 여성운동 특수의 조직은 다 일반 운동 단체에 통일 조직되어야 할 것"을 촉구하였다. 나아가서 그는 가까운 장래에 "근우회 자체도 전민족적 운동의 일부분으로서 근본적으로 조직을 변경하지 아니하면 아니 될 때가 반드시 있을 것"을 지적하였다.[47] 마지막의 이 주장은 1928년 근우회 전국대회 토의안 중에서 「민족운동에 대한 결의」에서의 제안으로 구체화되어 나타났다. 이에 따르면 "외국여성과도 다른 특이한 처지에 있"는 조선여성은 그 특수성, 즉 "일반적 후진성에 의하여 여성으로서의 특이한 조직체"를 갖는다. 그러나 "동일한 목표 하에 단순히 약간의 사회적 조건의 상이 때문에 분할 조직"되었다는 점에서 근우회는 '조선 여성의 최고기관'으로서 신간회에 단체적으로 가입하여 신간회 내에 여자부 설치를 주장해야 한다는 것이다.[48]

그러나 근우회 결성 당시에 여성 사회주의자들이 근우회의 조직과 관련된 이러한 논쟁들을 의식한 것 같지는 않다. 방향전환론을 근거로 신간회에 대거 참여한 남성 사회주의자들과 비슷하게 여성 사회주의자들은 "경

46) 허정숙, 1929「근우회 운동의 역사적 지위와 당면 임무」『근우』창간호, 12면.
47) 鵑園生,「조선여성운동의 사적 고찰」『동아일보』1928년 1월 6일자.
48) 김준엽・김창순, 1973『한국공산주의운동사』(3), 고대아세아문제연구소, 79~80면. 이 제안은「민족운동에 대한 결의」의 제4항에 있는 것이다. 엄격하게 말하면 이 조항은 제3항에서 근우회의 여성은 "각각 그 속하는 계급층에 의하여" 신간회에 참가한다는 제안과 배치되는 측면이 있다. 즉 여성이라는 성적 존재로서가 아니라 자신이 속한 계급의 일원으로 참가한다면 구태여 여성부를 설치할 필요는 없을 것이기 때문이다. 그럼에도 불구하고 근우회와 같은 성별 조직의 틀을 버리고 신간회의 여성부로 들어가 민족협동전선 위에서 싸워야 한다는 주장은 실현되지는 않았다. 대신에 근우회가 해소된 이후 전국 각지의 노동조합과 농민조합의 여성부로 들어가 노농운동 선상에서 투쟁하는 것으로 귀결되었다.

제적 자유를 위한 무산계급 운동"으로부터 "봉건적 구속에서 해방하려는 여자의 일반 자유의 획득"을 위한 투쟁으로 '방향 전환'을 하였다는 점에 당면한 의미를 부여하였던 것이다. "봉건적 구속에 대한 싸움은 계급적 해방운동을 위한 일보 전진이요 계급적 운동은 여자의 완전한 해방을 위한 최후 해결의 길"이라는 표현은 이들의 생각을 잘 드러내는 것이었다.[49] 이러한 점에서 다음의 「근우회 선언」은 도식적으로 보자면 자유주의와 사회주의의 각각에 '구시대의 유물', '봉건적 유물'과 '현대적 고통', '현대적 모순'을 대응시켜 가면서 읽어야 한다.

> 조선에 있어서는 여성의 지위가 일층 저열하다. 미처 청산되지 못한 구시대의 유물이 오히려 유력하게 남아 있는 그 위에, 현대적 고통이 겹겹이 가하여졌다. 그런데 조선 여성을 불리하게 하는 각종의 불합리는 그 본질에 있어 조선 사회 전체를 괴롭게 하는 그것과 연결된 것이며, 일보를 進하여는 전 세계의 불합리와 의존·합류된 것이니 모든 문제의 해결은 이에 서로 관련되어 따로 성취할 수 없게 되었다. […] 그러나 일반만을 고조하여 특수를 망각하여서는 아니 된다. 고로 우리는 조선 여성운동을 전개함에 있어서 조선 여성의 모든 특수점을 고려하여 여성 따로의 전체적 기관을 가지게 되었나니 如斯한 조직으로서만 능히 현재의 조선 여성을 유력하게 지도할 수 있는 것을 간파하였기 때문이다. […] 조선 여성에 얽혀져 있는 각종의 불합리는 그것은 일반적으로 요약하면 봉건적 유물과 현대적 모순이니 이 양 시대적 불합리에 대하여 투쟁함에 있어 조선 여성의 사이에는 큰 불일치가 있을 리가 없다.[50]

선언에서 보듯이 근우회에 참가한 사회주의 여성들은 식민지에서 여성이 당면한 문제가 봉건적, 근대적 성격이 복합된 중층적 성격을 가지고 있다는 점을 인식하면서도 특히 조선 여성운동의 특수성으로 '구시대의 유물'로 상징되는 바로서의 식민지 사회에 광범위하게 잔존해 있었던 봉건적 관습과 유제의 영향력을 지목하였다. 이러한 맥락에서 1929년 발행된 『근우』

49) 「여자운동선에도 방향전환의 필요—성적 해방에서 계급해방으로—」(1-2) 『동아일보』 1927년 4월 20일 및 21일자 참조.

50) 김준엽·김창순, 앞의 책, 74~75면 참조.

창간호에서 허정숙은 농촌을 중심으로 한 '봉건의 잔재'가 "여전히 은연중에 여성을 가정제도에서 사회적 관습에서 그 질곡에 신음"하게 한다고 주장하였다. 이어서 그녀는 "남성뿐만이 아니라 여싱 그 사신도 이 봉건적 관념에서 해방되지 못하고 있고 또 과거의 무지가 여성의 사회적 기능에 있어 일반운동에 未及되어 있고 봉건적 잔재에 여지없는 유린을 당하"고 있다고 서술하였다.[51] 이러한 인식은 1927년 5월 창립과 더불어 발표된 근우회의 행동강령을 통해서도 살펴볼 수 있다.

1. 여성에 대한 사회적, 법률적 일체 차별 철폐
2. 일체 봉건적 인습과 미신 타파
3. 조혼폐지 및 결혼의 자유
4. 인신매매 및 공창의 폐지
5. 농촌부인의 경제적 이익 옹호
6. 부인노동의 임금차별 철폐 및 산전산후 임금 지불
7. 부인 및 소년공의 위험노동 및 야업 금지[52]

전체 7개 항목에 이르는 행동강령에서 1항부터 4항에 이르는 사항은 여성 일반에 대한 것이고 나머지 5~7항의 3개 항목이 노동자 · 농민에 관련된 것이다. 계급적이라기보다는 여성 일반에 대한 행동 강령이 절반이 넘는 비율을 차지하고 있음을 알 수 있다. 또한 제1항에서 4항에 이르는 4개 항목에서 2항의 봉건적 인습과 미신 타파, 3항의 조혼 폐지 및 결혼의 자유가 특히 조선 여성의 특수성과 관련된 항목이었다. 1929년의 제2회 전국대회에서는 수정된 신행동강령이 발표되었는데, 전반적으로 보면 그것은 계급적 색채를 상대적으로 보다 강화한 것이었다.[53]

---

51) 허정숙, 앞의 글, 11~12면.

52) 김준엽 · 김창순, 앞의 책, 73~74면.

53) 그 내용은 자료에 따라 다소의 상위가 있다. 경성지법검사국의 「思想ニ關スル調査書類」를 바탕으로 한 김준엽 · 김창순(위의 책, 93~94면)에 따르면 위의 7개 항목에 더하여 (1) 교육의 성적 차별 철폐 및 여자의 보통교육 확장, (2) 언

이러한 변화는 근우회 내에서 사회주의자들이 주도권을 장악해 나간 것과 관련이 있었다. 이후 1931년도에 들어와 사실상 해소 상태로 들어가기까지 근우회 내에서 자유주의자들과 사회주의자들은 주도권을 둘러싸고 반전을 거듭하였다. 근우회의 조직 이후 전국 각지에서 활발하게 조직된 지회들을 통하여 여성 사회주의자들이 근우회의 주도권을 점차 장악함으로써 운동의 내용이나 지향에도 일정한 변화를 가져오게 되었다. 일제의 탄압으로 열릴 수는 없었지만 1928년 5월의 근우회 전국대회 토의안은 「조직문제에 관한 결의」에서 조직사업에서 가장 중점을 두어야 하는 것이 노동부인 대중이어야 한다고 제시하였다. "노동부인 농민부인의 조직이 가장 필요한 문제"이며, "이 광범한 층이 움직이지 않는다면 조선여성운동은 유력하게 전개할 수 없고 또 투쟁적 능률을 발휘할 수도 없"다는 것이다. 이에 따라 이들은 16개 항목에 이르는 노동부인 동원 슬로건을 발표하였다.[54] 이에 앞서 제3차 조선공산당의 근우회 야체이카원인 姜貞熙가 여성

론 · 집회 · 결사의 자유의 2개 조항이 추가되었으며, 원래의 2항이 "여성에 대한 봉건적, 사회적, 법률적 일체 차별의 철폐"으로 바뀌어 '봉건적' 차별이 추가되었다. 아울러 4항에 이혼의 자유가 추가되었으며, 7항의 산전산후 임금지불은 '산전산후 2주간의 휴양과 임금 지불'로 보완되었다. 그러나 조선일보 보도를 인용한 백순원(앞의 글, 47면)에 따르면 위의 2개 항목에 더하여 (3) 노동자 농민 의료기관 및 탁아소 제정의 1개 항이 더 추가되었으며, 원안 1항이 "여성에 대한 사회적 법률적 정치적 일체 차별 철폐"로 바뀌었다고 하여, '봉건적' 차별 대신에 '정치적' 차별을 제시하고 있다. 또한 원안 7항 역시 '2주간의 휴양'이 아니라 "산전 4주간, 산후 6주간의 휴양과 그 임금 지불"로 확대 강화되었다고 한다. 그런데 근우회 행동강령의 원안에서 1항과 6항은 1925년 4월 창건된 조선공산당의 여성 정책을 반영한 것이었다. 즉 여성 문제와 관련하여 조선공산당은 '여성의 정치적, 경제적, 사회적 일절 권리의 평등'과 '여성노동자의 산전 산후 휴식과 임금 지불'을 당면 슬로건으로 제시하였던 것이다. 「朝鮮共産黨のスロカン」『思想月報』 1권 4호, 1931 참조.

54) 구체적인 내용은 김준엽 · 김창순, 앞의 책, 80~81면 참조. 표현은 '노동부인'이지만 6항의 경작권 확립이나 13항의 '공장 및 농장'의 내용이 있는 것으로 보아 농민 여성을 포함한 것이었다.

운동의 주체로서 '무산부인'의 조직화를 강조하였던 것도 같은 맥락에서 제시된 것이었다.[55]

이러한 주장은 조직에도 반영되었다. 1929년에 들어와 근우회는 부서에 노농부를 설치하였으며,[56] 이듬해인 1930년 1월 5, 6일의 양일에 걸쳐 열린 근우회 중앙집행위원회는 '노농부인 조직의 건'을 논의하였다.[57] 더 이상의 자료가 없어서 자세한 내용은 알기 힘들지만 대중단체인 근우회에서 노동부인의 조직화에 직접 나서는 것에 대해서는 자유주의자들의 반발은 논외로 하더라도 지방의 사회주의자들 사이에서도 일정한 비판이 있었던 것으로 짐작된다. 위의 1월 초순의 중앙집행위원회 결정에 대하여 "근우회의 사업권 밖이라는 항의가 순천노동연합회, 순천농민조합으로부터 제기"되었기 때문이다.[58]

대륙침략을 위한 전시체제로의 이행에 따라 일제의 탄압이 가중되고 사회주의자들이 비합법영역에서 노동, 농민 운동으로 운동의 역량을 집중하여 갔던 정세를 배경으로 여성 사회주의자들이 체포와 투옥, 도주, 잠적을 거듭하는 가운데 근우회 조직에도 변화가 일어났다. 1930년 12월에 개최된 확대집행위원회에서 위원장으로 정종명, 정칠성으로 이어지는 사회주의자들에 대신하여 趙信聖이 선출되었다. 근우회 지회 중에서 경성지회보다 많은 최대의 회원수를 확보하고 있었던(다음의 표 2 참조) 평양지회를 대표하는 조신성 체제에서 근우회는 기존의 사회주의적 운동 방향을 비판하는

---

55) 그녀가 말하는 무산부인은 노동부인과 농촌의 빈농여성을 포함한 것이었다. 강정희, 「선구여성들의 신년 신기염」『동아일보』 1928년 1월 1일자; 남화숙, 앞의 글, 217면의 주31 참조.

56) 1929년 8월 1일 제1회 중앙상무위원회에서 부서 확충의 일환으로 노농부 책임으로 韓德熙, 金貞媛이 선출되었다. 『동아일보』 1929년 8월 6일자; 박용옥, 1987 「근우회의 여성운동과 민족운동」『한국근대민족주의운동사연구』, 역사학회 편, 일조각, 216~218면 참조.

57) 『동아일보』 1930년 1월 4일자; 송연옥, 앞의 글, 366면 참조.

58) 송연옥(위의 글, 366면)은 『동아일보』 1930년 1월 12일자에 근거하여 이를 제시하였는데, 실제 기사는 있지 않다. 아마도 다른 신문의 착오일 것이다.

표 2. 근우회 25개 지회 회원의 직업 분포

지회	가정부인	노동부인	농민	학생	직업부인	무직	계
부산	72	9		6	20	24	131(127)
하동	30		10	5	11		56
담양	33						38
김천	61	5			1	5	67
영천	67				3		70
김해	69				2	28	99
동래	85				31		116
하양	7				1	8	16
함흥	27				3	8	38
대구	60		9	7	10	9	95
청진	29				7	5	41
군산	15	50				5	70
강릉	15			4	6	2	27
신고산	24			1	10		35(40)
진남포	40			3	7		50
춘천	26			2	3		31
원산	25			4	15		44
웅기	65			3	3		71
나남	5	18	15		3	17	58(50)
용정	62			72	12		146(110)
평양	290	30		12	100		432(452)
신의주	24	3			7	6	40
단천	12			1	3	10	26
동경	32	15		55		12	114(105)
경성	81	1		19	81	42	224
계	1,256 (58.8%)	131 (6.1%)	34 (1.6%)	194 (9.1%)	339 (15.9%)	181 (8.5%)	2,135(2,103) (100.0%)

자료) 조사부, 1929「槿友會會況一覽」『근우』, 창간호, 82~92면에서 작성.

주1) 군위(45), 영홍(30), 명천(42), 밀양(80), 진주(70), 전주(36), 성진(83), 마산(51), 경도(45), 목포(140), 홍원(63), 영주(20)의 12개 지회는 회원수(괄호의 수치)만 있음.

주2) 의주, 해주, 기장의 3개 지회는 지회명만 있고 회원수와 직업은 누락되어 있음.
주3) 칸의 합계에서 괄호 안의 수치는 원표의 수치로 계산이 잘못되어 바로잡았음.
주4) 줄의 합계에서 괄호 안의 수치는 직업별 비율임.

대신 자유주의적 성향을 강화하였다. 근우회는 운동의 목표를 민족 단일의 여성운동으로 재설정하고 근우회가 일제의 탄압을 받은 원인이 계급투쟁을 목표로 하였기 때문이라고 보고 운동의 수준도 계몽 활동에 한정하기로 하였다. 이에 따라 농촌 부인의 강좌와 야학을 장려하고 기존의 노동부를 폐지하기로 결정하였다.[59]

1928년 근우회 전국대회 토의의 「민족운동에 대한 결의」에서 "조선 여성의 최고기관으로서 신간회에 단체적으로 가입하여 신간회 내에 여자부 설치를 주장해야 한다."라는 제안은 신간회의 해소와 더불어 미처 시도되지도 못하고 사라져 버렸다. 특히 운동의 대세는 비합법의 노동조합·농민조합을 조직하는 것이 되었으며, 전국 각지의 지회를 중심으로 활동하고 있었던 사회주의 여성들은 이에 매진함으로써 근우회를 실질적으로 방기하였다. 이와 맞물려서 다른 한편으로 서울을 근거지로 활동한 자유주의 여성들이 이미 근우회를 외면해 버린 뒤편에 남아 근우회를 떠안았던 자유주의 여성들의 활동은 가중되는 일제의 탄압에 의해 무력화되어 갔다. 근우회는 조직으로서의 생명을 잃고 형해화되어 갔다. 근우회가 표방하였던 노동부인에서의 활동은 비합법영역에서의 노동자, 농민 운동으로 계승된 반면에 조선 여성에 고유한 특수성에 대한 인식은 역사의 저편으로 사라져 버렸다.

돌이켜보면 사회주의 여성들이 당면한 식민지 여성의 현실은 암담한 것이었다. 봉건적 인습이 잔존하면서 사회 전반을 지배하는 가운데 여성들은 스스로를 조직화하기 위한 자원을 확보하는 데에도 애를 먹었다. 예를 들

---

59) 『조선일보』 1930년 12월 20일자. 이지원, 앞의 글, 193면 및 이소영, 1992 「1920년대 사회주의 여성운동의 이념적 성격에 관한 연구」, 연세대학교 대학원 정치학과 석사학위논문, 74면 참조.

면 조선여성동우회의 창립총회는 주관자를 제외하고는 일반 여성이 거의 참석하지 않았으며, 이들 여성들보다 오히려 더 많은 수의 남성들이 참가한 가운데 진행되었다.[60] 이러한 사정은 근우회의 경우에 조금 나아졌다고 하더라도 기본적으로 변하지 않았다. 1927년의 근우회 창립총회는 물론이고 1929년의 제2회 전국대회에서도 여성보다도 방청객으로 참석한 남자의 수가 더 많았다.[61] 1928년 3월 24일에 예정되었던 근우회 경성지회 창립대회는 개회 예정시간에서 20~30분이 지나도록 300명 회원 중 겨우 50여 명밖에 출석하지 않아 결국 유회되는 곡절을 겪었다.[62]

대중적 기반의 취약성은 이들 여성 단체들의 회원 분포를 통해서도 살펴 볼 수 있다. 여성동우회의 경우 1925년 12월 현재 전체 회원 73인의 대부분은 학생층이었으며, 그밖에 교원, 간호부, 기자, 가정주부 등을 포함하였다.[63] 표 2에서 보듯이 근우회 회원의 직업 분포에서 가장 많은 비중을

---

60) 발회식에 참석한 80여 명 중 남자 방청객이 50여 명이었고, 감시 경찰관 10여 명을 제외하면 여성의 수는 13~14명밖에 안 되었다. 이들 모두는 주최자여서 『신여성』지는 이를 두고 "여성동우회가 아니라 남성동우회 같다"고 평하였다. 「여성동우회 발회식에 갔다가」 『신여성』 1924년 6월호, 10면 및 전상숙, 앞의 글, 53면.

61) 근우회 창립총회의 참가 인원수에 대하여 『동아일보』는 회원 200명과 다수한 방청객, 『조선일보』는 회원 150명에 방청인이 1,000명이라고 하였다. 황신덕은 회원 190명이라고 하였다. 방청객의 대부분이 남자였으므로 남자의 수가 더 많았던 것으로 짐작된다. 『동아일보』 및 『조선일보』, 1927년 5월 29일자. 황신덕, 「조선부인운동은 어떻게 지내왔나」, 『신가정』 1933년 4월호. 박용옥, 앞의 글, 193면 참조. 제2회 대회의 경우 대회준비위원회에서 전체 500매의 방청권을 각각 남자 300매와 여자 200매로 배정하고 있다. 김준엽·김창순, 앞의 책, 87면 참조.

62) 정족수 미달로 연기된 경성지회 설립대회는 1주일 후인 3월 31일 100여 회원이 참석하여 설립되었다. 『동아일보』 1928년 3월 26일자; 『근우』 창간호, 1929, 91면; 박용옥, 위의 글, 302~304면 참조.

63) 학생 중에는 러시아, 일본, 중국 등지에서의 유학생이 상당히 많은 비중을 차지하였다고 한다. 『조선일보』 1925년 12월 21일자; 전상숙, 앞의 글, 46면; 박혜란, 앞의 글, 29면.

차지하였던 것은 가정부인으로 절반이 넘는 58.8%의 비중을 보였으며, 다음이 직업부인으로 16% 정도의 비중을 차지하였다. 이와 대조적으로 노동부인은 6.1%, 농민은 불과 1.6%에 지나지 않아 노동자 · 농민을 합해도 8%에 미치지 못하는 미약한 비중을 보였다.[64)]

이와 같이 근우회의 회원이 가정부인과 직업부인이 대다수를 차지하고 있었다 하더라도 이들 대부분은 도시에 거주하는 지식인 여성이었다. 근우회 지회의 조직 분포도를 분석한 박용옥은 지회 설립지의 대부분이 지방의 중요 도시로서 거의 모두가 철도의 통과지 또는 근접 연변이었다는 사실을 밝힌 바 있었다. 이는 근우회 운동이 극히 도시 중심적 운동이었음을 말하는 것이며, 아울러 근우회 운동은 어쩔 수 없이 소부르주아 운동으로서 일부의 비난을 받지 않을 수 없었다는 것이다.[65)]

여성의 교양을 위한 강좌나 연설에서도 주요 부분은 사회주의 남성에 의존해야 했으며[66)] 지식인 여성은 여성에 관련된 몇몇의 주제들을 맡는데 그치는 경우가 많았다. 위에서 언급한 1928년 근우회 전국대회 토의안을 보면 근우회는 「선전사업에 대한 결의」에서 과거의 선전사업이 대중적이 아니었다고 자기비판하면서, "각종 선전 사업에서 제일 먼저 열어야 하는 시각의 방향은 여성의 대중층이어야 한다."라고 주장하였다. "지식계급의

64) 이는 신간회의 경우와 대조를 이룬다. 신간회는 회원 총수 3만 9,410명 중 농업 2만 1,514명, 노동자 6,041명(각기 54.6%와 15.3%)으로 노동자 · 농민을 합한 비율은 무려 70% 정도에 이르렀다. 『조선일보』 1931년 5월 18일자; 박용옥, 앞의 글, 218면.

65) 박용옥 위의 글, 242~243면.

66) 전반적으로 사회주의 남성들의 여성문제에 대한 인식은 매우 낮은 정도에 머물러 있었다. 1929년 12월 모스크바공산대학 조선 · 일본반 합동회의에 참가한 金必壽는 회의에 참가한 40여 명의 운동자들 중에서 여성문제에 대한 발언은 매우 적었다는 사실을 지적하면서, "올바른 현상은 아니라고 생각"한다는 의견을 덧붙였다. 김필수, 「동방노력자공산대학 조선 · 일본반 합동회의 속기록」, 1929년 12월 13~19일. 러시아국립사회정치사문서보관소(이정박헌영전집편집위원회, 2004 『박헌영전집』 4, 역사비평사), 360면.

여성만을 상대로 하던 종래의 경향은 극복되어야" 하며, "순국문의 평이한 출판물, 농촌・공장의 순회, 평이한 담화회, 연구회 등의 조직이 절대로 필요"하다고 지적되었던 것이다.[67]

도시 중심의 이들 지식인 여성들은 여전히 봉건 유제가 강인하게 자리잡고 있는 식민지의 현실에 직수입 상태의 이념을 그대로 적용하고자 하였으며, 미조직 여성 대중을 어떻게 조직화하고 운동을 어떤 방향으로 끌어갈 것인가에 대해 효과적인 방침을 제시하지 못하고 '사회과학 상의 교의'를 천명하는 데 그치고 말았다.[68] 도시 중심의 근대적 영역에서 생활하던 이들 지식인 여성들은 서구의 혁명적 이론이 동향에 보다 민감하게 반응하였으며, 이러한 점에서 비록 의식하고 있었을지는 몰라도 전통적 인습과 식민지 여성의 특수성이 생활상의 절실한 문제로 체화되기는 어려웠던 것이다.

4. 근대적 서구 이론과 여성운동

이미 언급했듯이 이 시기 사회주의 계열 여성들의 사상의 형성과 운동논리는 서구의 마르크스-레닌주의의 이론적 영향을 받았다. 남성 사회주의자들도 그러했지만 여성 사회주의자들은 여성의 억압과 성적 불평등, 그리고 여성 해방에 대한 마르크스(Karl Marx)와 엥겔스(Friedrich Engels), 그리고 베벨(August Bebel) 등으로부터의 이론적 자원에 의거하여 현실을 설명하고자 하였다. 특히 엥겔스의 『가족, 사유재산 그리고 국가의 기원』과 베벨의 『여성해방과 사회주의』는[69] 당시 사회주의자들이 여성 문제를 분

67) 김준엽・김창순, 앞의 책, 82면.

68) 남화숙, 앞의 글, 208면.

69) 최혜실은 "일본에서는 베벨의 책이 번역되었고 많은 이론가들이 그의 이론을 받아 들였으나 한국에서 직접적 영향 관계는 보이지 않는다."라고 하였으나(최혜실, 2000 『신여성들은 무엇을 꿈꾸었는가』, 생각의 나무, 155면), 이는 사실

석하고 대안을 모색하는 데 중요한 지침서로서의 역할을 하였다.

그러나 서구의 급진적 페미니즘 이론의 영향은 이 시기 사회주의자들에만 한정된 것이 아니었다. 이들 서구 이론은 이념적 지형을 넘나들면서 일종의 지적 유행으로 통속화된 상태에서 널리 통용되었다. 예를 들면 경성의학전문학교 교수인 劉相奎는 『신여성』에 기고한 「조선여성과 산아제한」이라는 글에서 자유로운 모성과 여성의 산아 제한을 논하면서 베벨의 논의를 인용하였다. 그는 『부인의 과거 현재 및 장래』란 책의 서문에서 "부인문제의 완전한 해결은 노동문제와 마찬가지로 현존해 있는 사회적 및 정치적 제도 하에서는 지어 보기가 어렵다."라는 베벨의 주장을 소개한다.[70] 민중운동을 하는 사회운동자들이 하층 빈민 여성들의 산아제한을 계몽해야 한다는 논거로 그는 이 베벨을 인용한 것이었다. 그러나 전반적인 그의 논지에 비추어 볼 때, 베벨보다는 차라리 모성애에 관한 엘렌 케이(Ellen Key)의 논의를 인용하는 것이 보다 적합했을지도 모르겠다.

이념적 성향에 관계없이 자신의 논지를 입증하기 위하여 서구 이론을 무차별적으로 동원하는 경우도 적지는 않았다. 자유주의와 사회주의의 분리가 아직 이루어지지 않은 시점이기는 하지만 1922년 사회의 개조와 여성문제, 그리고 여성의 경제적 독립을 주장하는 글에서 이대위는 베벨에서 시작하여 칸트(Immanuel Kant)나 스펜서(Herbert Spencer), 아담 스미스(Adam Smith)와 같은 자유주의 계열의 사상가와 아울러 엘리어트(George Eliot)과 같은 문학가에 걸치는 인물들을 두루 거론하고 있다.[71] 반대의 경우도 있었다. 이현경은 1927년 『현대평론』에 여성의 경제적 지위에 관한 글을 기고하였다. 여성 사회주의자로서 경제적 해방을 위한 여성 노동 운

과 다르다. 베벨의 책은 1925년 배성룡에 의해 『부인해방과 현실생활』이라는 제목으로 조선지광사에서 번역 출판되었다. 『동아일보』 1925년 11월 9일자 3면의 「신간 소개」 참조.

70) 유상규, 「조선여성과 산아제한」 『신여성』 1932년 3월호, 9면.

71) 그의 사상적 입장은 기독교에 입각한 민족주의자로 분류될 수 있다. 李大偉, 「여자의 경제적 독립」 『청년』 1922년 10호, 6~10면 참조.

동과 같이 전반적으로 마르크스주의적 논지로 일관된 이 글에서 그녀는 스펜서(Herbert Spenser)의 『사회학』(2권)이나 버크(Edmund Burke)의 『영국문명사』와 같은 영국의 자유주의나 보수주의 이론가의 저작들을 인용하면서 자신의 논지를 전개하고 있다.[72)]

서구 이론의 수용과 해석에서 보이는 이러한 혼란과 불일치를 감안하더라도 전반적으로 보면 남녀평등과 여성해방에 대한 논의에서 서구 마르크스주의 이론의 영향은 압도적이고 또 비교적 일관된 방식으로 해석되고 적용되었다고 말할 수 있을 것이다. 마르크스-레닌주의자로서 여성운동과 혁명운동에 참여하였던 서구 여성들, 예컨대 로자 룩셈부르크(Rosa Luxembourg), 클라라 제트킨(Clara Zetkin), 알렉산드라 콜론타이(Alexandra Kollantai), 크루프스카야(N. K. Krupskaya, 레닌의 부인) 등에 대한 소개도 활발히 이루어졌다.[73)]

마르크스주의적 시각에서의 남녀평등과 여성해방은 남성 사회주의자들을 포함하여 다수의 논자들이 다룬 주제였다. 유철수는 사랑에 의거해서 남녀의 평등 문제를 제기하였다. 먼저 그는 일반적인 의미에서의 연애와 엥겔스가 말한 성애(sex love)를 구분한다. 전자가 부르주아의 남녀애라 한다면 후자는 프롤레타리아의 그것이라는 점에서 근본적으로 의미가 다르다는 전제에서 그는 출발한다. 그는 근대의 자유연애 사상은 "봉건적 억압에 대한 자유의 절규, 무리한 성의 강제 결합에 대한 사랑의 해방"이라는 점에서 진보적 의미를 인정할 수 있지만, "부르주아 개인주의 사상에 근원한 이기적·독점적 사랑"이라는 점에서 한계가 있다고 보았다. 이러한 점에서 "착취와 억압이 있는 부르주아 사회에서는 양성의 평등한 사랑과 경

---

72) 이는 그녀가 동경여자대학 사회과에서 수학한 경력을 반영한 것이었다. 李賢卿, 「경제상태의 변천과 여성의 지위」(1)~(5), 『현대평론』 1927년 1~5호 참조.

73) 예컨대 「문제의 부인, 때의 여성—투사 쿠라라 체토킹 여사—」 『신여성』 1925년 10월호, 45면, 김해성, 「독일의 로-자 룩센부륵크」 『신여성』 1931년 11월호, 28~30면, 김하성, 「독일의 클라라 쳇트킨」, 「러시아의 알렉산더 코론타이부인」, 「러시아의 크르푸쓰카야」 『신여성』 1931년 12월호, 48~51면 등 참조.

제와 (부르주아) 도덕에 억매이지 않는 순수한 사랑은 있을 수 없"다고 그는 주장한다. 따라서 "순수한 사랑, 남자가 여자를 압박하지 않는 양성의 평등한 사랑은 남자가 여자를 지배할 잔재가 없어진 프롤레타리아트"의 성애에서 비로소 찾을 수 있다는 것이다. 자신의 시대에서 '성적 방탕과 성적 위기'가 점점 심화하여 간다고 진단한 그는 미래 사회의 성적 관계는 "돈과 권력에 억매이지 않는 자연스러운 사랑이 결혼의 유일한 요소가 되고 도덕률이" 되는 새로운 의미에서의 일부일부제가 될 것이라고 주장한다. 이와 같이 성애를 통해서 결혼하는 일부일처제의 수립만이 건전한 성적 자유와 혼란한 성문제를 해결할 수 있다는 것이다. 남녀의 평등한 사랑은 여자의 해방이 없이는 불가능하고 여자의 해방은 여자를 압박하고 있는 경제적 근거를 제거하지 않으면 불가능하다는 점에서 여자의 해방은 착취와 억압이 없는 사회에서 비로소 달성할 수 있다는 것이 그의 결론이었다.[74)]

1930년대 들어와 자유연애와 남녀평등에 대한 이상이 급속히 세속화, 타락화되어 갔던 사실을 배경으로, 사회주의적 입장에서 여성문제를 보는 논의들은 특히 성과 연애의 문제에 초점을 맞추었다. 윤형식은 식민지의 현실을 "봉건주의적 의식과 근대 자본주의적 의식과 신흥계급의 계급적 의식이 교체되면서" "연애 또는 혼인 문제 등을 2중 3중의 허위와 가장 속에 묶어 놓고 성생활의 慘忍한 비희극을 연출"하고 있는 것으로 묘사한다. 이러한 상황에서 성의 문제를 "청춘 남녀의 풍기 문제로만 취급하여 일종의 악습이나 발생되는 것처럼 논평"하는 이외에 지식인들 사이에서도 계급적 입장에서 연애론다운 연애론을 제시한 경우는 없었다고 본다. 이에 따라 그는 자신의 사회에서 연애의 유형을 3가지로 분류하였다. 즉 (1) 일정한 갈피를 찾지 못하고 전통적 봉건사상에 의한 노예적 관념 그대로를 사수하고 있는 경우, (2) 부르주아 개인주의적 자유사상에 의한 연애지상주

74) 유철수, 「성애해방론 — 건전한 성적 자유의 획득 —」 『동광』 24호, 1931년 8월호, 84~91면 참조.

의에 기울어진 경우, (3) 콜론타이즘에 물들어가지고 무원칙적이고 절조 없는 성적 방종에 흐르는 경우가 그것이다. 이들 어느 경우를 막론하고 연애 문제에서 가장 중요한 것은 경제관계라고 그는 주장하였다. "자본주의 사회에서 연애지상주의를 부르짖고 성생활에 개인주의적 방종을 극하는" 경우는 물질생활에 장애를 받지 않는 유한계급 만에 해당하며, 프롤레타리아는 "한 끼의 밥과 함께 성에 까지 주림을 받는 처지"에 있다는 것이다. 부르주아 자유주의자 등이 "연애의 자유"와 "성의 해방"을 부르짖음으로써 강고한 봉건적 인습에 도전하는 것의 의미를 인정한다 하더라도 그것은 프롤레타리아의 근본적 이해와는 아무런 관련이 없으며, 따라서 성 문제의 "구체적 해결책은 그 근본조건인 경제적 관계에 있지 않을 수 없다."라는 것이 그의 주장이었다.[75] 다른 사회주의자들과 마찬가지로 성문제의 근본적인 해결책을 경제적 근거와 사회주의 사회의 건설에 설정하였던 것이다.

성과 연애의 문제와 관련하여 이 시기에 가장 많은 영향력을 미친 서구 이론가로는 단연 콜론타이를 꼽을 수 있을 것이다. 당시의 한 여성지는 콜론타이를 "정객으로 계급운동의 투사로 또는 문인으로" "세계에서 최첨단의 여성"이라고 표현하였다. 나아가서 이 기사는 그녀가 쓴 소설 『赤戀』의 여주인공인 바실리사(Vasilisa)를 "부르주아적 위선과 싸우면서 선량한 도덕적 양심을 잃지 않고 인류 전체에 대한 모든 의무를 수행하는 부인 커뮤니스트"로 소개하고 있다. 『적연』을 비롯하여 콜론타이가 쓴 일련의 소설들은[76] "부르주아 문사의 최고의 표준 그것보다도 훨씬 나은 힘 있는 가치

75) 尹亨植, 「푸로레타리아연애론」 『삼천리』 1932년 4월호, 56~58면. 이와 비슷한 논지의 글로는 宇海天, 「연애의 계급성」 『신여성』 1931년 10월호, 洪曉民, 「현대여성의 부동성 — 소위 "모더니즘"의 편린 —」 『신동아』 1931년 12월호 및 「처녀와 처녀성의 붕괴 — 속 현대여성의 부동성 —」 『신동아』 1932년 2월호 등 참조.

76) 콜론타이는 자신의 자서전적 소설인 『일벌의 사랑』을 1923년 러시아에서 출판하였다. 이 안에는 「바실리사 말리기나」, 「삼대의 사랑」, 「세 자매」 등의 단편이 포함되어 있었다. 「바실리사 말리기나」는 1925년에 「자유로운 사랑」이라는 제목으로 재간행되었는데, 미국과 한국에서는 「적연(붉은 사랑)」으로 번역되었다.

를 가"진 것으로, "인생을 관찰하는 착안과 모든 이데올로기가 커뮤니스트적이어서 참다운 인간미와 여성다운 정열"을 보인다고 평가하면서, 이 기사의 필자는 "세상 여성이 모두 『적연』에 나오는 바실리사같이 되어 주었으면 한다."라고 적었다.[77)]

여기서 보듯이 콜론타이의 이론은 당시 지식인들 사이에서 많은 영향을 미치고 있었으며, 이러한 맥락에서 "세상 모든 여성이 바실리사같이 되어 주었으면 한다."라는 남성 지식인들에 못지않게, "나는 바실리사가 되겠"다는[78)] 신여성도 적지 않게 나타났다. 최혜실도 콜론타이의 사상은 "1920년대 한국 신여성의 성의식에 큰 영향을 끼쳤고, 신여성은 자신의 해방의 방향을 성의 자유, 성의 해방에서 찾으려는 노력이 두드러졌다"고 하면서, 그 사례로 허정숙의 연애 경력을 소개하고 있다.[79)]

그러나 당시 사회주의자들 사이에서 콜론타이의 이론이 반드시 긍정적으로 평가된 것만은 아니었다.[80)] 오히려 그것이 대중적 영향력을 미치는 만큼이나 많은 사회주의자들은 이 이론의 한계에 대한 물음과 아울러 식민지 현실에 대한 적합성이라는 문제를 제기하였다. 『삼천리』 1931년 7월호에 동경에서 기고한 陳尙珠의 글은 아마도 이들 중에서 가장 풍부한 내용을 가지고 접근한 사례가 될 것이다.[81)] 저자는 먼저 '연애지상주의'를 부르

김제헌 옮김, 1988 『붉은 사랑』 도서출판 공동체 및 석미주 옮김, 1991 『홀로된 사랑 이별』, 푸른산, 김은실, 2004 「소비에트 사회에서의 여성해방론 실험—콜론타이의 여성해방론을 중심으로—」 『아시아여성연구』, 숙명여대 아시아여성연구소, 43권 2호, 187~191면 참조.

77) 김하성, 「세계여류운동자 프로필」 『신여성』 1931년 12월호, 50면.

78) 閔丙徽, 「애욕문제로 동지에게」 『삼천리』 1931년 10월호, 89면.

79) 최혜실, 앞의 책, 142~144면 참조.

80) 이는 당시 조선 사회에만 한정된 것이 아니었다. 러시아와 서구에서는 오랜 동안 콜론타이가 러시아에서 성적 혁명의 오용과 도덕적 무정부 상태에 책임이 있다는 의견이 제기되어 왔다. Richard Stites, 1978 *The Women's Liberation Movement in Russia: Feminism, Nihilism, and Bolshevism, 1860~1930*, Princeton: Princeton University Press, p. 358 참조.

81) 이하의 내용은 진상주, 「프로레타리아 연애의 고조—연애에 대한 계급성—」

주아적 허위의 소산이라고 비판하면서, 자유연애론은 부르주아 사회의 산물이라고 지적하는 데서 출발한다. 진실된 자유와 평등을 찾을 수 없는 부르주아 사회에서 연애 또한 계급성을 가질 수밖에 없다고 하면서, 부르주아 사회에서 자유롭고 평등한 연애는 불가능하다는 것이다.

나아가서 진상주는 자유주의 연애가 가지는 한계에 못지않게 사회주의자들도 잘못된 연애론에 빠지기 쉬운데 그 단적인 예가 바로 콜론타이 류의 연애론이라고 주장한다. 콜론타이의 『3代의 연애』는 "새로운 혁명적 연애관의 예술적 표현으로 우리 동반들 사이에도 贊讀하는 자가 많"지만, "연애의 신비주의를 말"하고 "연애는 계급을 초월하였다는 반동사상의 선전"이라는 점에서, 결코 "혁명적 부인의 연애론"이 될 수 없다는 것이다. 이 소설에서 중간층에 속하면서 부분적으로 콜론타이 자신의 자아상을 대변하는 올가(Olga)에 대해서[82] 저자는 "투사라고 할지언정 소부르주아성을 많이 가지고 있는 여성이며 무산계급의 연애를 실천하는 사람이라고는 도저히 할 수 없"다고 비판한다. "연애의 대상을 항상 일정한 남성에 국한하지 않고" 다수의 남성과 "성적 관계를 맺으며 심지어 자기 모친의 젊은 연인까지와도 서로 관계"하는 올가의 딸 게니아(Zhenya)는 더욱 혹독한 비판을 받았다. 러시아 혁명 이후 이 소설에 등장하는 게니아 류의 남녀 관계가 한때 성행한 사실을 지적하면서, 저자는 "난혼생활은 어디까지든지 퇴폐적이며 정력의 낭비이며 혁명과는 아무 인연 없는 것"이고, "연애를 통하여 점점 계급적 업무에 충실하게 되는 것이 아니라 오히려 그와 반대로 계급적 규율을 문란"하게 한다는 레닌의 견해를 빌려,[83] 콜론타이의 연애

『삼천리』 1931년 7월호, 33～38면, 74～75면 참조.

82) Richard Stites, *op. cit.*, pp. 356～357.

83) 이미 언급한 유철수 역시 "성적 생활의 放肆는 부르조아적이고 붕괴 타락적 현상"이라는 레닌과 클라라 제트킨의 견해를 빌려 가면서 콜론타이를 비판하였다. 구체적인 내용을 살펴보면 『3대의 연애』의 바실리사에 대해서는 어느 정도 수긍하면서도, "게니아같이 태연한 종류의 연애"에 대해서는 상대적으로 비판적이라는 것을 알 수 있다. "과도기적 일현상에 불과"한 게니아의 성적 관계에서 "그 과도기적 현상을 그대로 승인하고 그것을 정당시하는 것은 큰 오류를

관은 본질적으로 무정부주의이며 소부르주아적 반동적 연애관에 지나지 않는다고 비판한다. 그럼에도 불구하고 조선의 사회주의자들 사이에서는 "콜론타이의 연애관이 계급적으로 새로운 것인 줄 알고 그대로 실행하려고 하는 자를 보게 된다"는 것이다.

이러한 점에서 저자는 여성의 완전한 해방은 자본주의 사회의 철폐로부터 온다는 점에서 "우리 무산 계급 여성은 연애와 결혼 문제를 해결하기 위하여 제일 먼저 부인해방운동을 필요로 하는 것이며 전피압박부인은 전 노동계급 해방운동에 무조건으로 적극 참여하기를 요구한다."라고 주장한다. 이를 도외시하고 연애문제를 심리, 태도 위에서 해결하려는 것은 소부르주아적 몽상밖에는 안 된다고 하면서, 저자는 위의 논자들과 마찬가지로 "성애 관계의 정당한 해결을 위해서는 먼저 물질적 조건의 철저한 해결"이 필요하다고 보았다. "프롤레타리아는 원래부터 금욕주의자가 아니며 연애를 부정하는 것은 결코 아니"지만, 무산계급은 "중대한 계급적 사명과 계급적 규율"이 있으며, 이 "계급 규율만이 오직 무산계급의 도덕이 된다"고 그는 주장하였다. "연애는 절대로 계급적 규율 하에 복종"시켜야 한다는 점에서, "무산계급적 연애는 비장한 것이며 계급적 도덕은 그렇게 그들을 제약"한다는 것이다.

마치 러시아에서 콜론타이 자신이 레닌이나 크루프스카야와 같은 볼셰비키파들로부터 비판받았던 양상과 비슷하게, 식민지에서도 '무산계급'의 입장에서 콜론타이에 대한 신랄한 비판이 이어졌다. 이러한 맥락에서 민병휘는 콜론타이의 사상은 식민지의 사회주의 운동에는 어떠한 영향도 주지 못한다고 단언하였다. "一動一靜을 계급을 위하여 행"해야 하는 형성기의 식민지 사회주의자들은 "혁명 후의 러시아의 성적 행동과 연애행동을 보고서 그대로 행"해서는 안 된다는 것이다. 연애 자체를 부인하는 것은 아니지만, 투쟁력을 말살시키고 운동자들의 진영을 문란하게 한다는 점에서 "계급적 운동자에게 연애라는 정서적 행동은 금물"이라고 그는 단언한다.

범하는 것"이라는 것이다. 유철수, 앞의 글, 91면 참조.

왜냐하면 연애 문제는 빵과 같이 "인간의 생명을 연장시키는 본능적 조건"이라기보다는 그것의 '부차적 산물'에 지나지 않기 때문이다.[84] 결국 그 역시 다른 사회주의자들과 마찬가지로 연애는 감정적, 정서적 차원의 문제로서 그것은 경제적 문제에 부수적으로 의존한다고 보았던 것이다.

이와 같이 콜론타이의 이론에 대해서는 그것을 전적으로 부정하는 경우도 있지만 부분적인 의의를 인정하면서도 그것의 부정적 영향을 지적하는 논의가 주류를 이루고 있다는 것을 알 수 있다. 이러한 맥락에서 김옥엽은 "콜론타이즘은 여러 가지로 비난을 받고 있으나, 현재에 있는 자유연애론 중에서는 사회 전체의 진보에 제1의의 문제로 관련하여 있는 이상 가장 합리적이요 진보적인 연애론"이라고 하면서도, "일시적 육체의 결합이 합리화하여 이것이 실행되는 것은 프롤레타리아 계급에 대하여 아무런 좋은 결과"를 미치지 않을 것이라고 언급하였다.[85] 안회남 역시 "콜론타이주의의 조종인 『적연』의 주인공 왓시릿사에게 있어서는 그 사회성세와 계급투쟁의 합리를 수긍하나 그것을 맹신하고 연애를 오로지 완롱물 취급하는 오늘날 일군의 否塞한 청년들을 우리는 물리치는 바이다."라고 하여,[86] 일정한 의의를 인정하면서도, 그것이 미치는 부정적 영향에 주의를 촉구하고 있다.

콜론타이의 이론에 대한 비판에서 눈에 띠는 또 다른 사실들 중의 하나는 여성보다는 남성 지식인들이 이 논쟁에 더 주도적으로 참가하고 있다는 것이다.[87] 『삼천리』 지상에서 이 잡지의 기자와 정칠성의 대담 형식으로 마련한 글은 바로 이와 같이 "콜론타이 여사의 소설 『적연』 기타 여러 가지 兩性 관계의 신도덕문제에 대하여 조선의 여류사상가들은 너무도 안타깝게 침묵을 지키고 있"는 상황에서 중견 여류 사회주의자의 비판을 소개한 점에 의미가 있는 것이었다.[88] 먼저 기자는 콜론타이가 연애와 성욕을

---

84) 閔丙徽, 「애욕문제로 동지에게」 『삼천리』 1931년 10월호, 88~89면.

85) 김옥엽, 「청산할 연애론」 『신여성』, 1931년 11월호, 10면.

86) 안회남, 「청춘과 연애」 『신여성』 1933년 5월호, 83면.

87) 위에서 소개한 내용을 보더라도 전상주와 김옥엽은 여자로 추정되지만, 윤형식, 김하성, 유철수, 민병휘, 안회남 등은 모두 남성이었다.

분리하여 연애를 부정하는 대신에 사회운동과 공부와 투쟁에 바쁜 운동자들이 "생리적 충동을 위하여 성욕의 만족을 잠깐 잠깐 얻을 길을 구하는 것이 더 필요"하다고 주장한 점을 소개하면서, 그에 대한 정칠성의 의견을 구하였다. 이에 대하여 그녀는 "현실을 잘 본 말"이라고 대답한다. 성욕과 연애는 구분해야 하며, "결혼의 자유, 이혼의 자유가 아주 완전하게 없는 곳에서는 그리 밖에 더 어떻게" 할 수 있겠느냐고 반문한다. 그것은 여자의 정조관념, 즉 순결성을 무시하는 것이 아니냐는 기자의 물음에 그녀는 다소 유보적으로 반응하면서도, "너무 정조를 과중 평가할 필요까지야 없을 것"이라고 답변한다.[89] 성욕과 정조에 대한 그녀의 이러한 입장은 정조의 엄격성을 강조했던 대부분의 자유주의자들과는 대조되는 것이지만, 나혜석의 급진주의와는 동일한 입장에 선 것이었다고 할 수 있다.[90] 아울러

88) 이하의 내용은 丁七星, 「'赤戀'비판 — 콜론타이의 성도덕에 대하여 —」 『삼천리』 1929년 10월호, 5~8면 참조.

89) 『적연』의 첫머리에 주인공 바실리사가 자신은 처녀가 아니라고 애인의 사랑을 물리치는데 사내는 그대가 옛날 애인이 있었다고 하더라도 지나간 과거의 일이라고 하고 결혼한다는 대목을 언급하면서, 우리의 경우에도 순결성을 문제로 삼아야 하느냐는 기자의 질문에 대하여 정칠성은 "대답하기 조금 거북"하다는 말로 답변을 회피하였다. "말을 한 대야 아직 우리 조선사회가 용납하여 주지 않을" 것이라는 것이다. 아내가 된 바실리사가 별거하다가 몇 달 만에 돌아오니 남편이 간호부와 성적 관계를 가졌는데도 바실리사가 이를 용서하는 것에 대한 의견을 구하는 대목에서도 그녀는 역시 "조선사회가 허락하지 않을 것"이라는 말로 답변을 대신하였다. 즉 실제로는 그에 수긍하면서도 일반의 여론을 의식하여 공개적인 의견 표명을 유보한 것이다.

90) 1934년 『삼천리』 8월호 및 9월호에 발표한 유명한 「이혼고백장」에서 나혜석은 파리에서 최린과의 관계를 두고 "중심되는 本夫나 本妻를 어찌 않는 범위 내의 행동은 죄도 아니요, 실수도 아니라 가장 진보된 사람에게 마땅히 있어야 할 감정"이라고 주장한다. 1년 후인 1935년 2월 『삼천리』에 발표한 「신생활에 들면서」라는 글에서 그녀는 "정조는 도덕도 법률도 아니요, 오직 취미"라는 주장으로 파문을 일으켰다. "밥 먹고 싶을 때 밥 먹고 떡 먹고 싶을 때 떡 먹는 거와 같이 任意用志로 할 것이요, 결코 마음의 구속을 받을 것이 아니"라는 것이다. 같은 해 같은 잡지 10월호에 발표한 「독신 여성의 정조론」에서 그녀는

그녀는 "만일 결혼생활을 하다가 연애가 사라질 때에는 단연히 헤어져야 하"느냐는 기자의 질문에 대하여 당연히 헤어져야 한다고 대답한다. "사상도 다르고 사랑도 없는 허위와 기만의 생활은 깨뜨려야" 한다는 것이다. 그리고 이 경우의 이혼은 독신주의를 위한 것이냐는 기자의 질문에 그녀는 아니라고 대답한다. 독신 여성을 새로운 여성상으로 제시한 콜론타이와는 달리 정칠성에게 이혼은 "새로운 결혼 생활에 들어갈 준비"로서 인식되었던 것이다.

다른 주제로 넘어가지만, 남편이 값비싼 비단 옷감을 아내에게 사주는 것을 바실리사가 우리 여성 노동자들에게는 그것보다 무명옷이 더 좋다고 받지 않는 구절에 대한 의견을 묻는 기자에게, 정칠성은 단연코 그래야 한다고 응답하였다. "사치는 인종지말들이나 하는 것"이고 "프롤레타리아의 세계에는 사치라는 이름이 없"다는 것이다. 사치를 부정적으로 보는 이러한 언급은 검약과 절제를 강조했던 자유주의자들의 입장과는 통하는 것이지만, 나혜석의 급진주의적 입장과는 대조되는 것이었다.[91] 그러면서 그녀

"정조관념을 지키기 위하여 신경쇠약에 들어 히스테리가 되는 것보다 돈을 주고 성욕을 풀고 명랑한 기분으로 살아가는 것이 아마 현대인의 사교상으로도 필요"할 것이라고 단언한다. 이상의 자료는 각각 이상경 편, 2000 『나혜석 전집』, 태학사, 406면, 432면, 473면 참조. 당시 사회의 인식에 비추어 파격적인 이러한 주장들은 위선적이고 퇴폐적인 남성주도의 가부장적인 현실에 대한 비판 의식이라는 점에서 의미가 있는 것이었다.

91) 나혜석은 의복의 質朴을 강조하는 식민지 사회에서 "사람을 비평하는, 더구나 여자 즉 여학생을 비평하는 표준이 극히 단순하고, 극히 애매하고, 극히 유치하다"는 점을 지적한다. 사치가 개인과 국가에 해를 끼쳐 왔다는 사실을 인정하면서도, 그녀는 "개인과 국가의 노동률이 그만치 증진한" 문명국가에서는 "개인과 국가가 극단껏 사치하는 동시에 개인과 국가는 홍하고 성"하는 것이라고 주장한다. 유럽과 미국의 선진국을 여행한 그녀의 경험을 반영한 것이지만, 이러한 점에서 그녀는 모든 사람에게 일률적으로 검박과 절제를 강조하는 것에 대하여 비판적이었다. 검박설은 개인 수신론으로는 의미가 있을지 몰라도 크게 봐서는 인류, 적게는 "반도 2천만인 하등의 계급을 불문하고 검박하라 제한하는 것은 무리의 청구요, 뿐만 아니라 인류의 진화적 본능을 무시하는 바"라는

는 여성의 경제적 독립의 중요성을 강조한다. 그러나 남성중심의 가족제도인 자본주의 사회에서는 여성의 경제적 독립이 매우 곤란하다는 점에서 "무산자의 해방이 없이는 부인의 해방이 없다"는 믿음을 피력한다. 마지막으로 그녀는 『인형의 집』의 노라는 자신의 개성에 대한 개인주의적 자각에서 가출했지만, 경제적 해방을 염두에 두지 않았다는 점에서 한계를 가진 것이었다고 비판한다. 따라서 "공상적 여성이 아니면 해방이 조금도 되지 못한" 노라에 비해 "모든 것에 철저하게도 자유스럽게" 될 수 있었던 바실리사의 경우에서 보듯이, 노라의 해방과 바실리사의 해방은 전적으로 다르다는 것이다.

이와 같이 독신 생활을 제외하고는 전반적으로 콜론타이의 주장에 긍정을 표시하면서도, 정칠성은 콜론타이가 주장한 이른바 연애私事설에 대해서는[92] 반대의 입장을 표명한다. "연애 그 물건은 개인 관계의 일일른지 모르지만 연애라는 현상이 일어나기 때문에 사회에 영향을 끼치는 일이 많"기 때문이라는 것이다. 근우회의 예를 들면서, 그녀는 "일 잘하는 투사가 한번 결혼하여 가정에 들어가 버린 뒤는 여성운동이 그만 뒷전이 되어버"리는 사례에서 보듯이, "순전히 개인의 연애생활이 계급투쟁력을 미약하게" 만들 수 있다고 주장한다. "가정적 의무에 눌려 사회적 의무를 그만 등한시"한다는 점에서 개인의 연애는 결코 사사가 아니라는 것이다.

이와 같이 비록 독신 생활과 연애사사설에서는 의견이 엇갈리고 있지만 성의 해방과 결혼 및 이혼의 자유, 정조와 순결성에 대한 부정, 그리고 여성의 경제적 독립과 같은 쟁점들을 통해 나타난 콜론타이의 주장에 대하여

것이다. 나혜석, 「김원주 형의 의견에 대하여—부인의복 개량문제—」『동아일보』 1921년 10월 1일자, 이상경 편, 위의 책, 215~216면 참조.

92) 흔히 성적인 관계의 개인주의(the privacy of sexual relations)로 요약되는 연애사사설은 당시 지식인들 사이에서 콜론타이의 주장으로 알려져 왔지만, 사실은 베벨의 『여성과 사회주의』에서 따온 것이었다. 베벨은 "성적인 요구의 만족은 인간 유기체의 다른 어떠한 자연적 요구의 만족과 같이 사적(private)이고 개인적(personal)"이라고 주장하였다. Richard Stites, *op. cit.*, p. 264 및 p. 354 참조.

정칠성은 공감을 표시하고 있다.[93] 그리고 이는 위에서 살펴본 다른 사회주의자들의 의견과도 어느 정도 일치하는 점이었다. 그러나 성의 평등과 자유라는 쟁점에서 정칠성이 다른 사회주의자들과 미묘한 의견의 차이를 보였던 사실은 흥미롭다. 즉 성애를 통한 새로운 의미에서의 일부일처제를 주장한 유철수나 혹은 여성으로 추정되는 진상주조차도 성의 자유에 앞서 계급 규율을 강조[94]하였던 것과 대조적으로 그녀는 콜론타이가 말하는 자연적 본능으로서의 성욕에 일정 정도의 공감을 표명하였던 것이다.[95] 전반

93) 이 밖에도 그녀는 모성애와 관련하여 공동의 육아원을 설치·운영하는 콜론타이의 '신시대적 모성애'를 언급하고 있다.

94) 安光浩는 『신여성』 1932년 11월호에 기고한 「애욕생활과 주의생활」(8~10면)이란 글에서 비슷한 견해를 피력하였다. 이 글은 일본의 야마다 와가(山田わか)가 쓴 같은 제목의 소논문을 반박하는 것인데, 야마다는 자신의 글에서 콜론타이의 『적연』, 『3대의 연애』 등을 인용하면서, "공산주의자들은 애욕생활이 주가 되고 주의생활이 종이 된다"는 주장과 아울러 "당원 한 사람이 다수의 여성을, 그리고 다수의 남성이 하나의 여성을 상대하는" 등의 무정부주의적 경향이 이들의 연애관이며 정조관이라고 설파하였다. 안광호는 이러한 경향이 "일시의 과도적 현상"으로 있었던 사실을 부인하지는 않았다. "러시아혁명 이후 모든 것이 갑자기 자유롭게 되는데 따라 성적 생활 방면에도 순전이 자유가 허락되는 때 일부의 여성들은 그것을 성적 생활의 무정부주의적 자유로 오인하여 젊은 여성들이 무원칙적 자유의 성적 생활을 부르짖은 때가 있었"다는 것이다. 그러나 이어서 그는 "그 시대는 벌써 먼 과거에 속하는 사실"이라고 주장한다. 그들에게는 "언제나 주의 생활이 주가 되고 애욕 생활은 순전히 일부분적 생활에 불과"한 것이며 그들의 정조관은 "결코 일부다처의 무정부주의적 견해가 아니고 건실한 새로운 견해에 나가지고 있"다는 것이다.

95) 레닌을 포함한 대부분의 마르크스주의자들이 미래의 성적 관계의 형식으로 상정한 것은 일련의 정사들(a series of love affairs)이라기보다는 '결혼', 혹은 그와 비슷한 종류의 성적 결합(love union)이었다. 비록 부르주아와 프롤레타리아의 성의 자유를 구별하기는 하였지만, 이 점에서 콜론타이는 다른 많은 마르크스주의자들의 비판의 표적이 되었다. 자세한 내용은 Richard Stites, *op. cit.*, p. 259 이하, 또한 Barbara Evans Clements, 1979, *Bolshevik Feminist — The Life of Aleksandra Kollontai*, Bloomington and London: Indiana University Press의 제3장, "Socialist Feminist" 및 B. 판스워드/신민우 역, 1986 『알렉산드라 콜론타이』,

적으로 보면 콜론타이의 이론은 러시아에서와 비슷하게 볼셰비즘 입장에서의 비판이 지식인들 사이에서 주류를 이루는 가운데 통속화된 형태로 선택적으로 수용 · 해석되고 현실에 적용되었다.[96)]

5. 맺음말

식민지 시기 근대교육과 더불어 출현한 신여성들은 자신의 전통과 사회에 대한 관심에서 근대적인 것을 수용하고 식민지 현실의 장을 통하여 실천하고자 하였다. 식민성과 근대성이 복합된 근대교육을 통하여 자기의식을 획득한 신여성은 가부장적 지배와 근대적 형태의 여성에 대한 억압, 제국주의적 지배와 민족주의적 저항이 착종된 복합적 현실에서 다양한 방식으로 반응하였다. 사회주의 여성들은 자유주의 여성들의 근대에 대한 추구가 지니는 한계를 비판하고 대안적 근대에 대한 전망을 설정하였다. 서구의 마르크스주의는 이들의 믿음을 뒷받침하는 새로운 이론적 자원을 제공하였다.

이에 따라 이들은 자유주의 계열에서 주장하던 남녀평등과 여성해방에 전혀 새로운 의미를 부여하였다. 여성의 자각과 실력의 양성에 의거하여 이해되던 남녀평등은 이제 여성의 권리에 대한 주장과 남성의 억압에 대한

풀빛 참조.

96) 콜론타이의 신여성에 대한 논의, 새로운 성도덕의 문제, 공동영역에 대한 여성의 참여, 그를 위한 가사노동과 자녀 양육의 사회화, 모성애와 사회주의 건설의 문제, 남녀애를 뛰어넘는 동지애와 자매애, 정치적인 일과 사랑의 결합 등은 거의 논의되지 않았다. 고유경, 앞의 글. 김은실, 앞의 글 및 전경옥 외, 2004 「실천하는 여성해방론자 알렉산드라 미하일로브나 콜론타이」『세계여성리더』, 숙명여대 출판부 참조. 이 밖에도 G. Fraisse and M. Perrot (eds.), *A History of Women in the West*, vol. IV, Cambridge: Harvard University Press (권기돈 · 정나원 공역, 1998 『여성의 역사』(제4권 하), 새물결, 742~743면) 및 최혜실, 앞의 책, 139~142면 참조.

투쟁으로 바뀌었으며, 교육과 계몽을 통한 여성의 지위 향상으로 이해되던 여성해방은 무산계급의 단결과 지도에 의한 투쟁으로 해석되었다. 여성의 경제적 독립은 이제 모성의 범위를 벗어나지 않는 한도 내에서 여성의 사회활동에 대한 격려나 여성의 지위 향상에 대한 추상적이고 모호한 헌사에 그치지 않는 진정한 여성해방의 전제로 이해되었다.

비록 여성문제를 둘러싼 내부의 다양한 의견차가 있었다고는 하더라도 이 시기 사회주의 여성들에게 진정한 여성해방은 대안적 근대로서 '신사회'를 건설하는 과제로 수렴되는 어떤 것이었다. 비록 자신의 고유한 전통에 대한 고민이 있었다고 하더라도, 주류 사회주의 여성들의 교조적이고 협애한 계급주의 헤게모니는 전통의 창조적 계승이라는 과제에 대한 집단적 노력에 이르는 것을 방해하였다. 공식주의적이고 추상적인 슬로건의 나열과 그것의 산발적인 일회적 실천에서 보듯이, 사회주의 여성들의 입장이 초기에는 다소 경직되고 기계적 성향을 띠었던 사실을 부인할 수는 없었다. 그것은 마치 자유주의에서 설정한 근대의 계몽주의와 합리주의적 신조에 대한 추종과 마찬가지로 사회주의적 근대에 대한 맹목적 믿음을 수반하는 것이었다.

그럼에도 불구하고 사회주의 여성들이 전통적 구속과 인습이 여전히 강하게 잔존하였던 식민지 현실을 비껴갈 수는 없었다. 이 시기의 사회주의 여성들은 식민지 현실에서 전통의 인습과 그로 인해 여성이 당면한 여러 문제들을 식민지 특수성의 차원에서 인식하였던 것이다. 그러나 식민지 여성에 고유한 특수성의 인식과 그 대안을 둘러싸고 사회주의 여성들 내부에서도 의견의 차이가 있었다. 비록 미미한 영향력밖에 행사할 수 없었다 하더라도 무산계급을 중심으로 한 투쟁과 스스로의 운동을 동일시하였던 주류 여성 사회주의자들과는 달리 소수의 사회주의 여성들은 구식 여성까지를 포함하는 여성 일반의 독립과 자유, 모성 보호 등을 주장하면서, 여성의 직업이나 연애, 자유결혼과 같이 여성 공통의 쟁점들에 보다 많은 관심을 기울이고자 하였다.

전반적으로 보면 사회주의 여성들은 자유주의 여성들과 마찬가지로 전통적 인습의 타파가 지니는 의의를 강조하면서도 몇 가지 점에서 이들과는 다른 인식과 전략을 구사하였다. 자유주의 계열의 여성들이 봉건적 인습만을 문제 삼고 그것의 근대적 변형태들에는 거의 관심을 기울이지 않은 것과 대조적으로 사회주의 여성들은 전통적 인습과 '근대'적 모순이 밀접하게 결합되어 있는 현실에 주목하였다. 자유주의자들이 보기에 전통적 인습은 근대의 도입을 통해서 적절히 극복될 수 있는 어떤 것이었다. 반면 사회주의자들은 근대 자체가 이미 봉건적 전통에 의해 짙게 오염된 것으로 파악하였으며 따라서 그것은 근대 자체를 부정하는 새로운 질서와 체제를 통해서만 타파될 수 있다고 생각하였다. 전통을 둘러싼 인식에서도 이들은 자유주의 계열의 여성들과 다른 의견을 가지고 있었다. 근대에 대한 맹목적 믿음을 가지고 있었던 자유주의 여성들에게 전통은 그 자체로서 배격되고 타파되어야 하는 것이었다. 이와 대조적으로 인습의 타파를 계급과 민중을 위한 수단으로 이해하였던 사회주의 여성들은 전통 자체에 대하여 보다 유연하고 전략적인 접근을 시도하였다. 또한 전통적 도덕관념을 미시적이고 고립적인 방식으로 이해하고자 했던 자유주의 여성들과는 달리 사회주의 여성들은 역사적 사회발전이라는 보다 폭넓은 거시적 과정 안에서 그것을 파악하고자 하였다.

여성 사회주의자들의 이러한 인식과 전략은 1920년대 후반 근우회의 성립과 활동을 통해 구체화되었다. "경제적 자유를 위한 무산계급 운동"으로부터 "봉건적 구속에서 해방하려는 여자의 일반 자유의 획득"을 위한 투쟁으로 '방향 전환'을 한 여성 사회주의자들은 구시대의 봉건적 유물과 아울러 근대 자본주의의 고통과 모순을 비판하고 극복하고자 했던 것이다. 그러나 근우회의 각 지방 지회에서 여성 사회주의자들이 헤게모니를 장악한 것을 배경으로 '봉건적 유물에 대한 싸움은 근대의 극복을 위한 일보 전진'이라는 인식보다는 '계급 운동은 여성 해방을 위한 궁극적 길'이라는 주장이 점차 우세하게 되어 갔다. 이에 따라 계급 해방의 과제는 비합법영역에서의 노동자, 농민 운동으로 계승되었지만, 식민지 여성에 고유한 특수성의 문제는 미완의 과제로 남게 되었다.

참고문헌

『동아일보』 1924년 10월 3일자.
『동아일보』 1925년 1월 23일자.
『동아일보』 1925년 2월 24일자.
『동아일보』 1925년 11월 9일자.
『동아일보』 1926년 1월 4일자.
『동아일보』 1926년 3월 6일자.
『동아일보』 1927년 5월 29일자.
『조선일보』 1924년 5월 24일자.
『조선일보』 1925년 12월 21일자.
『조선일보』 1927년 5월 29일자.

「여성동우회 발회식에 갔다가」, 『신여성』 1924년 6월호.
「문제의 부인, 때의 여성—투사 쿠라라 체토킹 여사—」, 『신여성』 1925년 10월호.
「여자운동선에도 방향전환의 필요—성적 해방에서 계급해방으로—」(1-2), 『동아일보』 1927년 4월 20일 및 21일자.

강만길·성대경 편, 1996 『한국사회주의운동인명사전』, 창작과비평사.
강정희, 「선구여성들의 신년 신기염」 『동아일보』 1928년 1월 1일자.
鵑園生, 「조선여성운동의 사적 고찰」 『동아일보』 1928년 1월 6일자.
경기도 경찰부, 『治安概況』 1929년.
고유경, 2003 「알렉산드라 콜론타이의 여성관연구」, 고려대학교 교육대학원 석사학위논문.
김경일, 2004 『한국노동운동사 — 일제하의 노동운동 1920~1945 —』, 고려대학교 노동문제연구소.
______, 2004 『한국근대노동사와 노동운동』, 문학과지성사.
______, 2004 『여성의 근대, 근대의 여성』, 푸른역사.
김옥엽, 「청산할 연애론」 『신여성』 1931년 11월호.
김은실, 2004 「소비에트 사회에서의 여성해방론 실험: 콜론타이의 여성해방론을 중심으로」『아시아여성연구』, 숙명여자대학교 아시아여성연구소, 43권 2호.

김준엽 · 김창순, 1972『한국공산주의운동사』(2), 고려대학교 아세아문제연구소.

______, 1973『한국공산주의운동사』(3), 고려대학교 아세아문제연구소.

______, 1986『한국공산주의운동사』(자료편1), 고려대학교 아세아문제연구소.

김필수,「동방노력자공산대학 조선 · 일본반 합동회의 속기록」, 1929.12.13.~19. 러시아국립사회정치사문서보관소(이정박헌영전집편집위원회, 2004『박헌영전집』 4, 역사비평사).

김하성,「독일의 클라라 쳇트킨」「러시아의 알렉산더 코론타이부인」,「러시아의 크르푸쓰카야」『신여성』 1931년 12월호.

______,「세계여류운동자 프로필」『신여성』 1931년 12월호.

김해성,「독일의 로-자 룩셈부륵크」『신여성』 1931년 11월호.

나혜석,「김원주 형의 의견에 대하여 — 부인의복 개량문제 —」『동아일보』 1921년 10월 1일자(이상경 편, 2000『나혜석 전집』, 태학사).

______,「이혼고백장 — 靑邱씨에게」,『삼천리』 1934년 8, 9월호(이상경 편, 2000,『나혜석 전집』, 태학사).

______,「신생활에 들면서」『삼천리』 1935년 2월호(이상경 편, 2000『나혜석 전집』, 태학사).

남화숙, 1991「1920년대 여성운동에서의 협동전선론과 근우회」『한국사론』25.

閔丙徽,「애욕문제로 동지에게」,『삼천리』 1931년 10월호.

박용옥, 1987「근우회의 여성운동과 민족운동」, 역사학회 편,『한국근대민족주의운동사연구』, 일조각.

______, 1996『한국여성 항일운동사 연구』, 지식산업사.

박지향, 1988「일제하 여성고등교육의 사회적 성격」『사회비평』 창간호.

박찬승, 1992『한국근대정치사상사연구』, 역사비평사.

박혜란, 1993「1920년대 사회주의 여성운동의 조직과 활동」, 이화여자대학교 대학원 사학과 석사학위논문.

백순원, 2003「일제하 한국 여성단체와 여성운동」, 연세대학교 교육대학원 석사학위논문.

송연옥, 1984「1920년대 조선여성운동과 그 사상 — 근우회를 중심으로 —」『1930년대 민족해방운동』, 거름.

秀嘉伊(허정숙),「여자해방은 경제적 독립이 근본」『동아일보』 1924년 11월 3일자.

安光浩,「애욕생활과 주의생활」『신여성』 1932년 11월호.

안회남,「청춘과 연애」『신여성』 1933년 5월호.

양　명, 「여시아관」『개벽』 65호(1926년 1월호).

宇海天, 「연애의 계급성」『신여성』 1931년 10월호.

유상규, 「조선여성과 산아제한」『신여성』 1932년 3월호.

유철수, 「성애해방론 — 건전한 성적 자유의 획득 —」『동광』 24호(1931년 8월호).

윤형식, 「1931년의 여성운동과 금후 전망」, 『신여성』 1931년 12월호.

尹亨植, 「푸로레타리아연애론」『삼천리』 1932년 4월호.

李大偉, 「여자의 경제적 독립」『청년』 1922년 10호.

이소영, 1992 「1920년대 사회주의 여성운동의 이념적 성격에 관한 연구」, 연세대학교 대학원 정치학과 석사학위논문.

이지원, 1991 「1920년대 여성운동의 이념과 활동」『한민족독립운동사 9 — 3·1운동 이후의 민족운동2 —』, 국사편찬위원회.

이춘수, 「신년을 際하여 — 특히 무산부인에게」『조선일보』 1926년 1월 4일자.

李賢卿, 「경제상태의 변천과 여성의 지위」(1)~(5) 『현대평론』 1927년 1~5호.

이현경, 1972 「여성과 단결」, 근우회 리플리트 제1집, 1927년 8월; 최은희, 『조국을 찾기까지(1905~1945 한국여성활동비화)』(하), 탐구당.

전경옥 외, 2004 「실천하는 여성해방론자 알렉산드라 미하일로브나 콜론타이」『세계여성리더』, 숙명여자대학교 출판부.

전상숙, 1987 「'조선여성동우회'를 통해서 본 식민지 초기 사회주의 여성지식인의 여성해방론」, 이화여자대학교 대학원 정외과 석사학위논문.

정칠성, 「신여성이란 무엇인가 — 가치대폭락의 허물은 누구에게 —」『조선일보』 1926년 1월 4일자.

丁七星, 「'赤戀'비판 — 콜론타이의 성도덕에 대하여 —」『삼천리』 1929년 10월호.

______, 「여성으로서 본 世觀界」『비판』 1931년 5월호.

조사부, 1929 「槿友會會況一覽」『근우』 창간호.

진상주, 「프로레타리아 연애의 고조—연애에 대한 계급성—」『삼천리』 1931년 7월.

천화숙, 「일제하 조선여자기독교청년회연합회의 여성운동」『실학사상연구』 제9집, 1997.

최혜실, 2000 『신여성들은 무엇을 꿈꾸었는가』, 생각의 나무.

허정숙, 「신년과 여성운동」『조선일보』 1926년 1월 3일자.

______, 「부인운동과 부인문제 연구—조선여성지위는 특수—」(1)~(3) 『동아일보』 1928년 1월 3~5일자.

______, 1929 「근우회 운동의 역사적 지위와 당면 임무」『근우』 창간호.

洪曉民, 「현대여성의 부동성—소위 "모더니즘"의 편린—」『신동아』 1931년 12월호.

_____, 「처녀와 처녀성의 붕괴 — 속 현대여성의 부동성」『신동아』 1932년 2월호.
황신덕, 「조선부인운동은 어떻게 지내왔나」『신가정』 1933년 4월호.

「朝鮮共産黨のスロカン」, 『思想月報』 1권 4호, 1931.
村田陽一, 『コミンテルン資料集』 4, 大月書店.
工位靜枝, 「關東婦人同盟」, 『歴史評論』 제280호, 1973.

Clements, Barbara Evans, *Bolshevik Feminist — The Life of Aleksandra Kollontai*, Bloomington and London: Indiana University Press, 1979.
Fraisse, G., and M. Perrot (eds.). *A History of Women in the West*, vol. IV, Cambridge: Harvard University Press (권기돈 정나원 역, 1998 『여성의 역사』(제4권 하), 새물결).
Stites, Richard, *The Women's Liberation Movement in Russia: Feminism, Nihilism, and Bolshevism, 1860-1930*, Princeton: Princeton University Press, 1978.

판스워드, B., 신민우 역, 1986 『알렉산드라 콜론타이』, 풀빛.
콜론타이, 알렉산드라, 김제헌 옮김, 1988 『붉은 사랑』, 도서출판 공동체.
_____, 석미주 옮김, 1991 『홀로된 사랑 이별』, 푸른산.

일제시기 도시문제와 지역주민운동
— 京城지역 성북동의 사례를 중심으로 —

김영미

1. 머리말
2. 도시문제와 주민진정
3. 주민운동과 지역공동체 — 성북동 사례 분석 —
4. 맺음말

1. 머리말

일제시기 경성부의 인구는 1920년 전후부터 급속히 증가하여 기존의 도시 시설로는 감당할 수 없는 상황에 이르렀다. 도시문제의 심각성은 1920년대 초반부터 감지되었지만 도시계획의 지연과 예산 부족으로 일제당국은 이에 대한 적절한 대책마련에 실패하였다. 그 피해는 고스란히 주민들의 몫이 되어 일반 민중들은 주택·도로·교통·수도·오물처리 등에서 심각한 불편과 장애에 직면하여 살아갈 수밖에 없었다. 더구나 기존 연구에서 수차 지적된 바대로 민족 간의 불균등한 경성부의 도시정책은 주민들의 상대적 박탈감을 고조시켰다.[1] 도시시설 구축과정에서 소외된 조선인 집중 거주지역인 북촌과 빈민 밀집지대인 교외지역 주민들은 중층적 모순의 담지자들이었다. 도시시설에 대한 주민들의 불만은 1920년대 중반부터 진정운동이나 시민대회를 통해서 표출되었으며 형식적 공론장이라 볼 수 있는 부협의회나 부회를 통해서 제기되었다.

이 논문에서 관심을 가지는 것은 도시문제 그 자체가 아니라 이에 대한 서울 지역주민들의 대응이다. 도로·교통·수도 시설이나 오물 수거 등은

1) 경성부에서 이루어진 일제 당국의 민족차별적인 도시행정에 대해서는 많은 연구서들이 지적하고 있지만 손정목의 다음 저서가 선구적이다. 손정목, 1996 『일제강점기 도시화과정 연구』, 일지사; 손정목, 1996 『일제강점기 도시사회상 연구』, 일지사.

일상생활상의 문제로서 수많은 사람들의 공동의 이해관계와 결부되어 있었다. 그 혜택이 지역을 단위로 공유되고 있었기 때문에 도시문제는 개별적인 방식보다 집단적 해결 경향을 띠고 있었다. 도시문제가 제기되는 가장 일반적 양상은 지역주민운동이었다. 곧 일제시기 서울의 도시문제는 민중들을 생활공간인 지역을 단위로 결집시키고 지역정치를 활성화시키는 역할을 하고 있었다고 볼 수 있다. 이 논문의 관심은 도시문제를 통해 생활세계의 권리를 확보하고 통치당국의 과오를 드러냄으로써 일방적인 대민지배를 견제하는 지역주민들의 정치행위를 규명하는 것에 있다. 이는 정치조직에 가담하지 않았던 다수의 서울주민들이 일제의 지배에 대해서 어떻게 일상의 이익을 지켜 갔는지에 대한 것, 곧 대중들의 낮은 수준의 저항운동을 밝히는 작업으로서 의미를 가진다. 그리고 도시 기층에서 지역주민들의 집단행동을 이끌었던 지역 엘리트들의 존재와 성격을 해명하기 위한 것이기도 하다.

이와 같은 지역주민운동에 대해서는 본격적인 논문은 아니지만 '시민대회'에 대한 한상구의 시론적인 연구가 있다. 한상구의 주장에 따르면 광범한 신문자료를 분석한 결과 1920년대부터 해방이 될 때까지 총 793건의 시민대회가 개최되었는데 道民대회 6건, 府民대회 79건, 君民대회 86권, 面民대회 560건, 里·町民대회 62건 등이다. 이 사건들은 일제의 지배정책에 대립하면서 일상세계의 이해를 관철시켜간 '民'들의 역동성을 보여 준다.[2] 한상구의 문제제기는 국가나 정치세력에 의한 동원이나 포섭의 대상으로 설정되어 온 민중에 대한 관점의 전환을 요구한다. 또한 윤해동은 식민권력을 전복시킬 수 있는 능력을 가지고 있지는 않았지만 식민권력과 대치선을 그릴 수는 있었고 일상에서 제기되는 공동의 문제를 통해서 정치의 영역을 확대한 '식민지적 공공영역'의 존재를 제기하였다.[3] 김제정은 일제시

2) 한상구, 2000「일제시기 '시민대회'의 전개양상과 성격」, 제43회 전국역사학대회 발표문.

3) 윤해동, 2003「식민지인식의 회색지대—일제하 공공성과 규율권력」『식민지의 회색지대』, 역사비평사, 38면.

기 京城電氣府營化운동을 실증적으로 분석함으로써 민족이나 계급적 구도와 다른 주민들의 일상적 권리를 실현시키려는 공공적 혹은 지역적 이해가 실재하였음을 밝혔다.[4] 이러한 문제제기와 연구는 그동안 주로 민족이나 계급 범주로 접근해 온 일제시기 사회운동을 보다 다양하고 섬세한 결로써 읽고자 하는 것이며 민중들의 생활세계의 활력에 주목하고자 하는 시도로 생각된다.

이 논문은 이러한 점에서 앞 연구 성과의 문제의식과 맥을 같이하고 있다. 다만 한상구와 윤해동의 연구는 농촌과 지방이 중심이 되고 있으며 경성지역을 다룬 김제정의 연구는 상층엘리트들의 움직임에 국한되어 있다. 일제시기 경성이라는 도시공간은 전통적인 지역공동체의 문화적 유산이 잔존하고 있었으며 여기에 도시문제와 도시개발이라는 지역사회의 뜨거운 현안들이 대두하고 있었다. 본 연구는 조선인 주민들이 이러한 지역사회의 현안에 대해 어떻게 대처하였는지 살펴봄으로써 도시 주민사회의 역동성을 규명하려 한다. 제1장에서는 경성지역의 도시문제와 이에 대응하는 주민진정 사건들을 분석하였다. 이를 통해 경성이라는 큰 지역에서 도시문제와 주민운동이 전개되는 특징적인 양상들을 개괄하였다. 제2장에서는 주민운동이 대단히 활발하게 전개된 성북동이라는 지역사회를 미시적으로 고찰하였다. 여기서는 생활공간에서 이루어지는 일상적 정치행위, 지역사회에서 주민운동이 제기되는 맥락, 그리고 주민운동의 주도층을 검토하였다.

2. 도시문제와 주민진정

1) 도시문제와 지역

일제시기 경성부의 인구는 1920년부터 급격히 팽창하기 시작하여 1930

4) 김제정, 2000 「1930년대 초반 京城지역 전기사업 府營化 운동」『한국사론』 43, 서울대학교 국사학과.

표 1. 경성부의 인구 추세(1910~44년)

(단위: 명, %)

	총인구		조선인			일본인		
연도	인구수	증가율	인구수	비율	증가율	인구수	비율	증가율
1910	245,985		198,011	80.50		46,067	18.73	
1915	241,805	-0.34	176,026	73.01	-2.35	62,914	26.10	7.81
1920	250,208	0.74	181,829	72.67	0.65	65,617	26.22	0.84
1925	306,363	4.05	220,312	71.91	3.84	81,559	26.62	4.35
1925	342,626	(6.29)	247,404	72.21	(6.16)	88,875	25.94	(6.07)
1930	394,240	2.81	279,865	70.99	2.47	105,639	26.80	3.49
1935	444,098	2.38	312,587	70.39	2.21	124,155	27.96	3.23
1940	935,464	6.38	775,162	82.86	7.25	154,687	16.54	3.14
1944	988,537	1.54	824,976	83.45	1.74	158,710	16.06	0.72

출처: 1910~1925년 『조선총독부연보』, 1925~1944년 『국세조사보고』; 권태환 · 전광희 · 은기수, 1997 『서울의 전통 이해』, 109면 재인용.

년대에 가장 많이 증가한다. 표 1은 1910년부터 1944년까지 경성부의 인구 변화를 보여 주는 것이다.

표 1에서 1910년대에 거의 변화되지 않던 경성부의 인구는 1920년대부터 급격히 증가하고 있음을 알 수 있다. 인구 증가율이 가장 높은 시기는 1935년과 1940년 사이이다. 1935년 총인구는 44만 4,098명으로 1910년 24만 5,985명의 거의 두 배에 근접한다. 1936년의 부역 확장이 원인이 되기도 하지만 신부역 주민 다수가 경성부 내로 진입하지 못한 이농 인구였다는 점을 고려할 때 경성부의 인구 증가는 분명한 도시화 현상으로 해석할 수 있다.

인구 증가 현상이 두드러지는 시기와 도시문제가 사회문제로 대두되는 시점은 거의 비슷하다. 인구가 급속히 팽창하기 시작하는 1920년대 초반부터 기존의 제반 도시 시설들이 늘어난 인구를 수용하지 못하는 문제 상황이 발생하고 있었다. 주택난의 심각성을 해결하기 위한 조선인 유지들의 활동은 1921년부터 시작되었으며 이들은 주택구제회를 결성하여 무주택자를 위한 주택 건설에 나섰다.[5] 이에 맞서 경성부에서도 주택난 해결을 위한 부영주택 건설계획을 발표하였다.[6] 1922년에는 유지들 주도로 보통학교 입학난 문제 해결을 위한 入學難救急會가 결성되었다. 이 무렵 경성부는 보통학교 이부제 수업을 통해서 입학난을 해소하고자 하였다.[7] 여름이면 단수와 물 부족으로 인한 주민들의 비난에 봉착한 경성부는 1925년 수도확장과 새로운 수원지를 마련하기 위한 장기적인 대책을 수립하지 않을 수 없었다.[8] 거대한 분뇨 처리장의 건설이 1925년도에 계획되는 것 역시 서울의 인구증가로 기존의 대소변 처리 시설이 한계를 노정하고 있었기 때문이었다.[9]

1920년대 초부터 대두된 도시문제는 도시의 인구수용 한계를 보여 준 것이며 이에 대한 총체적이고 적극적인 대책을 요구하는 것이었다. 경성부에서 이러한 대책은 새로운 도시계획의 수립과 시행을 통해 마련될 것으로 기대되었다. 그러나 경성부의 도시계획은 대단히 지연되어 도시문제가 만성화된 1936년에야 '발표'된다. 그런데 그 초점은 주민들이 직면하고 있는 도시문제의 해결이 아니라 국가에 의한 효율적 토지이용에 있었다.[10] 그리고 그나마 계획된 것도 전시체제의 장기화로 인한 예산과 물자부족으로 거의 중단되다시피 하였다. 이러한 일제 당국의 행정태만과 무능은 경성부의 도시문제를 만성적인 사회문제로 만들어 갔다.

그런데 이 시기 서울의 도시문제는 식민지적 현상으로서 지역적 불균등

---

5) 『동아일보』 1921년 4월 22일자, 「경성의 주택난을 구제코자 김주용씨 등 유지 제씨의 발기로」.

6) 『동아일보』 1921년 5월 7일자, 「京城府, 勞働階級과 一般民을 爲해 府營住宅建築」.

7) 『조선일보』 1923년 3월 12일자, 「今年에도 入學難」.

8) 『조선일보』 1925년 7월 9일자, 「1백20만원 경비로 경성 수도개수 계획」.

9) 『조선일보』 1925년 7월 10일자, 「아현리에 5만석 담을 통을 만들고 땅속에 토관을 묻어 내뿜게 할 계획」.

10) 경성부 도시계획의 국가주의적 성격은 염복규, 2001 「193~40년대 경성시가지 계획의 전개와 성격」, 서울대학교 석사학위논문 참조.

성을 하나의 특징적 양상으로 하고 있었다. 경성지역에서도 인구의 급속한 증가로 식수나 분뇨처리·주택·도로교통문제의 장애에 보다 심각하게 직면하고 있었던 것은 경성부의 인접지역이었다. 1925년에서 1935년 사이를 비교하면 경성지역 사회적 인구 증가의 거의 90%가 인접지역에서 초래되었다. 이 지역은 1936년에야 경성부로 편입되지만 주민의 상당수가 경성부로 출근하는 노동자들이었다.[11] 교외지역 주민들은 민족적으로 보면 조선인들이 절대다수이며 계층적으로는 집값이 비싸서 경성부에 진입하지 못하는 하층민들이었다. 따라서 이 지역에 대한 차별은 조선인과 빈민에 대한 차별로 바라볼 수 있다. 그렇지만 교외지역의 문제는 보다 복합적 성격을 띠었다. 1930년대에는 번잡한 도심을 피해 이주한 재력가들로 빈부격차가 대단히 심한 것도 이 지역의 특징이었다.[12] 후술하겠지만 번영회 등 상공인 지역 유지들이 교외지역의 낙후성에 대해 강력하게 문제제기하고 있는 사례들도 상당수다. 그리고 소선인뿐만 아니라 소수의 일본인들 역시 교외지역 주민이었다. 경성부 내의 일본인 구성비는 28%(1935년 기준)이고 인접지역은 영등포를 제외하면 2~3% 정도다.[13] 따라서 교외지역의 문제는 소수의 소외된 일본인들의 문제이기도 하였다. 후술할 교외지역 주민운동에서 일본인과 조선인이 도로나 수도, 쓰레기 등 동리의 문제에 공동대응하고 있는 현상은 널리 확인된다.

도시 시설의 사각지대에 있던 교외지역에 대해서 일제 당국은 이 지역의 도시문제를 외면하였을 뿐만 아니라 오히려 경성부 내의 문제를 전가하였다. 표 2에서 나타나는 것처럼 인구증가에 따라 요구되는 도로·교통·상하수도 등 제반 편의시설을 개선하지 않았을 뿐 아니라 경성부에서 소화해야할 대규모 분뇨탱크나 화장장·공동묘지 등 혐오시설들을 이 지역에 이전 설치하였다. 이와 같은 행정 당국의 지역차별정책은 주민들의 불만을

---

11) 류준범, 1994 「1930년대 京城 지역 노동자의 구성」, 서울대학교 국사학과 석사학위논문, 10면.

12) 염복규, 앞의 글, 25면.

13) 『國勢調査報告』 1935년판.

표 2. 도시문제에 대한 주민들의 집단대응

주제	번호	지역 주체	요구 내용	출전
오물수거	1	신도화동 주민	쓰레기 분뇨 수거 태만 항의	조선1931.11.6.
	2	도화동 주민	분뇨 수거 태만 항의	조선1936.5.14.
	3	東部 주민	분뇨 수거 태만 항의	조선1936.10.24.
	4	아현정 주민	쓰레기 분뇨 수거 태만 항의	조선1939.6.15.
수도	5	노량진 주민	상수도 부설 요구	조선1925.11.28.
	6	한강연안 7洞 주민	분뇨탱크에 의한 수질오염 비난, 상수도 부설 요구	동아1928.7.15.
	7	신도화동 주민	상수도 부설 요구	조선1931.4.15.
	8	성북동 주민	상수도 부설 요구	조선1936.6.3.
	9	영등포북부 주민	상수도 부설 요구	조선1939.6.1.
도로교통	10	마포 주민	전차 구역 철폐	조선1921.8.3.~
	11	청량리 주민	전차 종점연장 등 요구	조선1926.1.14.
	12	노량진 주민	전차 운행 횟수 증가 요구	조선1930.1.5.
	13	西部·東部교외 주민	교외선 철폐 반대 운동	조선1932.11.25.~
	14	西部·東部교외 주민	전차 구역 철폐(재개)	조선1936.5.21.~
	15	숭인·혜화·성북 주민	버스 시간 연장 요구	조선1936.6.4.
	16	아현·합정 주민	아현-합정간 도로 개수 요구	조선1936.10.21.~
	17	전농·답십 주민	불시 차단한 통행로 개방 요구	조선1936.10.21.~
	18	신설정 주민	신설역 유치 진정	조선1937.10.31.
	19	부암·홍지·신영 주민	자하문 고개 개수 요구	조선1938.5.15.~
	20	권농정 주민	버스정류장 설치	조선1938.9.17.
	21	경남 주민	이태원-삼각지간 버스 재운전	조선1938.11.6.
	22	명수대 주민	버스운전 연장, 도로 포장	조선1939.6.1.
	23	영등포 주민	급행버스 운전 노량진까지 연장	조선1940.1.18.
교육	24	이촌동 주민	양영학원 운영	동아1925.1.15.
	25	성북동 유지	경영난에 빠진 삼산학교 재건	동아1928.12.17.
	26	당산리 주민	입학난 해결을 사립강습소 건축	조선1932.1.22.
	27	용두리 주민	경영난에 빠진 고룡학원 재건	조선1934.4.22.
	28	이태원 주민	동리재산으로 조양학원 확장	조선1935.7.19.

표 2. 계속

주제	번호	지역 주체	요구 내용	출전
	29	북촌 67총대	조선인에 대한 교육예산 차별 항의. 조선인 입학난 해결 촉구	조선1936.3.20.
	30	성북동 주민	입학난 위해 영명학원 설립	동아1936.4.12.
	31	아현 정회	정회비로 아현학원 설립	조선1938.11.18.
환경	32	아현리 주민	동리 화약고 퇴출	조선1921.8.26.
	33	아현리 주민	분뇨탱크 설치반대	조선1926.6.27.~
	34	동부 번영회	火葬場 이전 촉구	조선1927.2.18.
	35	서부 번영회	분뇨탱크·화장장 설치 불만, 서부지역 환경 개선 촉구.	조선1927.3.12.
	36	이태원 주민	유황공장 이전	조선1929.1.19.
	37	청진동 주민	종로권번 퇴출	조선1936.5.8.
	38	성북동 주민	요정 추방·허가 취소	조선1936.8.9.~
	39	성북동 주민정회	전염병 요양소 설치반대	동아1938.2.25.~
	40	안암정 주민	원부 분뇨탱크 이전 촉구	조선1938.9.14.
	41	신당리 주민·번영회	부영공설 시장 설치 요구	조선1939.1.21.
주택	42	안암 주민	과도한 임대료 인상 항의	조선1922.12.17.
	43	황금정 주민	철거 후 주거 대책 요구	조선1925.3.20.
	44	신당리 주민	주택 불하 요구	조선1934.3.25.
	45	방산정 주민	이사 보조금 요구	조선1934.4.24.
	46	삼판통 주민	철거 대책 요구	조선1936.5.28.
	47	돈암동 주민	철거 대책 요구	조선1939.7.6.
	48	동숭동 주민	국유지 불하 요구	조선1939.9.2.
재해	49	서부이촌동 주민	용산지역과 차별 항의. 수해 방지 제방 축조 요구	조선1923.~
	50	마포도화 주민	수재민에게 관유지 불하 요구	조선1925.3.13.
	51	마포도화 주민	水災 구제 태만한 총대 배척	조선1925.7.35.
	52	서부이촌동 주민	이전지 불하 촉구	조선1925.~
	53	창진정 주민총대	재해 방지 사방시설 요구	조선1940.7.25.
	54	영등포 유지총대	내수 배출 시설 요구	조선1940.8.2.

표 2. 계속

주제	번호	지역 주체	요구 내용	출전
종합발전	55	조선인 총대회	조선인지역 오물수거·撒水·공중변소·공용수전 증설. 시설 차별없이 시행 촉구	조선1922.12.11.
	56	숭1~4·혜화 주민	북부지역 차별철폐, 하수도 개축, 도로 확장, 전차선로 연장, 撒水 요구	조선1927.3.19.
	57	동남부 지역유지	지역발전위원회 조직. 교육·위생·산업시설 등 지역 당면 현안 촉구	조선1935.9.24.
	58	東部 주민유지	경마장 이전·전차버스구간 철폐·전화 설비 등 지역현안 해결 촉구	조선1936.5.21.
	59	영등포노량진 유지	도로교통·학교·수도 등 지역의 당면 현안 해결 촉구	조선1936.8.7.
	60	신부역 83총대	신부역 시설차별 철폐, 분뇨 수거, 쓰레기·분뇨저장소 이전, 撒水, 도로 수선·확장 요구	조선1936.10.27.
	61	東部23동 주민	전철·버스 구역 철폐, 도로 포장, 수도 부설 요구	조선1938.5.1.
	62	성동번영회	지역발전 장애 13항목 해결 요구	조선1939.1.2.

야기하였으며 교외지역주민들의 강도 높은 집단행동을 발생시켰다. 인구압이 높았지만 지역 차별정책으로 도시 시설 면에서 대단히 낙후되어 있었던 인접지역 혹은 신부역은 경성지역 주민운동의 진원지였다고 볼 수 있다.

표 2는 1920~1940년까지 『동아일보』와 『조선일보』에 사건화된 주민운동들을 주제별로 정리한 것이다. 일회적인 것과 장기화된 것이 있지만 모두 하나로 처리하였으며 연속된 기사는 이후 보도일자를 생략하였다. 표제어 검색을 기본으로 하였기 때문에 누락된 것도 있겠지만 주민운동의 전개양상을 이해하는 데는 무리가 없을 것으로 생각된다.

62항목의 위의 사건들을 보면 몇 가지 특징적인 양상을 확인할 수 있다. 첫 번째는 경성지역에서 주민운동의 가장 보편적인 단위는 동(정)·리라는 점이다. 지역이 확대되는 경우도 '동부23동 주민'·'숭1~4·혜화 주민' 등 동리의 독자성이 유지된 상황에서 연대운동으로 전개된다. 이는 두 가지 문제와의 관련성을 떠올린다. 하나는 서울의 동이 18세기 이래 자연발생적으로 성장해온 생활공간이었다는 점이다.[14] 또 하나는 일제가 경성부의 하부 행정단위로 삼은 것이 동(정)이었다는 것이다.[15] 일제는 1914년 경성부의 하부행정단위를 186개의 동·정·통·정목으로 정리하였으며 1916년 이 단위에 주민대표를 두는 정·동총대제도를 시행하였다. 그리고 1933년 총대제도를 폐지하고 정·동 지역주민들을 하나의 공동체로 묶는 정·동회 제도를 실시하였다. 곧 경성부의 동(정)은 전통적인 생활공간이면서 동시에 하부행정의 구획이자 주민자치제도가 시행되는 단위라는 특징을 갖는다. 주민운동은 이 단위를 활용하거나 혹은 기반으로 하여 전개되고 있다.

두 번째는 신문에 보도된 사건의 발생지역은 거의 대부분이 1936년에 경성부로 편입되는 지역이라는 점이다. 1922년 조선인총대회의 위생시설·수도에 대한 차별 철폐 요구(55번)와 북촌주민들의 북부지역 차별철폐와 도로 확장·전차선로연장·살수 등에 대한 요구(56번), 북촌 67총대의 조선인 입학난 문제 해결 요구(29번) 등은 북촌에 대한 차별을 문제 삼고 있다. 그렇지만 이를 제외한 대부분의 주민운동은 교외지역에서 발생하고 있다. 지역의 범위로 볼 때 개별동리 차원에서 제기되는 것이 가장 많다. 그렇지만 동리의 연대운동도 상당수 확인된다. 동부 23洞 주민들의 전철버스구역 철폐·도로 포장 요구(61번), 동부와 서부 교외주민들의 전차 구역 철폐운동과 교외선 철폐반대운동(13·14번), 그리고 신부역 83총대들의 신부역 차별철폐와 도로 개선 요구(60번) 등은 교외지역 주민들의 광범한 연

14) 고동환, 1998 「조선후기 漢城府 행정편제의 변화 — 坊·里·洞·契의 변동을 중심으로 —」 『서울학연구』 11, 서울학연구소, 78면.

15) 일제의 정·동정책에 관해서는 김영미, 2001 「일제시기 서울지역 정·동회제와 주민생활」 『서울학연구』 16, 서울학연구소 참조.

대행위로서 교외지역의 도시시설 차별문제를 제기하고 있다. 그리고 '서부지역번영회,' '동남부지역발전위원회'나 '영등포노량진유지회', '동부유지회' 등 지역 발전을 위한 유지들의 모임 역시 교외지역의 낙후성을 개선하기 위한 대책들을 요청하고 있다(35・57~62번).

세 번째는 시기별 특징으로 지역주민운동은 1920년대에도 확인되지만 1930년대에 보다 활성화되며 1936년 이후 폭발적으로 증가하는 양상을 보인다. 주민들은 1920년대부터 도시문제에 대한 압박을 받고 있었으며 이에 대해 지속적으로 대응하고 있었다. 1930년대 중반부터 주민운동이 폭발적으로 고양되는 것은 도시계획의 실행과 부역확장 때문으로 볼 수 있다. 도시계획의 시행으로 지역개발에 대한 기대심리가 고조되자 지역유지들은 지역발전에 대한 요구사항을 관철하기 위해 대단히 적극적으로 나서고 있다. 또 한편 도시계획의 시행은 도시빈민문제를 심화시켰으며 토막민 혹은 철거민들의 집단행동을 고조시켰다. 그리고 1930년대 중반 이후 주민운동을 주도한 것은 무엇보다 신부역 주민들의 집단행동이다. 도시문제의 사각지대에 놓여 있던 이 지역 주민들은 경성부로 편입되자 강도 높게 도시 시설의 불균등성과 신부역의 처우 개선을 요구하였다.

네 번째는 지역주체의 민족・계층적 성격이다. 주민운동은 지역에 따라 다양한 양상을 보이기 때문에 일괄적으로 설명할 수는 없다. 그렇지만 상당수의 운동에서 지역의 이해를 중심으로 조선인과 일본인이 연대하고 있다. 민족적 성격을 띠는 운동의 경우에도 지역주민운동으로 제기되는 경우 주체는 대단히 복합적 양상을 띠고 있다. 앞의 표 2에서 보면 북촌지역 차별문제를 제기하는 숭1~4・혜화 주민들의 진정행위도 민족운동의 색채를 상당히 띠지면 실제 주민대표는 '李升雨, 金完鎮, 洪泰賢, 太田, 竹村 외 5씨'로 보도되고 있다.[16] 신문에는 조선인동리라고 소개된 서부이촌동의 경우도 소수의 일본인들이 살고 있으며 이촌동제방축조운동의 주민대표는 조선

16) 『조선일보』 1927년 3월 19일자, 「시설상 나타나는 경성부의 차별행위. 5동 주민대책을 강구코자 동민대회를 개최」.

인 김용범과 일본인 도미타(富田兵藏)로 되어 있다.[17] 아현리의 경우도 '崔泰禎, 金之煥 씨외 사오인이' 진정위원으로 보도되고 있지만 분뇨예정지의 지주인 일본인 야마모토 가즈히코(山本一彦)가 주민들과 연대하고 있다.[18] 전차구간제 철폐운동이나 교외선철폐반대투쟁은 조선인과 일본인이 거의 대등하게 결합하고 있다. 교외선철폐반대운동과 구간제철폐운동을 선도적으로 이끌었던 마포선 주민대표는 하세가와(長谷川), 김지환(공덕리정총대, 도회의원), 渡邊(한강6구 정총대), 김윤구(아현1구 정총대)로 보도되는데 이들은 이 지역 정총대, 道會·府會 의원들이다.[19] 또한 주민운동의 발생지역은 대체적으로 빈촌이지만 한 지역 안에는 상이한 계급계층이 함께 살고 있는 것이 보편적이다. 이 경우 계층에 따른 이해관계의 차이는 존재하지만 교통이나 쓰레기수거·식수 문제·재해 시설 등 지역의 문제는 이들 공통의 문제가 되기도 하였다. 물론 이 운동에서 일부의 주민들이 배제되기도 하는 지점을 간과할 수는 없다. 위의 서부이촌동 수해대책운동의 경우 무허가주택 주민들은 이 운동에서 철저히 소외되고 있었다.[20] 대체로 지역주민운동은 철거민운동을 제외하면 그곳에 가옥이나 상점을 소유한 자들 곧 지역의 이해와 밀착된 주민들의 운동으로 볼 수 있다.

2) 주민진정과 공동대응 사안들

다음에서는 일상생활에 불편과 장애를 초래하여 주민들의 불만의 대상이 되었던 도시문제들을 사안별로 살펴보기로 하겠다. 먼저 오물 처리 태만에 대한 항의이다. 쓰레기와 분뇨의 처리는 도시민들의 일상생활에서 기본이 되는 문제이다. 방치된 생활 오물들은 악취로 인한 생활상의 불편뿐

17) 『동아일보』 1923년 7월 14일자, 「홍수참화를 압헤 두고 이촌동민의 진정」.
18) 『조선일보』 1926년 6월 27일자, 「분조설치에 대한 주민의 최후 항거」.
19) 『조선일보』 1930년 8월 24일자, 「시외에는 주민대회 시내에는 시민대회」.
20) 서부이촌동 제방축조운동에 관해서는 김영미, 2006 「일제시기 京城 二村洞民들의 수해대책운동과 지역정치」 『도시역사문화』 5 참조.

아니라 전염병과 관련되어 생명의 위협까지 초래하고 있었다. 오물 수거문제의 원인은 자원부족이 아니라 경성부 행정당국의 관리 태만이었다. 진정운동이 발생한 지역을 보면 거의 두 달 가까이 쓰레기와 분뇨를 수거하지 않아 거름사태가 날 지경에 이르렀으나 행정당국은 책임을 회피하고 있다(1~4번). 쓰레기와 분뇨 수거에 관한 주민들의 진정은 지역적으로 볼 때 빈민지역, 조선인 집중 거주지역, 교외지역, 신부역에서 공통적으로 제기되고 있다. 1922년 조선인총대들의 집단행동(55번)과 1936년 신부역 83총대들의 쓰레기문제에 대한 집단 대응(60번)은 이 문제의 지역 차별적 성격을 명확히 보여 준다.

둘째, 상하수도 시설에 대한 요구다. 특히 상수도에 대한 요구가 상당수이다. 일제시기 수도의 시설은 제한된 주민들에게 이용되었으며 약 절반 이상의 주민들이 수도의 혜택을 받지 못하고 있었다.[21] 1920년대 초부터 수도문제는 민족문제로 제기되었으며 조선인지역의 불공평한 수도설비는 언론에서 자주 언급되었다.[22] 1922년 조선인총대회의 집단적 요구사항(55번) 속에는 '공용수전' 곧 공용수도를 설치해 줄 것이 포함되어 있다. 이러한 민족차별정책에 대한 비판 속에서 수도 설비의 확장이 이루어지면서 북촌의 수도문제는 어느 정도 해결되어 나가지만 1936년 교외지역이 경성부에 편입되면서 신편입지역이 수도 시설의 사각지대로 부상하였다. 수도 설치를 요구하는 노량진・성북동・한강연안・영등포 지역(5~9번)은 전부 교외지역이며 영등포노량진유지(59번)와 동부 23동 주민(61번)들의 수도 요구 역시 교외지역이 수도설비의 사각지대임을 말해 주고 있다. 이 중 한강연안 주민들의 운동 (6번)은 경성부의 태만 행정이 음료수 문제를 악화시키고 있음을 보여 준다. 한강연안 주민들은 한강을 식수로 이용하고 있었다. 그런데 경성부에서 이촌동에 거대한 분뇨탱크를 설치하고 밤중에 한강에 분뇨를 무단 배출하여 한강물을 심각하게 오염시킨 것이다. 똥오줌으로

21) 서울특별시사편찬위원회, 1993『서울통계자료집 ― 일제강점기편 ―』, 서울특별시사편찬위원회, 413면.
22)『조선일보』1926년 12월 28일자,「경성수도는 南部전용물」.

한강물을 식수를 사용할 수 없게 되자 한강연안 주민들은 경성부를 상대로 수도 부설을 청구하였다.

셋째, 도로·교통에 대한 것이다. 가장 많은 사례가 확인된다. 이 운동을 주도한 것은 교외지역 주민들이었다. 이 지역 주민들은 대부분이 경성부로 출근하는 노동자들이었기 때문에 도로교통 문제가 대단히 중요한 사안이었다. 먼저 도로와 관련된 주민운동을 보면 경성부와의 연결 도로의 개수를 요구하는 교외주민들의 운동(16·19번), 남북촌 도로시설의 차별을 비판하고 공평한 혜택을 요구하는 북촌지역 주민들의 진정(56번), 통행로의 일방적 차단에 항의하며 통행로 개방을 요구하는 사례(17번) 등이 있다. 전차와 버스 등 교통에 관한 것은 전차의 선로 연장(11번), 전차 증설(12번), 운임 차별 철폐(14번), 버스 노선 연장(22·23번), 정류장의 설치(18·20번), 버스 재운행(21번) 등이 주요한 요구사항이다. 이 중 가장 격렬하고 광범한 주민들이 동참한 사건은 서부와 동부 교외지역 주민들이 주도한 전차구간제철폐운동(10·14번)과 교외선철폐반대운동(13번)이다. 용산지역의 구간제가 철폐되자 마포와 왕십리 일대의 서·동부 교외지역 주민들은 이들 지역에서도 구간제를 철폐할 것을 요구하는 주민운동을 벌였다.[23] 전차사업의 운영주체인 경성전기회사가 교외선을 철폐하겠다고 대응하자 1930년대 초 이 운동은 교외선철폐반대운동으로 전환되었다.[24] 결국 경성부의 조정으로 경성전기회사의 교외선철폐계획은 좌절되었다.[25] 이 운동을 성공적으로 이끈 교외지역 주민들은 1936년도 이 지역이 경성부로 편입되자 다시 전차구역철폐운동을 전개하였다.[26] 그리고 구간 재조정이라는 일정한 성과를 얻었다.[27]

넷째, 교육에 대한 것이다. 북촌총대들의 교육예산 배정에 대한 항의(29

23) 『조선일보』 1921년 8월 3일자, 「마포주민의 전차구역 철폐운동」.
24) 『조선일보』 1932년 11월 25일자, 「시국역행의 안 교외선철폐문제」.
25) 『조선일보』 1933년 2월 7일자, 「40만 부민의 목적관철」.
26) 『조선일보』 1936년 5월 21일자, 「재연된 전차 임금 구역 철폐 운동」.
27) 『조선일보』 1936년 7월 23일자, 「전차임 개정과 교외 주민 반향」.

번)는 교육문제가 민족차별적인 행정에 의해서 심화된 것임을 말해 준다. 그렇지만 교육문제에 대한 주민들의 대응은 다른 부분과 달리 자력으로 해결하고 있는 점이 특징적이다. 23~30번의 사례들은 마을 주민들이 자금을 모아서 학교를 설립하여 운영하거나 재정난에 빠진 지역 학교를 살려내고 있음을 보여 준다. 지식인촌인 성북동은 교육열이 두드러져서 야학·유치원·삼산학교·영명학교 등 여러 개의 지역 학교를 설립하거나 재건하여 주민들의 기금과 봉사활동으로 운영하고 있다. 성북동의 사례는 다음 장에서 중요하게 분석할 예정이다. 이태원(28번)·이촌동(24번)·아현동(31번)·당산리(26번)·용두리(26번)의 경우는 빈민촌에서도 교육열은 마찬가지임을 보여 준다. 이태원 주민사회는 지역 학교가 어려움에 처하자 부군당이라는 동리재산을 은행에 저당 잡혀서 학교를 살려 나가고 있다. 아현동의 경우는 공식적인 행정비용인 정회비로 지역사회의 현안인 학교를 설립하였다는 점이 주목된다.

다섯째, 환경에 관한 것이다. 위생상 교육상 유해하거나 혐오스러운 동리의 시설물을 추방하려는 지역주민들의 운동이 여기에 해당한다. 화약고가 폭발하거나(31번) 유황으로 짐승들이 떼죽음을 당한 심각한 피해(36번)에서 비롯된 운동도 있고 화장장이나 분뇨탱크(35·36·40번), 전염병 요양소(39번) 등 혐오시설이나 유흥시설(37·38번)이 지역에 자리잡음으로써 지역주민들의 위생·교육 환경을 위협할 것이라는 우려 속에 전개되기도 하였다. 이 중 가장 격렬하게 전개된 것은 경성부의 분뇨저장탱크 설치 계획에 대한 아현리 지역주민들의 반대운동(33번)이다. 인구증가로 기존의 분뇨탱크로서는 분뇨처리를 감당할 수 없는 상황이 예측되자 경성부는 새로운 분뇨처리장을 교외지역인 아현리에 설치하기로 결정하였다.[28] 이러한 경성부의 결정에 대해 아현리 주민들은 府內의 문제를 府外지역에 전가함으로써 교외지역 주민들의 위생환경을 악화시키는 이기적인 처사로 보

28) 『조선일보』 1925년 7월 10일자, 「경성의 대소변을 모두 한강에 흘려. 아현리에 5만석 담을 통을 만들고 땅속에 토관을 묻어 내뿜게 할 계획이다」.

았다. 이에 주민들은 수차례의 '주민대회'와 '진정'뿐만 아니라 실력행사까지 불사하였다.[29] 아현리총대 李胤九는 분뇨탱크가 건설될 지역에 주택 수백 채를 지어서 공사를 저지하고자 하였다.[30] 이 문제는 분뇨탱크를 설치하는 대신 마포지역에 수도를 부설하는 것으로 타협되었다.

여섯째, 주택에 대한 것이다. 주택문제가 집단적인 주민운동으로 나타나는 것은 특수한 경우들이다. 41~47번의 사례들은 번지를 공유하면서 수십 호에서 수백 호가 살아가는 무허가주민들의 운동이다. 철거를 요청받았지만 이전할 비용조차 없었던 주민들이 경성부나 경찰서에 '철거 연기' 혹은 '이전비 지급' 혹은 '부유지 불하' 등의 대책을 호소하고 있다. 주목할 부분은 이 운동은 철저히 해당 무허가 주민들에 의해서 이루어지고 있으며 이들을 위한 총대들의 활동은 전혀 확인되지 않는다는 점이다. 오히려 50번 방산정의 사례에서 방산정총대는 자기 정내에서 500명의 주민이 거리로 나앉게 되었는데 집회 장소도 수선하시 않고 냉담한 태도를 취함으로서 주민들로부터 비난받고 있는 것으로 보도되고 있다. 이는 주민운동 내부의 계급적 갈등 혹은 차이를 보여 준다.

일곱째, 재해에 대한 것이다. 재해에 대한 주민들의 집단행동은 한강연안 마을의 주민들이 주도하고 있다. 48・52・53번은 재해 예방 시설을 요구하는 주민운동이며, 49・51번은 재해민들이 경성부에 구제 대책을 촉구하는 사례다.[31] 그리고 50번은 재해민 구제에 태만한 총대를 주민들이 퇴출하는 경우다. 이 사건 중에서 주목할 만한 것은 서부이촌동의 사례다. 이촌동 제방문제의 발단은 경성부가 상습적 침수 피해를 줄이기 위해서 한강

---

29) 『조선일보』 1926년 5월 1일자, 「아현리 대표 부당국 교섭 전말」; 『조선일보』 1926년 8월 15일자, 「분조설치지 매수 경성부 분조설치문제」.

30) 『조선일보』 1926년 6월 27일자, 「분조설치에 대한 주민의 최후항거」.

31) 『조선일보』 1925년 8월 25일자, 「수재를 당한 마포주민의 진정」; 『조선일보』 1925년 9월 4일자, 「수재복구 동민대회」; 『조선일보』 1926년 3월 13일자, 「이촌동민의 분기」; 『조선일보』 1926년 3월 13일자, 「서부이촌동민의 운명」; 『조선일보』 1929년 7월 31일자, 「광화문통 송교 공사로 수해의 배상 청구」.

제방을 축조하면서 일본인들이 집중 거주하는 신구용산지역만을 대상으로 하고 조선인빈민들이 거주하는 이촌동을 제외시킨 데서 비롯되었다. 신구용산의 제방축조계획에서 이촌동이 제외되자 이 동리주민들은 이촌동을 제방 안에 포함시키거나 별도의 제방을 쌓아 줄 것을 요구하면서 수차례에 걸쳐서 총독부와 경성부 당국에 진정하였다.[32] 시간만 끌고 성의 있는 답변을 얻을 수 없자 주민들은 부협의회 의원들을 찾아가서 도움을 요청하였고 급기야 이촌동 제방문제는 부협의회에서까지 거론되었다. 1925년 대홍수로 이 운동은 제방축조가 아니라 새로운 이주지를 불하받는 것으로 종결되었다. 이주지의 불하는 주민들의 수없이 많은 진정운동를 통해서 달성된 것이었다. 이촌동문제는 조선인 신문에서는 민족문제로 보도되고 있었지만 구체적인 전개과정을 보면 용산지역의 일본인 부회의원과 이촌동의 일본인 주민이 지역의 문제로서 이촌동의 조선인들과 연대하고 있다.

마지막으로 지역의 종합 발전에 대한 요구다. 총대회나 동·서·남부 등 비교적 넓은 단위로 결성된 유지회가 지역의 당면 문제들을 종합적이고도 적극적으로 해결하고자 한 사례들이다. 안정적인 지역유지들의 모임이 이 운동을 주도하고 있는 것이 특징이다. 1938년 활발한 움직임을 보이는 경성성동번영회(61번)는 '동부경성 이십만주민의 번영을 도모'하는 조직으로 보도되었다. 성동번영회는 지역 발전에 필요한 시설 또는 장애가 되는 13 항목을 들어서 이 지역 부회의원 등 관계 당국에 진정하도록 결의하였다. 성동번영회의 요구사항에는 전화·가스·화재보험 등 일반서민들의 생활과는 거리가 있는 상공업발전에 필요한 것들과 도로교통과 같은 일반 주민들의 생활개선에 관한 것들이 혼재되어 있다. 번영회나 발전회 등 유지들이 주도하는 종합발전책들은 유지들의 계층적 이해를 대변하는 사안들이 주를 이루고 있으며 이들이 지향하는 '지역발전'은 철거 문제 등에서 지역 빈민들의 이해와 상충하는 경우도 발생했을 것으로 보인다. 지역 유지들의

32) 『동아일보』 1923년 10월 15일자, 「이촌동제방문제, 기성회에서 설계를 제출」; 『동아일보』 1923년 10월 16일자, 「이촌동제방의 구체방침」; 『동아일보』 1924년 1월 26일자, 「이촌동 제방문제」.

상설적인 모임은 1930년대 중반 경성부 도시계획의 발표로 활성된 것으로 보이며, 지역 부회의원들과의 긴밀한 연대 속에서 움직이고 있는 점이 특징적 양상이다.

이상에서 일제시기 주민운동을 통해서 제기되는 도시문제들은 생계의 직접적 위협, 생활상의 불편, 불합리한 자원배분, 지역 개발 등 여러 차원의 이해와 관련되어 있다. 그런데 주목할 부분은 도시문제는 자원 부족에서 기인하는 것도 있지만 상당수는 경성부의 민족·계층·지역 차별적인 자원의 불공정한 분배와 행정 태만에서 비롯되고 있다는 점이다. 주민들은 지역을 단위로 결집하여 경성부가 표방하는 공법성과 불일치하는 행정 태만, 지역 차별 등의 과오에 대해서 항의하고 있다.

주민운동의 대표적 방법은 지역대표들이 주민들의 연명 진정서를 들고 관계자들을 만나서 요구하는 '진정'이다. 그런데 대부분의 '진정'은 상당히 적극적으로 이루어진다. 당시 신문에서는 '진정'이 아니라 '진정운동'이라고 쓰는 경우도 있는데 이것은 진정이 행정당국에 대해서 일정한 압박을 가하는 힘이 있음을 표현한 것으로 해석된다. 주민운동은 진행과정에서 보다 적극적인 실력행사의 방법으로 나아가기도 한다. 전차구간철폐운동을 벌이던 주민들이 전등료 불납운동을 결의한 것, 자하문 일대의 도로개수촉진운동을 벌이던 주민들이 정회비 불납운동을 결의한 것, 전농정 총대가 도로차단의 책임을 지고 사퇴한 것, 아현리주민들이 분뇨탱크가 설치될 예정지에 주택을 건설해서 이 사업을 막은 사례 등은 온건함을 넘어서고 있는 사례들이다. 앞의 이촌동 제방운동에서도 주민들은 부민된 권리를 누리지 못하므로 납세를 하지 않겠다는 면세운동을 결의한다. 그리고 진정운동을 보다 효과적으로 수행하기 위해서 '주민대회'가 병행되고 있다.

그렇다면 과연 주민운동은 얼마나 성과가 있었을까? 대부분의 경우 양보를 얻어내기란 결코 쉽지 않았다. 많은 사례에서 진정이 반복적으로 이루어지고 경우에 따라서는 과격한 양상으로까지 나가는 것은 그만큼 요구조건이 달성되기 힘들었기 때문이다. 그렇지만 주민운동의 성과가 없었던 것은 아니었다. 적지 않은 사례에서 경성부의 대민행정은 이와 같은 진정운동에 의해서 압박을 받으며 정정되거나 타협되는 방식으로 처리되었다. 아현동 분뇨탱크 반대운동은 실패가 아니라 타협으로 정리되었다. 경성부가 분뇨탱크를 설치하는 대신이 이 지역에 수도를 부설해 주는 것으로 마무리되었다. 서부이촌동의 사례에서도 경성부는 이 지역에 제방축조금으로 결국 아주 소액이지만 1만 원이라는 예산을 배정하여 주민들의 입막음을 하고 있다. 북촌지역의 차별에 대한 비난이 쏟아지자 경성부는 이 지역에 수도를 시설하고 도로 예산을 배정하는 태도를 보이지 않을 수 없었다. 그리고 전차구간제철폐운동이나 교외선철폐반대운동 역시 전적으로는 아니지만 일정한 성공을 거두었다. 이와 같이 진정운동은 합법적이고 온건한 방식이었지만 일제 행정당국을 압박하였으며 주민들이 당국으로부터 일정한 권리를 확보해 내는 중요한 수단이 되고 있었다.

3. 주민운동과 지역공동체 — 성북동의 사례 분석 —

도시문제는 도시화와 이에 대한 일제의 도시정책에서 비롯된 것이다. 그렇지만 또 한편으로 보면 도시문제는 불편함과 부당함을 느끼고 문제를 해결하고자하는 지역주체들의 의식적 행위에 의해 발생한 것이다. 그렇다면 지역사회에서 이 운동들은 어떤 기반 하에 어떤 과정으로 조직되고 있었을까? 곧 이 장에서는 일제시기 서울지역에서 발생한 주민운동의 주체와 동력문제를 고찰해 보고자 한다. 주민운동은 가장 많은 사례들이 洞을 단위로 해서 이루어지고 있다. 그리고 지역이 확장되는 경우에도 각 동의 연대운동으로 전개되고 있다. 본 연구에서는 하나의 단일동리로서 가장 활발하게 주민운동을 전개하고 있는 성북동의 사례를 통해서 지역사회에서 주민운동이 발생하는 배경 곧 운동의 주체와 동력에 대한 문제를 살펴보고자 한다. 성북동 주민들의 활동상은 표 2에서 수도부설에 대한 진정운동(8번), 지역학교인 삼산학교의 재건(24번), 영명학교의 설립(29번), 요정 추방운동(37번), 전염병 요양소 설치반대운동(38번), 버스 시간 연장 요구(15번) 등에서 확인할 수 있다.

1) 도시화와 주민구성의 변화

북악산 아래에 자리 잡은 성북동은 1920년대까지는 대단히 한적하고 조용한 동네였다. 소설가 이태준의 단편소설 「달밤」의 무대인 이 마을은 1930년대 초까지도 버스도 전기도 들어오지 않는 그야말로 한적한 '시골'이었다.[33] 본래 성북동의 토박이들은 권세 있는 양반이 아니라 실리에 강한 서민층이었던 것으로 보인다. 『동국여지비고』의 漢城府 名勝條에 의하면 성북동은 도화동이라고 불렸는데 맑은 시냇물을 따라 주민들이 복숭아나무를 심어서 생활을 한다고 되어 있다. 성북동은 조선시대의 유흥지였으며 주민들은 과수 재배와 풍류객 유치를 통해서 생활하고 있었던 것으로 보인다.

그런데 경성부의 도심이 개발되자 시골스러움을 즐기는 예술가나 학자들이 이곳으로 모여들었고 1930년대 성북동은 세검정과 더불어 경성의 대표적인 문인촌이 되었다.[34] 그리고 경치가 빼어났기 때문에 부호들의 별장이 밀집되었다.[35] 성북동의 주민수는 『城北區誌』에 의하면 810명(1915년)·805명(1920년)·1,666명(1930년)·13,372명(1949년)으로 증가하고 있다.[36] 이 수치의 정확성은 의심할 수 있지만 적어도 1920년대부터 상당히 많은 주민들이 마을 내로 유입되었음을 알 수 있다. 성북동의 인구현상은 당시의 신문자료를 통해서도 확인된다. 1938년 한 신문의 기사에 의하면 '10년 전의 성북동은 인구래야 겨우 삼사백 명밖에는 살지 않던 문자 그대로의 호젓한 산촌'이었으나 1938년에는 '호수 1,000호, 인구 6,000여 명을 가진 커다란 마을'이 되었다.[37] 곧 다른 교외지역과 마찬가지로 성북동 인

33) 이태준, 「달밤」 『중앙』 1933년 창간호.

34) 「성북동의 문인촌」 『삼천리』 1933년 제5권 제10호.

35) 「부호의 별장지대 풍경, 성북동일대」 『삼천리』 1935년 제7권 제5호.

36) 서울특별시 성북구, 1993 『성북구지』, 334면.

구는 1920·1930년대에 10배 이상 증가하였음을 알 수 있다.

이렇게 볼 때 성북동의 주민구성은 1920년대부터 토박이들과 함께 새로운 이주민들이 섞여 있었으며 1930년대에는 이주민의 수가 훨씬 더 많은 것으로 볼 수 있다. 이주민의 폭발적인 증가는 교외의 어느 지역에서나 볼 수 있는 인구현상이었지만 성북동의 특수성은 새로 온 주민들 중에는 지식인이나 문화인, 부호들이 많았다는 것이다. 성북동으로 이사 오는 사람들은 성북동의 자연환경을 선호하여 찾아서 들어오는 사람들이었다. 이 때문에 이들은 토박이들과 함께 성북동의 깨끗한 자연환경과 문화 환경을 지키기 위한 지역의 과제를 만들어 가거나 적극적으로 호응하였던 주체가 되었다고 볼 수 있다.

그렇지만 주목할 점은 성북동에 많은 엘리트들이 유입되었음에도 불구하고 성북동이라는 지역사회에서 주도권을 장악하고 있던 것은 크게 보면 토박이들이었다. 일제시기 성북동에는 두 개의 주민조직이 확인되는데 하나는 성북구락부라는 성북동 청년조직이며 또 하나는 총대·정회로 명명되는 공식적인 지역주민조직이다. 성북구락부는 1923년에 조직되어 1928년 무렵까지 활동하며 공식적 동내조직은 1930년대에 성북동 지역정치를 주도한다. 그리고 이 두 조직의 대표자는 서광훈(1901년생)[38]과 이신구(1897년생)[39]이며 이들은 모두 성북동 토박이다. 성북구락부와 성북정회는 성북동이라는 지역사회에서 주민공동의 당면문제 해결을 실천하고 이를 통해 지역사회에 정치적 헤게모니를 관철시키는 토착엘리트들의 존재를 말해 준다.

---

37) 『조선일보』 1938년 10월 14일자, 「경치 좋고 살기 좋은 지식인의 이상촌, 침입한 요정을 단연구축」.

38) 이하 서광훈의 인물자료는 경성복심법원검사국(추정), 1927년경 『왜정시대인물사료』 11권 참조.

39) 이하 이신구의 이력은 경성일보사, 1936 『대경성공직자명감』 참조.

2) 1920년대 '성북구락부'의 조직과 활동

성북동에 청년회 조직이 결성되는 것은 1923년이다. '성북구락부'로 명명되는 성북청년회는 3·1운동 직후 장년층의 보수적 의식을 비판하면서 청년운동이 고양되었던 사회분위기를 타고 만들어진 것으로 보인다.[40] 지방청년회가 군의 읍·면을 단위로 하는 것에 반하여 경성지역의 경우 동이 청년회의 기본단위가 되고 있다는 점은 주목할 현상이다. 이는 서울의 동이 역사적으로 볼 때 자연지물을 경계로 형성된 생활단위였을 뿐 아니라 일제시기에도 지역 정치가 이루어지는 기본단위가 되고 있음을 말해 준다.

1923년 조직된 성북청년회는 거의 휴면상태에 있다가 1925년도에 서광훈이 중심이 되어 조직의 부흥을 도모하였다.[41] 이 시기 성북구락부 총회에서 거론된 실천 활동을 보면, 첫째, 임원의 개선과 새로운 조직 강령의 제정이다. 둘째, 마을 내에 消防具를 구입하는 것과 도난당한 里內 상비상여를 구입하여 비치하는 것이다.[42] 셋째, 운동구와 '팜프레트'를 구입할 계획을 세우고 있다.[43] 넷째, 여름철을 맞이하여 밤늦게 물놀이를 하거나 술에 취한 피서객이 많아 주민들의 안면에 방해가 심하므로 이를 금지하는 활동을 하고 있다.[44]

위의 내용으로 볼 때 '마을상여'와 '소방구'의 구입, 마을 주변의 풍기단속 등은 이 시기 성북동이라는 지역사회에 공동기금을 통해서 함께 해결해야할 일상생활의 문제들이 여전히 존재하고 있음을 보여 준다. 성북동 청

---

40) 안건호, 1995「1920년대 전반기 청년운동의 전개」『한국근현대청년운동사』, 풀빛, 55~60면.

41) 『조선일보』 1925년 5월 30일자, 「성북구락부 혁신」.

42) 『조선일보』 1925년 6월 20일자, 「성북구락부 총회」.

43) 『조선일보』 1925년 7월 15일자, 「성북구락부 월례회」.

44) 『조선일보』 1925년 8월 18일자, 「하기와 시외풍기, 성북구락부에서 숙청에 노력」.

년회는 이러한 동민 공동의 현안문제를 해결하는 주체가 되고 있다. 그리고 여기에서 나아가서 '축구' 등을 통해서 마을주민의 공동체적 결속을 공고히 하며 이를 기반으로 '팸플릿' 등을 통해 주민들에 대한 계몽활동을 전개하려 하고 있다.

이 조직의 위상은 주도자 서광훈의 이력을 통해 보다 분명히 확인할 수 있다. 서광훈은 성북구락부의 혁신을 도모하고 있는 1925년에 불과 25세의 청년이다. 서광훈의 이력을 보면 어의동공립보통학교(현 효제초등학교), 오성학교, 철원잠업견습소를 졸업하였다. 그리고 1922년 성북동 삼산학교 교사로 활동하였으며 1924년 형평사 서기가 되었다. 이후 그는 사회주의운동가로서 형평운동에 투신하고 있다. 일제의 자료에 의하며 서광훈은 자산이 없어 곤란한 생활을 하고 있다고 되어 있다.[45] 그리고 인물평과 관련해서는 '영리'하며 '사회주의적 언사를 일삼고 형평운동에 관여하여 다른 사람들을 선동할 우려가 있다'고 기술하고 있다. 서광훈이 실제로 백정 출신인지 아니면 사회주의 운동가로서 형평운동에 뛰어들었는지 확인할 길은 없지만 가난한 계층이었던 것은 분명한 것 같다. 서광훈은 1927년 고려혁명당 사건으로 체포되며 이후 성북동에서 활동은 확인되지 않는다.

성북구락부는 1925년 8월 8일 임시총회에서 사회주의계열의 청년조직인 한양청년연맹에 가입할 것을 결의하였다.[46] 그리고 1925년 10월 5일 한양청년연맹 임시대회에 '성북청년회'와 '서광훈'이 참석하고 있다.[47] 이 대회에는 임원근·박헌영·김단야 등 유명한 사회주의 청년들이 대거 참가하였다. 이로 미루어 1920년대 중반부터 성북동의 청년들은 사회주의계열의 청년운동의 영향을 받으면서 동리의 청년조직을 결성하고 마을의 자치적인 일과 주민들의 계몽을 자임하고 나섰던 것으로 볼 수 있다.

서광훈은 1925년 이후 성북동을 떠나 활동하였지만 성북동 청년들은 지

45) 경성복심법원검사국(추정), 앞의 책.

46) 『조선일보』 1925년 8월 12일자, 「성북구락부 한양연맹에 가맹」.

47) 「한양청년연맹 임시대회에 관한 건(京鍾警高秘 제11197호-1)」 『검찰사무에 관한 기록(1)』.

속적으로 마을에서 자신들의 과제를 찾아서 활동을 하고 있었다. 청년회의 활동은 주로 주민들의 계몽과 관련된 마을내의 교육운동에 집중하고 있다. 먼저, 표 2의 25번에 기록된 마을학교인 삼산학교를 살리기 위해 헌신적으로 일하고 있었다. 성북동의 근대교육의 산실이 된 삼산학교는 1908년 黃壽延이라는 사람에 의해 설립되었다.[48] 그런데 이 학교의 운영에서는 성북청년회의 헌신적 노력이 있었다. 서광훈은 1922년도에 삼산학교 교사를 하였으며, 성북청년회 재무부를 맡은 김동근은 그 이후 역시 삼산학교에서 활동하였다. 1920년대 삼산학교는 상당한 경제적 위기에 놓여 있었으며 신문보도에 의하면 '동리 유력청년 수 명이 침식을 잊어 가면서 눈물 섞인 열정'으로 유지되고 있었다.[49] '동리 유력청년'은 곧 성북구락부를 구성하는 회원들로 볼 수 있다.

둘째는 성북소년회의 설립[50]과 '무산어린이'를 위한 야학원의 운영이다.[51] '돈이 없어서 학교를 가지 못한' 학령초과 아동들의 교육시설인 야학원은 보통학교 1~4학년 정도의 과정을 수학하였다. 1927년 7월에 모집된 야학원은 1928년 3월에 첫 번째의 진급식 행사를 거행하였다.[52] 그런데 흥미로운 것은 성북소년회 야학부의 첫 번째 진급식에서 우등으로 진급한 여자부 학생은 '金阿只'였는데 이 사람은 서광훈의 어머니였다.[53] 이는 성북소년회나 야학회가 성북청년회의 주도세력에 의해 운영되고 있음을 단적으로 보여 준다고 할 것이다.

성북청년회가 마을의 장년층들과 어떤 관계를 맺고 있었는지 마을운영에서 어느 정도의 영향력을 행사하였는지는 확인할 길이 없다. 단편적인

48) 『每日申報』 1916년 2월 22일자.

49) 『동아일보』 1928년 12월 13일자, 「교실에 난로 없어 삼백생도 苦境, 경비가 없어서 불을 못피어, 성북동 삼사교의 비운」.

50) 『동아일보』 1927년 6월 28일자, 「성북소년회 창립」.

51) 『동아일보』 1927년 7월 6일자, 「성북야학원 설립」.

52) 『조선일보』 1928년 3월 27일자, 「성북소년 야학 진급식 거행」.

53) 경성복심법원검사국(추정), 앞의 책.

자료로는 1925년 6월 25일부터 7월 8일까지 소방구・상여를 구입하기 위한 이 조직의 활동에 의연금을 낸 성북동 주민은 성북구락부 회원을 제외하고 65명에 달한다.[54] 당시 성북동의 인구가 약 1,000명이라고 추정하고 의연금이 세대 단위로 기부되었음을 고려할 때 일정한 경제력이 있는 주민들은 대부분 돈을 낸 것으로 추정된다. 이는 청년회의 활동 가운데 지역공동의 문제를 해결하려는 노력들은 이 지역사회 주민들의 지원 하에 전개되고 있음을 말해 준다.

3) 1930년대 성북정회와 주민진정운동

1930년대 성북동 지역사회를 주도하는 총대 이신구는 1897년생으로 앞의 서광훈 보다 4살 위이다. 역시 성북동의 토박이이며 서광훈의 이웃인 189번지가 원적이자 주소지다. 그런데 그의 이력은 서광훈보다 훨씬 상류층임을 말해 준다. 일본에 유학하여 明治대학 정경학부를 졸업하였으며 1921년부터 1927년까지 정주오산고등보통학교와 경성협성실업학교 교원으로 근무하였다. 그리고 이신구는 1931년부터 1934년까지 성북리 구장을, 1935년부터 1936년까지 숭인면협의회원을, 그리고 성북동이 경성부로 편입되자 1936년에 성북정총대를 맡았다.[55] 그리고 1939년에 경성부회 의원에 당선된다.[56]

성북리 구장을 맡은 1931년 이신구의 나이는 35세에 불과했다. 상당히 젊은 청년구장이었다고 볼 수 있다. 이신구가 이와 같이 젊은 나이에 성북동 구장을 맡을 수 있었던 것은 무엇보다 明治대학 출신자에 고보 교사라는 명실상부한 엘리트로서의 이력이 기본적인 배경이 되었을 것이다. 그런데 보다 직접적인 계기는 앞서 본 마을학교인 삼사학교를 살려내는 데 핵심적 역할을 했기 때문이다. 1920년대 후반 이 학교는 성북청년회 계열의

54)『조선일보』1925년 7월 15일자,「성북구락부 활동」.
55)「町會時報」『京城彙報』1936년 7월호.
56)『동아일보』1939년 5월 4일자,「경성부의 입후보 프로필」.

청년들이 헌신적으로 활동하였음에도 재정난에 빠져 문을 닫을 지경에 이르렀다. 그런데 1928년 한 신문에는 이러한 유력청년들의 희생적 활동에 감동한 이신구가 이 학교 살리기에 적극적으로 나서고 있다는 내용의 기사가 실렸다.[57] 이 보도에 의하면 이신구는 '항상 사회사업에 유의하던' 인물로 묘사되고 있다. 이신구는 교직을 그만둔 이후 직업을 갖지 않았으며 경제력을 배경으로 지역사회에서 공직자로서의 역할을 추구하였던 것으로 추측된다. 그리고 '비운에 빠진' 삼산학교는 곧 그가 지역사회에 개입할 중요한 계기를 마련해 주었다. 이신구가 삼산학교를 부흥시키기 위한 노력을 주도한 지 만 3년이 된 1931년 2월에 삼산학교는 '학교의 내용이 날로 충실'하여 완전한 보통학교로 승격시키는 소속을 진행 중이라고 신문에 보도되고 있다.[58] 주목할 점은 바로 그해에 이신구가 성북리 구장으로 선출되었다는 점이다. 이신구가 성북동이라는 지역사회에서 주민대표직을 맡을 수 있었던 것은 마을의 현안문제를 해결함으로써 지역사회에 능력과 공을 인정받았기 때문이다.

이신구가 구장이 되면서 성북동 지역사회에는 일정한 변화가 생긴 것으로 보인다. 이신구는 기존의 청년운동을 도와주던 인물이었다. 그런데 그가 자신의 과업을 성공적으로 수행함으로써 마을의 공식적인 조직인 구장이 되었다. 이는 이신구를 매개로 1920년대의 청년운동 주도층과 마을의 공식기구가 결합되는 것을 의미했다. 이는 한편으로 청년운동의 변질이나 체제내화로 해석할 수 있으며 또 한편으로는 청년층뿐만 아니라 장년층까지 포섭하는 폭넓은 성북동 주민운동의 기반이 마련되는 것을 뜻했다.

이신구 구장 시대를 맞이하여 성북동에는 주민단합을 공고히 하는 지역축제들이 개최되었다. 1931년과 1932년에는 단오일을 맞아 '단오원유회' '단오위안회'라 불리는 성대한 성북동 마을축제가 열렸다. 축제에는 그네뛰기나 줄다리기와 같은 전통놀이뿐만 아니라 영화와 연극도 기획되었다.[59]

57) 『동아일보』 1928년 12월 17일자, 「삼산교에 서광, 이신구씨 독지로, 시외성북동」.
58) 『동아일보』 1931년 2월 22일자, 「성북리 삼산교 보교로 승격, 방금 認許수속중」.
59) 『동아일보』 1931년 6월 20일자, 「성북리주민 단오원유회」; 『동아일보』 1933년

이러한 지역공동체문화는 구장 이신구가 위로부터 주도했다기보다 상당부분 지역사회의 자발성에 기반하고 있었던 것으로 보인다. 이를 보여 주는 단적인 사건이 주민들의 기부행위다. 1933년 1월 구정을 맞아 성북동 마을 재력가 류재선은 동네의 빈민들을 위해 백미 여섯 가마니를 '동사무소'에 희사하였으며 '동사무소'에서는 궁민 80호에 이를 분배하였다.[60)]

바로 그해 7월에는 성북유치원이 개원되었다.[61)] 이 유치원은 성북동유지들의 모임인 '성북유치원후원회'의 활동에 기반하여 운영되었다. 후원회 조직의 이사는 이종린, 박성근, 이신구다. 박성근은 앞의 성북구락부의 구성원이다. 성북동 지역 유지들은 유치원 운영을 위한 많은 의연금을 희사하였다.[62)] 또한 1936년에는 앞의 표 2의 29번에 소개된 바인 학교에 들어가지 못하는 동리의 학령초과 아동을 위해 새로운 지역학교인 '영명학교'가 설립되었다. 50명의 입학생으로 개원한 이 학교는 교직원 전부가 무보수로 일한다고 보도되었다.[63)]

1936년 4월 성북동이 경성부로 편입되면서 기존에 일정한 명칭을 가지고 있지 않았던 성북동 마을운영조직은 곧 성북정회로 명명되었다.[64)] 마을 일을 해 오던 청년들과 유지들은 정회의 평의원으로 이신구는 정회 총대로 선출되었다. 서광훈을 제외하고 성북구락부에서 활동했던 박동근과 박성근 등은 정회평의원으로 활동하고 있다. 이는 성북정회가 이념성이 약화된 성북구락부를 포섭하고 있음을 말해 준다.

성북정회는 주민들의 자발성에 기반하면서 지역문제 해결에 주민들의 역량을 결집시킬 수 있는 주민조직으로서의 면모를 보이고 있다. 정회가

1월 18일자, 「성북동민 단오위안회」.

60) 『동아일보』 1933년 1월 18일자, 「구세말과 자선가 백미육석을 분배. 성북리 유재선씨가」.

61) 『동아일보』 1933년 7월 1일자, 「성북유치원설립, 동민유지가」.

62) 『동아일보』 1934년 1월 14일자, 「성북유치원 동정금 답지」.

63) 『동아일보』 1936년 4월 12일자, 「학령초과아동 위해 영명학교 신설, 성북정 유지의 발기」.

64) 서울지역 정회의 조직과 운영에 대해서는 김영미, 앞의 글(2001) 참조.

설립된 바로 그 해인 1936년 사망한 성북동의 한 유지는 성북정회에 200원의 기금을 주도록 유언으로 남겼다.[65] 그렇지만 경성부의 우량정회 선발 보도에서 성북정회가 뽑힌 사실은 확인되지 않는다.[66] 이는 성북정회가 비록 '정회'라는 명칭을 쓰고 있지만 내용적으로 볼 때 경성부의 행정을 보조하거나 주민들에게 일제가 요구하는 사상교화사업을 수행하는 데서는 그다지 모범적이지 않았음을 말해 준다. 반면에 성북정회는 주민들의 생활상의 불편과 요구사항을 합법적 통로를 통해서 관철시키는 데는 대단히 적극적이었다.

경성부로 편입된 직후 성북정회는 성북동 주민들의 불만사항을 실현시키는 활동을 곧바로 개시하였다. 1936년 6월부터 8월 사이에 세 가지의 활동이 동시에 전개되었다. 첫째는 표 2의 38번에 소개된 바인 마을에 들어와 있는 요정들을 추방하기 위한 것으로 주택지에 요정을 허가한 행정당국에 문제를 제기하고 신규 요정의 허가취소를 요구하였다.[67] 또한 이미 들어온 요정에 대해서도 주민들의 안면을 방해하고 풍기가 문란하여 학생들의 교육에 장애를 초래하는 행위를 금지하고 차량출입 통제로 교통사고의 위험을 줄일 것을 요구하였다. 교섭위원으로 선정된 이신구 · 오상근 · 김순철 · 윤병철 · 김창학 등은 정회총대와 평의원들이며 이들은 동대문 경찰서를 방문하고 요정허가의 부당함을 진정하였다. 그리고 동대문서로부터 현재 있는 음벽정을 제외한 신규 요정은 허가하지 않겠으며 도로 불편은 수리해 주겠다는 답변을 얻었다.[68] 이후 음벽정에서 주민들의 요구사항을 실천하지 않자 주민들은 다시 정회를 열고 강력한 대응책을 마련하였다.[69]

---

65) 『조선일보』 1936년 10월 6일자, 「성북정회에 2백원 기부 吳慶煥씨 미거」.

66) 경성부는 정회제도의 활성화를 위해서 우량정회를 선발하여 『京城彙報』에 활동 내용을 싣고 있다.

67) 『조선일보』 1936년 8월 8일자, 「교통위험 풍교악화 성북정 요정에 봉화, 현재 것도 부당 신설을 우 불가, 정회서 결의 교섭 진정」.

68) 『동아일보』 1936년 8월 9일자, 「성북정 요정촌화에 주민이 궐기진정」.

69) 『조선일보』 1936년 9월 4일자, 「성북정 요정 통행로 문제로 정회를 재개할 형세」.

이후 주민들은 지속적인 추방운동을 벌임으로써 성북동의 요정촌화를 막아냈다.

둘째, 요정추방운동이 벌어지고 있을 무렵인 1936년 6월에 표 2의 8번에 소개된 바인 수도부설 진정운동을 하고 있다. 수도에 대한 요구는 신부역 전체의 문제였으며 성북동 역시 예외가 아니었다. 1936년 경성부로 편입되자 곧 6월 이신구·김창학·윤병철 등이 발기인이 되어서 수도부설촉진진정운동을 전개하였다. 당시 수도가 없는 지역의 주민들은 물장수로부터 값비싼 물을 사먹는 실정이었다. 그동안 마땅히 하소연할 곳이 없어 참고 있다가 경성부로 편입되자 구부역과 마찬가지의 혜택을 얻어내기 위해 주민들은 적극적인 수도시설을 요구하고 나선 것이다. 이 운동의 배경은 신문에 따르면 '경성부에 편입된 지도 이미 날이 오래된 오늘날까지 수도 부설에 대한 아무런 서광도 보이지 않으므로' 경성부 수도과를 상대로 진정서를 제출한 것으로 보도되었다.[70] 결국 주민들은 다음 해에 우선적으로 수도가 부설될 지역에 성북동이 포함되는 성과를 얻었다.[71]

셋째, 표 2의 15번에 소개된 버스 운전시간 연장을 위한 진정이다. 수도부설 진정과 같은 시점에 일어났다. 전차에 비해서 두 시간이나 빨리 버스를 끊어버리는 경전의 처사에 대해서 항의하면서 숭인정·혜화정·성북정 주민들은 연대하여 동대문서와 경성전기 회사에 탄원서를 제출하였다.[72] 이 문제 역시 수차례의 진정사안이었다. 본래 9시에 끊었던 버스를 9시 45분으로 연장시켰으나 이 역시 불편함이 많자 주민들은 다시 전철시간에 맞추어 연장할 것을 주장하였다.

그리고 마지막으로 표 2의 39번 활동 내용인 1938년도에 전염병원 설치 반대운동이 일어나고 있다. 전염병원 건립 소식이 전해지자 정회가 개최되었으며 평의원 50여 명은 정회회관에서 평의원회를 개최하였다. 그리고 하

---

70) 『조선일보』 1936년 6월 3일자, 「수도부설 요구코저 성북동 주민 遂 궐기」.

71) 『동아일보』1937년 6월 5일자, 「경성부 수도확장, 今秋에 착공예정 성북정, 마포 영등포 등 7개구」.

72) 『동아일보』 1936년 6월 4일자, 「'버스' 운전시간 연장을 진정」.

수도와 수도가 없는 이 지역에 전염병원이 설치되면 자연히 산간의 물을 이용하여 환자의 빨래를 할 것인데 이는 주민들의 위생에 치명적이라고 보았다.[73] 이후 주민운동은 대단히 격렬하게 전개되었다. 주민들의 다수가 참가한 상태에서 정회와 평의원회가 수시로 가동되었다. 그리고 병원경영자인 정홍섭에게 중지권고와 각 관계기관에 진정운동을 벌였다.[74] 처음에 요양원설치반대위원은 이신구·이창학·김순철·서광전·조○렬 등 5명이었으나 의사 정홍섭이 분명한 태도를 보이지 않자 최재서·이태준과 같은 저명문화인을 포함하여 반대위원은 10명 더 늘어났다.[75] 이들은 주민 600명의 날인을 받아 격렬한 반대운동을 전개하였다.[76]

결과적으로 1930년대 후반 성북동은 가장 이상적인 주택지가 되었으며 성북동 주민들의 환경개선운동은 주민들이 동네를 지켜낸 모범적인 사례로 손꼽혔다.[77] 이 운동을 주도한 총대 이신구는 1939년 경성부회 의원에 출마하였다. 현 삼산학교 이사상이자 오랜 교육계의 원로로 소개된 그는 '부립중학'의 설립과 '토목위생시설의 촉진'을 포부로 내세웠으며 43세의 젊은 나이에 부회의원에 당선되었다.[78]

---

73) 『동아일보』 1938년 2월 25일자, 「전염병 료양원 설치에 성북정 주민 반대」.

74) 『동아일보』 1938년 2월 28일자, 「전염병원 설치중지를 경영자에게 교섭」; 『동아일보』 1938년 3월 3일자, 「성북정 료양원 설치 육천정민이 반대」; 『동아일보』 1938년 3월 18일자, 「성북정 결핵요양소 통고도 없이 수리에 착수, 설치 반대튼 육천주민이 분개 정회 열고 대책강구」; 『동아일보』 1938년 4월 8일자, 「성북정민 재분기, 결핵요양원 설치중지의 최후 권고」.

75) 『조선일보』 1938년 4월 8일자, 「성북정 주민 총결속. 결핵 요양소 설치반대」.

76) 『조선일보』 1938년 4월 20일자, 「성북정민 재궐기. 6백여명 연서로 동서에 또 진정」.

77) 『조선일보』 1938년 10월 14일자, 「경치 좋고 살기 좋은 지식인의 이상촌, 침입한 요정을 단연구축」.

78) 『동아일보』, 1939년 5월 4일자, 「경성부의 입후보 푸로필」.

4. 맺음말

이상의 성북동의 사례를 통해서 볼 때 주민운동은 도시행정에 대한 즉자적인 대응이 아니라 지역사회의 일상적 정치운동을 기반으로 하고 있는 것임을 알 수 있다. 바꾸어 말하면 주민운동이라는 사건들은 물밑에 존재했던 지역사회의 일상적 정치행위의 존재를 확인시켜 준다 할 것이다. 주민들의 생활공간이었던 동은 새로운 인구의 유입으로 전통적인 공동체성을 상실하고 있었지만 이 단위로 주민들을 결집시키는 새로운 환경들이 조성되고 있다. 먼저 1920년대 사회주의청년들의 민중계몽 활동들은 그들이 살아가는 지역을 기반으로 전개되고 있었다. 성북구락부로 명명되는 성북청년회는 마을의 일상적인 문제를 해결하고 마을학교를 통해 지역주민들을 계몽·결집시키는 역할을 주도하고 있었다. 사회주의 청년운동이 약화되는 1920년대 말부터 성북동에는 이신구로 대표되는 새로운 지역유지가 등장하고 있다. 이 무렵 성북동의 생활환경은 급변하고 있었다. 급격한 인구 증가로 교육·수도·교통 등에서 생활의 불편과 불만이 증가하였으며 도심의 오염으로 공기 좋은 곳을 찾아 유흥업소나 전염병 병원이 동네로 밀려들어왔다. 주민사회가 직면한 이러한 문제들은 자체적으로 해결할 수 있는 것도 있었지만 행정당국을 통해서 확보해야만 하는 사안들이 대부분이었다. 이러한 지역의 과제는 새로운 지역유지를 등장시켰다. 1930년대 주민운동을 주도한 이신구라는 지역 엘리트는 학력과 재력 면에서 상당한 상류계층의 인물이었다. 토박이라는 점에서 성북동 청년회 조직을 흡수할 수 있었다. 그리고 상층 엘리트라는 면에서 동네에 새로 이주한 지식인층을 실질적으로 동원할 수 있었으며 행정당국에서도 만만히 볼 수가 없었다. 지역의 현안문제를 성공적으로 해결해 나감으로써 이신구는 성북동 '구장(총대)'로 선임되고 나아가서 '경성부회의원'으로 진출하고 있다.

1930년대 성북동은 수많은 지식인들이 살고 있는 동네였지만 이신구가 이 지역에서 주도권을 가질 수 있었던 것은 무엇을 말하는 것일까? 이는 이 시기 경성은 급변하고 있었지만 여전히 전통사회부터 지역에 뿌리내리고 있는 지역과 밀착된 원주민층이 존재하고 있으며 원주민 사회의 영향력은 지역사회에서 무시할 수 없는 힘이었던 것으로 볼 수 있다. 이는 성북동만의 상황이 아니었는데 경성부 총대의 대부분이 동네의 토박이였다는 점에서 확인할 수 있다.[79] 원주민 사회의 존재는 경성지역 주민운동이 부분적으로는 전통적인 마을공동체의 여진 속에서 전개되고 있음을 말해 준다. 그렇지만 주목할 부분은 지역의 문제를 행정당국을 통해서 공식적이고 합법적 해결하려는 주민진정운동은 운동 자체가 새로운 지역정치를 만들어 내고 있는 지점이다. 진정운동은 지역 엘리트의 지역사회에서의 주도권을 보장해 주며 엘리트를 중심으로 지역사회를 경성부 행정기구와 '접속'시키고 있다. 이러한 경로는 주민사회의 요구를 합법적으로 해결시키는 통로를 만들어 낸다는 점에서 행정당국의 일방적 대민지배를 견제하는 하나의 장치가 되고 있다. 그렇지만 다음 국면에서 그것이 가지는 역효과도 충분히 상상할 수 있다. 일제당국의 지역 엘리트에 대한 포섭은 주민사회에 대한 국가지배의 효율적 관철을 의미할 수도 있기 때문이다.

그렇지만 적어도 이 관계는 일방적인 것으로 상정하기는 힘들다고 생각된다. 이신구는 성북동이라는 지역사회와 경성부를 '접속'시키는 매개가 되는 인물로서 도시의 중간지배층으로 명명할 수 있다. 경성부의 총대를 일률적으로 '친일'이나 '憑公營私'라는 개념으로 바라보는 기존 연구 성과는 너무 성급한 속단이라고 생각된다.[80] 중간지배층의 운신의 폭이란 지역주

---

79) 1936년 발간된『大京城公職者名鑑』에 수록된 경성부의 정회총대 중에 조선인 총대는 141명이다. 이 가운데 原籍을 밝히 자가 129명이며, 이 중 원적과 현주소가 완전히 일치하는 자는 85명이다. 그리고 14명은 원적과 현주소가 동일한 町이다. 이는 정총대들의 대부분이 지역토박이임을 말해 준다. 경성신문사, 앞의 책(1936).

80) 서현주는 경성부 정총대들의 활동을 '대표성 미약과 憑公營私 활동'으로 규정하고 있다. 서현주, 2002「조선말 일제하 서울의 하부행정제도 연구」, 서울대학교 국사학과 박사학위논문, 198~213면.

민사회의 내적인 힘과 행정당국이 가하는 압력, 그리고 그의 정치적 소신이라는 세 변수에 의해 유동적으로 '형성'되는 것으로 보아야 할 것이다. 그 구체성에 보다 주목해서 면밀한 접근이 필요하다고 생각된다. 지역주민사회의 힘이 강했던 성북동의 경우 적어도 1930년대까지 이신구는 지역사회의 대표이자 일제의 하부 행정보조자라는 명실상부한 이중적 속성을 지니고 있다. 주민운동을 통한 성북동 지역사회의 권익실현은 지역유지로서 그의 기반이 되고 있으면서 동시에 민선인 부회의원으로 진출할 수 있는 주요한 배경이 되고 있다.

참고문헌

경성복심법원검사국(추정), 1927년경 『왜정시대인물사료』 제11권.

경성일보사, 1936 『大京城公職者名鑑』.

고동환, 1998 「조선후기 漢城府 행정편제의 변화 — 坊·里·洞·契의 변동을 중심으로」 『서울학연구』 11, 서울학연구소.

권태환·전광희·은기수, 1997 「서울의 전통 이해: 인구와 도시화」, 서울학연구소.

김영미, 2001 「일제시기 서울지역 정·동회제와 주민생활」, 『서울학연구』 16, 서울학연구소.

김영미, 2006 「일제시기 京城 二村洞民들의 수해대책운동과 지역정치」 『도시역사문화』 5, 서울역사박물관.

김제정, 2000 「1930년대 초반 경성지역 전기사업 부영화 운동」 『한국사론』 43, 서울대 국사학과.

류준범, 1994 「1930년대 京城 지역 노동자의 구성」, 서울대학교 국사학과 석사학위논문.

서현주, 2002 「조선말 일제하 서울의 하부행정제도 연구」, 서울대학교 국사학과 박사학위논문.

안건호, 1995 「1920년대 전반기 청년운동의 전개」 『한국근현대청년운동사』, 풀빛.

염복규, 2001 「193~40년대 경성시가지계획의 전개와 성격」, 서울대학교 석사학위논문.

윤해동, 2003 「식민지인식의 회색지대 — 일제하 공공성과 규율권력」 『식민지의 회색지대』, 역사비평사.
한상구, 2000「일제시기 '시민대회의 전개양상과 성격」, 제43회 전국역사학대회 발표문.
서울특별시 성북구, 1993『성북구지』.
서울특별시사편찬위원회, 1993『서울통계자료집 — 일제강점기편 —』.
손정목, 1996『일제강점기 도시화과정 연구』, 일지사.
손정목, 1996『일제강점기 도시사회상 연구』, 일지사.
이태준,「달밤」『중앙』1933년 창간호.
「부호의 별장지대 풍경, 성북동일대」『삼천리』1935년 제7권 제5호.
「성북동의 문인촌」『삼천리』1933년 제5권 제10호.
「한양청년연맹 임시대회에 관한 건(京鍾警高秘 제11197호-1)」『검찰사무에 관한 기록(1)』.

『京城彙報』.
『국세조사보고』.
『동아일보』.
『매일신보』.
『조선일보』.

제2부 한국인의 대응 — 저항과 협력 —

1920년대 초 유교지식인의 제국주의와 근대문명 인식
— 개신유학자 박은식과 설태희를 중심으로 —

정숭교

1. 머리말

1920년대는 사상이라는 측면에서 본격적인 근대가 시작된 시기라고 할 수 있다. 1920년대에는 일본 유학 등을 통해서 근대교육의 세례를 받은 첫 세대가 본격적으로 사회에 진출하였다.[1)] 이들 신지식인들은 자유주의나 사회주의 등 근대 사조를 본격적으로 받아들였다. 그리고 청년운동을 통해서 전통교육을 받은 구세대를 제치고 사회적 주도권을 장악해 나갔다. 이후 사상적 지형은 이 시기 나타나기 시작한 자본주의적 사회구성과 맞물려서 좌우의 대립구도를 형성하게 되었다. 즉 1920년대는 사상이라는 측면에서 볼 때 20세기의 출발점이었다고 할 수 있다.

그런데 이 시기 이들 신지식인들과는 또 다른 사상적인 모습을 보여 준 지식인 집단이 존재하고 있었다. 그들은 아직 유교적 소양을 간직하고 있던 구세대 개신유학자들이었다. 이들 개신유학자들은 당시 출현하고 있던 좌우의 대립구도에서 대체로 중도적인 입장에 서 있었다. 이들이 중도적 입장을 취했던 것은 이들이 간직한 유교적 기반으로 말미암은 것으로 보인다. 이는 그들 사상에 있어서 근대의 불충분함으로 판단되기도 한다. 그렇다고 했을 때 이들 개신유학자들의 사상적 모색은 도도히 밀어닥치는 근대의 물결에 밀려 하나의 포말이 되어 역사의 저편으로 사라져 버릴 수밖에

1) 박찬승, 1991 『한국근대정치사상사연구』, 역사비평사, 112면.

없을 것이다.

하지만 1920년대 개신유학자들의 사상적 모색에 대해서는 보다 적극적인 검토가 필요하다. 그것은 이들의 모색이 이 무렵 신지식인들에 의해 본격적으로 시작된 20세기 근대적 사상사와는 별도로 독자적인 의미를 갖고 있었기 때문이다.

19세기는 사상이라는 측면에서는 유교와 근대가 접속되는 시기였다. 유교와 근대의 접속은 19세기 초부터 동도서기라는 형식으로 시도되기 시작하였다.[2] 접촉의 공간은 개항 이후 확대되었다. 기존의 연구에서는 이러한 유교와 근대의 접속의 양상을 문명개화, 동도서기, 위정척사라고 하는 틀로 나누어 살펴보는 것이 보통이다.

이러한 접근방식은 각 계파의 입장의 차이를 드러내는 데는 유용한 방식이었다고 할 수 있다. 하지만 유교와 근대의 접속의 역동적인 과정을 드러내는 데는 한계가 있었다. 더구나 제국주의의 침략이라고 하는 정치적 물결이 밀어닥치면서 사상사적 관심이 민족의 위기와 그에 대한 대응으로 옮겨가게 되었고 결국 유교적 전통의 문제는 뒷전으로 밀려나지 않을 수 없었다. 따라서 유교와 근대의 접속의 문제는 사상사 연구에 있어서 충분히 마무리되지 않은 채 중간에서 실종되어 버린 것이다.

하지만 유교와 근대의 접속을 위해 노력했던 개신유학자들은 이후에도 자신의 정신적 출발점이라고 할 수 있는 유교적 전통의 문제를 완전히 놓아 버렸던 것은 아니었다. 이 점과 관련해서 1920년대는 흥미로운 시기이다. 1920년대에 접어들면 세계적으로 사회진화론이 퇴조하고 이상주의 사조가 대두하였다. 적어도 사상이라는 측면에서는 근대의 얼굴이 전면적으로 바뀐 것이다. 이는 근대 즉 타자에 대한 재인식이 가능하게 하였고 자아에 대해서도 다시금 성찰할 수 있는 정신적 공간을 제공해 주었다. 이러한 분위기 속에서 당시 개신유학자들은 유교적 전통의 문제를 다시금 떠올

---

2) 19세기 동도서기론의 형성과정에 대해서는 盧大煥, 1999 「19세기 東道西器論 形成過程 硏究」, 서울대학교 박사학위논문 참조.

리고 있었다.

이러한 점에서 볼 때 1920년대는 개신유학자들에게 있어서는 19세기의 사상적 현안이었던 유교와 근대의 접속을 마무리짓는 시기였다고 할 수 있다. 그리고 그러한 점에서 이들의 사상적 모색은 신지식인에 의해 본격적으로 시작된 '근대적' 사상사와는 별도로 독자적 의미를 갖고 있는 것이다.

또한 1920년대의 정치적 사상적 공간에서 개신유학자들과 신지식인들은 함께 활동하고 있었다. 때로는 적대적인 입장에 서서 논쟁을 벌이기도 하였지만 양자 사이에 정신적 교류도 없지 않았다. 개신유학자들의 사상적 모색은 신지식인들에게도 '한국적인' 근대사상을 형성하기 위한 지적 자양분이었을 것이다. 이러한 점에서 1920년대 개신유학자들의 사상적 모색은 단순히 낡은 사상의 흔적이었던 것만은 아니었다.

1920년대 유교적 소양을 갖고 있었으며 정치적으로 중도적인 입장을 견지했던 사람들 가운데 가장 대표적인 인물로 박은식과 설태희를 꼽을 수 있다. 박은식은 상해 임시정부에서 활동하였으며 설태희는 국내 사회운동계에서 활약한 인물이다. 박은식은 1859년 생으로 1920년 현재 62세였으며 설태희는 1875년 생으로 1920년 현재 46세였다. 박은식은 두말할 나위 없이 원로급 인물이며 설태희도 당시 사회운동계에서는 노장층에 해당하는 인물이었다. 두 사람 모두 유교적 소양을 바탕으로 근대문화를 수용하려 한 인물이다. 당시 유교지식인 가운데는 이들 개신유학자 이외에 보수 유림도 있었다. 하지만 유교적 전통과 근대와의 접속 문제를 온몸으로 부딪치며 고뇌한 이들은 박은식과 설태희를 비롯한 개신유학자들이었다.[3] 따라서 이 두 사람을 중심으로 1920년대 초 개신유학자들이 추구한 사상적

---

3) 박은식은 한말 이래 대표적인 개신유학자이지만 설태희를 개신유학자로 꼽는 것은 다소 생소할 수 있다. 그것은 설태희가 한말 한북흥학회 대한협회 등에서 활동한 계몽운동가였기 때문이다. 하지만 그는 1910년대 『理氣辯』, 『太極辯』, 『大學新講義』 등의 저술을 남긴 저명한 유학자였으며 이후에도 유교가 그의 사상의 중심에 자리 잡고 있었다. 따라서 설태희도 넓은 의미에서 개신유학자의 범주에 포함시킬 수 있을 것이다.

모색의 한 면모를 추적해 보도록 하자.

2. 시대상황과 행적

1) 시대상황

1920년대 초는 제1차 세계대전이 끝난 후 전 세계적으로 이상주의적 사조가 사회진화론으로 대표되는 현실주의를 압도하고 있던 시기였다.[4] 그것은 세계대전의 참담한 경험으로 말미암아 서구 자본주의 문명의 문제점을 절실히 느끼게 되었으며 이러한 비극을 회피하려는 인류의 보편적 열망을 외면할 수 없었기 때문이다. 인도주의에 입각하여 세계개조를 부르짖는 이러한 이상주의적 사조를 당시 개조론이라고 불렀는데 이는 일본을 거쳐 조선에도 영향을 미치고 있었다.[5]

한편 일본은 3·1운동 이후 조선에 대한 통치정책을 무단통치에서 이른바 문화정치로 전환하고 있었다. 물론 이는 조선에 대한 보다 안정적인 통치체제를 구축하려는 고도의 통치전략의 소산이었지만 당시의 이상주의적 세계사조가 강요한 측면도 없지는 않았다. 또한 일본 국내에서는 민중운동의 대두와 그에 따른 민주주의의 부분적인 확대가 이루어지고 있었다. 이를 '大正데모크라시'라고 부르는데 조선에 대한 통치방식의 변화도 이러한 일본 국내의 상황과 연동된 것이었다고 할 수 있다. '大正데모크라시'는 일본 국내에 사상적 개화를 가져와 사회주의를 비롯한 각종 사상이 꽃피었다. 이러한 근대사상들은 유학생들을 통해서 조선에 수입되고 있었다.

1920년대에는 대다수의 조선인 망명객이 몸담고 있던 중국사회도 활발한 모습을 보여 주고 있었다. 당시 중국에서는 정치적인 영역에서 5·4운

4) 구대열, 1995 『한국국제관계사연구1』, 역사비평사, 221~234면.

5) 개조론의 도입에 관해서는 박찬승, 1990 『한국근대정치사상사연구』, 역사비평사, 177~180면을 참조.

동이 일어나 반식민지 상태를 극복하려 하였다. 이는 조선에서의 3·1운동과 마찬가지로 1920년대의 낙관적인 국제정세에 힘입은 바 크다. 5·4운동은 정치의 영역에 그치지 않고 문화의 영역으로 번져갔다. 즉 '과학'과 '민주'를 부르짖는 신문화운동이 일어난 것이다. 과거에는 중국이 기술이나 정치 등 제한된 영역에 국한하여 근대와 접촉하였기 때문에 실패하였으니 이제 전면적으로 근대문화를 수용하자는 것이었다. 문화에 있어서의 근대가 본격적으로 시작된 것이다. 이 과정에서 유교와 근대문화와의 관계를 놓고 대대적인 문화논쟁이 벌어지기도 하였다.[6)]

이상과 같이 1920년대 조선을 둘러싼 동아시아는 일정한 역사적 전환기를 맞이하고 있었다. 개조론으로 대표되는 이상주의적 세계사조에 힘입어 활발한 정치적 움직임이 있었고 사상적으로 고양기를 맞이하고 있었다. 이러한 분위기 속에서 여러 근대사상이 꽃피고 있었다.

이와 같은 국제정세 하에서 조선인도 고무되지 않을 수 없었다. 3·1운동도 이러한 이상주의적인 분위기 속에서 배태될 수 있었으며 결과적으로도 이러한 낙관적인 분위기를 이어가게 만들었다. 이러한 분위기 속에서 상해에서는 임시정부가 수립되어 활동에 들어갔으며 국내에서는 문화운동과 사회운동이 활발히 전개되었다.

1920년대 조선은 사상적으로도 고무되었다. 다양한 근대사상이 본격적으로 도입되었다. 근대사상의 본격적인 도입은 일본 유학 등을 통해 신교육의 세례를 받은 신지식인들이 주도하였지만 이를 가능하게 했던 것은 세계사조의 변화였다. 이전에는 사회진화론으로 대표되는 현실주의 사조가 지배하고 있었다. 당시에는 약육강식의 세계질서 하의 생존전략으로 이를 불가피하게 받아들이지 않을 수 없었지만 타자에 대한 대립의식은 엄연히 존재하고 있었다. 개조론으로 대표되는 이상주의 사조가 대두하면서 타자 즉 근대에 대해 재검토가 이루어지게 된 것이다. 따라서 이제는 상황논리

6) 1920년대 중국에서의 문화논쟁에 관해서는 鄭家棟, 1990 『현대신유학』(한국철학사상연구회 논전사분과 옮김, 1993, 예문서원)을 참조.

에 밀려 수동적으로 서구문화를 받아들이는 것이 아니라 근대문화에 대해 비판적 시각을 지니면서 능동적으로 받아들일 수 있게 된 것이다.

2) 행적

박은식과 설태희는 1920년대 각각 국외와 국내에서 활동한 대표적인 개신유학자다. 박은식은 한말부터 대표적인 개신유학자로 꼽히던 인물이다. 설태희는 한말 계몽운동 단체에서 활동한 인물이지만 다수의 유교 관련 저작을 남기는 등 유교사상에도 밝았으며 1920년대 신지식인들과 대비되는 사상적 면모를 보여 주었기 때문에 개신유학자의 범주에 포함시켰다. 이들의 1910년대 이후의 행적을 추적해 보면 다음과 같다.

박은식은 1911년 서간도로 망명을 하였다. 윤세복의 집에 기거하면서 『夢拜金太祖』, 『泉蓋蘇文傳』, 『大東古代史』 등을 저술하는 한편 대종교에 입도하였다. 그는 이후 상해, 홍콩, 연해주를 전전하면서 망명자로서 활동하였다. 그는 1912년 상해에서 신규식, 조소앙, 신채호 등과 함께 동제사를 조직하여 독립운동을 전개하였다. 박은식이 참여한 동제사에서는 박달학원을 세워 민족교육을 실시하는 한편 스톡홀름에서 열리는 국제사회당대회에 대표를 파견하여 한국독립요구서를 제출하는 등 외교활동을 벌였다.

그는 3·1운동을 블라디보스톡에서 맞이하였다. 그는 곧 대한국민노인동맹단을 조직하였으며 상해로 건너와서는 임시정부에 참여하였다. 임시정부에서는 독립신문사 주필에 취임하였으며 사료편찬회에도 관여하였다. 1922년 임시정부의 진로문제를 놓고 국민대표대회가 열릴 때에는 명예회장으로 추대되기도 하였다.

이때 주목되는 점은 국민대표대회 당시 창조파와 개조파가 대립하였을 때 창조파가 그를 고문으로 영입하려 하였지만 이에 응하지 않았다는 것이다. 창조파의 핵심 인물 가운데 한 사람이 신채호인데 이제 그와 행보를 달리하게 된 셈이다. 박은식은 상해 임시정부 시절 개조파의 핵심인물이었던 안창호와 관계가 돈독하였다. 서로 간에 의견교환이 긴밀히 이루어졌으며 박은식의 생활비를 안창호가 댄 적도 있었다고 한다.[7] 이는 박은식과 안창호가 같은 서북지방 출신이었기 때문이었을 것이다.

안창호와 신채호는 각각 민족개량주의와 비타협적 민족주의의 대표적 인물로 평가되고 있다. 박은식은 이 가운데 과거의 사상적 기반이나 정치적 행보라는 측면에서 상대적으로 신채호와 가까운 인물로 받아들이는 것이 보통이다. 하지만 박은식은 국민대표대회에서 신채호와는 다른 행보를 보이고 있는 것이다. 이를 통해 그가 1920년대 안창호류의 민족개량주의는 아니더라도 신채호류의 전투적 민족주의와는 다른 사상적 모색을 하고 있지 않았을까 추정해 볼 수 있다.[8]

결국 박은식은 국민대표대회가 결렬되고 창조파가 연해주로 돌아갈 때 이에 합류하지 않고 임정에 잔류하였다. 1924년에는 임시정부의 국무총리에 취임하여 대통령 대리를 겸직하였으며 1925년에는 임시정부의 마지막 대통령에 취임하여 정부조직을 국무위원제로 변경한 후 은퇴하였다.

설태희는 함경남도 단천 출신으로 계몽운동기 한북흥학회 대한협회 등에 참여한 계몽운동가였다.[9] 하지만 그는 국망과 함께 관직을 사임한 후 儒學 연구에 몰두하여 1916년에는 『理氣辯』, 『太極辯』, 『大學新講義』 등을 저술하였다. 이처럼 유교적 저작을 남길 수 있었던 것은 그가 일찍부터 유교적 소양을 갖추고 있었기 때문일 것이다. 그는 비록 유교적 전통이 약한 함경도 출신이었고 뚜렷한 師承관계는 확인할 수 없지만 학문적으로 자수성가한 유학자 가운데 한 사람이었다고 할 수 있다.

설태희는 3·1운동 이후 사회활동을 재개하였다. 1919년 서울로 이주하여 조선경제회 이사를 맡은 것을 시작으로 1920년 6월에는 조선교육회 발기인이 되었고 1922년에는 민우회 참여하는 한편 민립대학기성회 발기인

7) 주요한, 1963 『安島山全書』, 삼중당, 208면.

8) 사회주의자들도 국민대표대회에서 창조론과 개조론으로 갈릴 정도였으므로 국민대표대회에서의 대립 구도는 그렇게 단순하지만은 않았다고 할 수 있다.

9) 1920년대 설태희의 활동에 대해서는 조형열, 2004 「改新儒學者 薛泰熙를 통해 본 '文化運動'의 이념적 편차」, 고려대학교 석사학위논문을 참조.

이 되었다. 이 가운데 민우회는 민족주의계열과 사회주의계열이 폭넓게 포진한 사회운동 단체로서 그가 당시 사회운동의 중심부에 진입했음을 보여주는 것이다.

1920년대 설태희의 사회운동 참여의 정점은 물산장려운동이었다. 그는 1923년 조선물산장려회에 참여하여 이사로 선임되었다. 그는 기관지 발행을 주도하고 여기에 각종 논설을 발표하였다. 물산장려운동의 주요한 이론가였던 셈이다.

당시 물산장려운동을 둘러싸고 치열한 논쟁이 벌어졌다. 사회주의자들은 물산장려운동이 부르주아의 계급적 이익에 따른 것이라고 비판하였다. 물산장려운동 진영 내부에서도 생산증식론과 토산장려론이라고 하는 노선의 차이가 있었다. 설태희는 당시 이러한 논쟁 가운데서 토산장려론의 주장을 폈다.[10] 토산장려론은 뒤에 살펴보겠지만 사회주의자들의 물산장려운동 비판론과 물산장려운동 내부의 자본주의적 생산증식론 사이의 중도적 입장으로 평가할 수 있다.

그는 토산장려론을 실천하기 위해 물산장려회 내에 자작자급운동의 일환으로 설치된 手工部를 맡아 운영하였으며 소비조합 설립운동을 주도하기도 하였다. 물산장려운동이 끝난 뒤에도 토산장려의 신념을 실천하기 위한 개인적인 노력은 이어졌다. 그래서 1925년에는 철원에 농장을 만들어 이상촌을 건설하여 하였으며 1933년에는 고향인 함경도에서 일종의 협동조합인 自立社를 건설하려고 시도하기도 하였다.

그는 사회운동뿐 아니라 문화에도 관심이 많아서 유교사상과 근대사상을 대조한 『茶飯更嚼』을 저술하였으며 기독교계 인사인 김창제와 유교사상에 대한 논쟁을 벌여 유교사상이 근대사회에도 유용함을 주장하기도 하였다. 이러한 유교사상에 대한 공부는 1930년대에도 이어져 1910년대 지은 『理氣辯』의 속편이라고 할 수 있는 『續理氣辯』을 저술하였으며 조선어사

10) 당시 물산장려운동의 노선으로는 생산증식론과 토산장려론이 대립하고 있었다. 물산장려운동논쟁에 관해서는 尹海東, 1992 「日帝下 物産奬勵運動의 背景과 그 理念」 『韓國史論』 27을 참조.

전편찬후원회에 참여하는 등 민족문화운동에 앞장섰다. 이상과 같은 설태희의 유교사상에 대한 관심은 그의 중도적인 사회운동 노선과도 연관이 있는 것으로 판단된다.

이상에서 살펴본 바와 같이 박은식과 설태희는 1920년대 활동한 공간은 서로 달랐지만 행동방식에 있어서는 일정한 공통점을 지니고 있었다. 임시정부의 국민대표대회와 물산장려운동 논쟁이라고 하는 치열한 노선 대립의 가운데에서 모두 온건하고 중도적인 입장을 취했던 것이다. 이들이 이러한 태도를 취한 것은 당시 이들이 다른 사람들에 비해서 나이가 많은 노장층이었던 탓도 크다. 하지만 이 무렵 이들의 사상 자체에서도 그러한 조짐을 발견할 수 있다.

3. 제국주의에 대한 인식

1) 1910년대 이전의 제국주의 인식

1910년대 이전 박은식과 같은 개신유학자들의 제국주의에 대한 비판적 인식은 조선이 겪은 정치적 현실과 맞물리면서 심화되었다. 특히 1910년 한일합병은 제국주의에 대한 적대적 태도를 극단화시켰다. 하지만 1910년대까지는 제국주의 사상과 논리 그 자체에 대해서 근본적으로 비판하고 극복하고 있지는 못했다고 할 수 있다.

한일합병 이전 계몽운동기 박은식은 약육강식의 제국주의적 국제질서에 대해 인식하고 이에 대한 경각심을 고취하고 있었다. 이는 당시 동아시아에 풍미했던 사회진화론을 수용한 것으로 보인다. 하지만 이 시기 그의 제국주의 인식은 원론적인 차원에 머무르고 있을 뿐 구체성을 결여하고 있었다. 그렇기 때문에 이에 대한 대책도 '스스로 힘을 기른다(自强)'고 하는 다소 안이한 방안에 머무르지 않을 수 없었다. 이는 그가 부분적으로나마 근대를 수용한 이상 제국주의 국가들이 침략자이기 앞서 본받아야 할 대상이

될 수밖에 없었기 때문일 것이다.

계몽운동기 조선에 있어서 제국주의적 침략자였던 일본에 대한 인식은 더욱 그러하였다. 한일합병 이전에는 경계의 대상이 된 것이 약육강식의 국제질서 전체일 뿐 일본을 침략자로서 구체적으로 지목하고 있지 못했다. 그가 일본의 조선에 대한 정책에 대해서 우려하지 않은 것은 아니지만 일본의 침략이 상당히 구체화되는 단계까지도 조선과 일본이 호혜적 관계를 유지할 수 있을 것이라는 기대를 버리지 않았다.

당시 박은식은 일본을 한국이 본받아야 할 문명국으로 간주하였으며 그래서 실제 한국에서 활동 중인 일본인과 접촉하기도 하였다. 1904년 『學規新論』을 출판할 때 가토 마쓰오(加藤增雄)의 재정원조를 받았으며 대한자강회 고문 오가키 다케오(大垣丈夫)가 조직한 南山文社의 회원이기도 하였다. 그리고 이들 일본인들이 주장한 대아시아주의나 동양평화론에 반드시 비판적이지만은 않았다.[11] 물론 그는 동양평화론을 그가 가진 유교적 사고를 통해서 이해하였다. 동아시아 삼국은 인의도덕이라고 하는 유교적 보편가치를 공유하고 있으므로 이를 기반으로 호혜적 질서를 수립할 수 있을 것이란 생각이다. 하지만 이러한 낙관적인 기대는 일본의 노골적인 제국주의 침략 앞에서 무참하게 무너지지 않을 수 없었다.

한일합병 이후가 되면 박은식의 대외인식은 크게 달라졌다. 그는 과거의 인의도덕에 근거한 호소를 접고 일본과 제국주의에 대해 맹렬히 비판하였다. 우선 그는 '섬나라 종족이 檀君 神祖가 물려준 우리 종족의 터전을 강탈했다'고 하여 일본에 대한 종족적 적개심을 뚜렷이 드러냈다.[12] 또한 제국주의에 대해서도 과거보다 분명히 인식하고 비판하기 시작하였다. 그는 "다윈이 强權論을 부르짖음으로써 帝國主義가 세계에 唯一無二한 旗幟가 되어 나라를 멸망시키고 종족을 말살하는 것으로 公例로 삼는다."라고 하여 제국주의의 침략성에 대해 보다 구체적인 인식을 보여 주었다.[13]

11) 金基承, 1987「白巖 朴殷植의 思想的 變遷過程」『역사학보』114집 35면.
12) 朴殷植, 1919「大韓國民老人同盟團趣旨書」.(『白巖朴殷植全書』 제Ⅴ권 476면)
13) 朴殷植, 1911『夢拜金太祖』, 59면.(『朴殷植全書』 중권 309면)

박은식은 합병 이후 제국주의에 대항하는 이념으로 '世界人道의 平等主義'를 제창하였다. 그런데 여기서 말하는 평등주의는 '世界人道'라고 하는 접두사가 붙어 있기는 하지만 이를 통해 "同胞로 하여금 下等 地位에서 벗어나 上等 地位로 나아갈 思想을 불러일으키게 하라."라는 언급에서도 볼 수 있듯이[14] 그 실제적 내용은 저항적 민족주의였다고 할 수 있다.[15]

박은식이 이렇게 제국주의에 대항하는 이념으로 저항적 민족주의를 제창하였지만 제국주의적 논리 자체를 근본적으로 넘어서고 있지는 못했다. 그 제국주의적 논리 가운데 가장 대표적인 예가 바로 경쟁의 논리다. 박은식은 1910년대까지도 경쟁의 논리를 근본적으로 극복하고 있지 못했다. 그래서 그는 조선이 그간 '對外競爭과 向外進取'에 힘쓰지 않고 내부적 갈등만 일삼은 까닭에 國亡에 이르게 되었다고 주장하고 있는 것이다.[16]

이렇게 경쟁의 논리를 수용하게 되면 정복주의, 팽창주의와 같은 제국주의적 사고도 아울러 받아들일 수밖에 없다. 그는 '만약 朝鮮에 英雄이 있어서 進就의 정책을 펼쳤더라면 太平洋이 조선의 바다가 되고 北方 大陸이 조선의 땅이 되어 海上權과 陸地權이 조선인의 소유가 되었을 것'이라고 하여 팽창주의적 사고의 일단을 드러내고 있었다.[17]

또한 그는 "武力으로서 帝國主義를 征服하여 世界人權의 平等主義를 실행한다"고 하는 일견 논리적으로 모순된 것으로 보이는 주장까지 하였다.[18] 여기서 그는 제국주의에 대해 적개심을 표현하고 있지만 그것을 극복하는 방식이 문제다. 제국주의를 부정하면서도 무력과 정복이라고 하는 제국주의적 방식을 그대로 채용하고 있기 때문이다. 사실 그는 당시만하여

---

14) 朴殷植, 1911 『夢拜金太祖』, 42면.(『朴殷植全書』 중권 275면)

15) 박은식은 평등주의에 제국주의 대신 강권주의를 대비시키기도 하였다. 한말 계몽운동기 신채호는 '제국주의'와 '민족주의'를 대비시킨 바 있는데 신채호의 '민족주의'와 박은식의 '평등주의'는 모두 '저항적 민족주의'를 가리키는 말이라고 할 수 있다.

16) 朴殷植, 1911 『夢拜金太祖』, 50면.(『朴殷植全書』 중권 291면)

17) 朴殷植, 위의 책, 40면.

18) 朴殷植, 1911 『夢拜金太祖』, 59면.(『朴殷植全書』 중권 308면)

도 世界 人道를 기대하기는 하였지만 그 권능을 믿기는 어려웠던 모양이다. 그래서 그는 제국주의에 대해서 맹렬하게 공격하고 있지만 이를 논리적으로 극복하고 있지는 못했으며 오히려 제국주의적 논리를 상당 부분 내면화하고 있었던 것이다. 이렇게 1910년대 박은식은 제국주의를 맹렬히 공격했지만 그 논리를 보다 높은 차원에서 지양하고 있지는 못했다고 할 수 있다.

2) 제국주의의 비판과 극복

박은식은 1919년 3·1운동 이후가 되면 제국주의에 대해 과거와는 한 차원 다른 인식을 보여 주고 있다. 이 무렵이 되면 그는 제국주의에 대한 즉자적인 적개심을 넘어서 제국주의의 논리 자체를 근본적으로 비판 극복하고 있었던 것이다.

우선 그는 일본을 비판하면서도 일본은 "우리 민족의 怨讐일 뿐 아니라 世界 人道의 적이라"고 해서 종족적 적개심의 차원에서 벗어나고 있었다.[19] 또한 비판의 초점도 일본 전체가 아니라 일본 군벌의 군국주의로 집중되었다. 그는 "과거 日本 人民의 사상이 軍閥家의 帝國主義를 盲從하였지만 지금은 農民界와 勞動界에 革命思想이 보급"되고 있어서 과거와는 다르다고 하였다.[20] 즉 일본 내에서도 양심적인 세력은 군국주의를 증오하고 있으며 일본의 민중운동은 조선에게 우군일 수 있다는 것이다.[21] 하지만 오로지 일본의 군벌만이 군국주의를 포기하지 않고 있으니 우리의 적은 일본 전체가 아니라 일본 군벌이라고 하였다.[22]

---

19) 朴殷植, 1920 『韓國獨立運動之血史』 하편, 5~6면.(『朴殷植全書』 상권 513~514면)

20) 朴殷植, 1923 「우리도 中國 各界의 運動과 一致로 하자」 『獨立新聞』 1923년 3월 14일자.(『白巖朴殷植全書』 제Ⅴ권 546면)

21) 朴殷植, 1920 「敵을 戰勝할 能力을 求하라」 『獨立新聞』 85호, 1920년 6월 22일자.(『朴殷植全書』 하권, 164면)

비판의 관점도 달라졌다. "금일 武力 解決의 행동이 아니라 오직 正義人道에 근거하여 우리 민족의 정신을 세계에 발표하려 하는 것"이라는 그의 언급[23]에서도 볼 수 있듯이 종족적 적개심보다는 정의와 인도라고 하는 보편적 가치가 비판의 무기가 된 것이다. 물론 정의와 인도에 대한 생각이 과거 없었던 것은 아니었다. 하지만 앞서 언급한 바 있듯이 당시에는 제국주의의 현실 속에서는 그것의 힘을 신뢰할 수 없었는데 제1차 세계대전 후 이상주의 사조가 전 세계에 불어 닥치면서 이제 이를 신뢰할 수 있게 된 것이었다. 그는 이러한 이상주의적 사조를 "世界 人類의 平和思想과 人道主義로써 强暴不法한 軍國主義를 제거하려는 新氣運"이라고 불렀다.[24]

박은식은 이렇게 정의와 인도에 바탕하여 제국주의를 비판하면서 제국주의의 논리인 '경쟁'의 논리도 아울러 극복할 수 있었다. 그는 『韓國獨立運動之血史』에서 "弱肉强食의 시대는 가고 人類共榮의 義理가 출현했다."라고 분명히 선언했다.[25] 또한 그는 일본의 安田박사의 글을 譯述하는 방식으로 경쟁이 인류의 공동생활을 파괴하고 있다고 지적했다. 즉 '個人間競爭은 社會共同的 生活을 파괴하고 國際上競爭은 世界平和的 發展을 저지하고 있다'는 것이다. 따라서 "弱肉强食의 불합리한 상태는 일률적으로 타파되어야 한다."라고 주장하였다.[26] 개인 사이의 경쟁을 타파하여 사회주의를 이루어야 하며 민족 사이의 경쟁을 타파하여 세계평화를 달성해야 한다는 것이다. 그가 이러한 주장을 하필이면 일본인 학자의 말을 빌어 펴고 있는 점이 의미심장하다.

---

22) 朴殷植, 1922「堅持軍國主義之日本軍閥」『四民報』1922년 4월 19일자.(『白巖朴殷植全書』 제Ⅴ권, 523면)

23) 朴殷植, 1919「大韓國民老人同盟團趣旨書」.(『白巖朴殷植全書』 제Ⅴ권, 476면)

24) 朴殷植, 1920「敵을 戰勝할 能力을 求하라」『獨立新聞』1920년 6월 22일자.(『白巖朴殷植全書』 제Ⅴ권, 483면)

25) 朴殷植, 1920『韓國獨立運動之血史』 하편 5면.(『朴殷植全書』 상권, 513면)

26) 朴殷植, 1921「民族生存權」『四民報』1921년 12월 17~22일자.(『白巖朴殷植全書』 제Ⅴ권, 487~492면)

설태희도 이 무렵 경쟁의 논리에 대해 비판하였다. 그는 "큰 물고기가 작은 물고기를 먹고 맹수가 약한 짐승을 먹는 것은 自然界의 公例이지만 사람의 경우 무리로써 相殘하는 것은 큰 불의이니 이것이 사람과 짐승이 서로 다른 分界"라고 하였다.[27] 진화론은 자연계에만 적용되는 것이고 인간사회에 적용해서는 아니 된다는 뜻이다.

이렇게 정의와 인도라고 하는 보편적 가치로 제국주의를 비판하면서 사회진화론적인 경쟁의 논리를 극복하게 되자 전통적인 도덕적 가치도 다시 볼 수 있게 되었다. 박은식은 "인간사회의 法權은 差別이 심하므로 惡이 善을 해치고 强이 弱을 먹어서 極重한 죄를 짓고 있는데 이는 業障이 가리운 바 되어 通明한 覺悟가 없는 까닭"이라고 하여 경쟁의 논리에 대해서 도덕적 차원에서 비판을 가하고 있다.[28] 또한 그는 군국주의를 비판하면서 "우리의 仁으로써 敵의 暴을 攻하며 우리의 正으로써 적의 詐를 征하자." 라고 주장하였다.[29] 즉 正義와 人道라고 하는 근대의 보편적 가치가 正과 仁이라고 하는 전통적인 도덕적 가치로 환원되고 있는 것이다.

이상에서 살펴본 바와 같이 박은식, 설태희 등 개신유학자들의 제국주의에 대한 인식은 큰 변화를 겪고 있었다. 1920년대 들어 일본에 대한 종족적 적개심의 차원을 넘어서 제국주의 논리 그 자체에 대해서 보다 높은 수준에서 비판할 수 있게 되었다. 이러한 인식변화의 배경에는 세계정세와 세계사조의 변화가 깔려 있었다. 이러한 제국주의에 대한 인식변화는 이들의 사고 안에 근대와 유교의 관계에 대해서 다시금 성찰할 수 있는 공간을 제공해 주었다.

---

27) 薛泰熙, 1919『茶飯更嚼』하권, 11면.

28) 朴殷植, 1925「學의 眞理는 疑로 좇차 求하라」『東亞日報』1925년 4월 6일자.(『白巖朴殷植全書』제Ⅴ권, 572면)

29) 朴殷植, 1920「敵을 戰勝할 能力을 求하라」『獨立新聞』1920년 6월 22일자.(『朴殷植全書』하권, 164면)

4. 근대문명에 대한 인식

1) 근대문명관의 변화

1919년 3·1운동 이후 박은식을 비롯한 개신유학자들에게 제국주의에 대한 인식의 변화와 함께 근대문명에 대한 인식에도 큰 변화가 나타나기 시작하였다. 과거 한말 계몽운동기에는 이들이 물질문명에 편중된 근대문명관을 가지고 있었다고 한다면 이제 근대문명에 대해 보다 폭넓게 바라볼 수 있게 되었다. 이는 이 무렵 이들이 제국주의 논리를 극복하면서 타자에 대해 보다 입체적으로 바라볼 수 있었기 때문에 가능한 일이었다. 그리고 이는 자아 즉 유교적 전통에 대해서 다시금 성찰할 수 있게 하여 주었다.

한말 계몽운동기 박은식은 "文明의 效力은 知慧가 열리고 事業이 進陟되고 人民이 富强하는 데 있다."[30]라고 하여 근대문명 도입을 적극적으로 주장하였다. 그런데 이때의 근대문명은 '世界秩序의 본질은 物質文明의 競爭으로 物產競爭에서 승리해야 하므로 自然科學과 實業에 관한 학문이 필요하다.'[31]라는 언급에서 미루어 볼 때 물질문명임을 알 수 있다. 하지만 이때는 생존경쟁을 위한 물질문명을 강조하면서도 반드시 인의도덕을 여기에 대비시키고 있었다.[32] 즉 東道西器의 형식을 취하면서 인의도덕과 물질문명 사이에 적절한 균형감각을 유지하고 있었다고 볼 수 있다.

하지만 1910년 이후가 되면 박은식에게 있어서 이러한 균형감각이 얼마간 흔들리고 있는 것을 발견할 수 있다. 국망이라는 현실 때문인지 물질문명에 대해 보다 더 절박한 생각을 갖게 된 것이다. 그는 조선 민족이 "李舜

30) 朴殷植, 「興學說」 『謙谷文稿』.(『朴殷植全書』 중권, 396면)
31) 朴殷植, 1909 「物質改良論」 『서북학회월보』 제1권 8호.(『朴殷植全書』 하권, 38면)
32) 朴殷植, 1907 「教育이 不興이면 生存을 不得」 『西友』 1호.(『朴殷植全書』 하권, 86면)

臣의 鐵艦 제조를 계속하여 海軍力을 확장하며 許灌의 石炭 說明을 연구하여 機械力을 발달하였으면 朝鮮의 國旗가 歐美 諸洲에 飛騰하였을 것"이라고 주장하였다.[33] 그것은 물질문명이 "進化의 先驅이자 競爭의 爪牙(무기)"였기 때문이다.[34] 19세기 이래의 부국강병적 근대관이 1910년대에도 이어지고 있는 것이다.

그런데 그는 여기서 더 나아가 물질문명이 인의도덕보다 우선할 수도 있다고까지 생각한 듯하다. 그는 "연개소문이 仁義道德에는 欠缺이 있으나 對外競爭의 膽略은 높이 살 만하다."라고 하였다.[35] 경우에 따라서는 인의도덕보다 대외경쟁이 우선할 수도 있음을 밝힌 것이다. 이는 과거 그가 견지했던 물질문명과 인의도덕의 균형감각이 흔들리고 있음을 보여 주는 것이다.

이렇게 흔들린 균형감각은 1920년대 들어서야 비로소 회복된다. 박은식은 이 무렵 이전과는 반대로 물질문명에 대해 비판적인 태도로 돌아서고 있다. 그러한 점은 그가 "物質文明을 위해서 科學도 긴요하지만 人格의 本領을 수립하기 위해서는 哲學의 眞理를 발휘해야 한다."라고 주장한 데에서도 엿볼 수 있다.[36] 그가 이렇게 물질문명에 대해 비판적 태도로 돌아선 것은 서양에서 물질문명이 극단에 치달아 제1차 세계대전이라고 하는 재앙을 초래했다는 인식 때문이었다.[37]

설태희는 여기서 더 나아가 물질문명 이면에 있는 惟利主義를 문제 삼았다. '物質의 進步와 道德의 退步는 權利文明의 제도 아래 所有慾이 驟進한 탓'이라는 것이다.[38] 그는 惟利主義가 서양 물질문명의 부산물로서 군

---

33) 朴殷植, 1911『夢拜金太祖』, 14면.(『朴殷植全書』 중권, 218면)

34) 朴殷植, 1915「李舜臣傳」,『光復』 제1권.(『朴殷植全書』 중권, 565면)

35) 朴殷植, 1911『泉蓋蘇文傳』 20면.(『朴殷植全書』 중권, 363면)

36) 朴殷植, 1925「學의 眞理는 疑로 쫓아 求하라」『東亞日報』 1925년 4월 6일자.(『朴殷植全書』 하권, 196~197면)

37) 朴殷植, 1922「世界人道之將來」『四民報』 1922년 2월 11일자.(『白巖朴殷植全書』 제Ⅴ권 507면)

38) 薛泰熙, 1919『茶飯更嚼』 상권, 17면.

국주의를 초래하였다고 보았다.39) 따라서 그는 근대문명의 근본인 惟利主義를 전복하고 惟義主義를 건설해야 한다고 주장했다.40)

이렇게 惟利主義 즉 물질문명이 비판되고 惟義主義 즉 도덕적 가치가 재평가되면서 문명관 자체에도 일정한 변화가 나타나고 있었다. 과거에는 문명하면 곧바로 물질문명을 떠올렸지만 이제는 문명의 또 다른 얼굴을 발견한 것이다. 박은식은 "과거의 文明은 物質的 競爭이지만 현재의 文明은 人道와 平和"라고 하여 이러한 인식의 일단을 드러내고 있다.41) 그리하여 이제는 문명이라는 말이 의리나 도덕과 같은 말들과 짝하여 쓰이게 되었다.42)

설태희도 "航空 潛水 같은 살인의 무기가 과연 진정한 문명사업이라고 할 수 있는지" 의문을 제기하고 있다. 그래서 그는 설사 이를 문명이라고 하더라도 이는 단지 '覇術의 文明'일 것이라고 하였다.43) 즉 과거에는 근대문명이라고 하면 곧 물질문명이라는 편협한 시각을 가지고 있었는데 근대문명이 갖는 또 다른 측면을 발견한 것이다. 제국주의적 논리의 비판과 극복이 이것을 가능하게 하여 주었다.

이러한 문명관의 변화는 곧바로 서양철학에 대한 관심으로 이어졌다. 과거에는 서양문화하면 곧바로 물질문명을 떠올리고 이것과 동양의 정신문화를 대비시켰는데 문명관의 변화와 함께 서양의 철학이 시야에 들어오기 시작한 것이다.

물론 이들은 서양철학을 유교적 틀에서 이해하려 하였다. 설태희는 『茶飯更嚼』에서 서양철학을 학설사적 측면에서 해체하여 이를 동양철학과 연관시켜 설명하고 있다. 즉 서양철학의 내용 하나 하나가 모두 예전에 동양

---

39) 薛泰熙, 1922 「自作自給의 人이 되어라」 『東明』 2호.

40) 薛泰熙, 1922 「愛他는 愛己의 遠慮」 『新生活』 8호.

41) 朴殷植, 1920 「韓國獨立運動之血史」 하편, 5면.(『朴殷植全書』 상권 513면)

42) 朴殷植, 1920 「敵을 戰勝할 能力을 求하라」 『독립신문』 1920년 6월 22일자; 「倭奴의 强暴이 益甚」 『獨立新聞』 1923년 4월 4일.

43) 薛泰熙, 1919 『茶飯更嚼』 하권, 7면.

철학 안에 있었다는 것이다. 그는 나아가 자유 평등 박애와 같은 근대적 가치도 모두 유교적 틀에서 해석해 내고 있다. 이를테면 '良知와 良能이 自由의 原核이자 自由의 眞正이며 不忍之心이 博愛의 現象'이라는 것이다.[44] 이렇게 철학이 갖는 보편성에 주목하게 되면 이제 더 이상 동서문화의 구별이 무의미해진다. 따라서 과거 이들 개신유학자들이 지녔던 東道西器의 대립의식도 해소될 수 있었다.

이상과 같이 제국주의 논리의 비판과 극복은 근대문명은 곧 물질문명이라고 하는 과거의 협소한 인식에서 벗어나 보다 근대문명에 대해서 폭넓게 인식할 수 있게 하여 주었다. 즉 서양에도 철학과 도덕과 같은 정신적 문명이 있다는 것이다. 타자에 대한 인식이 보다 심화된 것이다. 이렇게 타자에 대한 인식이 변화하자 이는 곧바로 자아에 대해서도 다시 성찰하게 하였다. 그것은 서양에서 새롭게 발견한 정신적 문명이 보편적인 것이었기 때문이다.

2) 유교에 대한 재평가

이상과 같은 근대문명관의 변화는 유교에 대한 재평가를 수반하지 않을 수 없었다. 당시 근대와 유교는 타자와 자아의 관계로서 서로 긴밀히 맞물려 있었기 때문이다.

한말 박은식과 같은 개신유학자들은 東道西器의 틀에서 유교개혁론을 주장하였다. 유교가 갖는 역할을 재구성하여 근대사회에 걸맞게 되살리자는 것이다. 하지만 1910년 국망을 겪으면서 이러한 인식의 틀은 흔들리게 되었다. 국망의 책임을 유교에 묻게 되면서 유교적인 인의도덕의 효력에 대해 의심을 품기 시작한 것이다. 그래서 앞서 살펴보았듯이 일견 물질문명이 치우치는 듯한 모습까지 보여 주었던 것이다.

하지만 그렇다고 해서 곧바로 西道西器로 이행한 것은 아니었다. 그것은

44) 薛泰熙, 위의 책, 11면.

당시의 근대문명관이 물질문명에 국한된 것이었기 때문이다. 또한 제국주의의 침략이라고 하는 정치적 현실은 자아와 타자의 대립의식을 여전히 유지하게 하였다. 그래서 고유의 정신적 가치를 고수하려 하였는데 이때 유교를 대신한 것이 바로 우리 민족 고유의 정체성 즉 國粹였다. 그런데 1920년대 들어 즉자적 대립의식을 넘어 제국주의 사상을 근본적으로 비판하면서 유교의 인의도덕의 가치가 다시금 시야에 들어오게 된 것이다.

박은식의 경우 한말 계몽운동기에도 유교에 대한 관심을 놓아 본 적이 없다. 유교에 대해 맹렬히 비판을 하였지만 그것은 반드시 적극적인 유교개혁을 전제로 한 것이었다. 그래서 그 결론으로 大同教와 陽明學을 제창하기도 하였다. 하지만 당시의 유교개혁론은 일종의 근대적응전략으로서 수동적이고 방어적인 성격을 띠고 있었다. 그나마 1910년대 들어서면 국망의 현실 속에서 유교의 인의도덕은 사고의 전면에서 물러서고 말았다.

1920년대의 유교담론은 내용상 한말 계몽운동기 유교개혁론의 연장에 서있었지만 유교에 대한 태도 한층 심화되어 있었다. 박은식은 1925년 자신이 과거 계몽운동기 양명학이 簡易直截하므로 유교의 대중적 보급에 유익할 것 같아서 이를 제창한 적 있지만 당시에는 양명학의 진리를 체득하고 있지는 못했는데 이제야 비로소 '本然의 知'가 가지는 뜻을 직접 체득했다고 술회한 바 있다.[45)]

그는 과거 왕양명실기에서 "日本 維新 主體들이 王學으로 後輩를 이끌었으며 軍人社會에서 王學을 일종의 信仰으로 삼고 있다."라고 한 바 있다.[46)] 양명학이 가지는 도덕적 가치 그 자체에 주목했다기보다는 메이지유신으로 대표되는 근대화의 수단으로서 주목한 것이다. 이렇게 과거 양명학이 단지 유교를 지키는 소극적 수단이었던 것에 비해서 이제는 사상의 핵심을 이루는 적극적 원리로 바뀐 것이다. 그래서 그는 정의와 인도로 일본과 맞서기 위해서는 '外面의 賊'에 앞서 '心中의 賊'부터 제거해야 한다고

45) 朴殷植, 1925 「學의 眞理는 疑로 쫓차 求하라」 『東亞日報』 1925년 4월 6일자.(『朴殷植全書』 하권, 198~199면)

46) 朴殷植, 1910 『王陽明實記』 128면.(『朴殷植全書』 중권 166면)

주장하고 있는 것이다.[47]

설태희도 1920년대 박은식과 마찬가지로 유교를 제창하였다. 그래서 그는 신지식인 金祉濟와 유교사상에 관한 지상 논쟁을 펼치기도 하였다. 그는 이 논쟁에서 과거 유교에 폐단이 없었던 것은 아니지만 이것은 假儒者들의 책임이며 유교는 여전히 유효하다고 주장하였다.[48] 그리고 그 대안으로 心學 즉 陽明學을 제창하였다. 그는 "세상은 저울과 같은데 나는 물체이고 사업은 추와 같으니 輕重은 나에게 달렸다."라고 하였다. 사람은 천지만물의 주인이니 도덕적 주체성을 가져야 한다는 것이다.[49] 이러한 주장은 양명학적인 주장이다. 그래서 그는 "王陽明의 知行合一이야 말로 簡易直折함이 足脫不及"이라고 주장하고 있는 것이다.

그런데 이러한 인간의 도덕적 주체성을 강조하는 사상은 이 무렵 도입된 서양철학에서도 발견된다. 당시 일본을 거쳐 도입된 신칸트주의 철학이 바로 이러한 특징을 가지고 있었다. 그리고 이는 당시 전개된 문화주의와 문화운동의 철학적 토대가 되기도 하였다. 설태희도 이러한 문화운동에 참여하고 있었다. 결국 박은식과 설태희 등 유교지식인들이 재발견한 양명학은 당시 신칸트주의라고 하는 서양철학과도 소통하고 있었던 셈이다.

이상과 같이 1920년대 박은식, 설태회와 같은 개신유학자들은 한말 계몽운동기의 수동적이고 방어적인 유교개혁론을 넘어서 유교가 갖는 정신적 가치에 대해 재발견을 하고 있었다. 그리고 이는 그들이 사회경제적 대안을 모색하는 출발점이 되었다.

---

47) 朴殷植, 1920「敵을 戰勝할 能力을 求하라」『獨立新聞』85호, 1920년 6월 22일자.(『朴殷植全書』 하권, 165면)

48) 薛泰熙, 1923「金祉濟氏의 '儒教와 現代'를 讀하고」『東明』22・23호, 1923년 1월 28일, 2월 4일.

49) 薛泰熙, 1919『茶飯更嚼』상권, 18면.

3) 정의와 인도의 공동체 복원

이상에서 살펴본 바와 같이 박은식과 설태희와 같은 개신유학자들은 1920년대 제국주의와 근대 물질문명을 비판하면서 도덕가치가 갖는 보편성을 바탕으로 동서문화의 소통을 시도하고 있었다. 이들이 이 무렵 재평가한 유교의 일차적인 과제는 개인의 도덕적 수양이었다. 하지만 유교의 과제는 여기에만 머물 수는 없었다. 그 가치를 재확인한 인의도덕을 사회적으로 구현하여야만 하였다. 이들이 인의도덕을 구현할 수 있는 그릇으로 삼으려 한 것이 바로 공동체적 질서였다.

박은식 설태희와 같은 개신유학자들의 사회경제적 지향 가운데 우선 가장 먼저 눈에 띄는 점은 러시아혁명과 사회주의에 대한 우호적 관심이었다. 박은식은 러시아 혁명이 "약소민족의 自律을 扶助하고 勞動社會의 權利를 增進하였으니 改造世界의 曙光이며 人道의 萌芽를 扶植한 것"이라고 높이 평가하였다.[50] 러시아혁명과 사회주의를 개조사조의 하나로 받아들인 것이다. 설태희도 이와 비슷한 태도를 취하고 있었다. 그는 사회주의나 공산주의가 인류평화를 동경하는 보편적 사상으로서 그 내용을 살펴보면 다 같이 차별없이 잘살자는 것일 뿐이라고 긍정적으로 해석하였다.[51]

이들은 사회주의에 대해 우호적 태도를 취했지만 사회주의를 서양으로부터 직접 받아들였다기보다는 전통적 사상에 견주어서 이를 이해하려 하였다. 박은식은 兼愛說을 주장한 墨子의 사상이 일종의 사회공산주의라고 보았으며[52] 천도교의 경전인 『東經大典』이 박애와 평등을 주장하여 공산

---

50) 朴殷植, 1922 「理想與實行」 『四民報』 1922년 6월 10일자.(『白巖朴殷植全書』 제Ⅴ권, 530면)

51) 薛泰熙, 1923 「物産獎勵를 非難하는 L君에게 寄함」 『開闢』 1923년 11월호, 「自作自給의 人이 되어라」 『東明』 1922년 12월 3일.

52) 朴殷植, 1925 「學의 眞理는 疑로 쫓차 求하라」 『東亞日報』 1925년 4월 6일자.(『朴殷植全書』 하권, 200면)

주의를 함유하고 있다고 보기도 하였다.[53] 설태희는 유교의 대동주의가 국가사회주의 무정치사회주의 사회공산주의와 통하는 데가 있다고 보았다.[54] 박은식도 안창호와 대동주의와 재산평등론에 대해 논의한 바 있다.[55] 이렇게 유교지식인들은 대동사상을 비롯한 전통사상의 틀에서 사회주의를 이해하고 있었던 것이다. 따라서 마르크스주의를 직수입한 신세대와는 사회주의에 대한 이해가 다를 수밖에 없었다.

이들의 사회경제적 지향은 물산장려운동에 참여한 설태희의 사상을 통해서 보다 구체적으로 엿볼 수 있다.[56] 물산장려운동 진영 내부에는 자본주의적 근대화론에 입각한 생산증식론자들과 함께 이와 대비되는 토산장려론자들이 있었다.[57] 설태희는 이 가운데 토산장려의 입장에 선 인물이다. 그는 세계 자본주의로부터 우리 민족의 생존권을 土産 즉 自作自給을 통해 지키자고 주장했다.[58] 그런데 그에게서 자작자급은 단순히 민족 생존권 수호를 위한 소극적인 수단일 뿐 아니라 제국주의 시대의 경쟁의 논리를 극복하고 세계평화를 이룰 수 있는 적극적인 대안이었다.[59]

설태희는 자본주의에 대해서 반대하였다. 자본주의가 경쟁의 논리에 따르기 때문에 경쟁을 부정하는 그로서는 도덕적으로 이에 반대하지 않을 수 없었을 것이다. 그는 현실에 있어서도 자본주의 경영이 '産業的 封建制度'를 초래한다는 이유로 반대하였다.[60] 그는 자본주의 경영 대신 '均勢的 組

53) 朴殷植, 1920『韓國獨立運動之血史』 상편, 58면.(『朴殷植全書』 상권 506면)

54) 薛泰熙, 1923「金祉濟氏의 '儒教와 現代'를 讀하고」『東明』 22·23호, 1923년 1월 28일, 2월 4일.

55) 주요한, 1963『安島山全書』(삼중당1971 재판), 208면.

56) 박은식의 경우는 국외에서 활동하고 있었기 때문에 구체적인 사회경제적 대안을 제출할 위치에 있지 못했다.

57) 尹海東, 1992「日帝下 物産獎勵運動의 背景과 그 理念」『韓國史論』 27를 참조할 것.

58) 薛泰熙, 1924「漆室談-農事改良에 關하야」『産業界』 4호(1924년 6월호), 37면.

59) 薛泰熙, 1922「自作自給의 人이 되어라」『東明』 14호, 1922년 12월 3일.

60) 薛泰熙, 1923「物産獎勵에 關하여」『東亞日報』 1923년 3월 7일자.

織으로 起하는 産業'을 강조하였다. 그는 이러한 균세적 조직으로서 生産組合, 社會奉公的 生産業財團 등을 제안하였으며 1933년에는 함경도에서 自立社 설립을 구상한 바 있다. 즉 그가 주장한 균세적 조직은 상호부조의 원리에 입각한 일종의 협동조합이었던 것이다.

설태희는 '農村이 都市 때문에 搾取되고 吸收되고 被誅求가 되고 被征服이 되어 왔으며 이것이 부르주아문명의 특징이었다'고 하여 농본주의적 취향을 드러내고 있다.[61] 이는 그가 제국주의의 물결에 무너진 공동체적 질서의 복원을 꿈꾸고 있었다는 것을 보여 준다. 따라서 그의 토산장려론은 소생산자적 입장에 선 근대화 전략이라고 하는 계급론적인 해석보다는 유교 지식인의 도덕적 유토피아주의로 해석하는 것이 옳을 것이다. 실제 그는 자신이 주장하는 '균세적 조직은 도덕상으로 보아도 抑强扶弱의 진리'라고 주장했다.[62] 즉 그에게서 협동조합은 유교적 인의도덕이 구현되는 공동체였던 것이다.

이상과 같이 박은식과 설태희와 같은 개신유학자들은 사회주의에 대해 우호적인 태도를 취했으며 자본주의에 반대하였다. 하지만 이는 계급적 관념에 의한 것이 아니라 유교적 관념에 의한 것이었다. 그들은 유교적 인의도덕을 협동조합이라는 그릇에 담아 근대사회에 재현하려 하였다. 자본주의에 의해 위협받고 있는 공동체적 질서를 새롭게 복원하려 한 것이다.

1920년대 유교적 도덕의 가치가 재평가되면서 민족주의 담론에도 일정한 변화가 나타나고 있었다. 앞서 살펴보았듯이 1910년대 박은식과 같은 개신유학자들에게 유교적 인의도덕은 완전히 폐기되지는 않았지만 사고의 전면에서 물러날 수밖에 없었으며 그 자리를 민족주의가 대신 차지하게 되었다. 그리고 당시의 민족주의는 경쟁의 논리에 입각한 민족주의였다.

그런데 1920년대 들어 경쟁의 논리가 극복되고 유교적 인의도덕의 가치가 재평가되면서 민족주의 담론에도 변화가 나타난 것이다. 민족주의 그

---

61) 薛泰熙, 1924 「漆室談-農事改良에 關하야」 『産業界』 4호, 1924년 6월 37일.
62) 薛泰熙, 1923 「物産壯麗에 關하여」 『東亞日報』 1923년 3월 7일자.

자체를 부정하지는 않았지만 인의도덕이라고 하는 보편적 가치의 규제를 받게 된 것이다. 이들은 유교적 인의도덕이 안팎으로 구현되는 민족공동체를 형성하려 하였다.

앞서 살펴본 바와 같이 설태희는 자본주의에 반대하였으며 사회주의에는 우호적 태도를 취하고 있었다. 유교의 틀에서이기는 하지만 사회주의를 일부 받아들이는 모습도 발견할 수 있었다. 하지만 마르크스주의를 곧바로 수입한 신세대와는 입장이 여러 모로 달랐다. 그중의 하나가 민족문제를 보는 관점이었다.

설태희는 물산장려운동을 둘러싼 논쟁에서 마르크스주의자들을 그들의 논리를 빌어 비판하고 있다. 즉 "조선인 無産者에게는 이중의 착취계급이 있으니 그 가운데 우선 他强族 搾取階級부터 대항해야 한다."라는 것이다.[63] 민족문제가 계급문제보다 우선함을 밝힌 것이다. 이러한 측면에서 그는 여전히 민족주의자였다고 할 수 있다.

하지만 설태희는 배타적 민족주의에는 반대하였다. 그는 '國粹主義'란 말을 배타사상과 등치시켜 쇼비니즘이란 의미로 사용하면서 이를 배격하였다.[64] 이러한 점은 박은식의 경우도 마찬가지였다. 그는 "지금 愛國을 부르짖는 자들이 자국 백성의 犧牲을 아깝게 여기지 않고 他國 백성과 다투게 하면서 殺伐과 虐政을 일삼으며 입으로는 애국적 행동이라 일컬으니 이는 愛國의 賊이 아닐 수 없다."라고 하였다.[65]

그러면 이들은 어떠한 민족주의를 지향하고 있었을까. 설태희는 인류의 평화는 "各個 民族의 內的 充實의 均齊的 劃線"에 의해 이루어질 수 있다

63) 薛泰熙, 1923「物産奬勵를 非難한 L君에게 寄함」『開闢』1923년 11월호, 34면.

64) 薛泰熙, 1922「朝鮮은 오즉 朝鮮人의 朝鮮」『東明』2호, 1922년 9월 10일, 원래 國粹나 國粹主義란 말은 쇼비니즘의 번역어로 도입된 것은 아니었다. 한말 계몽운동기 이 단어는 말 그대로 민족적 정체성을 지키자는 뜻으로 긍정적인 의미를 지닌 용어였다. 국수주의란 말은 1920년대 들어 비로소 쇼비니즘의 번역어로 부정적인 의미를 지닌 용어로 쓰이기 시작한다.

65) 朴殷植, 1921「讀印度大哲甘地氏歷史之感想」『四民報』1921년 12월 30일자. (『白巖朴殷植全書』제Ⅴ권, 494면)

고 하였다.66) 앞서 그가 물산장려운동 과정에서 자본주의 경영보다는 균세적 조직에 의한 산업을 주장했음을 살펴보았다. 이는 유교적 인의도덕이 구현되는 상호부조적인 민족공동체 구상이라고 할 수 있다. 그런데 그는 이러한 민족공동체 구상을 민족 내부에 머무르지 않고 국제관계에도 확대 적용하고 있는 것이다. 이제 유교적 인의도덕은 민족 안팎에 동시에 구현되며 결국 민족주의는 경쟁의 민족주의에서 상호부조의 민족주의로 전환한 셈이다.

5. 맺음말

이상에서 박은식과 설태희를 중심으로 개신유학자들의 제국주의와 근대문명에 대한 인식 그리고 그들의 사회경제적 지향을 살펴보았다. 그 골자를 요약하면 다음과 같다.

1920년대 박은식과 설태희 등 개신유학자들은 당시 유행한 이상주의 사조에 바탕하여 근대문화를 수용하고 근대사회에 대응하려 하였다. 그래서 당시 주요한 의제였던 사회주의와 민족주의도 이상주의적으로 해석하여 정의와 인도라고 하는 보편적 가치가 작동하는 공동체적 질서를 세계적인 차원에서 복원하려 하였다. 이러한 사고의 저변에서는 인의도덕이라고 하는 儒者的 사고방식이 여전히 살아 숨쉬고 있었다. 大同으로 대표되는 유교적 유토피아주의의 근대적 표현이라고 할 수 있다.

그런데 이러한 과정은 19세기 동도서기의 틀로 시작된 유교와 근대의 접속을 마무리짓는 과정이기도 하였다. 1920년대 이루어진 근대에 대한 인식의 심화와 맞물리면서 유교의 가치도 재평가되었고 도덕적 가치가 갖는 보편성을 바탕으로 근대문화와 제대로 소통할 수 있었기 때문이다. 이제 동도서기의 과도기적 틀은 더 이상 필요하지 않았으며 유교적 인의도덕도

66) 薛泰熙, 1922 「朝鮮은 오즉 朝鮮人의 朝鮮」 『東明』 2호, 1922년 9월 10일.

더 이상 동도서기라고 하는 울타리에 갇히지 않고 새로운 사회경제적 대안을 모색하는 데 중요한 지침이 될 수 있었던 것이다.

물론 이들이 구상한 유교적 유토피아는 실현되지 않았다. 유토피아는 원래 현실적인 것이 아니다. 유토피아주의에 뿌리를 둔 이들의 사상도 현실과 부합하기 힘들었다. 당시 이들은 존경을 받았지만 정치적으로는 무력하였다. 정치적으로는 무력했지만 사상이라는 측면에서는 소중한 자산이었다고 할 수 있다.

1920년대 신지식인의 '식민지'와 '근대' 인식
— 자치운동을 중심으로 —

윤대원

1. 머리말

일반적으로 근대주의는 전통사회를 근대적인 사회로의 변화를 이끌어낸 지성적, 문화적, 이데올로기적 특성을 지칭하고 그리고 근대적인 사회변화에 나타난 새로운 체제적 속성이 근대성이다. 즉 근대성이 체제적 속성이라는 것은 근대적인 변화가 일부 집단의 사고나 사상의 차원이 아니라 전체 사회문화나 생활양식 그리고 사회제도에 내재된 원리를 의미하는 것으로 체제 내 성원들이 사회화 과정을 통하여 얻게 되는 가치관이나 세계관뿐만 아니라 제도화된 조직원리 즉 인간중심적 사고, 발전적 사회관, 합리화, 통제된 시간 개념 등이 그 핵심적 내용이다.[1)]

또 근대적 주체라고 하면 근대사회의 태동과 더불어 나타나는 이른바 근대적 자아나 혹은 봉건적 신분관계로부터 해방된 자유로운 개인과 그러한 개인들의 평등한 연대로서의 시민계급의 출현 등을 염두에 두지 않을 수 없다. 그것은 자본주의 생산양식의 정착과 근대 시민사회 및 민족국가의 완성을 향한 도정에서 근대 시민계급이 그 자신의 의지와 능력으로 근대화를 추진하고 스스로를 진보의 주체로 정립하였던 역사적 사실을 토대로 하는 것이다.[2)]

---

1) 신광영, 1999「근대성·근대주의·근대화와 민족주의」『아시아문화』12, 10~12면.
2) 김철, 1995「친일문학론: 근대적 주체의 형성과 관련하여—이광수와 백철의 경우—」『민족문학사연구』8, 9면.

근대에 대한 이러한 일반적 개념에 1 볼 때 20세기에 들어서 서구적 근대화에 성공한 일본에 의해서 타율적으로 전통사회를 해체당한 조선의 파행적 근대화의 경험이 과연 온전한 것인지 의문이지 않을 수 없다. 이런 점에서 1920년대 자치운동론과 이를 둘러싼 논쟁은 당시 근대적 주체의 한 부분으로 성장하고 있던 신지식인들이 식민지 현실 속에서 근대를 어떻게 인식하고 실현하고자 했는지 엿볼 수 있는 주제다.

1920년대 자치운동에 대해서는 주로 일제의 효율적인 식민지 지배와 민족주의우파의 계급적 이해의 관점에서 연구되어 왔다.[3] 1920년대 자치운동에 대한 이러한 연구 성과 속에서도 당시 자치운동론을 추진 내지 반대했던 신지식인의 식민지 인식 및 근대적 정치의식에 대해서는 제대로 해명되지 못하고 있다. 본고에서는 1920년대 자치운동을 둘러싼 민족주의 좌·우파와 사회주의 신지식인 사이의 논쟁을 통해서 이들이 식민지 현실을 어떻게 인식하고 또 근대의 일반 민주주의에 대해서 어떤 인식을 가지고 있었는지 비교 검토하고자 한다.

본고에서 검토할 신지식인이란 주로 한말에서 1910년대의 일본 유학생이나 국내에서 신학문을 익힌 계층을 뜻하며[4] 이들의 이념적 분류는 기왕의 연구 성과에 따라 신지식인 가운데 민족주의우파는 『동아일보』 계열과 자치운동의 논쟁 대상이 되었던 이광수를, 민족주의좌파는 『조선일보』 계열의 안재홍 등을, 사회주의자로는 자치논쟁에 참여한 辛日容, 白南雲, 車石奉(일명 고경흠) 등을, 그리고 식민지 및 근대적 정치의식에 대해서는 이광수가 당시에 발표한 일련의 논설과 1926년 7월 조선공산당의 기관지 『불꽃』에

---

3) 1920년대 자치운동에 대한 연구성과는 다음과 같다. 姜東鎭, 1980 『日帝의 韓國侵略政策史』, 한길사; 서중석, 1989 『한국근현대의 민족문제연구』, 지식산업사; 박찬승, 1992 『한국근대정치사상사연구』, 역사비평사.

4) 한말에서 1910년대 일본유학생의 실태에 대해서는 아래 논문이 참조된다. 김한구, 1988 「일제시대 일본유학생의 실태와 의식갈등」 『한국의 사회와 문화』 9; 최덕수, 1991 「구한말 일본 유학과 친일세력의 형성」 『역사비평』 15.

게재되었던 「조선공산당선언」 등을 비교 분석 대상으로 삼았다.[5] 다만 분석대상과 주제가 제한된 점에서 연구 결과를 일반화하기에는 한계가 있지만 이들이 당시 각 진영의 대표적 신지식인 가운데 하나라는 점에서 그 경향을 이해하는 데는 무리가 없을 것이라 판단된다.

2. 1920년대 자치운동의 전개과정과 자치논쟁

1) 자치운동의 전개과정

사회주의자이자 연희전문 교수였던 백남운은 1920년대 중반 자치운동을 비판하면서 자치운동설을 그 주체와 시기에 따라서 3기로 나누었다. 그는 3·1운동 직후 노골적 친일단체였던 국민협회의 간부 민원식이 일제 당국의 傀儡로서 자치운동을 표방한 것이 제1기, 이광수의 「민족개조론」에 대한 논쟁과 그 후 동아일보사의 사설에 대한 東京유학생의 반론이 제2기, 1926년 가을이래의 자치설을 제3기로 구분하였다.[6]

제1기에 해당하는 민원식의 국민협회가 벌인 자치운동은 사실 자치운동과는 구별되는 일본의회에 요청한 참정권청원운동이었고 이 운동은 민

---

5) 민족주의 좌·우파 분류는 박찬승, 2000 「일제 지배하 한국민족주의의 형성과 분화」 『한국독립운동사연구』 15를 참고하였다. 이에 따르면 '민족주의가 좌·우파로 분화되고 사회주의자들이 등장하는 것은 3·1운동 직후 개시되지만 보다 확실하게 분화되는 것은 1923년, 24년경으로 보았다. 즉 1923년 물산장려운동에 대한 찬반론을 계기로 부르주아민족주의진영과 마르크스주의진영이 분화하고, 이어서 1924년 『동아일보』의 사설 「民族的 經綸」의 자치운동론에 대한 찬반을 계기로 국내 부르주아민족주의진영은 이에 반대하는 부르주아민족주의 좌파와 이에 찬동하는 부르주아민족주의 우파로 분화한 것으로 보았다.(앞의 논문, 57면)

6) 白南雲, 1927 「朝鮮自治運動에 對한 社會學的 考察」 『現代評論』 창간호(1월호), 46면.

원식이 의열단에 의해 살해됨으로써 무산되었다. 따라서 본고에서 검토하고자 하는 자치운동은 백남운이 시기 구분한 제2기부터다.[7)]

국내에서 자치운동과 관련된 첫 문제제기는 1922년 7월 6일 『동아일보』의 사설 「政治와 中心勢力」에 의해 이루어졌다고 할 수 있다. 이 사설에서는 자치론을 직접 거론하지는 않았지만 에이레와 독일, 러시아의 혁명을 예로 들면서 "中心勢力이 없으면 革命도 政治·經濟·敎育運動도 成功을 期할 수 없다."라고[8)] 하며 간접적으로 조선에서의 정치적 중심세력의 결성을 제창하고 나섰다. 직접 거론을 하지 않았지만 민족주의우파 안에서 은밀히 모색되던 자치운동은 1923년에 들면서 동아일보계의 주도로 본격 제기되기 시작하였다. 『동아일보』에서는 1923년 4월 이후 연이은 사설에서 조선총독의 통제 아래 조선인의 정치적 권리의 확보와 이를 위한 정치적 중심세력의 필요성을 주장하였다.[9)]

이들은 명확히 '자치'를 주장한 것은 아니지만 '정치적 중심세력'의 결집으로 표현되던 자치운동이 조직적으로 전개되기 시작한 것은 연정회 결성 논의가 있었던 1923년 가을부터였고, 이듬해 1월 2일부터 6일까지 5회에 걸쳐 『동아일보』의 신년사설로 연재한 이광수의 「民族的 經綸」에서 분명히 드러났다. 이 글은 정치, 경제, 교육의 중심단체 결성과 함께 "朝鮮內에

---

7) 1920년대 자치운동의 시기 구분과 관련해서 박찬승은 제1차 1923~1924년, 제2차 1925~1927년, 제3차 1929~1932년 등 세 시기로 나누고 제1차 자치운동은 자치운동의 주도권을 한국인 자치론자들이 쥐고 있었다는 점에서 이후 제2, 3차의 자치운동과 그 단계를 명확히 구분했다. 제2, 3차 자치운동은 일본인들이 주도하고 한국인 자치론자들이 이에 영합한 운동이었다는 점에서 본질적인 성격은 같으나 齊藤實 總督이 1927년 12월 이임하고 1929년 8월 재부임할 때까지 자치운동이 일시 중지된 것을 이유로 단계를 구분했다.(박찬승, 1992 『한국근대정치사상사연구』, 역사비평사, 330쪽)

8) 『동아일보』 1922년 7월 6일자, 「政治와 中心勢力」.

9) 『동아일보』의 「創刊3週年 愛讀者諸君에게」(1923년 4월 1일), 「大同團結의 必要—生活의 悲鳴에 對하야 —」(4월 16일), 「民族的 解體의 危機-朝鮮人은 다 行商하라」(10월 27일), 「中心勢力 作成의 必要-生存權確保에 對하야」(11월 2일), 「大同團結의 氣運-兄弟여 猛進하라」(11월 17일) 등 일련의 사설이 이에 해당한다.

서 許하는 範圍內에서 一大 政治的 結社를 組織하여" "當面의 民族的 權利와 利益을 擁護"하고 "將來 久遠한 政治運動의 基礎를 成할 것"을 주장하였다.

이 사설이 나간 직후인 1924년 1월 중순 천도교의 최린, 동아일보사의 김성수, 송진우, 최원순, 천도교의 이종린, 변호사 박승빈, 기독교계 이승훈, 대구의 서상일, 평양의 조만식 그리고 조선일보사의 신석우, 안재홍 등 16, 7명이 회합하여 '유력한 민족단체'의 조직문제에 대한 협의를 가졌다.[10] 이들이 협의한 정치결사체인 '유력한 민족단체'는 아직 그 성격이 불명확하였고 참여한 인물들 역시 동상이몽이었다. 이들 가운데 안재홍 등은 자치운동이 아닌 비타협적 운동을 목표로 한 정치적 중심세력의 결성에 관심을 가졌던 것이다.

「민족적 경륜」이 발표된 뒤 국내외에서는 이를 자치론으로 받아들이고 이에 대한 맹렬한 비판과 동아일보 불매운동이 벌어졌다. 예상외로 국내외의 반발이 거세자[11] 『동아일보』에서는 1924년 1월 29일, 자신들의 주장은 민립대학설립운동이나 물산장려운동을 "統一的으로 또한 組織的으로 하자 하면 자연히 民族的으로 一帶團結을 要"하는 것으로 "民族的으로 團結을 作하고 團體의 力으로 우리의 經濟 및 教育問題를 發展向上케 하는 것"이 政治的 結社였다고 해명했다.[12] 더구나 4월 20일에 있었던 조선노농총동맹 임시대회에서 토의안건으로 「반동세력 및 방해자에 대한 건」을 채택하고 『동아일보』 불매운동을 결의하는 한편, 金鍾範 등이 송진우, 김성수 등이 1923년 12월 24일 이른바 연정회라는 것을 조직하기로 하고 "總督政治가 허락하는 범위 안에서 政治的 團結을 하여 政治運動에 힘쓸

10) 慶尙北道 警察部, 1934 『高等警察要史』, 46면.

11) 상해 임시정부에서는 「민족적 경륜」에 대해 "일시의 느낌으로 일시에 論述한 것이 아니라" "系統있게 思考있게 또는 유일한 見地가 深着한 抱負를 보인 것"으로 규정하고, 그 내용 가운데 정치적 결사라는 내용과 관련하여 "實로 料外"라는 반응을 보였다.(『독립신문』 1924년 4월 26일자, 「東亞報에 告함」)

12) 『동아일보』 1924년 1월 29일자, 「政治的 結社와 運動에 對하야」.

것을 선전"할 목적으로 「민족적 경륜」을 발표하게 되었다는 사실을 폭로하자,[13] 이튿날 『동아일보』에서는 이것은 모두 문구의 착오 내지 오해에서 비롯된 것이라고 다시 해명하였다.[14]

「민족적 경륜」을 앞뒤로 『동아일보』에서 주장한 政治的 結社의 組織이나 정치상의 발언권 획득과 같은 주장은 1920년대 초 국민협회의 민원식이 주장한 참정권청원운동으로 오해될 여지가 있었으나 이것은 분명 자치운동을 제창한 것이었다. 왜냐하면 1922년 政友會의 代議士 多木常次郎 등이 중의원에 '朝鮮居住住民에 參政權을 부여할 건의안'을 제출했을 때 반대 입장을 분명히 했듯이[15] 『동아일보』는 당시 일제의 조선식민정책인 내지연장주의에 입각한 참정권론에는 일관되게 반대하는 입장을 보였기 때문이다.

이와 같이 이광수의 「民族的 經綸」으로 촉발된 자치운동론은 절대독립을 주장하는 민족주의좌파와 사회주의자들의 반발에 부딪혀 좌절되고 말았다.

일시 잠잠하던 자치운동론은 1925년에 들면서 조선총독부가 자치제 실시 검토를 시사하자 이에 고무된 자치론자들이 다시 자치운동을 벌이기 시작하였다. 조선총독부는 국내에 고양되는 민중운동과 민족운동을 탄압할 목적으로 1925년 치안유지법을 제정하여 실시하는 한편, 점증하는 민족운동을 체제 내화할 목적에서 자치제 실시를 검토하기 시작하였다. 이때 조선총독부측과 조선인 자치론자들 간에 교섭을 담당한 것은 일본에서 온 중의원 의원 이노우에 준노스케(井上準之助)와 경성일보 사장 소에지마 미치마사(副島道正)였다.

경성일보 사장 소에지마(副島)는 1925년 11월 26일부터 3회에 걸쳐 조선

13) 『조선일보』 1924년 4월 22일자, 「勞農總同盟 臨時大會」.

14) 『동아일보』 1924년 4월 23일자, 「兩問題의 眞相」.

15) 『동아일보』 1922년 3월 6일자, 「朝鮮人의 參政權問題 — 內地延長主義의 可否」. 『동아일보』는 이 사설에서 內地延長主義를 "朝鮮人을 日本人化하자 함이며, 朝鮮을 日本의 府縣으로 化하자 함"이라고 평가했다.

총독부의 기관지나 마차가지인 『경성일보』에 「朝鮮統治의 根本義」라는 사설을 썼다. 그는 이 사설에서 "조선인들을 독립이라는 정신적 모르핀 중독에서 구해 내고 과격한 자극적 사상 대신에 건전한 영양가 있는 정신적 식물을 주어 자포자기의 상태에서 각성시키려면 자치의 희망을 주는 것이 효과적"이라고 피력하였다.[16] 한편 소에지마(副島) 등은 최린, 송진우, 김성수 등 자치론자들과 여러 차례 모임을 갖고 현재의 상태에서 독립운동은 절대 불가능하니 차라리 자치운동으로 방향전환을 해야 한다는 의견을 나누고, 자치운동에 대비한 잠재적 기반으로 『동아일보』, 안창호의 국내 기반인 수양동우회, 그리고 천도교 신파 최린의 기반인 조선농민사 등을 중심으로 자치제 실시에 대비한 준비를 진행하였다.[17]

1925년 말경 조선총독부측 대리인과 은밀한 교감 아래 자치론자들은 1926년 10월 자치운동단체의 조직을 결의하고 10월 14일 시사간담회라는 이름 아래 자치운동단체 조직준비위원회를 열어 발기 계획을 발표할 예정이었다. 그러나 이 논의에 참여하였던 민족주의좌파계열인 천도교 구파의 李鍾麟이 1926년 3월 강달영, 안재홍 등 민족·사회 양 주의 간의 연합전선 형성을 위한 모임에서 최린의 자치운동에 대해 격렬한 비판을 하여 최린 등의 자치운동 계획이 공공연히 알려지게 되었다.[18] 그러나 당일 이 사실을 안재홍·김준연 등으로부터 연락받은 민흥회와 전진회 회원들이 방해하여 결국 이날 회의는 무산되고 말았다.[19]

---

16) 副島道正, 「朝鮮統治의 根本義」 『朝鮮統治問題論集』, 101~102면.(서중석, 1989 『한국근현대의 민족문제연구』, 지식산업사, 180면에서 재인용)

17) 『高等警察要史』, 47~48면.

18) 이종린은 이 모임에서 수양동우회, 동아일보, 특히 최린의 조선농민사 등은 "반드시 장래 자치제를 실시할 때 다수 의원을 양성해 두어 일개의 政黨으로서 의정단상의 세력을 장악하려는 준비에 불과하다"고 말했다고 한다.(김준엽·김창순, 「제2차 조선공산당사건 검거보고철」 『朝鮮共產主義運動史』 資料編 2, 120면)

19) 1926년 10월 14일 회합에서 민흥회의 明濟世, 許一 등은 전진회의 李英 등 10여 명과 만나 "吾民族의 自治運動에 日本의 阿部充家가 게재한 것은 그 根本을 잘못하고 있고 自治의 精神을 무시한 불순한 운동으로 吾人의 主張과는 전

이와 같이 조선총독부와의 교감 아래 민족주의우파가 추진한 제2차 자치운동은 이후 신간회의 결성으로 좌절되었다. 그렇다고 이들이 자치운동을 완전히 포기한 것은 아니었다.

1926년 말에서 1927년 초 민족·사회 양 진영이 민족협동전선 결성을 본격화하자 이에 당황한 조선총독부측은 그 세력을 꺾고 자치론자들의 운동을 지원하는 한편 장기적인 조선 지배를 위해 그동안 보류하였던 자치제 실시를 본격 검토하였다.[20] 조선총독부에서는 자치의회설치안을 마련하여 본국과 협의에 들어갔고, 최린은 직접 일본 본국에서 자치운동을 펴려고 1926년 10월 말 일본에 건너갔다. 최린은 동경에서 아베 마쓰이에(阿部充家)와 긴밀한 협의를 거듭하였고, 아베(阿部)는 머지않아 조선에 자치를 실시하고 조선의회가 열리게 될 것이라며 최린의 적극적인 활동을 호소하면서 그 준비에 관해 의논했다고 한다.[21] 최린의 이러한 노력도 조선에서의 자치제실시를 적극 모색하던 사이토 총독이 이임함으로써 사실상 무산되는 듯하였다.

그런데 1929년 8월 사이토가 총독으로 다시 부임하면서 자치운동이 다시 부활하였다. 조선총독부는 은밀히 민족주의우파의 자치운동을 지원하면서 1930년 '조선자치제안'을 마련하여 일본정부와 협의에 들어갔다. 그러나 일본정부는 총독부측이 제시한 '조선지방의회안'과 일본의회로의 대표 파견안을 모두 받아들이지 않고 대신 지방자치제의 강화를 채택함으로써 일본측의 이 운동에 대한 지원도 막을 내렸다.[22]

한편 자치론자들은 사이토 총독의 재부임과 함께 1930년 말 신간회 해소론이 대두하자 이를 자치운동을 위한 좋은 기회로 판단하였다. 이들은 이런 기회에 편승하여 신간회를 해소하고 새로운 민족단체를 조직하자고 주장하였다. 예컨대 자치론자인 朴熙道는 인도의 스와라지당, 터키의 터키청년당,

---

연 相容不可하므로 철저히 撲滅키로 하였다."라고 한다.(『高等警察要史』, 48면)

20) 박찬승, 앞의 책, 321면.

21) 姜東鎭, 1980 『日帝의 韓國侵略政策史』, 한길사, 424~425면.

22) 박찬승, 앞의 책, 352면.

에이레의 신페인당, 중국의 국민당과 같이 각계각층이 망라된 조직 그리고 부르주아민족주의자들이 주도하는 조직이 필요하다고 주장하였다.[23)]

자치론자들은 자치제 실시가 1930년대 말 지방제도 개정으로 사실상 일단락된 속에서도 실망하지 않고 자치운동을 벌였으나 1931년 총독이 교체되고 그해 9월 일제가 만주침략을 단행함으로써 자치제 실시는 더 이상 의미를 가질 수 없게 되었다. 이로써 민족주의우파의 타협적 노선이던 자치운동마저 불가능하게 되었고 이후 이들은 친일노선으로 돌아서지 않을 수 없었다.

그러면 1920년대 자치운동을 주장한 민족주의우파는 식민지 조선에서 어떤 계급적 기반을 갖는 계층인지 보자. 자치운동을 비판했던 金萬奎는 당시 자치운동을 주장하던 계층을 크게 세 부류로 나누었다. 그것은 '1. 자치권 획득이 대중의 당면이익이 된다고 내세우는 ○○파(친일파-인용자), 2. 高級知識閥 혹은 중산계급 이상의 財産閥로서 자치운동을 당면이익으로 보기보다는 독립운동의 한 단계로 보는 온건파, 3.기회를 포착하여 자기의 政治仕宦慾을 추구하는 데 몰두하는 奸雄閥分子였다'.[24)] 김만규가 지적한 당시 자치권 획득을 주장한 1, 2, 3 부류는 구체적으로 어떤 집단을 가리키는가? 우선 당대의 내노라 하는 친일파로 주목되었던 국민협회, 각파유지연맹 등 직업적 친일파 내지 부일배들은 아닌 것 같다. 이들은 일찍부터 일제의 식민정책인 내지연장주의입장에서 자치론을 반대하고 참정권획득운동을 벌였던 자들로서 矯風會, 維民會, 大正親睦會 등의 친일적 지주, 예속적 자본가의 계급적 기반을 갖는 자들이었다.[25)]

그렇다면 김만규가 지적한 세 부류의 자치론자 가운데 주목되는 것은 제2 부류 즉 '高級知識閥 혹은 중산계급 이상의 財産閥'이다. 우선 중산계

23) 박희도, 「大協同機關組織의 必要와 可能如何-시기가 늦었다」『彗星』1930년 창간호, 2면.

24) 김만규, 「妥協과 非妥協 — 우리는 政治運動에 對하야 엇더한 態度를 取할가?」『朝鮮之光』1927년 2월호, 6면.

25) 강동진, 앞의 책, 220~251면.

급 이상의 財産閥이란 바로 경성방직의 호남재벌과 같이 민족자본 상층으로 출발하여 점차 예속자본으로 전화하고 있던 대자본가의 경우를 가리키는 것으로 보인다. 출발과정에서부터 일제당국의 보호와 육성을 호소하던 민족자본 상층은 일제가 그러한 호소를 들어주지 않자 1922~1923년경 한때 대중들의 민족감정에 호소하여 민족자본의 육성을 호소하였다. 그러나 그러한 방법도 별다른 효과를 거두지 못하게 되자 민족자본 상층 가운데 대자본가들은 한편으로는 일제당국의 보호와 육성을 다시 호소하고 다른 한편으로는 자본의 성장에는 정치권력의 뒷받침이 필수적이라고 생각하고 최소한의 정치적 권리의 획득을 내걸면서 자치운동을 전개하게 되었던 것이다.

그리고 高級知識閥이란 바로 자치운동의 추진주체인 최린[26]을 중심으로 한 천도교신파의 간부, 송진우[27] 등 동아일보 간부, 이광수[28] 등 일부 수양동우회 간부, 윤치호[29]·박희도[30] 등 일부 기독교 인사 등을 가리키는 것

---

26) 최린(1878~?)은 함경남도 함흥 출신, 1904년 황실특파유학으로 일본에 유학하여 東京부립 제1중학교를 졸업, 1906년 메이지대학 법과에 입학, 1909년 졸업하고 이듬해 귀국함.

27) 송진우(1890~1945)는 전라남도 담양 출신, 1906년 담양 창평의 英學塾에서 신학문을 배웠고 1907년 일본 東京으로 유학, 1910년 와세다대학에 입학 후 일제 강점에 충격을 받아 귀국했다가 이듬해 다시 東京으로 건너가 메이지대학 법과에 전입학, 1915년 졸업함.

28) 이광수(1892~?)는 평안북도 정주 출신, 1905년 일진회 유학생으로 도일했다가 학비 곤란으로 귀국, 1906년 다시 도일하여 메이지학원 중학부 3학년에 편입, 1910년 5학년을 졸업하고 1915년 김성수의 후원으로 다시 도일하여 와세다대학 고등예과에 편입, 1916년 와세다대학 철학과에 입학, 1917년 귀국함.

29) 윤치호(1865~1945)는 충청남도 아산 출신, 1881년 신사유람단의 수행원으로 도일하여 同人社에서 신학문을 배우고 1885년 상해로 망명하여 中西書院에서 3년 6개월 동안 근대교육을 받았고 이후 미국으로 건너가 밴더벌트 신학과 영어코스 3년을 수석 졸업한 후 에모리대학에서 인문사회과학과 자연과학을 수학함.

30) 박희도(1889~1951)는 황해도 해주 출신, 해주 義昌學校 보통과와 고등과를 졸

으로 보인다. 이들은 베르사유강화회의와 워싱턴회의 등 외세의 지원에 의존한 외교운동이 좌절되고 실력양성 우선론에 입각한 '경제적 문화적 실력양성운동'마저 한계에 부딪치자 이제는 '정치적 측면에서의 실력양성운동'으로서 일제 지배 하에서 자치권 획득을 목표로 한 자치운동을 제창하고 나섰던 것이다.

결국 1920년대 민족주의우파 즉 '高級知識閥 혹은 중산계급 이상의 財產閥'이 벌인 자치운동은 곧 식민지 조건 아래 일본을 정당한 국가로 인정한 상태에서 부르주아민족주의우파의 사회적 활동의 강화를 주장한 운동이었던 것이다.

2) 자치운동논쟁과 성격

1920년대 들어 민족주의우파들이 겉으로 '무조건적인 대동단결'을 부르짖으면서 이면으로 자치운동을 기도하자 민족주의좌파와 사회주의자들을 중심으로 거센 비판과 반대가 이어졌다. 자치운동에 대한 본격적인 논쟁은 1920년대 중반 이후이지만 이미 1922년 5월 이광수가 『開闢』에 「民族改造論」을 게재하면서 그 씨앗이 뿌려졌다.[31] 조선 민족이 衰頽한 원인을 타락한 민족성에서 찾고 이의 개조를 주장한 「民族改造論」은 국내외에서 활동하던 민족운동자들로부터 격렬한 비판을 받으면서 큰 파문을 일으켰다.

예컨대 사회주의자 辛日容은 이광수가 제기한 '개조'의 개념부터 문제를 삼으면서 개조란 "國家形態, 政治組織과 社會及家庭과 如한 것의 形態나

업, 1904년 평양숭실학교를 졸업한 뒤 협성신학교와 연희전문학교를 중퇴함.

31) 이광수의 「민족개조론」에 대해서는 다음 논문을 참조할 것. 김용달, 1997 「춘원의 '민족개조론'의 비판적 고찰」 『도산사상연구』 4; 김정인, 2001 「1920년대 전반기 민족담론의 전개와 좌우투쟁」 『역사와 현실』 39; 김형국, 2001 「1920년대초 民族改造論 검토」 『한국근현대사연구』 19; 김명구, 2002 「1920년대 국내 부르주아민족운동 우파계열의 민족운동론—『동아일보』 주도층을 중심으로—」 『한국근현대사연구』 20.

組織을 改造한다는 의미"여야 하고 "오직 制度와 組織에 국한하지 아니하면 안 된다"고 하면서 "오늘날 우리가 衰頹 飢餓에서 瀕死하게 된 原因은 우리 民族의 生理的 不具나 精神上 缺陷 — 劣惡한 民族性에 — 있지 아니한 것을 看破하는 同時에 오즉 그 原因의 征服과 搾取의 事實에 있음을 斷言한다."라고 하며, 이광수와는 민족 쇠퇴의 원인 분석을 근본적으로 달리하였다.[32)]

자치운동논쟁의 시발점이 되기도 한 「民族改造論」을 둘러싼 논쟁 이후 민족주의좌파 내지 사회주의자들은 민족주의우파들이 자치운동을 제기하는 배경에 대해서 어떻게 인식했는지 보자. 『조선일보』의 안재홍은 1926년 2월 6일 조선중앙협회의 성립을 우려하면서 다음과 같이 자치운동의 배경을 지적하였다.

> 統治群의 誘惑의 魔手는 到處에 發動하고 이에 因한 機會主義者들의 右傾的 劃策이 암암리에 조장되는 바 있는 것은 世間의 識者가 이미 그 概要를 料得한 바 있다 한다. 澤柳政太郎, 高柳覺太郎 및 頭本元貞 등 일본 知名의 인물들이 副島씨와 함께 外洋에 출입하며 동일한 유혹의 언론을 弄함과 및 그를 聽聞한 자 중에 오히려 흔연히 계획하고자 함이 있는 것 또한 식자의 同認하는 바이다.[33)]

안재홍은 자치운동이 일어난 배경을 '統治群의 誘惑의 魔手'로 보고 이후 자치운동을 '官制的 妥協運動'으로 규정하였다. 그는 "己未運動 當時부터 發生하였다 할 수 있는 民族的 妥協運動 卽 所謂 自治運動이란 者가 早

---

32) 辛日容, 「春園의 民族改造論을 評함」 『新生活』 7, 1922년 7월, 4~5면. 이 밖에도 민족개조론을 비판한 글로는 민족주의계열의 崔元淳의 글, 「李春園에게 問하노라」(一)·(二), 『동아일보』 1922년 6월 3·4일; 辛相雨의 「春園의 民族改造論을 讀하고 그 一端을 論함」 『新生活』 6, 1922년 6월; 사회주의계열인 주종건의 「現代經濟組織의 矛盾 — 어떤 다소간 教養있는 失業한 熟練織工과의 對話 —」 『開闢』 41, 1923년 11월 등이 있다.

33) 『조선일보』 1926년 2월 6일자, 「統治群의 誘惑 — 朝鮮中央協會의 성립을 듣고 —」.

晩에 어떠한 形式으로든지 出現될 것"은 必然이라고 전망하면서 타협운동은 "統治群의 朝鮮人에 對한 懷柔的 또는 讓步的 態度"로 나타나거나[34] 또는 타협운동이 "있다 하면 반드시 統治群들과 聯絡되고 呼應함이 아니고서는 容易히 出現하지 못할 것"이라 하여 자치운동을 官制的 妥協運動이라고 규정하였다.[35]

그는 또 1926년 말 최린이 일본에 건너가서 자치운동을 펴고 있는 동안 "朝鮮人의 公理論的 漸進主義者와 및 彼等 統治群들과의 呼應에 因하여 朝鮮人 大衆의 突進的 또는 左傾的 氣勢를 줄이고자 妥協運動이 出現할 것은 明白하고 이러한 內外의 事態는 그로 하여금 今後 2, 3年을 넘지 않는 동안에 반드시 出現할 것을 豫斷할 수 있다."라고[36] 하여 자치운동이 일제 지배자들과 조선인 '공리론적 점진주의자'가 서로 호응하여 조선 민중의 돌진적 좌경적 기세를 꺾기 위한 목적으로 출현할 것이라고 하였다. 따라서 그는 "이러한 官制的 妥協運動이 생긴다 하면 우선 그의 出發點부터 그릇된 것이라 할 것이요 그 前途는 一層의 不信任을 받을 것"이라[37] 하여 자치운동이 결코 민중의 호응을 얻지 못할 것이라고 주장하였다.

안재홍은 곧 자치운동이 일제지배자들과 조선인 공리론자들이 서로 호응하여 조선 민중의 기세를 꺾으려고 등장할 것으로 본 것이다.

또 안재홍은 소에지마 미치마사(副島道正)가 「朝鮮統治의 根本義」에서 "朝鮮自治는 朝鮮人의 바랄 수 있는 最高의 政治形式이다."라고 운운하면서도 다른 한편으로는 "朝鮮의 現狀으로서 아즉 自治이니 할 境遇가 아니다. … 아무리 有利하게 보더라도 現在 朝鮮人은 自治에 依하야 幸福스러우리라고 믿을 수 없다."라고[38] 실재 자치제 실시를 주장한 것이 아니라 "朝鮮人 大衆을 自治의 長谷에까지 誘出"하여 "마취 혹은 질식케 하고자

34) 『조선일보』 1926년 12월 16일자, 「朝鮮今後의 政治的 趨勢(一)」.
35) 『조선일보』 1926년 12월 17일자, 「朝鮮今後의 政治的 趨勢(二)」.
36) 『조선일보』 1926년 12월 19일자, 「朝鮮今後의 政治的 趨勢(四)」.
37) 『조선일보』 1926년 12월 17일자, 「朝鮮今後의 政治的 趨勢(二)」.
38) 서중석, 앞의 책, 180면.

하는 策成"이라고 지적했다. 즉 자치제 실시 주장 자체가 그 실현 여부에 상관없이 조선인들 사이에 이 문제 때문에 분열이 일어나 궁극적으로 민족운동을 분열시켜 식민지배를 더욱 용이하게 할 것이라고 생각했다.

김만규 역시 일제의 統治當局이 自治를 率先提唱한 이유는 '독립운동의 완화'를 노린 것이라 보고 일제가 독립운동의 緩和策으로서 자치문제를 크게 3단계로 이용할 것이라고 전망하였다. 즉 첫째 단계는 "朝鮮政商輩들의 唇舌을 거치어 自治의 氣脈만을 暗示하여 大衆의 趨向을 轉換시키기에 萬能을 다"하는 단계이고, 둘째 단계는 "氣脈의 暗示만인이 其間의 多少歲月을 經過할 어느 날에 民衆을 自治不現實에 失望되야 새로운 方向의 進路를 開拓하기를 憧憬할 때 다시 地方自治같은 것을 實施하야 비록 一部이나마 實物인 그것으로써 民衆의 趨向을 그대로 引導시키고", 셋째, 다시 "期間의 多少歲月을 經過한 어느 날에 民衆이 地方自治制의 不現實에 失望하여 다른 方向의 새로운 進路를 開拓하기 憧憬할 때에 朝鮮의 自治를 實現하여 民衆의 趨向을 그대로 引導할 것"이라는 것이다. 이렇게 한다면 일제는 식민지 조선지배에 하등 근본적 동요를 일으키지 않으면서도 장기간 그 지배를 유지해 나갈 수 있으리라는 것이다.[39)]

결국 자치운동 반대자들은 자치제 실시의 기본 목적이 민족주의우파들이 희망하는 조선인의 정치적 발언권을 부여하는 데보다는 일제가 오히려 이를 이용하여 독립운동을 완화시키고 분열시키는 데 목적이 있기 때문에 사실상 자치제 실시의 가능성에는 회의적이었다. 때문에 안재홍 등은 자치운동을 비판하면서 자치제의 실현 가능성을 부정하였다.

> 근자 統治群들은 때때로 朝鮮의 自治策을 暗示 혹은 明言하는 바 있다. 그러나 그 반면에는 吾人의 항상 지적하는 바와 같이 軍備의 增强, 交通網의 完備 및 各種 經濟政策의 躍進的 施設로 或은 朝鮮人의 實生活의 死命을 制하려 하고, 따라서 物質的 高壓이 스스로 手足을 놀릴 수 없게 하고자 한다. 무릇 經濟的으로 死命을 制하고 政治的으로 自由를 許與한다는 것은 허울 좋은 體面

39) 김만규, 앞의 글, 6~7면.

政治라 할 수 있다.[40]

자치운동에 대한 사회주의자들의 인식 역시 민족주의좌파와 크게 다르지 않았다. 사회주의자이자 연희전문학교 교수였던 백남운은 "元來 政治的 自治는 征服群이 被征服群에게 對한 統治策의 一範疇에 不過"하며 그럼으로 "原則으로는 被征服群이 自發的으로 自治를 主張하는 境遇는 極히 稀少한 것이고 만일 主張하게 된다면 征服群의 統治上 煩惱를 反證할 수 있을뿐 아니라 其懷柔的 態度를 啓示한 證據"라고 하였다.[41] 백남운은 자치운동이 기본적으로 征服群의 통치책의 일환이며 그 목적이 피통치군의 독립운동을 회유하기 위한 것으로 정의하였다.

백남운은 이러한 자치운동에 대한 인식을 바탕으로 日本의 朝鮮統治策을 同化策과 自治策 두 가지로 나누고 근래 자치운동의 내용과 관련하여 "近來 一部 朝鮮人側의 所謂 自治運動이라는 것은 同化를 要求하는가 自治統治를 要求하는가. 或은 獨立의 準備階段으로 自治를 要求하는가. 其限界槪念이 甚히 分明치 못한 바 있으나 今日의 一部朝鮮人自治運動은 從屬的 自治運動과 計劃的 自治運動 두 가지가 있다고 想定할 수 있다."라고[42] 하고, 전자는 融和를, 후자는 分離에 목표를 둔 자치운동의 내용을 상정하였다.

그러나 백남운은 실제 자치 실시 여부와 관련해서는 "中央政府의 財政援助를 받는 동안은 내의 推測으로는 日本의 政治的 浪人들이 아무리 奔走하고 朝鮮의 挾政輩가 如何히 發狂할지라도 畸形的 自治도 難產"일 것이라며[43] 자치실시 자체를 부정하였다. 그러면서 그는 이러한 자치운동의 성격을 다음과 같이 정확히 지적하였다.

---

40) 『조선일보』 1926년 11월 4일자, 「愛蘭問題와 朝鮮問題」.

41) 백남운, 「朝鮮自治運動에 對한 社會學的 考察」 『現代評論』 1927년 1월호, 47면.

42) 백남운, 위의 글, 49면.

43) 백남운, 위의 글, 50면.

> 비록 計劃的 自治運動이라도 實際上 醉政輩의 所謂 活動的 衝動을 滿足시킬 뿐이고 大體로는 朝鮮民衆의 實益을 期待할 수 없을 것이다. … 自治運動은 民族的 氣魂을 痲醉시키는 同時에 階級統一意識을 攪亂하고 終局에는 社會分裂의 契機가 되고 말 것이다. 現實의 範圍 內에서 去勢한 政治를 要求하는 것보다는 明日을 憧憬하는 忠直한 勞動이 오히려 生活價値가 巨大하다.[44]

백남운은 자치운동은 실제로는 현실성도 없고 오히려 민족의식·계급의식만을 교란하고 나아가 민족운동의 분열만을 가져올 것이므로 자치운동과 같은 공리주의적 운동보다는 비록 당장 실현 가능성은 없다 하더라도 원칙적으로 옳은 충직한 운동으로서의 독립운동을 펴는 것이 났다는 것이다.

실현성도 없고 민족운동의 분열만을 초래할 자치운동에 대한 비판은 일제가 만주침략을 감행하고 사실상 지방자치제를 폐기한 상태에서도, 자치운동에 목을 매고 있는 자치론자들에 대해서 사회주의들의 비판은 더욱 혹독하였다. 1928년 이후 좌경노선으로 돌아선 사회주의자들은 민족부르주아지를 민족개량주의로 간주, 타도대상으로 삼기 시작하였다.

1930년 11월 『별건곤』에 1930년 5월 일본에서 발행된 巍水春 저 『現段階의 朝鮮』을 거의 그대로 인용하여 합법운동론을 펼친 KH생의 「사회운동」이 실리자 車石東은 소책자 巍水春 저 『現段階의 朝鮮』을 "민족개량주의의 정치적 진출, 제국주의의 정치적 기만정책에 호응하는 그들의 정치적 활동의 표시"라고 하며 1930년대 제기된 자치운동을 비판하였다.

차석동은 1920년대 후반 원산총파업과 광주학생운동에 이은 노동자, 농민의 혁명적 진출이 제국주의 지배를 근저로부터 강력하게 뒤흔들고 있는 상황에서 조선총독부의 지방자치제 실시 등 일련의 개량정책은 "이를 통해 (혁명)적 대중에게 개량주의적 환상을 퍼뜨리고 대중의 (혁명)적 투쟁을 거세하여 대중의 생활을 제국주의에 영구히 예속시키기 위한 제국주의의 교활한 정책 이외의 어떤 것도 아니"며 "또 하나의 목적은 민족부르주아지와

---

44) 위와 같음.

소부르주아지의 상층을 제국주의 쪽으로 획득하여 제국주의의 지배기반을 보다 공고히 하는 데 있"고 이러한 제국주의의 기만적 개량정책에 협조자의 역할을 담당한 민족개량주의자들은 "일제의 개량정책의 피리에 맞추어 춤추면서 (혁명)적 대중의 면전에서 정치적으로 진출하기 시작하고 있다."[45] 때문에 그는 "현 단계의 민족해방운동의 도상에서 민족개량주의는 모든 (혁명)적 대중의 최대의 적이다. 제국주의의 기만정책에 호응하여 대중 속에 제국주의 지배하에서의 개량의 희망과 기대를 전파시켜 대중의 (혁명)적 투쟁을 개량적 타협과 청원으로 해소시키려는" 것이라고 하였다.[46]

또 그는 『現段階의 朝鮮』의 핵심 내용을 '민족당의 수립, 공민권획득운동의 전개, 일제의 투쟁에 있어서의 합법주의'라고 하며 자치운동을 비판하였다. 즉 "전 민족의 내부에서 계급대립이 첨예하게 발전되고 부르주아지와 프롤레타리아트의 계급투쟁이 격화되어, 민족부르주아지가 가장 먼저 (일본)제국주의에 대한 (혁명)성을 상실한 오늘날의 조선에 있어서 민족의 공동정당이라는 것이 현실적으로 존재하는 것은 절대 불가능한 것이다."라고 하며 신간회 해소를 둘러싸고 민족개량주의자들이 벌였던 민족당 건설 움직임을 비판하였다. 즉 민족당이란 민족개량주의자들이 민족공동의 정당이라는 가식 앞에 (혁명)적 대중을 획득하려는 민족부르주아 정당으로 규정하였다.[47] 이것은 곧 일본제국주의의 지배를 그대로 둔 채 그 지배 하에서의 공민권의 획득의 주장에서 분명해진다. 즉 공민권획득이란 "결코 (혁명)적 민중의 요구가 아니"며 "경제적, 정치적 제관계에 있어서 현저하게 (일본)제국주의 쪽으로 접근해 가는 민족부르주아지의 현재의 정치적 요구이며 희망"으로서 결국 '민족당 수립'은 "민족부르주아지의 정당, 개량주의의 정당의 수립 이외의 어떤 것도 의미할 수 없다"며[48] 민족당 수립은 공

---

45) 車石東, 1987 「민족개량주의의 반동적 跳梁을 분쇄하라」 『식민지시대사회운동론연구』, 배성찬 편역, 돌베개, 280~281면.

46) 車石東, 앞의 글, 283면.

47) 車石東, 앞의 글, 285면.

48) 車石東, 앞의 글, 286면.

민권 획득을 위한 정당, 자치주의의 정당, 민족부르주아지의 민족개량주의 정당이며 민족부르주아지의 계급적 운동임을 분명히 하였다. 더구나 그는 일체의 투쟁을 전적으로 합법적 범위 내에 투쟁을 한정시킬 것을 주장하는 자치운동에 대해 "모든 (혁명)적 투쟁의 완전한 포기를 의미하는 것이며, 제국주의에 대한 투쟁을 제국주의에 대한 항복으로 교체하는 것을 의미" 한다고 주장했다.[49)]

그러면 1920년대 민족주의우파의 자치운동에 대해 비판적 내지 반대운동을 펼쳤던 신지식인은 누구인가? 민족주의좌파의 경우 주로 『조선일보』의 사설을 통해 이루어졌는데 그 사설의 집필자는 주로 안재홍[50)]과 김준연이었다.[51)] 사회주의자의 경우는 당시 연희전문학교 교수였던 백남운,[52)] 차석봉 등이었다.

이와 같이 신지식인들 사이에서 자치운동에 대해 이렇게 큰 입장 차이를 보이는 것은 기본적으로는 민족해방운동 노선이 달랐기 때문이지만 여기에는 식민지 현실에 대한 인식과 근대적 정치의식의 차이가 내재되어 있었다.

3. 1920년대 신지식인의 식민지 인식과 근대적 정치의식

1) 신지식인의 식민지 인식

그렇다면 자치운동을 반대했던 사회주의자들은 식민지 현실을 어떻게

---

49) 위와 같음.

50) 안재홍(1891～1965)은 경기도 평택 출신, 1910년 도일하여 1911～1914년 와세다대학 정경학부를 졸업하고 1915년에 귀국함.

51) 조선일보사, 1970 『朝鮮日報五十年史』, 596면.

52) 백남운(1895~?)은 전라북도 고창 출신, 수원고등농림학교와 일본의 東京상과대학을 졸업한 뒤 1925년부터 1938년까지 연희전문학교 교수로 재직함.

인식하고 있었을까? 백남운은 자치운동을 비판하면서 그 근거로 "制度化한 奴隷는 其生殺與奪權을 掌握한 主人의 命令대로 勞役할 義務뿐이고 生存權 人格權을 主張할 何等의 保障이 없는 것이다. 植民地民과 奴隷와는 實質上으로 勿論 相殊한 点이 許多하겠지만 本質的 概念은 被征服群 그것이다. 그럼으로 植民地在來民을 巨大한 奴隷群이라고 말할 수 있고 植民地民에 대한 統治策을 奴隷待遇의 最高形態라고 볼 수도 있다"고 하며, "朝鮮은 日本의 植民地요 朝鮮人은 其被征服群"으로 인식하였다.[53]

백남운을 비롯한 사회주의들의 식민지 현실에 대한 인식은 기본적으로 마르크스-레닌주의에 기초한 것이며 그것은 곧 레닌의 제국주의에 대한 정의에 기반을 두고 있다고 할 것이다. 레닌은 "제국주의란 독점체와 금융자본의 지배가 확립되어 있고, 자본수출이 현저한 중요성을 가지고 있으며 국제트러스트들 간의 세계분할이 시작되고, 자본주의 거대열강에 의한 지구상의 모든 영토분할이 완료된 발전단계에 있는 자본주의"라고 정의하였다.[54] 이에 따르면 식민지 현실은 제국주의 독점자본에 의해 전일적으로 지배, 착취당하는 곳이다.

1920년대 사회주의자들의 식민지 현실 인식은 그들이 기초한 이론에 따라 약간의 차이는 있겠지만 당시 국내외 사회주의 민족해방운동의 참모부 역할을 했던 조선공산당의 인식을 대표적 견해로 보아도 무방할 것이다. 이런 점에서 조선공산당으로 상징되는 1920년대 사회주의자들의 식민지 현실에 대한 인식은 1926년 7월 조선공산당의 기관지 『불꽃』에 게재된 「조선공산당선언」(이하 '선언')에 잘 나타나 있다.[55]

---

53) 白南雲, 앞의 글, 47면.

54) V.I. 레닌/남상일 옮김, 1988 『제국주의론』, 백산서당, 12면.

55) 1925년 4월 17일 창건된 조선공산당은 강령을 채택하지 않고 이를 중앙집행위원회에 위임했다. 1928년 조선공산당이 해체될 때까지 세 차례의 당대회에서도 강령을 공식적으로 채택한 적은 없었던 것으로 추정되는데, 상해에서 발행된 조선공산당의 기관지 『불꽃』에 1926년 7월 조선공산당 중앙집행위원회의 이름으로 수록된 강령적 문헌인 '조선공산당선언'이 제시되어 있다. 이것은 1차 조선공산당사건 당시 검거를 피해 상해로 망명하여 활동하다가 1930년 체포된

'선언'에서는 1920년대 중반 일제 지배 아래 있는 식민지 조선의 현실을, "사정없이 실행하는 약탈과 폭력의 정책으로 일본제국주의자들이 1910년 조선을 병합한 이래 조선은 이제 이미 더 참을 수 없는 곤란한 경우에 빠졌고 조선인은 민족적 최후 멸망의 위험에 다다"른 것으로 인식하였다.[56)]

그것은 경제적으로 "전국민의 경제생활이 어느 하나가 일본자본가들의 장악에 들어가지 아니한 것이 없나니 … 조선인은 오직 무제한의 노역으로써 일본자본가와 금융기관들의 착취의 대상으로 되어 있"고, "조선인민들은 정치상으로도 압박받아 보통인권의 초보적 자유까지 가지지 못하였다. 일본불수아 법률의 보호도 받지 못하고 오직 일본관리들의 임의 압박의 대상으로 되어 일본인이 조선인들을 학살할 때는 불과 일종의 질서문란으로 認做하여 극소액의 벌금에 처하게 되며 민중의 자유로 종교를 믿지 못하고 정치적 주의를 가지지 못하며 形을 언론, 행동에 과할 뿐 아니라 악형자를 배척하는 의지, 사상에까지 가하며 조선인은 자유로 단체도 조직하지 못하고 더욱이 사회사업에 대하여 참여, 간섭할 권리가 없"는 식민지 노예나 다름없는 상태로 인식하였다.[57)] 이것은 백남운이 구체적으로 열거하지는 않았지만 '植民地民에 대한 統治策을 奴隷待遇의 最高形態'라고 한 인식과 맥을 같이한다.

특히 이러한 일본의 식민지배는 다른 제국주의 "착취 압박자의 獸類 중에서 제일 위를 점한 자들이다. 일본의 자본주의가 기타 자본 각국의 그것에 비하여 제국주의적 발전과 식민지 점령에 낙후되었으므로 일본자본가들은 동 각국에 追及하기 위하여 악형과 강도식으로 식민지 인민들을 한목에 착취하여 그 식욕의 정도를 알지 못한다."라고[58)] 하여 후발 제국주의

화요파의 구연흠이 밝힌 내용과 완전히 일치한다.(역사학연구소, 1997 『한국공산주의운동사연구』, 93면) 이 '선언'은 모스크바에 있는 러시아 현대사자료 보관 및 연구센터에서 발견한 것으로 이 기관지 발행의 주도적 인물은 조봉암, 김단야, 김찬 등이었며, 전문은 『역사비평』 1992년 겨울호에 실려 있다

56) 「조선공산당선언」, 350면.(『역사비평』, 1992년 겨울호, 역사비평사)

57) 위와 같음.

국가인 일본 독점자본의 낙후성과 그에 따른 식민지배의 특수성을 지적하였다. 이러한 일제 식민지배에 대한 인식은 영국이나 프랑스 등과는 달리 식민지경영비를 본국에서 조달하지 못하고 식민지에서 조달해야 하는 일본 독점자본의 한계를 반영한 것이다.

사회주의자들이 식민지 조선의 현실을, 경제적으로는 전국민이 일본자본가들의 장악에 들어가 오직 무제한의 노역으로써 일본자본가와 금융기관들의 착취의 대상으로 되어 있고, 또 정치적으로 조선인민들이 보통 인권의 초보적 자유까지 가지지 못하는 감옥 상태로 인식하는 상태에서 자치는 결코 해방에 이르는 길이 아니었던 것이다. 즉 이들에게 있어 "합법적 범위 안에서 투쟁을 국한하는" 자치운동은 "모든 투쟁의 완전한 포기를 의미하는 것이며, 제국주의에 대한 투쟁을 제국주의에 대한 항복으로 교체하는 것을 의미"하였던 것이다.[59] 사회주의자들이 자치운동을 격렬히 반대한 이유가 바로 여기에 있었던 것이다.

2) 신지식인의 근대적 정치의식

근대적 주체가 자본주의 생산양식의 정착과 근대 시민사회 및 근대 민족국가의 완성을 향한 도정에서 그 자신의 의지와 능력으로 근대화를 추진하며 자신을 정립한 역사적 사실에서 볼 때[60] 비록 타율적 근대화의 경험이지만 민족주의좌·우파와 사회주의자 역시 그 과정에서 근대적 주체로서 자신을 형성해 가는 과정이었다. 때문에 1920년대 자치운동에 대한 입장은 식민지 현실을 전제로 근대국가의 건설 전망과 함께 근대적 정치의식의 소산이었다. 이런 점에서 여기서는 민족주의우파의 경우 주로 이광수의 일련의 글을 통해서 '중추세력' 내지 '중심세력' 형성 주장에 내포된

---

58) 「조선공산당선언」, 351면.

59) 車石東, 앞의 글, 286면.

60) 김철, 1995 「친일문학론 — 근대적 주체의 형성과 관련하여 —」 『민족문학사연구』 8, 9면.

근대적 정치의식을, 사회주의자의 경우는 「조선공산당선언」에 표현된 근대적 정치의식을 통해서 정치적 측면에서 '근대'에 대한 인식을 비교 검토해 보고자 한다.

민족주의우파는 자치운동과 관련하여 1922년 7월 6일 『동아일보』의 사설 「정치적 중심세력」, 7월 25일의 사설 「民族的 團結을 促하노라」[61]에서 자치론을 직접 개진하지는 않았으나, 에이레와 인도의 경우를 예로 들면서 '중심세력이 없으면 혁명도 정치도 운동도 할 수 없다.'라고 하여 간접적으로 정치적 중심세력의 결성을 제창하고 나섰다. 정치적 중심세력의 결성 주장은 1923년에 들어서도 『동아일보』에 의해 계속 주장되었는데, 이때 이들이 내세우는 중심세력 결성의 필요성은 대체로 '인민의 생명 재산의 보호', '폐정의 개혁' 등 조선민족의 생존권 보장을 위해 정치상의 유력한 발언권의 확보가 필요하다는 것이었다. 이는 비록 명확한 표현은 아니나 일정한 정치적 권리의 확보를 위하여 그것을 위한 정치운동을 담당할 정치적 중심세력이 필요하다는 주장에 다름 아니었다.[62]

이처럼 궁극적으로 자치권 확보를 위한 '정치적 중심세력'이란 누구를 가리키는가? 이에 대해서는 누구보다도 정치적 중심세력의 결집을 강조했던 이광수에 의해 압축적으로 제시되었다.

이광수에게 중추계급은 사회발전의 핵심이었다. 현대 문명국가의 운명은 사회의 핵인 중추계급에 달려 있다는 인식으로 연결되었다. 즉 한 "社會의 政治, 宗敎, 敎育, 嗜好, 習尙이 모두 그(중추) 階級의 意思에서 發하는 것이니 輿論이라 함이 이 階級의 共通한 意思를 指稱함"[63]이라며 중추

61) 『동아일보』 7월 25일자 사설 「民族的 團結을 促하노라」에서는 "조선민족도 금일과 같이 殘劣하고 衰頹한 원인이 分離 各立한데 있다 하면 이로부터 선결문제도 단결이라 하노니 연후에 교육을 진흥할 것이며 실업을 확장할 것이며 모든 자유와 권리를 獲取할 것이라"고 하며 대동단결을 우선 주장하고 그 구체적 방법으로 '중심세력의 건설'을 제시하였다.

62) 박찬승, 앞의 책, 331면.

63) 이광수, 「中樞階級과 社會」 『開闢』 1921년 7월호.(『李光洙全集』 第17卷, 三中堂, 1962, 152면)

계급에 대한 "社會의 形成과 維持의 核이 되고 力點"이라는[64] 일반적 가치부여와 함께 "조선민족의 중추계급이라 하려면 全朝鮮이 민족적 생활에 대한 공통한 理想을 抱하고 이 생활의 조직을 能히 하며 그 조직의 모든 기관을 足히 분담하여 運轉할 만한 인격(德과 智와 體)을 備한 개인의 집합"이라며, 구체적 대상으로 "善良한 政治家, 善良한 官吏, 善良한 商工業者, 善良한 學者, 敎育者, 藝術家, 宗敎家"이며 "이러한 人才의 一團이야말로 實로 民族의 生命"이라고 주장하였다.[65] 그리고 그는 "오늘날 우리나라에서 흔히 말하는 文化運動이라는 것도 말을 고치면 中樞階級造成運動"이라며[66] "거의 民族的 生存의 死活이 關頭한 非常한 境遇에 있"기 때문에 "實力의 唯一한 基礎인 中樞階級의 造成"의 '非常한 方法'으로서 修養同盟과 修學同盟을 제시하였다.[67]

이것은 그가 민족개조론에서 언급한 중추세력과 일치한다. 그는 "우리의 民族的 生活의 모든 機關을 運轉하는 知識階級은 大略 얼마나 하면 될까? 民族生活의 모든 機關이라 하면 政治機關, 經濟機關, 敎育機關, 各種의 民間結社, 宗敎機關, 其他 學術, 藝術 등 모든 것이외다. 더 仔細히 말하면 政治家, 官吏, 商工業者, 敎師, 牧使, 學者, 文士, 藝術家, 新聞記者, 地方有志等을 知識階級이라 하겠습니다."라고 하여 위에서 언급한 중추세력이 곧 이들이기도 하다.[68]

이와 같이 이광수가 추구하는 근대적 주체는 곧 政治家, 官吏, 商工業者, 敎師, 牧使, 學者, 文士, 藝術家, 新聞記者, 地方有志 等으로 표현되는 부르주아지들이며 이런 점에서 민족주의우파가 주장한 자치운동은 곧 부르주아 근대화운동이자 부르주아지의 헤게모니를 강조한 것이다.

---

64) 이광수, 위의 글, 151면.
65) 이광수, 위의 글, 154~155면.
66) 이광수, 위의 글, 153면.
67) 이광수, 위의 글, 155면.
68) 이광수, 「民族改造論」『開闢』1922년 5월.(『李光洙全集』第17卷, 三中堂, 1962, 198면)

한편 이광수는 민족부르주아지 우파들이 주도할 근대화운동의 조직체로서 '정치적 결사'를 강조하는데, 그 결사의 구성과 성격을 보자.

이광수는 「민족적 경륜」에서 '사람은 정치적 동물이다.'라는 전제 아래 "자유의 사상이 보급될수록 정치는 민중화하여 농민이나 노동자까지도 정치적 권리를 획득하게" 되는데 "조선민족은 지금 정치적 생활이 없다"며 그 이유에 대해서 "일본이 한국을 병합한 이래로 조선인에게는 모든 정치적 활동을 금지한 것이 第一因이요, 병합이래로 조선인은 일본의 통치권을 승인한 밑에서 하는 모든 정치적 활동 즉 참정권, 자치권의 운동같은 것은 물론이요, 일본정부를 對手로 하는 독립운동조차도 願치 아니하는 강렬한 節介意識이 있었던 것이 第二因이"며, 이 두 가지 원인으로 지금까지 하여온 정치적 운동은 전혀 일본을 적대시하는 운동뿐이었기 때문에 조선 내에서 전민족적인 정치운동을 하도록 신생활을 타개할 필요가 있고 그 방안으로 "朝鮮內에서 許하는 範圍內에서 一大政治的 結社를 조직"할 것을 주장하였다. 그 이유는 "1. 우리 당면의 민족적 권리와 이익을 옹호하기 위하여, 2. 조선인을 정치적으로 훈련하고 단결하여 민족의 정치적 중심세력을 作하여 써 장래 久遠한 정치운동의 基礎를 成하기 爲하여"라고 했다.[69)]

이광수는 조선 민족에게 정치적 생활이 없는 첫째 원인이 일제가 모든 정치적 활동을 금지한 때문이라고 하면서도, 정치적 결사의 경우 정치적 색채를 띠는 것을 경계하였다. 이런 분석이라면 정치적 결사의 첫째 임무가 일제의 정치 금지 행위를 타파하는 것인데도 오히려 일제가 '허락하는 범위 내' 즉 합법적 운동을 지향하였다. 그것은 정치적 결사의 필요가 당장이 아니라 '장래 久遠한 정치운동의 基礎를 成하기 爲'한 데 있었기 때문이다.

그래서 독립협회 운동이 실패한 것은 "政治的 色彩를 가졌던 것이외다. 이 會가 만일 政治的 改革을 目的으로 한 政黨이라 하면(아마 當時事情으로 그러할는지 모르지마는) 다시 말할 것 없지마는 진실로 民族改造를 目

---

69) 이광수, 「民族的 經綸」『동아일보』 1924년 1월 3일자.

的으로 한다면 政治的 色彩를 띠어서는 아니 됩니다."라고 주장하면서 정치적 결사의 政治的 色彩의 위험성을 경고하였다. 때문에 이광수에게 있어 중추계급을 조성하는 방안은 "絶對的으로 政治와 時事에 關係함이 없고, 오직 各個人의 修養과 文化事業에만 從事하"여 "政府의 解散을 當할 念慮가 없"이 오직 "規則의 嚴修와 政府와 時事에 不干涉함"을 원칙으로 하는 改造團體의 조성이었다.[70] 결국 이것은 정치적 결사이면서도 실제로는 근대적 주체로서 근대적 시민사회의 자아을 형성해야 할 정치적 색채가 거세된 문화주의적 한계에 머물렀다.

이광수의 이러한 근대적 정치의식은 근대국가의 일반 민주주의의 보편적 가치인 개인의 자유와 평등에 대한 입장에서도 분명해진다.

이광수는 민족개조는 도덕적일 것을 강조하면서 영국의 정치제도를 예를 들어 자유민권에 관한 자신의 입장을 밝혔다. 그는 영국인은 자유를 바라는 대신에 공상적 감정적 인민의 자유를 앞세우는 프랑스와는 달리 實際를 더 좋아하여 프랑스인보다 훨씬 철저한 자유를 享樂하고[71] 또한 영국인은 국가가 개인의 자유를 간섭하는 것을 싫어할만큼 철저한 개인자유주의자이지만 국가생활, 사회생활, 즉 단체생활을 위한 봉사의 정신이 왕성하여 능히 단체를 위하여 자기의 자유를 희생한다고 강조하였다.[72] 영국인의 자유에 대한 예를 통해서 이광수는 결국 자유보다는 국가, 사회를 위한 봉사 즉 희생을 더 강조하고 있다.

이광수가 단체나 지도자에 대한 희생정신을 앞세운 것은 '복종'이 진정한 자유임을 강조하기 위해서였다. 그는 가정의 가장, 군대의 사령관, 조직체의 지도자와 나와의 관계를 설명하면서 그 원칙은 복종이라고 강조한다.[73] 이와 같이 이광수에게 있어 민주주의의 보편적 가치인 개인의 자유

---

70) 이광수, 「民族改造論」, 198~199면.

71) 이광수, 위의 글, 181면.

72) 이광수, 위의 글, 182면.

73) 이광수, 「自由와 服從-個人과 組織體 四」, 앞의 책, 301~302면. 자유와 복종에 대한 이광수의 생각은 "공민교육의 要諦는 어떻게 指導하는 일에 있지 아니하

는 사라지고 그것은 단체나 지도자를 위한 희생정신을 바탕에 둔 '복종'으로 대체되었다.

또 이광수는 「중추계급과 사회」에서 중추계급의 육성을 주장하는 가운데 평등에 대한 자신의 견해를 일견 피력하고 있다. 그는 "朝鮮에는 幼稚한 自由論, 平等論이 盛行하여 社會의 發展을 沮害함이 자못 크니 대개 平等이란 人의 資格 又는 人權의 平等을 가리킴이어늘 마치 이것을 人의 能力의 平等같이 認定하며 社會의 諸機關의 職務의 輕重大小의 差別까지 無視하여 命令하는 者와 服從하는 者의 區別조차 無視하려 하니 이러하고는 아무러한 團體生活도 營爲치 못할 것이외다."라고[74] 하며, 인간의 기본적 평등권과 상대적 불평등에서 제기되는 평등권 문제를 아무런 전제 없이 대등한 관계로 파악하고 있다. 그리고 이것은 당시 "경험상으로 보아서 사회적 차이가 어떤 불평등이나 부동권이 생기는 것은 사회진화의 이법상 당연하다"는 인간에 대한 불평등관을 전제로 한 것이었다. 그의 중추계급의 필요성은 이런 인간에 대한 불평등관에서 제기되었다.

이광수 즉 자치론자들은 조선총독부를 사실상 '국가'라고 인정했기 때문에 본래 의미의 국가 자체는 소멸한 상태였다. 이들은 식민지 아래 조선인에게 가해지던 불평등의 해결책을 찾을 정치적 조건은 어디에도 없었기 때문에 불평등을 '사회진화의 이법상 당연한 것'으로 인식하고 개인의 '능력' 나아가 '민족성' 문제를 탓하였던 것이다. 즉 이광수는 근대의 형성 과정에서 가장 정치적이며 국가라는 정치적 공동체의 제도적 뒷받침 속에서 가능했던 자유와 평등 문제를 탈정치화하여 개인의 문제로 단순화했던 것이다.

고 어떻게 복종하는 일에 있는 것이다." 군대나 조직체가 가장 큰 힘을 내려면 가장 큰 복종을 요한다고 하면서 "그러면 자유를 언제 쓰나? 복종만 高調하면 노예가 아닌가. 자기는 자기를 지도할 지도원리와 지도자를 擇하는 데 쓴다. … 이 자유를 가지고 그 조직체의 수령을 투표한다. 이 의미에서 나는 자유다. 그러나 한번 어느 조직체에 참가하기를 허락한 이상 어느 개인을 지도자로 선거하여 놓은 이상 나에게는 오직 그 지도체의 법에 그 지도자의 명령에 복종하는 자유가 있을 뿐이다."라는 글에서 잘 드러난다.(앞의 책, 302면)

74) 이광수, 「中樞階級과 社會」, 앞의 책, 157면.

이와 같이 자유, 평등의식에서 드러난 이광수의 근대적 정치의식은 근대 민족국가의 건설 즉 정치독립에 대한 인식에서 보다 분명해진다. 우선 1920년대 초 독립에 기대를 걸었던 파리강화회의나 워싱턴회의 등이 좌절한 뒤 민족주의우파들이 스스로의 독립불능론에 빠졌듯이 이광수 역시 마찬가지였다. 그래서 이광수는 "이제부터 우리가 근본적으로 할 일은 正經大道를 取한 민족개조요, 실력양성이외다. 조선인이 각 개인으로 또 일 민족으로 문명한 생활을 경영할 만한 실력을 가지게 된 후에야 비로소 그네의 운명을 그네의 의견대로 결정할 자격과 능력이 생길 것이니 그때에야 同化를 하거나 自治를 하거나 獨立을 하거나 또 세계적 의의를 가진 대혁명을 하거나 그네의 의사대로 自處할 것"이라고 하여 독립보다는 '문명한 생활을 경영할 만한 실력양성'을 우선하였다.[75]

그런데 문제는 중추계급 내지 근대적 직업과 능력을 지닌 개인들과 그들로 이루어진 조직에 의해 이끌어지는 사회 즉 문명한 생활이 경영될 민족적 공간 다시 말하면 사회의 주체들이 실제로 활동할 수 있는 공간인 '근대 민족국가'의 실체가 이광수에게는 매우 혼란스럽다는 점이다. 한 마디로 이광수에게는 실체로서의 국가가 존재하지 않는다는 점이다. 왜 그럴까?

여기에는 1920년대 이광수를 비롯한 민족주의우파 신지식인에게 크게 미친 일본의 문화주의의 영향 때문이었다. 일본의 문화주의자들은 "일국가 또는 일민족의 전체 살림살이의 방침과 처지"를 정치 개념으로 규정하고, 정치분야를 "교육, 산업, 문화" 등으로 구분하고 "정치의 일진일퇴는 곧 전

---

75) 이광수, 「民族改造論」, 앞의 책, 194면. 이광수 등 당시 민족주의우파들이 가졌던 독립불능론은 "강화회의나 국제연맹이나 태평양회의는 조선인의 생활개선에는 아무 관계가 없는 것이외다. 설사 조선인의 생활의 정치적 독립에 달렸다 하더라도 그 정치적 독립을 국제연맹이나 태평양회의가 小包郵便으로 付送할 것이 아니외다. 정치적 독립은 일종 法律上手續이니 이는 독립의 실력이 있고 時勢가 있는 때에 일종의 국제상의 수속으로 승인되는 것이지 운동으로만 될 것이 아니외다. 우리는 과거의 쓰라린 경험으로 이 귀한 진리를 깨달았습니다."라는 사실에서 분명해진다.

국민 생활의 일진일퇴"라는 입장에서 일상생활 전체를 정치분야로 설정하는 포괄적인 입장이었다.[76] 따라서 이런 입장에서 정치란 "민중생활의 불가분의 관계"에 있기 때문에 곧 "생활을 풍부케 하며 향상케 하며 조장케 하려면 일반 민중이 전민족의 자기네 살림살이를 자기네 손으로 처리할 역량과 이상"을 기르는 것이 바로 정치의 요점이 된다.[77]

정치 또는 국가에 대해 일본의 문화주의의 세례를 받은 이광수의 인식 역시 이와 다르지 않았다. 그는 이상적 사회의 건설을 정치가 아니라 경제생활, 종교생활, 예술생활, 교육, 과학 등 인류생활의 각 부문을 총괄한 일 민족의 생활전체로 설정하였다. 따라서 그에게는 국가나 정치적 의미가 퇴색되고 대신 정치개념은 교육, 문화, 산업 등을 포괄하며 일반 민중들의 일상생활 전체를 아우르는 문화개념이었던 것이다.[78]

이와 같이 1920년대 모든 근대적 정치 권리가 박탈된 식민지 현실에서 그 권리를 우선하며 근대적 주체로 자신을 정립해 가야 할 이광수는 오히려 개인의 자유와 평등권을 희생과 복종에 종속시키고, 국가나 정치 개념을 문화주의적 상위개념으로 설정하여 '근대 시민사회로의 지향'을 완전히 분리시킴으로써 결국 그가 지향할 '근대'란 식민지 범위 안에서 일제와 타협하여 안주할 자치운동뿐이었던 것이다.

한편 '조선공산당선언'에서는 민족주의우파의 문화주의 운동에 대해서 "혁명운동의 발전에 점차 위험을 느끼게 되는 침략가들은 종래 공개하였던 군사정치를 비공개적으로, '문화'정치의 압박으로 대체하고 민족해방운동의 유일전선을 파괴하기 위하여 불수아와 부랑지식자들을 百方으로 유인하려고 어떤 형식만의 정치적 자유와 경제적 이익을 주었다. 이리하여 귀족, 불수와 및 부랑지식자들로 하여금 瓜牙의 버린 배를 물고서 평소의 애국애족의 미명을 버리고 강도와 타협 또는 동조하여 자기들의 일신의 이

76) 桑木嚴翼, 1920『文化主義와 社會問題』, 至善堂書店, 51~60면.(박성진, 2003『사회진화론과 식민지사회사상』, 도서출판 선인, 144면에서 재인용)

77) 滄海居士, 1922「朝鮮人과 政治的 生活」『開闢』第29號(11月號).

78) 박성진, 앞의 책, 144면.

익을 국가 민족보다 더 중대히 여기게 되었다."라고[79] 하며 이들의 타협적 노선을 비판하였다.

그러면서 조선공산당은 '조선공산당선언'에서 당면한 투쟁의 목적은 일본 제국주의의 압박에서 조선을 절대로 해방함에 있고 당면한 정치적 요구는 아래와 같다고 하며 총 12항목을 제시하였는데 이 가운데 주요 항목은 다음과 같다.

1. 민주공화국을 건설하되 국가의 최고 및 일체 권력은 국민으로부터 조직한 직접, 비밀(무기명투표), 보통 급 평등의 선거로 성립한 입법부에 있을 일.
2. 직접, 비밀, 보통 급 평등의 선거로 광대한 지방자치를 건설할 일.

…

5. 인민의 신체 혹 가택을 침범하지 못할 일.
6. 무제한의 양심, 언론, 출판, 집회, 결사 급 同盟罷工의 자유를 가질 일.
7. 문벌을 타파하고 전인민이 절대평등의 권리를 가질 일.
8. 여자를 모든 압박에서 解脫할 일.

…

10. 학교의 자유를 보장하고 무료 또는 의무의 보통 급 직업교육을 남녀 18세까지 실시할 일. 빈민학령자녀의 衣食과 교육용품을 국가의 경비로 공급할 일.[80]

'선언'에서 사회주의자들이 지향한 근대 국가건설의 방향은 기본적으로 민주공화국이었다. 삼권분립과 함께 직접, 비밀(무기명투표), 보통 및 평등 선거, 언론·집회·결사·양심의 자유, 교육의무 등 부르주아적 민주주의 국가였다. '선언'에서는 이 밖에도 노동계급의 육체적, 도덕적 타락을 방지하고 노동계급의 해방투쟁의 능력을 발전시키기 위한 노동관련 12개 조항, 농민들의 해방과 농민에게 절대로 필요한 주장을 관철시키기 위한 16개 조항 등 총 40개항은 일반 민주주의적 과제 즉 부르주아민주주의혁명을

79) 「조선공산당선언」, 앞의 책, 352면.
80) 「조선공산당선언」, 앞의 책, 353~354면.

위한 최소강령의 의미를 가지는 것이었다.

비록 사회주의자들의 궁극적 목적이 사회혁명이지만 전민중의 정치적 경제적 권리는 물론 민족 문화의 향유권까지도 박탈된 1920년대 식민지 현실에서 당시 사회주의자들은 민중의 일반민주주의 권리 회복을 우선하였던 것이다. 사회주의들의 국가건설론은 1920년대 후반기에 가면 '소비에트건설론'으로 좌편향으로 기울지만 사회주의 근대화의 주체로서 자신들을 정립해 간 점에서 민족주의우파와는 근대적 정치의식에서 확연한 차이를 보여 준다 할 것이다.

4. 맺음말

이상과 같이 1920년대 사치운동과 이를 둘러싼 민족주의좌·우파와 사회주의자의 식민지 인식과 근대적 정치의식에 대해서 검토해 보았다. 민족주의좌·우파가 궁극적으로 자본주의적 근대화를 지향했다면, 사회주의자들은 사회주의적 근대화를 지향한 것이다. 그러나 식민지 현실에 대한 이들의 인식 차이는 근대적 정치의식의 차이로 나타났고 그것은 자치운동에 대한 입장 차이로 나타났다.

중산계급 이상의 자산가와 고급식자층인 민족주의우파는 1922~1923년경 한때 대중들의 민족감정에 호소하여 민족자본의 육성을 호소하다가 별다른 효과를 거두지 못하자 한편으로는 일제당국의 보호와 육성을 다시 호소하고 다른 한편으로는 자본의 성장에는 정치권력의 뒷받침이 필수적이라고 생각하고 최소한의 정치적 권리의 획득을 내걸면서 자치운동을 전개하였다. 그것은 기본적으로 민족자본 상층이 예속자본으로 기울면서 민족부르주아의 헤게모니를 앞세운 타협적인 부르주아적 근대화를 지향한 것이었다.

민족주의우파는 교육의 강화와 식민지인들의 능력을 강화시켜 제국주의 지배에서 벗어나고자 하는 시도였지만, 무엇보다 식민지지배의 원인을 식민지인들의 무능력이나 전근대적인 사고에서 찾았기 때문에 가해자에 대한 적극적 투쟁을 내세우기보다는 피해자의 자각과 능력 배양이라는 소극적인 대응을 내세웠다. 이 과정도 이중적인 과정이었다. 한편으로는 가해자인 제국주의 국가의 능력과 선진성을 인정하였다는 점에서 제국주의 지배의 정당성을 역설적으로 인정한 셈이다. 다른 한편 민족개량은 제국주의 국가로부터 문화와 생산기술의 배움을 강조하여 토착적인 것, 전통적인 것에 대한 무시를 인정한 것이다. 그 결과 이들은 의도했건 의도하지 않았건 제국주의 지배를 정당화하고 식민지 지배가 이유 있음을 인정하지 않을 수 없었던 것이다.

반면에 사회주의적 근대화를 지향한 사회주의자들은 식민지 조선의 현실을, 경제적으로는 전 국민이 일본자본가들의 장악에 들어가 오직 무제한의 노역으로써 일본자본가와 금융기관들의 착취의 대상으로 되어 있고, 또 정치적으로 조선 인민들이 보통 인권의 초보적 자유조차 누릴 수 없는 감옥 상태로 인식하는 상태에서 자치는 결코 해방에 이르는 길이 아니었던 것이다. 즉 이들에게 있어 합법적 범위 안에서 투쟁을 국한하는 자치운동은 모든 투쟁의 완전한 포기였고 제국주의에 대한 투항이었던 것이다. 이것은 당시 '절대독립'을 주장하며 비타협적 노선을 걷던 민족주의좌파 역시 마찬가지였다. 이러한 식민지 근대화에 대한 인식은 곧 사회주의자들로 하여금 전민중의 정치적 경제적 권리는 물론 민족 문화의 향유권까지도 박탈된 1920년대 식민지 현실에서 민중의 일반적 민주주의의 권리 회복이 우선되었던 것이다.

일제가 식민지 조선에서 자본주의 발달을 질식시키지는 않았지만 그것은 식민지 본국 일본 자본주의의 보조적인 경제체제로서의 역할을 하도록 규정한 종속적 체제로의 변화였다. 이 때문에 식민지 근대화는 왜곡된 근대화에 그칠 수밖에 없었고 정치적 자유, 민주주의, 인권 등의 '근대성의 문제'는 여전히 해결될 수 없었다. 민족주의우파 신지식인이 일제의 식민지배 자체를 부정하지 못하는 한 이들의 근대에 대한 인식은 한 마디로 '근대성 없는 근대화'에 지나지 않는 것이다. 반면에 민족주의좌파 및 사회주의 신지식인에게 있어 식민지란 곧 '인민의 모든 권리가 박탈된 감옥'과 같은 것이었기 때문에 일제의 식민지근대화가 '근대'일 수 없었다. 이들에게 있어 '근대'란 식민 현실이 부정된 '해방'이었다.

1920 · 1930년대 개신교 지식인층의 사상적 동향
— 신흥우와 적극신앙단 단원들의 사상을 중심으로 —

김상태

1. 머리말

한국근대사에서 개신교가 차지하는 위상에 대해서는 양 극단의 견해가 존재한다. 우선 긍정적으로 평가하는 견해는 개신교가 근대교육사업 및 의료사업에 주력하고 신분평등, 남녀평등, 구습타파 등 근대적 가치관을 전수함으로써 한국사회의 반봉건 근대화에 기여했다는 점을 강조한다. 아울러 일제강점기에 3·1운동, 신사참배 거부운동 등을 통해 항일운동에 기여했다는 점도 강조한다. 반면 부정적으로 평가하는 견해는 개신교가 한국 고유의 전통문화를 파괴하고 서구적, 자본주의적 가치관을 일방적으로 전수함으로써 '제국주의의 첨병' 역할을 수행했다고 비판한다. 아울러 일제강점기에 개신교계의 민족운동과 사회운동이 다분히 개량적이었고, 중일전쟁 발발 이후 개신교계의 저명인사들이 대거 친일파가 된 사실을 비판한다.

그런데 위의 상반된 두 관점 모두 한국 근대 개신교 지식인들이 대부분 전형적인 친미세력이었다는 인식을 전제로 하고 있는 것으로 보인다. 하지만 이와 같은 견해는 상당히 일면적인 인식이라 할 수 있다. 개신교 지식인들이 대체로 친미 반공사상을 견지하고 있었던 것은 분명하지만, 좀 더 세밀히 분석해보면 세력 또는 개인별로 미국 인식에 다양한 갈래가 있었고, 국내외 정세의 추이에 따라 인식상의 변화가 있었다는 사실을 확인할 수 있다.

예를 들어 3·1운동을 전후한 시기에 YMCA와 장로교계의 원로였던 이상재는 국제정세에 대한 낙관적 인식과 미국에 대한 긍정적 인식하에 항일운동에 적극적이었다. 반면 YMCA와 감리교계의 원로였던 윤치호는 국제정세와 미국에 대한 부정적 인식에 근거해 항일운동에 소극적이었고, 다소 친일적인 자세를 취하기도 했다.[1] 1920년대에 개신교계는 대체로 대미 외교운동의 중심세력으로 자리 잡았다. 하지만 일부 개신교계 지식인들은 기독교와 사회주의의 유사성을 강조하는 기독교 사회주의를 제창하며 미국적, 자본주의적 가치관과는 상당히 다른 사상적 경향을 견지했다.[2] 중일전쟁 발발 이후에는 다수의 개신교계 지식인들이 친일활동을 벌이며 반미를 주장했다.

필자는 이와 같은 점을 염두에 두면서 申興雨와 積極信仰團에 주목하고자 한다. 신흥우는 배재학당을 졸업하고 미국 유학을 거쳐 1910년대에 배재학당 교장을 역임했다. 1920년부터 15년 동안 개신교 사회운동단체인 YMCA의 총무를 지내며 그 이념, 조직, 활동을 총괄 지휘했다. 1920년대 내내 미국에 대한 우호적 인식하에 대미 외교운동을 주도했고, 기호지역 친이승만세력의 리더로서 활동했다. 그러나 1930년대에는 히틀러의 영향을 받아 미국식 민주주의와 자본주의를 비판하면서 적극신앙단을 결성했다. 중일전쟁 발발 이후에는 친일파로 변신해 반미 및 친일논리를 선도했다. 요컨대 일제강점기 그의 미국 인식은 계속 수정되어 갔던 것이다.[3]

---

1) 양현혜, 1994 『윤치호와 김교신 — 근대 조선에 있어서 민족적 아이덴티티와 기독교 —』, 한울; 김상태, 2000 「일제하 윤치호의 내면세계 연구」 『역사학보』 165; 김상태, 2001 『윤치호일기(1916~1943) — 한 지식인의 내면세계를 통해서 본 식민지시기 —』, 역사비평사 참조.

2) 기독교 사회주의에 대해서는 김흥수 엮음, 1992 『일제하 한국기독교와 사회주의』, 한국기독교역사연구소 참조.

3) 신흥우에 대한 기존 연구성과는 다음과 같다. 전택부, 1971 『인간 신흥우』, 대한기독교서회; 김승태, 1994 『한국기독교의 역사적 반성』, 다산글방; 김상태, 1996 「일제하 신흥우의 사회복음주의와 민족운동론」, 『역사문제연구』 창간호; 김권정, 1999 「1920~1930년대 신흥우의 기독교 민족운동」 『한국민족운동사연구』 21.

한편 적극신앙단은 1930년대 전반에 신흥우의 주도로 결성되었다. 이 단체에는 YMCA 내부의 신흥우 측근과 그가 속한 감리교단의 정춘수, 박연서, 심명섭 등 목회자들은 물론 함태영, 전필순, 최석주 등 장로교단의 목회자들도 참여했다. 그들은 선교사, 평안도, 근본주의신학 중심의 개신교 풍토에 비판적이었다. 3·1운동, 신간회, 농촌운동 등 민족운동과 사회운동에 적극적이었다. 일본 유학생 출신이 상대적으로 많았고, 사상적으로도 고전적 자본주의에 대해 비판적이었다. 그리고 중일전쟁 발발 이후에는 정춘수, 전필순 등이 신흥우와 함께 적극적으로 개신교계의 친일화를 주도했다.[4)]

따라서 신흥우와 적극신앙단계열 인사들의 미국 인식과 그에 연동한 사상적 경향 및 민족운동에 대한 입장을 고찰하는 것은 적지 않은 연구사적 의의를 갖는다고 할 수 있다. 일제하 개신교계의 미국 인식과 민족운동, 더 나아가서는 친일화의 배경을 음미해 볼 수 있는 하나의 가늠자가 될 수 있는 것이다.[5)] 필자는 이와 같은 인식하에 주요 자료와 기존의 연구성과를 바탕으로 신흥우와 적극신앙단의 미국 인식 내용과 그 변화 과정을 살펴보

---

4) 적극신앙단에 대한 기존 연구성과는 주 3)에서 소개한 논저 외에도 다음과 같은 것들이 있다. 민경배, 1982 『한국기독교회사』, 대한기독교출판사; 유동식, 1994 『한국감리교회의 역사 2』, 기독교대한감리회; 최병택, 2000 「1925~1935년 서울지역 기독교세력의 사회운동과 그 귀결」, 서울대학교 석사학위논문; 장규식, 2001 『일제하 한국기독교민족주의 연구』, 혜안.

5) 일제하의 개신교 지식인들이 친일활동을 벌이게 된 진정한 이유, 즉 그들의 내면세계를 파악하는 것은 그리 간단한 일이 아니다. 특히 중일전쟁 이후 친일의 강도가 높아졌거나 친일파로 전향한 명망가들의 경우는 더욱 어려운 점이 있다. 중일전쟁 이후 전시체제가 점차 장기화, 고도화되고 일제가 강도 높은 민족말살정책을 시행하는 것 자체만으로도 명망가들에게는 상당한 외압이 되었을 수도 있다. 따라서 그들의 친일활동을 순전히 자발적인 것으로 보는 데는 무리가 따를 수 있다. 그러나 명망가들의 친일을 단순히 시대적 상황이나 일제의 외압에 의한 부득이한 선택이라고 보기에는 그들의 친일활동이 양적으로나 질적으로나 너무나 굵고 선명하다. 따라서 그들의 친일에는 일정 정도 내면적 요인이 동력으로 작동했다고 볼 수 있다.

도록 하겠다.[6)]

2. 1920년대 신흥우의 '정의 · 인도론'과 대미 외교운동

종교계를 중심으로 한 국내 민족주의계열이 제1차 세계대전 종전 이후 국제정세 전반에 대한 낙관적 판단과 윌슨의 민족자결주의, 곧 미국에 대한 기대 속에서 3 · 1운동을 준비했다는 사실은 이미 잘 알려져 있다. 그런데 3 · 1운동 이후에도 민족주의계열은 국제관계의 변동 가능성, 특히 미일관계의 악화 가능성에 주목하며 대미 외교운동을 계속했다. 이때 미국과 불가분의 관계에 있는 개신교계가 그 중심세력을 이루었으며, 그 가운데서도 YMCA의 총무인 신흥우가 핵심인물로 활동했다.

그렇다면 신흥우는 대체 어떤 생각에서 미국을 대상으로 하는 외교운동을 주도했을까? 바꿔 말하면, 그는 당시의 국제정세를 어떻게 인식했으며 조선사회가 지향해 나가야 할 사회체제를 어떻게 설정했을까? 이 점은 그가 YMCA 기관지인 『靑年』 창간호에 발표한 「듸모크레시의 의의」라는 글에 가장 잘 나타나 있다. 그는 이 글의 첫머리에서 유럽 여러 나라의 영토침략전쟁이었던 제1차 세계대전이 미국의 참전으로 인해 '민주주의'와 '군국주의'의 전쟁으로 변화되었으며, 영국과 미국 등 민주주의세력이 승리함에 따라 유럽에 독립과 민주주의의 물결이 확산되고 있다고 주장했다. 아울러 민주주의야말로 인류가 지향해야 할 이상적 사회라고 강조했다.[7)] 이와 같은 정세판단의 밑바탕에는 아시아에도 '민족자결'과 '민주주의'의 이념이 적용되어 조선에 좋은 결과가 오리라는 기대와 국제적 현실은 더 이상 힘의 우열에 따른 약육강식의 세계가 아니라 '정의'와 '인도'가 구현되는

---

6) 본고에서 이용한 주요 자료는 『基督申報』와 『靑年』을 비롯한 개신교계 신문 잡지, 『每日申報』와 『東洋之光』을 비롯한 친일 신문 잡지, 총독부의 공안 관련 자료, 『尹致昊日記』, 각종 회고록 등이다.

7) 신흥우, 1921 「듸모크레시의 의의」 『靑年』 1921년 3월호.

세계, 곧 민주주의의 세계로 접어들었다는 인식이 깔려 있었다.

신흥우의 이와 같은 인식은 당시 개신교계는 물론 전체 민족주의세력의 일반적 국제정세 인식과 일맥상통하는 것이었다. 이 무렵 개신교계 지식인층은 제1차 세계대전 종전 직후 세계적 조류였던 '세계 개조' 혹은 '사회개조'의 열풍에 휩싸여 '정의인도', '자유평등', '남녀평등' 등의 구호 아래 서구민주주의와 톨스토이의 인문주의를 제창하면서 현실세계가 도덕적 가치관의 확립에 따른 이상적 사회로 나아갈 것이라고 판단했다.[8] 또한 『東亞日報』는 아시아의 희망이 서구열강의 침략으로부터 해방되어 민주주의를 실현하는 것이라고 전제한 후, 정의와 인도를 위해 민주주의를 지지하고·민족자결주의를 표방한 미국은 아시아의 해방과 민주주의의 실현을 지원해야 할 것이라고 주장했다.[9]

제1차 세계대전이 발발하고 미국이 자본주의열강 간의 식민지 쟁탈전을 마치 전체주의진영과 민주주의진영의 대결인 것처럼 선전하면서 전쟁에 참가했기 때문에, 조선인들은 연합국의 승리는 곧 세계의 자유와 정의 및 민주주의의 승리인 것처럼 인식했다. 더욱이 1918년 윌슨이 제창한 민족자결주의가 처음에는 모든 식민지국가에 적용되어야 한다는 이상주의적 성격을 갖고 있었기 때문에, 많은 조선인들은 미국에 대해 큰 기대를 걸었다.[10]

이에 따라 민족주의계열은 미국을 비롯한 세계열강에 조선의 독립의지를 표현하고자 했는데, 그 가운데 하나가 1920년 8월 미국의원단의 방문에 즈음해 조선문제를 국제적으로 환기시키고 미국의 지원을 요청하려는 움직임이었다. 이때 YMCA 총무 신흥우가 본격적인 활동을 시작해 개신교계와 동아일보계열을 중심으로 미의원단환영회를 조직하고 이상재와 윤치호

---

8) 이대위, 1921 「青年과 社會」 『青年』 1921년 3월호; 박제호, 1922 「戰後思想의 趨勢와 그 根低的 精神」 『青年』 1922년 4월호; 강성주, 1922 「톨스토이翁 理性觀」 『青年』 1922년 7월호.

9) 『東亞日報』 1920년 8월 26일자.

10) 고정휴, 1989 「3 · 1운동과 미국」 『3 · 1민족해방운동 연구』, 청년사, 435~436면; 박찬승, 1992 『한국근대정치사상사 연구』, 역사비평사, 169면.

에게 환영식 진행을 요청하는 한편, 조선 상황에 대한 진술서, 곧 독립청원서를 전달하려는 계획을 수립했다.[11] 그러나 미국의원단이 총독부 당국의 회유와 협박에 의해 환영식에 참석하지 않음으로써 이 계획은 별다른 성과 없이 끝을 맺었다.

그럼에도 불구하고 신흥우의 외교활동은 계속되었다. 그는 1921년 8월 미국의 저명인사들이 주도하는 범태평양협회가 태평양 연안국 또는 민족 간의 이해와 협력을 도모한다는 명분을 내걸고 주최한 범태평양교육대회에 조선대표로 참석해 조선의 교육실정에 대해 연설했으며,[12] 9월 16일 서울에서 박영효·윤치호·김동성 등과 함께 범태평양협회의 지부로서 조선협회를 결성했다.[13] 그는 이 협회를 중심으로 각종 국제대회에 조선대표를 파견하고 범태평양협회의 지도급 인사들을 국내로 초청해 외교운동의 분위기를 고조시키려 했으나, 워싱턴회의가 별다른 성과 없이 막을 내리고 민족주의세력이 실력양성운동으로 방향을 전환함에 따라 실패하고 말았다.

그러나 신흥우의 '정의인도론'은 꾸준히 지속되었다. 그는 워싱턴회의에서 열강이 보여 준 '자국이익 우선'의 태도를 비판하면서도 '정의인도'가 반드시 실현될 것이라고 믿고 나아가는 것이 앞으로의 활동이요, 장래 희망을 실현하는 것이라고 주장했다.[14]

1924년 5월 신흥우에게 또 한 번의 기회가 찾아왔다. 워싱턴회의 이후 미일간에 최대 현안이었던 排日移民法案이 미국 의회에서 통과되자, 일본인들의 대미감정이 크게 악화되기에 이른 것이다. 이어서 미국의 저명인사들이 태평양 연안국의 대표들을 초청해 태평양회의를 개최한다는 소식이 전해지자, 민족주의세력이 다시 움직이기 시작했다. 특히 국제적 성격의 YMCA 총무로서 줄곧 외교운동을 주도했던 그가 관심의 대상이 된 것은 당연한 일이었다.

11) 『윤치호일기』 1920년 8월 9일, 8월 10일, 8월 14일, 8월 18일, 8월 24일자.

12) 신흥우, 1921 「朝鮮教育의 現狀」 『青年』 1921년 11월호.

13) 『윤치호일기』 1921년 9월 16일자.

14) 신흥우, 1922 「今後의 活動」 『青年』 1922년 4월호.

결국 신흥우는 1925년 7월 송진우, 김양수, 유억겸 등 언론계와 학계 대표들을 이끌고 제1차 태평양회의에 참석해 회의 첫날 조선 대표단의 기조연설을 담당했다.[15] 그는 이 연설에서 조선의 지정학적 중요성과 한반도 주변에서 새로운 전쟁이 발발할 가능성 등을 언급하고 일본의 조선통치정책의 부당성과 그로 인한 조선사회의 '희생'을 열거한 후, 조선문제의 올바른 해결을 위해 참가국 회원들에게 도움을 요청했다.[16] 그러나 이 회의에서 식민지 약소민족의 문제는 별다른 관심을 끌지 못했다. 사실 미국이 태평양회의를 개최하게 된 동기 자체가 일본과의 원만한 협조를 통해 이 지역에서 자국의 영향력을 확대하는 것이었으므로, 조선과 같은 식민지 약소민족의 참가는 구색 맞추기에 불과했던 것이다.

그러나 태평양회의를 계기로 신흥우의 외교활동은 더욱 활기를 띠었다. 태평양회의가 막을 내리면서 결성된 태평양문제연구회는 각국에 지부를 두기로 결정했는데, 그가 1925년 11월 28일 YMCA 인맥을 중심으로 학계 및 언론계 인사들을 모아 태평양문제연구회 조선지회를 결성했던 것이다. 이제 그는 미국이 주도하는 태평양문제연구회를 매개로 미국 내 민간 유력자들과의 연계활동을 본격화한 것이다.

이 무렵 그는 인류가 이기심을 버리고 평화와 정의를 위해 나아간다면 세계평화와 정의의 실현은 시간문제일 뿐이라고 주장했다.[17] 그는 이어서 유럽 각국에서 보수세력과 파시즘세력이 득세하고 있는 현실에 대해 우려를 표명하고, 민주주의의 근본정신은 계속 확산되어 나아갈 것이 틀림없으므로 일시적 불편과 곤란이 있을지라도 끝까지 믿고 나아가야 한다고 강조

15) 태평양회의의 준비과정과 진행상황 및 성격에 대해서는 신흥우, 1925「布圭에 갓다온 前後左右」『青年』1925년 9월호; 고정휴, 1991「태평양문제연구회 조선지회와 조선사정연구회」『역사와 현실』6, 285~287면 참조.

16) 조선총독부 고등법원 검사국 사상부, 1938「申興雨 訊問調書」『思想彙報』16 (이하에서는「申興雨 訊問調書」로 약칭한다); 전택부, 앞의 책, 364~369면; 고정휴, 앞의 글, 293면.

17) 신흥우, 1925「解決이 何處에 在뇨」『青年』1925년 10월호.

했다.[18] 그는 계속해서 "민본주의라는 것이 가장 안전하고 공평하고 합리적"이며, "민주주의에 藥은 더 철저한 민주주의"라고 강조했다.[19]

그러나 1927년에 접어들면서 태평양문제연구회 조선지회는 세력을 잃고 말았다. 우선 국내 운동전선이 자치운동진영과 신간회진영으로 양분된 가운데 민중운동이 양적, 질적으로 성장하면서 외교운동세력의 운신의 폭이 좁아졌다. 더욱이 그해 7월에 열린 제2차 태평양회의에서 일본의 공작으로 말미암아 조선대표단이 정식 회원자격을 잃고 일본대표단에 귀속되었기 때문에, 태평양문제연구회 조선지회의 침체는 점차 가속화되기에 이르렀다. 결국 1920년대 내내 줄기차게 지속된 신흥우의 대미 외교운동은 별다른 성과 없이 막을 내렸다.

지금까지 신흥우가 1920년대 내내 '정의인도론'에 입각해 미국에 대한 기대를 가지고 외교운동을 주도했던 사실을 살펴보았다. 그의 국제정세 인식, 특히 대미인식에는 결정적인 결함이 있었다. 제1차 세계대전 이후 세계체제에 대한 윌슨의 구상이란 미국의 경제적 이익과 팽창의지를 자유주의적·국제주의적 이데올로기로 용해시켜 비서구지역에서 혁명적 사회변화를 방지하고, 영국 및 프랑스 등 전통적 제국주의국가들에 대해 자유주의 이념의 선전공세를 취함으로써 세계지배의 헤게모니를 장악하려 한 것에 불과했다. 특히 전후 세계 정치경제의 주요무대가 유럽 중심으로부터 상대적으로 미국의 전략적 이익의 관건이 달려 있는 아시아·태평양 지역으로 이동함에 따라, 미국은 중국 및 만주지역에서 고조되는 민족해방운동을 제어하기 위해 일본과 기본적 이해관계를 같이하기도 했다.[20] 요컨대 미국은 조선을 두고 일본과 다툴 입장은 아니었던 것이다.

그럼에도 불구하고 미국의 세계지배 이데올로기는 '인류평화', '인도적 차원' 등으로 표현되는 도덕적 명분과 함께 정치적으로는 민주적 일반원리

18) 신흥우, 1926「데모크래시는 水泡로 도라가나뇨」『青年』1926년 9월호.
19) 신흥우, 1927「民本主義와 獨裁主義」『青年』1927년 4월호.
20) 조민, 1989「제1차 세계대전 전후의 세계정세」『3·1민족해방운동 연구』, 청년사, 55~56면.

와 자유주의적 이데올로기로 포장되기 때문에, 식민지국가의 일부 민족운동세력은 항상 미국에 대한 사대적 · 친미적 태도를 불식하지 못하게 된다. 바로 신흥우의 대미인식이 그 전형적인 경우라 할 수 있는데, 그는 전후 세계체제가 '정의인도'가 관철되는 세계 곧 민족자결과 민주주의의 이념 아래 평화로운 세계로 나아갈 것이라고 판단하고, 미국에 대한 기대 속에서 민족운동을 추진했던 것이다. 요컨대 그는 아시아 · 태평양 지역을 둘러싼 제국주의적 이해관계의 본질을 꿰뚫어 보지 못하고, 미 · 일 간의 침략 정도 및 물리적 억압의 강약이라는 상대적 차별성에 매몰되어 민족운동의 올바른 이념과 방향을 설정하는 데 실패했던 것이다.

3. 1930년대 적극신앙단의 민주주의 · 자본주의 비판

1920년대에 대미 외교운동을 주도했던 신흥우는 1930년대 초반에 방향을 전환해 적극신앙단이라는 새로운 개신교 지식인단체를 결성했다. 그러나 적극신앙단은 개신교계 전체에 엄청난 파문을 불러일으켰고, 그로 인해 해산되고 말았다. 그렇다면 적극신앙단의 결성배경과 주요 이념은 무엇이었을까?

1930년대에 접어들어 신흥우는 독일의 히틀러에게 많은 영향을 받게 되었다. 그는 1932년 4월 미국 여행 중에 『히틀러전』을 읽고, 히틀러가 '적극기독교'를 주장하고 청소년단체를 구성해 민족주의적 · 국가주의적 단련을 시켜 독일의 민족운동에 활용했다는 내용에 감화를 받았다.[21] 그리하여 1933년 9월(또는 10월) 서울지역 개신교계 지도자들과 함께 적극신앙단을 결성했다.[22] 당연히 그가 단장에 선출되었고, 그가 기초한 5개조 원칙과 21개조 실천강령이 적극신앙단의 이념으로 자리 잡았다.

21) 「申興雨 訊問調書」.

22) 조선총독부 고등법원 검사국 사상부, 1938 「同志會及興業俱樂部の眞相」 『思想彙報』 16, 78면.

특히 적극신앙단 5개조 원칙 가운데 제4항은 '개인 대 사회'에 관한 선언으로서 "개인 소득욕보다 인류 공헌욕으로써 새 사회 건설을 믿는다", 제5항은 '사회 대 개인'에 관한 선언으로서 "사회는 대중의 경제, 문화, 정신생활에 昇登的 衡平과 안전을 보장하기로 믿는다"고 규정되었는데, 이는 파시즘의 국가사회주의가 반영되었다고 할 수 있다.[23] 이 점은 적극신앙단 실천강령 21개조에서도 뚜렷하게 나타난다.[24] '協同經濟', '土地愛着', '高利排斥', '報酬同等(동일한 노동에 동일한 보수)', '團體扶助(단체가 약자와 저특권층을 보호)' 등의 강령은 자본주의사회의 폐단을 극복하고 농민과 노동자 등 일반대중에 대한 사회적 보호를 지향하려는 것이었다. 또 '團體發展'(모든 활동이 개인의 개성과 자율성보다는 단체의 권익을 증진하는 방향에서 이루어져야 함)과 '團體忠誠(단체에 대한 충성)' 및 '眞義服從(참과 의에 절대복종)'은 지도자(또는 국가나 민족)에 대한 충성과 복종을 강조한 것으로서 전체주의사상의 발로라 할 수 있다. 요컨대 적극신앙단이 추구한 이념적 좌표는 파시즘의 국가사회주의였던 것이다.[25]

이 무렵 신흥우는 「자유와 통제」라는 글을 발표해 다음과 같이 민주주의를 비판하고 독재정치를 옹호했다.

> 統制의 형식이야 民本主義式이거나 獨裁政治式이거나 形便과 民度에 붓히고, 말할 것이 업시 정신으로 보아서 다수의 민중은 首腦人物을 신뢰 위임하고 또 首腦人物은 다수 民衆의 진정한 행복을 계획 진행하여야만 되는 것이니, 伊

---

23) 「申興雨 訊問調書」; 『윤치호일기』 1933년 11월 12일자; 『基督申報』 1935년 2월 20일자.

24) 「同志會及興業俱樂部の眞相」, 78면; 『基督申報』 1935년 2월 20일자; 전택부, 앞의 책, 373~374면.

25) 파시즘은 인플레이션과 대공황 속에서 가속화되는 대중의 경제력 약화와 소외감에 조응해 중산계급 및 일반대중의 생활안정을 위한 각종 국가적 시책을 마련함으로써 사회주의적 색채도 일정 부분 나타냈다. 결국 신흥우는 자본주의의 전반적 위기상황 속에서 유럽 파시즘의 절대적 지도자론과 국가사회주의적 경향에 매력을 느껴 적극신앙단을 결성했던 것이다.

> 太利에서 보는 獨裁式은 이우에 말한 두 조건에 近似히 合하는 故로 그 국가는 안전하고, 남아메리카 諸國에서 보는 民本主義式은 그 정신이 이우에 두 조건과 배치되는 것이 만은 故로 오늘 저와 같은 불안 가운데에 잇다고 하겟다.[26)]

그는 민본주의와 독재정치는 사회적 조건이나 민도의 수준에 따라 형식적인 차별성을 갖는 개념에 불과한데 민본주의는 현실적으로 불가능하므로, 지도자의 능력 있는 지도와 그에 대한 대중의 신뢰 및 충성이 조화를 이루는 것이 국가 안정의 지름길이라고 주장했다.[27)] 그가 1927년에 역사상 영웅호걸이 득세하던 때가 민중에게는 가장 불행한 시기였으며 지도자도 신이 아닌 인간이므로 오류가 없을 수 없다고 비판하고, 민본주의가 가장 안전하고 합리적이며 "민주주의에 藥은 더 철저한 민주주의"라고 강력히 주장했던 것에 비추어 볼 때, 그의 사상적 변신이 상당한 수준의 것이었음을 확인할 수 있다.

그러면 1920년대 내내 '정의인도론'에 입각한 낙관적 정세판단과 미국에 대한 기대 속에서 민주주의를 이상적인 것으로 믿고 그 실현을 위해 힘썼던 그가 1930년대에 히틀러의 영향을 받게 된 근본배경은 무엇일까? 그것은 태평양문제연구회 조선지회를 중심으로 한 외교운동이 1931년에 접어들어 완전히 막을 내리게 되었기 때문이다.[28)] 이때 그는 세계질서가 '정의

26) 신흥우, 1932「自由와 統制」『青年』1932년 10월호.

27) 그런데 윤치호나 개신교계의 원로인 김창제도 한때 강력한 정치 지도자의 필요성을 염두에 두고 있었다. 윤치호는 무솔리니의 자서전을 읽고, "조선에도 무솔리니가 필요한데 무솔리니는 호전적인 민족에만 가능하므로 조선에서는 어려울 것"이라고 한탄했다.(『윤치호일기』 1929년 2월 11일자) 또한 김창제는 "지식으로나 도덕으로나 위력으로나 절대적 대인격자가 출현해 인류사회를 지배하기를 바란다"고 밝혔다.(김창제, 1929「平和記念日을 際하야」『青年』1929년 11월호)

28) 1931년 태평양문제연구회 조선지회는 신흥우의 주도하에 중국에서 열리는 제4차 태평양회의에 참가하려 했으나, 주최측이 일본의 요구를 받아들여 조선대표단의 초청을 취소함으로써 해산되었다.(『윤치호일기』 1931년 2월 9일자, 10월 15일자)

인도'와 민주주의에 의해 운영될 것이라는 믿음과 미국에 대한 기대를 버려야만 했다. 미국을 비롯한 세계 민주주의 열강은 자국의 이익을 지키는 데 혈안이 되었을 뿐 식민지 약소국의 민족운동에 대해서는 지극히 냉정했던 것이다. 이에 따라 미국과 민주주의에 대한 그의 '믿음'은 곧 '배신감'으로 바뀌게 되었고, 이탈리아와 독일을 중심으로 하는 새로운 정치사상에 주목하게 되었던 것이다.

신흥우의 적극신앙단에 참여한 개신교계 인사들은 대체 어떤 사람들이었을까? 이 점은 신흥우가 적극신앙단을 통해 의도한 바가 무엇이며, 적극신앙단이 당시 개신교계에서 어떠한 위상을 차지하는가의 문제를 가늠할 수 있는 중요한 문제다.[29] 별표에 적극신앙단 단원들과 그 주요경력을 정리했다. 적극신앙단 단원들을 교파별로 분류하면 다음과 같다.

YMCA: 신흥우, 이건춘, 정성채, 홍병덕, 김태원
감리교: 정춘수, 김영섭, 김인영, 박연서, 이동욱, 심명섭, 김수철, 김기연, 엄재희
장로교: 함태영, 박용희, 권영식, 전필순, 최석주

적극신앙단원은 대부분 기호지역 출신이었고, 일본에서 신학을 전공한 인사들이 많았다. 이들은 3·1운동과 신간회운동을 비롯한 민족운동에 적극적으로 가담한 바 있으며, 선교사 주도의 근본주의신학보다는 '사회복음주의'나 자유주의신학에 가까운 인사들이었다.[30] 그리고 단원들 사이의 인

---

29) 적극신앙단원의 면면을 정확히 파악할 수 있는 자료는 아직껏 발견되지 않았다. 이에 따라 필자는 1차적으로 『윤치호일기』를 면밀히 검토하고, 2차적으로 각종 회고록과 기독교사 연구논저들의 내용을 참조해 적극신앙단의 주요인물을 추적해 보았다.

30) 정춘수·함태영·박용희는 일찍부터 선교사의 조선기독교 주도현상과 근본주의신학에 대해 비판적인 입장을 취했다. 또한 김영섭·이건춘·최석주는 기독교 현실참여사상의 소유자였고, 김인영은 감리교계의 대표적인 자유주의신학자였다. 아울러 전필순과 최석주는 일본의 기독교 빈민운동가 가가와 도요히코(賀川豊彦)의 '사회연대론'과 '神國運動'에 영향을 받은 인물로서 기독신보사

적 유대감은 상당했다.31)

특히 적극신앙단 단원들은 세계대공황 발생 이후 1930년대에 접어들면서 자본주의체제에 대해 비판적인 시각을 갖고 있었다. 심명섭은 이에 대해 다음과 같이 언급했다.

> 단순하고 균등했던 원시사회가 점차 인문이 발달됨과 동시에 생존경쟁이 심해져 인지의 차이와 빈부의 격차, 환경의 변화 등으로 사회문제가 발생하게 되었다. 생존경쟁의 사회체제 하에서 인심이 이기적으로 변해 공존공영의 정신이 박약해지고 목전의 향락적 생활을 도모하는 경향이 많아졌다.32)

심명섭은 극심한 생존경쟁 때문에 빈부격차 등의 사회문제가 발생하고 개인 이기주의로 인해 공존공영의 정신이 약화된다고 판단했다. 최석주도 전 세계적인 사회, 경제구조의 운영 원리인 '생존경쟁체제'가 경제적 강자의 활동을 무한정 방임함으로써 농민 등 약자의 발전을 원천적으로 봉쇄한다고 비판했다. 그는 이어서 민족이 실력을 양성하기 위해서는 자유방임을 제한할 수 있는 사회구조로 변화해야 한다고 주장했다. 무분별한 생존경쟁

에서 선교사 및 장로교 지도자들과 갈등을 겪은 바 있다.(『윤치호일기』 1917년 9월 24일자, 1918년 5월 29일자; 전필순, 1965 『牧會餘韻』, 대한예수교장로회 총회 교육부, 73~92면; 연동교회90년사편찬위원회, 1984 『연동교회 90년사』, 109~117면)

31) 이건춘과 정성채는 신흥우의 측근 인사들이었다. 함태영, 박용희, 권영식, 전필순, 최석주 등 장로교 인사들은 연동교회, 동막교회, 묘동교회, 수송교회 등의 목회 경력을 통해 선후배 인맥을 형성했다. 전필순과 최석주는 일본 유학, 기독신보사 경력 등을 통해 박연서, 심명섭, 김수철 등과 인맥을 형성했다. 홍병덕과 정성채는 승동교회의 간부였는데, 박용희는 한때 이 교회의 담임목사였다. 승동교회 분규로 인해 홍병덕과 정성채는 수송교회를 분립했는데, 이때 전필순이 이 교회 담임목사가 되었다. 자세한 것은 김을한, 1961 『그리운 사람들』, 삼중당; 최석주, 1975 『은총은 강물같이』, 대한기독교서회; 수송교회 출판위원회, 1995 「수송교회 60년사」 『基督申報』, 수송교회 참조.

32) 심명섭, 1935 「愛隣運動의 理論과 實際」 『基督申報』 1935년 4월 3일자.

상황을 부분적으로 제한하지 않으면 경제적 파국이 다시 올 수밖에 없으며, 경제적 약자인 조선의 실력양성도 보장될 수 없다고 판단한 것이다.[33] 그들은 대안으로 수요와 공급의 조절 및 농산물 가격 안정을 목표로 하는 통제기관의 수립을 제시했다. 요컨대 그들은 자유방임적 경제구조에 대한 비판적 시각을 통해 미국, 영국 등 고전적 자본주의국가에 대한 비판적인 태도를 갖게 된 것이다.

적극신앙단 단원들은 다른 한편으로 사회주의에 대해서도 반대 입장을 분명히 하고 있었다. 사회주의가 유물론에 입각해 종교를 부정하고 물질적인 문제의 해결에만 집착한다고 파악한 것이다. 최석주는 "환경만 잘하면 끝난다고 생각하는 것이 유물주의의 특징"이라고 언급하고, "우리는 그 근본이 내부 개혁에 있다고 주장한다"라고 강조했다.[34] 즉 사회개혁은 자유경쟁 및 사유재산의 무조건적인 폐지에 있는 것이 아니라 '인격 개조'에 있다는 것이다. 요컨대 그들은 反資本主義, 反社會主義 입장, 즉 일종의 '제3의 길'로서 국가사회주의에 주목했던 것이다.[35]

4. 1937~1945년 적극신앙단계열 인사들의 반미·친일 논리

1935년 적극신앙단사건, 1937년 중일전쟁, 1938년 흥업구락부사건을 거치면서 적극신앙단계열 인사들은 반미파, 곧 친일파로 변신했다.[36] 그들의 반미논리의 요점을 정리하면 다음과 같다.

첫째, 그들은 정치 경제적인 관점에서 미국을 제국주의국가라고 규정했

33) 최석주, 1937「基督教 兄弟愛와 經濟構造」『福音運動』.

34) 최석주, 1931「反宗教運動과 우리의 主張」『基督申報』1931년 7월 1일자.

35) 해방 이후 박용희, 최석주, 김수철 등 적극신앙단 출신의 일부 인사들은 기독교사회민주당을 거쳐 안재홍의 국민당, 김구의 한독당 등 중도파 정당에서 활동했다.(최석주, 1975『은총은 강물같이』, 대한기독교서회, 333~334면)

36) 적극신앙단사건과 흥업구락부사건에 대해서는 주 3)과 4)의 기존 연구성과 참조.

다. 미국은 항상 '정의인도', '민족자결' 등을 외쳐 왔지만 그 모두가 사기술에 불과하고, 자국의 자본주의 메커니즘의 유지와 세계 패권을 위해 제국주의국가가 되었다고 인식했다. 영국이 인도에서 야만적인 통치를 행하고 중국에서 아편전쟁을 일으킨 것처럼, 미국도 일본을 강제로 개국시키고 조선에서 신미양요를 일으켰던 점을 강조했다. 또한 1930년대 후반에 접어들어 일본을 중심으로 한 동아시아인의 '신질서' 건설을 방해하고 억압하기 위해 부도덕한 행위들을 벌이고 있다고 주장했다. 그리하여 일본제국의 대동아전쟁은 동양인의 생존권과 자위권을 지키기 위한 정당방위의 전쟁이라는 것이다.[37)]

둘째, 그들은 미국 백인사회의 인종차별을 맹렬히 비난했다. 그들은 미국 유학 당시 직접 체험했던 개인적 일화와 조선에서 미국인 선교사들에게 당한 인종차별의 사례를 나열하면서 백인의 야만적인 유색인종 차별에 대해 분개했다. 그들은 조선인들이 일본제국의 신민임과 동시에 황인종의 일원임을 강조하면서 전쟁협력을 주장했다.[38)]

셋째, 그들은 개신교계에 대해서도 비판적인 자세를 취했다. 개신교가 조선에 침투해 조선 고유의 전통문화를 파괴하고, 서구적 이기주의와 향락주의 및 황금만능주의를 조장했다고 주장했다.[39)] 또한 그들은 외국인 선교사들에 대해서도 비판적인 자세를 취했다. 선교사들이 조선인 신자들에게 천국을 향한 영적 신앙만을 강조함으로써 현실 인식을 마비시켰다는 것이다.[40)]

이와 같은 제반 논리를 신흥우는 다음과 같이 토로했다.

> 조선의 독립을 희구하기에 급해 동문동종이라는 역사적 숙명을 잊어버린 점에 큰 오산이 있었다. 즉 백색인종의 황색인종에 대한 박해 착취는 틀림없는

---

37) 신흥우, 1942「英國人의 民族性」『東洋之光』1942년 2월호; 전필순, 1942「米國人의 民族性」『東洋之光』1942년 2월호.

38) 김인영, 1942「앵글로 색슨이 有色人을 대하는 態度」『東洋之光』1942년 2월호.

39) 전필순, 앞의 글.

40) 전필순, 앞의 글; 정춘수, 1942「미영인의 종교정책」『東洋之光』1942년 2월호.

> 사실인데, 이 백색인종의 침략을 격퇴해 동양인의 동양을 건설하고 나아가서 세계평화에 기여하는 것은 단지 일본제국으로서 비롯되어 할 수 있는 성업이라고 생각한다. 이제 (중략) 우리 조선인이 거듭 거듭 생각하지 않으면 안 되는 점은 종래의 소승적 견지를 버리고 일본제국의 대승정신에 참여하는 것이다. (중략) 일본제국이 망할 때 우리 조선인도 살 길을 찾을 방도가 없고, 일본제국 약진 향상은 즉 조선인의 같은 의미에 다름 아니다.41)

요컨대 적극신앙단계열 인사들은 황인종 대 백인종의 대립구도를 설정하고, 일본만이 백인을 누르고 '동양인의 동양'을 건설하여 평화를 이룰 수 있으므로 조선인은 '소승적' 견지, 즉 반일감정을 버리고 '대승정신', 즉 일본과의 연대로 '성업'을 추진해야 한다고 판단했던 것이다.

1939년 10월 적극신앙단계열의 원로목사 정춘수가 감리교 총리원 제4대 감독에 선출됨으로써 적극신앙단 출신의 인사들이 감리교 일선 행정을 장악했다. 신흥우는 '막후 실세'로 행세하게 되었다.42) 이어서 1940년 10월 신흥우는 정춘수 감독을 비롯한 적극신앙단계 인사들과 함께 '조선감리회 혁신안'을 발표해 감리교의 '일본화'에 착수했다.43) '혁신안'의 요체를 파악할 수 있는 '사상선도' 조항의 내용을 살펴보면 다음과 같다.

> ① 신동아 건설과 내선일체의 원리를 철저히 인식케 할 것
> ② 기독의 一家主義가 八紘一宇에서 구현됨을 철저히 인식케 할 것
> ③ 충군애국정신은 기독의 희생주의와 일치됨을 철저히 인식케 할 것
> ④ 우리 제국 국체에 위배되는 민주주의를 금단할 일
> ⑤ 이기주의화한 개인주의를 철저히 배격할 일
> ⑥ 약육강식화한 자유주의를 철저히 배격할 일
> ⑦ 포악무도한 공산주의 사상을 근절할 일44)

---

41) 「申興雨 訊問調書」.

42) 윤치호는 신흥우가 군과 경찰을 동원해 정춘수를 자신의 '도구'로 만들고 있다고 생각했다.(『윤치호일기』 1940년 10월 10일자)

43) 혁신위원회 초대 위원장인 신흥우가 혁신안을 초안했다.(유동식, 1994 『한국감리교회의 역사』 2, 기독교 대한감리회, 661면)

'혁신안'에서는 신동아 건설, 내선일체, 팔굉일우, 충군애국 등 일제의 군국주의 팽창정책과 천황제 이데올로기가 강조되었고 민주주의, 개인주의, 자유주의 등 서구민주주의적 가치관과 공산주의 사상은 철저히 배격되었다. 혁신안은 결국 개신교 황민화 및 내선일체 체제의 수립을 지향했던 것이다. 그런데 내선일체론과 천황제 이데올로기는 일제의 강압과 회유에 의한 것이라 가정하더라도, 서구민주주의 혹은 고전적 자본주의의 가치관과 사회주의 사상에 대한 비판의식은 앞서 살펴본 대로 적극신앙단 인사들의 주요 사상이었다.

1941년 3월 10일 감리교 특별총회에서 '혁신안'이 통과되어 이른바 '혁신교단'이 성립되었다.[45] 정춘수 통리, 이동욱 총무국장을 비롯해 김인영, 박연서, 김수철, 심명섭 등 적극신앙단계 인사들이 요직을 차지했다. 이로써 신흥우와 적극신앙단계는 일제의 개신교 통제정책에 호응해 감리교계의 주도권을 확보하는 데 성공했다.

그 후 감리교측은 적극신앙단계열인 장로교 경기노회 부회장 전필순과 함께 장로교, 감리교 연합의 '혁신교단'을 조직하고 전필순을 통리로 추대했다. 당시 혁신교단의 중앙 간부들을 살펴보면 다음과 같다.

교단통리: 전필순　　사무관장: 김영섭
총무국장: 이동욱　　전도국장: 박연서

---

44) 심명섭, 1941「敬信愛隣의 精神」『每日申報』1941년 9월 12~14일자;『윤치호일기』1940년 10월 2일자; 유동식, 앞의 책, 661면.

45)『윤치호일기』1941년 3월 10일자. 윤치호는 혁신교단 체제 하에서 정춘수가 명목상의 감독이요 신흥우의 '꼭두각시'에 불과하다고 지적했다.(『윤치호일기』1941년 3월 7일자) 또한 선교사 사워는 일제 말기 조선 감리교의 최고 책임자가 정춘수 감독이었지만 신흥우와 경찰에 의해 '조종'을 당했다고 지적했다.(이성삼, 1980『한국감리교회사』, 기독교 대한감리회, 204~206면) 또한 신흥우과 적극신앙단계 인사들의 '혁신교단' 수립활동에 대해 참고할 만한 저서로는 류형기, 1983『은총의 85년』, 기독교문화원; 김광우, 1984『나의 목회 반세기』, 바울서신사가 있다.

교육국장: 윤인구　　　　　　재무국장: 최석주
연성국장: 김수철[46]

윤인구 교육국장을 제외한 나머지 6명의 간부가 모두 적극신앙단계 인사들이었다. 그러나 '혁신교단'은 장로교와 감리교의 내부 반발로 해체되었다.

5. 맺음말

지금까지 신흥우와 적극신앙단 계열 인사들의 미국 인식 내용과 그 변화 과정을 살펴보았다. 이상 논의된 내용을 요약하면서 맺음말에 대신하고자 한다.

신흥우는 제1차 세계대전 종전 이후 세계체제가 '정의인도'가 관철되는 세계, 곧 민족자결과 민주주의의 이념 아래 평화로운 세계로 나아갈 것이라고 판단하고, 미국에 대한 우호적 인식하에 미국을 주요 대상으로 하는 외교운동을 주도했다. 그는 아시아·태평양 지역을 둘러싼 제국주의적 이해관계의 본질을 꿰뚫어 보지 못하고, 미·일 간의 침략 정도 및 물리적 억압의 강약이라는 상대적 차별성에 매몰되어 민족운동의 올바른 이념과 방향을 설정하는 데 한계를 드러냈다.

1930년대에 접어들어 신흥우는 새로운 개신교운동을 시도했다. 그는 기존의 외교운동이 현실적 한계에 부딪치게 되자 서구민주주의와 미국적 가치관에 회의를 느끼는 한편 경제대공황으로 인한 자본주의의 전반적 위기 상황 속에서 유럽 파시즘의 국가사회주의적 경향에 매력을 느껴 적극신앙단을 결성했다. 적극신앙단에 가담한 장로교, 감리교, YMCA의 목회자 및 지식인들도 고전적 자본주의 경제체제의 운영원리인 생존경쟁, 자유방임 등의 폐단에 대해 비판적 인식을 견지하면서 反資本主義, 反社會主義的 입

---

46) 김승태, 1994 「일제 말기 조선총독부의 기독교에 대한 정책과 한국 기독교계의 대응」 『한국기독교의 역사적 반성』, 다산글방, 152면.

장을 취했다. 결국 적극신앙단은 적극적인 반미는 아니지만 미국 중심의 세계관에서 벗어나고 있었던 것이다.

1937년 중일전쟁 발발 이후 신흥우를 비롯한 적극신앙단계열 인사들은 적극적인 친일활동에 나섰다. 그들은 조선 대 일본이 아닌, 황인종 대 백인종의 대립구도를 설정하고 '대동아공영론'을 부르짖기 시작했다. 이 과정에서 그들은 미국을 제국주의국가로 규정하고 미국 백인사회의 인종차별을 강도 높게 비난했으며, 개신교와 선교사들이 끼친 부정적 영향을 부각시켰다. 또한 감리교의 교권을 장악하고 한 걸음 더 나아가 장로교, 감리교의 통합을 시도했다. 이때 그들이 목표로 한 것은 개신교 황민화 및 내선일체 체제의 수립이었다. 그런데 천황제 이데올로기와 내선일체론은 일제의 강압과 회유에 의한 것이라 가정하더라도, 그 이면에 담긴 서구민주주의 혹은 고전적 자본주의의 가치관과 사회주의 사상에 대한 동시 비판의식은 적극신앙단의 주요 사상이기도 했다.

별표 1. 적극신앙단 단원

성명	생년	출신지	출신 학교	1935년 이전 주요 경력	1935년 이후 주요경력
권영식		서울	평양신학교	장로교 목사, 경기노회장, 『기독신보』 이사회장, 경성노회장	
김기연	1897	평남	배재학당, 협성신학교	조선엡윗청년회연합회 총무, 감리교 총리원 교육국 간사, 신흥우 측근	
김수철	1895	충남	아오야마(青山)학원	3 · 1운동 관련, 영명학교 校牧, 감리교 목사(공덕리교회 목사, 오사카 한인교회 목사, 동경유학생교회 목사, 창천교회 목사)	'혁신교단' 경기교구장, 한독당 연락부장, 배재고 校牧
김영섭	1888	경기	와세다대학, 아오야마학원, 하트퍼드신학교	감리교 목사(뉴욕 한인 감리교회, 중앙교회, 정동교회), 흥업구락부 회원, 조선예수교연합공의회 회장, 연희전문 이사	기독신민회 문교국장, 호놀룰루 총영사

별표 1. 계속

성명	생년	출신지	출신 학교	1935년 이전 주요 경력	1935년 이후 주요경력
김인영	1893	서울	한영서원, 협성신학교, 에모리대학	협성신학교 교감, 감리교 목사, 이화여전 校牧, 기독교경성교역자연합회 회장, 조선예수교연합공의회 총무	감리교신학교 교장, 정동교회 목사
김태원		서울	배재학당	북감리교 경성지방회 신문잡지 위원, 선교사 하디 원고 번역, 신흥우 측근	미군정청 공보부 출판국장
박연서	1893	경기	협성신학교	철원 애국단 활동, 오사카지역 전도사, 『기독신보』 주필, 석교교회 목사, 『기독신보』 찬조회 회장, 서울YMCA 이사	'혁신교단' 경성교구장, 대한기독교서회 편집부장, 납북
박용희	1884	경기	동경성서학원, 평양신학교	한성임시정부 관련, 장로교 목사, 경기노회장, 신간회 안성지회장, 승동교회 목사, 조선예수교연합공의회 회장, 서울YMCA 이사	순천노회장, 국민당 부위원장, 기독신민회 회장, 신한국민당 위원장, 과도입법의원 의원, '남북협상' 지지, 기독교장로회 총회장
신흥우	1883	충북	배재학당, 官立德語學校, 남가주대학	官立德語學校 학생회장, 배재고보 교장, 연희전문 이사, YMCA연합회 총무, 흥업구락부 결성, 태평양문제연구회 결성, YMCA농촌사업 주도, 이화여전 이사회장	배재고보 교장, '혁신교단' 주도, 주일특명전권대사, 제2대 대통령선거 출마, 민주당 고문
심명섭	1898	충남	선린상업학교, 아오야마(青山)학원	심훈 형, 동아부인상회 사원, 감리교 목사(예산읍교회, 창천교회), 기독교경성교역자연합회 서기, 『기독신보』 경리국장	중앙교회 목사, 기독교교육협회 부총무, 납북
엄재희		서울	협성신학교	감리교 목사(석교교회, 공덕리교회)	서울YMCA 부이사장
이건춘	1897	서울	배재고보	서울YMCA 간사, 『기독신보』 찬조회 서기, 신흥우 측근	
이동욱		서울	협성신학교	감리교 목사(동대문교회), 감리교 총리원 교육국 간사, 조선예수교연합공의회 서기	

별표 1. 계속

성명	생년	출신지	출신 학교	1935년 이전 주요 경력	1935년 이후 주요경력
전필순	1897	경기	고베신학교, 평양신학교	대동단사건 관련, 장로교 목사(묘동교회), 연희전문 이사, 기독교경성교역자연합회 회장, 『基督申報』 사장	수송교회 목사, 연동교회 목사, 일본기독교 조선혁신교단 통리, 예수교장로회 총회장
정성채	1888	서울	연희전문	서울YMCA 소년부 간사, 보이스카우트 운동 주도, 신흥우 측근	수송교회 장로, 납북
정춘수	1874	충북	협성신학교	감리교 목사, 3·1운동 '33인', 흥업구락부 회원, 신간회 간부, 동대문교회 목사, 수표교교회 목사	조선감리회 감독, '혁신교단' 주도, 천주교로 개종
최거덕	1907	서울	일본대학, 평양신학교	장로교 목사(묘동교회), 기독교경성교역자연합회 서기	덕수교회 목사
최석주		서울	아오야마(青山)학원	장로교 목사(묘동교회), 기독청년면려회 경성연합회 회장, 기독교경성교역자연합회 회계, 『기독신보』 편집국장	동경 한인교회 목사, 국민당 정치문화부 차장, 공보처 차장
함태영	1873	함북	법관양성소, 평양신학교	대심원 판사, 남대문교회 조사, 3·1운동 주도, 장로교 목사, 예수교장로회 총회장, 충청노회장, 경기노회장, 경성노회장, 조선예수교연합공의회 회장	조선신학원 이사장, 심계원장, 한신대 학장, 부통령, 기독교장로회 총회장
홍병덕	1892	서울		승동교회 장로, 기독면려청년회 조선연합회 총무·부회장, YMCA 학관 교감, 흥업구락부 회원	

비고: ① 적극신앙단 단원 명단은 윤치호, 1916~1943 『윤치호일기』(김상태 편역, 2001 『윤치호일기(1916~1943)』, 역사비평사)의 내용을 1차 자료로 하고, 전택부, 1971 『인간 신흥우』, 대한기독교서회, 227면의 내용을 참고하여 정리했다.

② 단원들의 생년, 출신지, 출신학교, 주요경력 등은 각종 인명사전, 회고록, 연구성과 등을 종합하여 정리했다.

③ 인명은 가나다순으로 배열했다.

일제시기 충남 부여·논산군의 유지집단과 혁신청년집단

지수걸

1. 머리말

그동안 필자는 일제하의 지방정치사를 사례연구하는 과정에서 '관료-유지 지배체제', '유지집단', '혁신청년집단' 등의 용어를 자주 활용하였다. 예를 들면 일제시기 서산지역의 '관료-유지 지배체제',[1] 공주지역 유지집단의 도청이전 반대운동,[2] 전남 순천지역 농민운동(소작쟁의),[3] 읍 단위 일본인 사회의 지방정치(민원·진정활동),[4] 개별 유지들의 유지기반과 유지정치,[5]

---

1) 졸고, 1998「日帝下 忠南 瑞山郡의 '官僚-有志 支配體制'—『瑞山郡誌』(1927) 분석을 중심으로」『역사문제연구』 3, 역사문제연구소 편.

2) 졸고, 1996「日帝下 公州地域 有志集團의 道廳移轉 反對運動」『역사와 현실』 20호.

3) 졸고, 1997「日帝下 全南 順天地域의 小作人組合運動과 '官僚-有志 支配體制'」『韓國史硏究』 96호.

4) 졸고, 2005「日帝時期の在朝鮮(邑單位)日本人社會と朝鮮の'地方自治'—忠淸南道公州·大田·鳥致院の事例を中心に」『近代交流史と相互認識 II —日帝支配期』, 宮嶋博史·金容德 編, 東京, 慶應義塾大學出版會.

5) 졸고, 1996「日帝下 公州地域 有志集團 硏究—사례1: 徐悳淳(1892~1969)의 '有志基盤'과 '有志政治'」『역사와 역사교육』 창간호; 1997「日帝下 公州地域 有志集團 硏究—사례2: 金甲淳(1972~1960)의 '有志基盤'과 '有志政治'」『韓國民族運動史硏究』, 于松趙東杰先生停年紀念論叢刊行委員會 編; 1997,「日帝下 公州地域 有志集團 硏究—사례3: 池憲正(1890~1950)의 '有志基盤'과 '有志政治'」『역사와 역사교육』 2호; 1996「日帝下 忠南 鳥致院 有志, 孟義燮(1890~?)의 '유지기반'과

근대 이행기 지방 유지집단의 사회이동 양상 등에 대한 연구가[6] 그것이다. 필자가 위 연구에서 활용한 용어들은 일제하에서 전개된 각종 정치적 사건이나 현상의 역사적 의미를 '사건사적'인 관점에서[7] 재구성하기 위한 일종의 '방법적 개념'이다.[8]

위의 연구들이 발표된 이후 필자가 활용한 여러 개념들의 유용성이나 적절성에 대한 논의가 간간이 진행되었는데, 그 가운데 하나가 바로 유지집단과 혁신청년집단 개념, 또는 양 집단의 정치사회적 기능이나 역할 등에 관한 비판들이다. 본 논문의 목적은 충남 부여군과 논산군의 사례를 중심으로, 유지집단과 혁신청년집단의 분화과정과 존재양태, 그리고 양 집단의 차이나 政治的 界線을 드러냄으로써, 앞서 언급한 개념들의 적절성을 재론하는 데 있다. 이를 위해 제1장에서는 연구사 정리와 문제 제기를, 제2

'유지정치'」『역사와 역사교육』 3·4합집.

6) 졸고, 1999「舊韓末·日帝 初期 有志集團의 形成과 鄕吏 — 충남 공주지역의 사례를 중심으로」『韓國 近代 移行期 中人 硏究』, 연세대학교 국학연구원 편, 신서원; 2001「近代 移行期 慶南 咸安地域의 社會移動 樣相」『한국독립운동사연구』 제17집.

7) 마르크스는 프랑스 혁명사를 서술하면서, 매일매일 새롭게 발생하는 여러 사건이나 현상을 해당 사회의 물질적 토대(구조)와 연관시켜 그 의미를 분석 고찰하는 '構造史的인 接近方法'과 더불어, 여러 사건이나 현상을 늘 유동하는 당시의 정치 지형이나 정세와 연관시켜 그 의미를 추적 고찰하는 '事件史的인 接近方法'을 병행하여 활용했다고 한다. 마르크스/임지현·이종훈 옮김, 1991『프랑스혁명사 3부작』, 소나무출판사,「개정판을 내면서」 참조.

8) △ 군면 단위 '官僚-有志 支配體制'란 총독부가 각종 '官僚機構'와 '公職機構(자치 및 자문기구, 공공조합 및 단체)'를 총동원하여 구축한 지방(농촌)지배의 '組織이나 制度', 혹은 그 '機制나 樣式' △ '有志集團'이란 총독부의 지방지배 과정에서 형성된 '總督政治의 媒介集團'으로서 '財産(토지재산)'과 '社會活動 能力(공직수행 능력, 일본어 구사능력)', '當局 信用(공직 활동 경력)'과 '社會 人望(민원해결 역량)'을 고루 갖춘 지방사회의 有力者集團(조선인, 일본인 포함) △ '革新靑年集團'이란 1920년대 중반 이른바 '靑年會 革新運動' 과정에서 하나의 정치세력으로 등장한 지역사회운동(농민·노동·청년운동)의 주도집단을 말한다.

장에서는 부여·논산지역 사례를 중심으로 유지집단과 혁신청년집단의 형성문제를, 제3장에서는 소작쟁의와 조직 농민운동, 민원·진정활동, 사상선도활동 등의 전개과정에서 드러난 양 집단의 정치적 계선문제를, 그리고 제4장에서는 해방공간에서 전개된 양 집단의 정치활동 내용을 살펴보고자 한다.

일제시기 충남지역은 지역사회운동이 상대적으로 부진한 편이었으므로, 유지집단과 혁신청년집단의 정치적 계선이 분명하게 드러났던 지역은 아니다. 그럼에도 불구하고 부여·논산지역을 검토 대상으로 삼은 것은, 최근 해당지역의 市郡誌를[9] 집필하는 과정에서, 양 집단의 정치사회적 구성이나 역할, '관료-유지 지배체제'의 존재양태나 작동방식, 소작쟁의나 농민운동, 민원·진정사건 등을 두루 조사해 본 경험이 있기 때문이다. 본 논문에서 자주 [illegible] △ 유지집단 관련 자료는『忠淸南道道勢一斑』각년판(1928년판, 1933년판, 1935년판, 1936년판, 1937년판, 1938년판) △ 혁신청년집단 관련 자료는 신문자료와「忠南道下の思想概況竝同道論山·夫餘·靑陽·禮山及唐津郡各思想善導機關の活動狀況」[高等法院檢事局思想部,『思想彙報』第9號 (昭和十一年 十二月)] △ 해방 후 정치활동 관련 자료는『忠南地域特別調査報告書』(1945. 3.)[10] 등이다. 끝으로 필자가 집필한 시군

9) ① 1998「한국 근현대사와 서산지역」『서산의 역사(서산시지 제2권)』, 서산시지편찬위원회 편, 183~276면 ② 1999『한국의 근대와 공주사람들 — 한말·일제시기 공주의 근대도시 발달사』, 공주문화원, 1~406면 ③ 2002「개화기·한말의 공주」,「일제하의 공주」,「해방 공간의 공주」『公州市誌』, 공주시지편찬위원회, 455~580면 ④ 2003「개화기 한말의 부여」,「일제 통치하의 부여」,「해방공간의 부여」『부여의 역사』, 부여군지편찬위원회, 205~274면 ⑤ 2005「일제하의 논산」,「해방공간의 논산」『논산의 역사』(발간 예정), 논산시지편찬위원회 참조.

10) 중앙일보 현대사연구소, 1996『美軍CIC情報報告書(Ⅰ)』所收. 해방 직후 시기 신익희는 임정내무부장의 직위를 활용하여 정치위원회, 정치공작대, 행정연구위원회 등을 창설하였다. 위 보고서를 작성한 정치공작대는 집행기관으로 중앙본부-도본부-군부본부-면연락부-리동연락반 등으로 구성되어 있었다고 한다.

지의 서술내용은 해당 지역 출신의 향토사 연구자나 시군지 편찬위원회의 감수를 거친 것임을 밝혀 둔다.

2. 연구사 정리 및 문제 제기

1) 유지집단의 개념

유지집단의 개념이나 구성문제와 관련한 논의를 정리하면, 하나는 유지집단을 구래의 명망가층이나 사족층(향리층을 포함한 지방엘리트, 혹은 한문엘리트층)을 잇는 사회계층으로 파악하는 견해, 다른 하나는 유지집단과 혁신청년집단을 구분하지 않은 채 모든 농촌사회 내 유력자 일반(농촌엘리트)을 유지범주에 포괄하는 견해 등으로 나뉜다. 예를 들어, 김익한은,[11] 농촌사회의 유력자를 '지역 명망가층'(구래의 양반 지주 출신)과 '신흥 유력자층'(향리 출신의 신흥 유력자)으로 구분한 뒤, 양자가 지방정치 과정에서 서로 다른 정치사회적 역할을 수행한 것으로 이해한 바 있으며, 마쓰모토 다케노리(松本武祝)도[12] 김익한의 견해를 수용하는 가운데 '地方有志'를 19세기 饒戶層(富農, 庶民地主)을 잇는 在村 中小地主層으로 그 개념을 규정한 바 있다. 하지만 韓相九와[13] 鄭然泰[14] 등은 일제하의 지방유지(혹은 유

도진순, 1997『한국민족주의와 남북관계』, 서울대학교출판부, 105~106면 참조.

11) 金翼漢, 1996『植民地期朝鮮における地方支配體制の構築過程と農村社會變動』, 東京大學校大學院人文社會系硏究科東アジア歷史社會專門分野 博士學位論文.

12) 松本武祝, 1998『植民地權力と朝鮮農民』, 社會評論社. 松本에 따르면 '지방유지'란, "(19세기 — 필자) 饒戶처럼 대외적(국가권력 외의 不在地主와 市場)으로 지역의 이해를 대표하고 대내적으로는 지역의 질서유지 및 구성원의 후생의 유지·향상을 주도하는 역할을 담당한 계층"이었으며, 촌락 단위에서 이 같은 '지방유지의 역할'을 담당한 것은 '재촌 중소지주'들이었다고 한다.(위의 책, 26면)

13) 한상구는 2002년「일제시기 지역사회의 '二重權威構造'에 대한 연구 시론(역사문제연구소 월례발표회 발표문)」(미발표 원고)에서, "일제시기 지역사회에 대

력자, 명망가)를 글자 그대로 '뜻이 있거나 힘이 있거나 명망이 있는 사람(근대적 개발과 계몽의 주체)'이라 규정하면서, 필자가 제안한 개념 자체의 적실성은 물론이고, 분석틀로서의 유용성도 부정하는 입장을 취하고 있다.[15] 정연태에 따르면, 강경지역의 자산가형 유지들은 일본인 유지들과 협력하는 가운데 '행정기관 유치', '도시환경개선' 등을 위한 활동뿐만 아니라 사회적 명망을 얻기 위해 '교육계몽운동', 심지어는 '지역사회운동'까지도 주도(후원)하였다는 것이다.[16] 이런 견해는 이타가키 류타(板垣龍太)

한 연구는 ① 총독부 권력 ② 지역유지 ③ 지역주민이라는 세 가지 주체의 상호관계를 중심으로 살펴볼 필요가 있다."라고 하면서 총독부를 한 축으로 하고, 다시 지역 단위(혹은 전국 단위의) 조선인 사회를 한 축으로 하는 二重的인 權威構造가 형성되어 있었다고 주장한 바 있다.

14) 鄭然泰, 2003 「조선말 일제하 자산가형 지방유지의 성장추구와 이해관계의 중층성」 『한국문화』 31; 2005 「日帝の地域支配・開發と植民地的近代性 ― 浦口商業都市江景地域の事例」 『近代交流史と相互認識Ⅱ ― 日帝支配期』, 宮嶋博史・金容德 編, 慶應義塾大學出版會 참조.

15) 물론 필자가 규정한 의미대로만 有志라는 말이 쓰인 것은 아니다. '各界(斯界)有志', '有志人士(紳士)', '有志青年(會員)'이라는 말이 있었듯이 '어떤 일에 뜻이 있거나 관심이 있음(혹은 있는 사람)'이라는 의미로도 자주 쓰였다(구체적인 용례검토는 지면관계상 차후로 미루고자 한다). 이는 '혁신청년(좌익청년・민중청년)'도 마찬가지다. 혁신청년이라는 말은 1920년대 중반 청년회 혁신운동 과정에서만 쓰였던 용어다(오히려 無産=프로青年, 新興=共産=左傾青年 등의 용어가 더 자주 쓰였다). 하지만 필자는 앞의 사례연구들에서 앞서 규정한 의미(의도적으로 규정한 외연과 내포)로만 위의 개념들을 사용하고자 했는데, 그 이유는 일제시기 지방정치사 연구의 '그 어떤 방법적 필요'(연구사 정리 참조) 때문이다.

16) 정연태는 당시 신문에 보이는 '청년유지 제씨의 발기로 思想團體 新友同盟 조직'(『동아일보』, 1927년 1월 19일자), '각 방면 유지, 민중대회 소집 발기인 회의 개최'(『동아일보』, 1931년 1월 20일자) 등의 용례를 들어, "일제 협력자에서 일제 비판자에 이르기까지 다양한 군상의 유력자도 유지로 여겨졌다."거나 "일제의 감시를 받는 요시찰 인물이나 사상단체 회원도 韓人 言論에서는 '有志'로 간주됐다."라고 주장한 바 있다. 가령 정연태는 1920년대에 혁신청년운동에 관여한 朴相煥이 1929년 금융조합 평의원, 1931년 보통학교 학무위원을 역임했다는

의[17] 사례연구에서도 지지되었는데, 이타가키(板垣)는 상주지역의 사례를 근거로, 필자가 유지 범주와 구성을 지나치게 'legitimate한 것'으로 파악했다고 비판하면서, 유지 개념을 '특정한 지역사업 과정에서 temporaly하게 형성된 농촌엘리트' 정도로 포괄적으로(유연하게) 규정할 것을 제안한 바 있다. 물론 분석대상이나 주제, 또는 지역과 시기에 따라 이런 층의 존재를 상정해 보는 것도 의미가 없는 일은 아니라고 생각한다.

하지만, 필자가 말하는 '有志集團'은 군면 단위의 '관료-유지 지배체제'와 더불어 형성 발전된 일종의 사회적 지위집단(social status group)으로서, 마을 단위에 존재했던 구장이나 중견인물과 같은 지방행정상의 '촌락대표자'[18] 또는 필자가 말하는 '革新靑年'과도[19] 구별되는 존재다. 예를 들어 藤村德一이 편찬한『朝鮮公職者名鑑』(1927)은, '총독부직원록'과 '공직자명감'을 각각 '人爵錄'과 '天爵錄'이라 비유한 바 있는데, 후자의 명부에 이름 석 자를 올릴 수 있었넌 이들이 바로 지방유지였다.[20]

사실 등을 들어, 유지집단과 혁신청년집단 사이에 존재했던 정치적 계선을 부정하고 있다. 그러나 대종교 지도자였던 박상환(대종교서적 출판사 설립 참여)은 1930년대에 들어서서는 혁신청년운동에 직접 가담하지는 않았던 것으로 보인다. 부여 출신 대종교 지도자인 姜錫箕(북로군정서 창설 활동)의 장남인 姜鎭求도 장암면 면협의원과 면장 등을 역임한 바 있는데, 박상환도 강진구와 유사한 경력을 가진 인물이었다고 판단된다.(졸고『부여군지』참조)

17) 板垣龍太, 2003「植民地期朝鮮の地域社會における<有志>の動向 — 慶北尙州の支配構造の變容と持續」『東アジア近代史』第6號, 11면.

18) 물론 군면 단위 유지들이 구장이나 중견인물로서 '행정상의 마을 대표자', 즉 행정 수행의 매개자(관치적 촌락지배의 매개자) 역할을 수행한 경우도 있었다. 하지만 군면 단위 '관료-유지 지배체제'의 성격을 이해하려면 양자가 수행한 정치사회적\ 역할의 차이를 분명히 드러내는 것이 필수적이다.

19) '혁신청년'이라는 용어는 1925년, 1926년경 전국 각지에서 청년회 혁신운동이 왕성하게 전개될 때 주로 쓰였다. 하지만 이 글에서 쓴 '혁신청년'이라는 용어는 1930년대 초반 '신간회(三總) 해소투쟁'(혁명적 농조운동 및 당재건운동)의 주체까지를 포함한 일종의 '방법적 개념'이다. 편의적인 발상에 기초한 것이기는 하나 나름대로 역사성을 감안한 호명이라 생각한다.

2) 유지집단과 혁신청년집단의 政治的 界線

앞의 연구들처럼, 농촌사회 내의 모든 '유력자' 혹은 '농촌엘리트' 일반을 유지로 호명하는 경우, 일제하에서 지역사회운동을 주도했던 이들, 즉 필자가 말하는 '혁신청년집단'과 '유지집단'의 사회적 범주나 정치적 계선은 당연히 모호해질 수밖에 없다. 예를 들어, 이타가키(板垣)처럼 유지집단의 범주를 폭넓고 유동적인 것으로 규정할 경우, 유지집단과 혁신청년집단의 정치적 계선은 물론이고 혁신청년집단의 존재 자체도 부정할 수밖에 없게 된다. 하지만 1920년대 중반에 전국적으로 전개된 '청년회 혁신운동'(1차 분화), 그리고 1930년대 초반에 본격화된 신간회 해소투쟁 등(2차 분화)을 경과하면서, 혁신청년집단은 유지집단과 구별되는 지방정치의 한 주체로 성장했다. 양자를 쾌도난마식으로 구분하면, 유지란 앞서 언급한 이른바 '유지(공직자) 명부'에 오른 인물들이고, 혁신청년이란 군경찰서나 면주재소의 '요주의·요시찰인 명부'에 올라 있는 인물들이다. 달리 표현하면, 조선총독 등 거물 관료들이 해당 지방을 방문했을 때 만찬 등 각종 행사나 의식에 참여했던 이들이 유지였고, 반대로 '예비검속'[21] 등을 이유로 유치장에 수시

---

20) 『朝鮮公職者名鑑』이 작성되던 1927년 당시의 조선사회는 △ 8만 내외의 관료집단(조선인 관료가 전체의 절반을 약간 상회했음)과 △ 10만 내외의 유지(공직자)집단에 의해 지배되던 식민지사회였다.(주 5) 논문 참조) 앞의 『朝鮮公職者名鑑』은 「緖言」에서 '朝鮮 中流 以上의 略 十萬名 人士'(2면)를 운운하고 있는데, 이는 '全鮮 數萬의 公職者'(4면)를 포함한 조선인 및 일본인 '유지집단'을 지칭하는 말이라 할 수 있다. 위 책에 수록된 1927년 현재의 '공직자'는 대략 3만명 정도였다.

21) 일제시기 군 단위 경찰서는, 총독 등 거물급 관료가 지방을 순시할 때, 3·1절이나 메이데이나 러시아혁명기념일이 다가왔을 때, 論山의 경우는 심지어 師團대항 연습훈련을 실시할 때(『동아일보』 1935년 10월 16일자)조차 해당 지역 혁신청년들을 무시로(재량으로, 아무 때나, 누구라도, 제약 없이) '예비검속'할 수 있었다. 졸고, 2005 「일제의 국내 민족민중운동 탄압 실태」 『일제 강점기 한국

로 갇혀 있어야 했던 이들이 바로 혁신청년이었다. 辻洪範은 다른 연구들과는 달리 道機構나 面機構 등 지방행정기관을 통한 지배 이외에, '군 레벨의 infomal한 정치적 거래(取引)의 場', 필자 식으로 표현하면 군면 단위 '관료-유지 지배체제'를 매개로 한 지방정치를 시야에 넣기는 했으나[22] 그 또한 양 집단 사이에 존재한 정치적 계선을 제대로 구명하지는 못했다.

양 집단의 정치적 계선을 주목하지 못하는 경우, 일제하의 지방정치사뿐만 아니라 해방공간의 정치사 또한 제대로 이해하기가 쉽지 않다. 왜냐하면, 일제시기의 지방정치는 물론이고 해방공간에서 이루어진 다양한 정치활동들도 양자의 계선을 중심으로 전개되었기 때문이다. 물론 해방 초기 양 집단이 부분적으로 연대한 사례도 지역에 따라 없지는 않았다. 하지만 이런 분위기는 해방공간의 정세변화에 따라 곧바로 반전되었다. 전시총동원체제기 끄나불(구장이나 중견인물)을 매개로 한 관치적 지배질서가 강화된 것은 사실이나, 농지개혁이나 한국전쟁 이전 시기까지 유지집단의 정치사회적 위세는 여전하였다. 유지집단의 정치사회적 위세가 결정적으로 약화된 것은 농지개혁과 한국전쟁이 끝난 뒤, 이른바 '관료-끄나불(혹은 끄나불형 유지) 지배체제'가 형성되면서부터였다.[23]

인의 삶과 민족운동』, 한일관계사연구논집 편찬위원회 편, 경인문화사 참조.

22) 辻洪範은 재령지역 사례연구를 통해서 'infomal한 정치'(公共財 誘致를 위한 비공식부문의 정치활동; 시민대회, 면장협의회, 도민대회)의 존재를 주목하기는 했으나, 필자처럼 이를 하나의 지배시스템(지배체제)으로 간주하는 것에는 반대했다.(1999 「植民地期實力養成運動における連續と轉換: 載寧青年會幹部の地域有力者層による活動(1920~1927)」『朝鮮史研究會論文集』第37號, 105면) 하지만 필자가 말하는 '관료-유지 지배체제'는 도나 면과 같은 관료행정기구를 매개로 이루어지는 공식적인 지배(공식부문의 정치)는 물론이고 각종의 비공식적인 지배(비공식부문의 정치) 시스템까지를 모두 포괄하는 개념이다.

23) 최봉대, 1998, 「농지개혁 이후 농촌사회의 정치적 지배집단의 형성 — 1950년대 경기도 용인군 관내 면의원 및 면장 충원실태 분석을 중심으로」『1950년대 남북한의 선택과 굴절』, 역사비평사. 최봉대는 위 논문에서 1950년대 읍면의원 및 읍면장들의 사회적 구성을 분석하였는데, 그에 따르면 농지개혁 실시 이후 면의원이나 면장은 대부분 영세지주, 특히 일제시기 면서기나 면장과 같은 말단

3) '協力論', '植民地 公共性論', '近代 規律權力論'

나미키 마사히토(並木眞人), 金東明, 尹海東, 마쓰모토 다케노리(松本武祝)[24] 등은 조선인 농촌엘리트(필자 식으로 표현하면 유지나 공직자)들의 사회활동을 민족↔반민족, 친일↔항일, 지배↔저항이라는 이항대립적 잣대만으로 그 의미를 평가해서는 안 된다는 관점에서 이른바 '協力論'(친일론에 대한 대체개념)을 주창한 바 있다. 물론 '협력론'자들이 제기한 각종 주장들은 윤해동의 표현을 빌면, '식민지 인식의 회색지대'를 일깨우는 참신한 제안일 수 있다. 하지만 이를 논증하기 위해 각각의 필자들이 동원한 '이론(분석틀)'이나 '사실(근거)'들 가운데는 동의하기 어려운 대목이 적지 않다.

예를 들면 △ 일제하의 지방정치 과정에서도 여러 공직기구(자치·자문기구, 면민·시민대회, 공공조합·단체)를 매개로 '공공 영역'(식민지적 공공성)이 꾸준히 확대되고 있었다는 주장 △ 지방유지들의 민원·진정활동(공공재 배분 문제와 관련한 정치) 혹은 실력양성운동 과정에서 근대 규율권력(혹은 식민지 권력)에 대한 동의나 합의가 꾸준히 확대되었다는 주장 등이 그것이다. 물론 '有志'라는 말을 『우리말 큰 사전』처럼 '좋은(公的인, 혹은 社會的인) 일에 뜻이 있거나 열의를 보이는 사람' 정도로 그 의미를

행정직 출신, 필자 식으로 표현하면 '끄나불'(agent; 제 스스로 정치적 자원을 갖지 못한 채 국가권력의 앞잡이 노릇을 하는 이들), 혹은 '끄나불형 유지'들의 몫이었다고 한다.(앞의 논문, 260면) 군면 단위 '관료-유지 지배체제'의 해체과정에 대해서는 졸고, 1999 「일제의 군국주의 파시즘과 '조선농촌진흥운동'」 『역사비평』 47호 참조.

24) 並木眞人, 1993 「植民地期朝鮮人の政治參加について」 『朝鮮史硏究會論文集』 31; 김동명, 2004 「이념과 현실 -조선인과 일본인의 관료복무」 『일제 강점기 한국인의 삶과 민족운동』, 한일관계사연구논집 편찬위원회 편, 경인문화사; 윤해동, 2003 「식민지 인식의 회색지대 ― 일제하 공공성과 규율권력」 『(한국의 근대성과 식민주의 비판) 식민지의 회색지대』, 역사비평사; 松本武祝, 2005 『朝鮮農村の<植民地近代>經驗』, 社會評論社.

해석할 경우, 일제하의 有志는 '公共性의 擔持者(體現者)', '公的 談論(公論)의 形成 主體', 더 나아가서는 '근대적 계몽과 개발의 주체(진보와 해방의 견인차)'였다고 말해야 옳을 것이다. 하지만, 식민지 조선사회에서 이른바 '有志 行勢(世)'를 한 이들을 그렇게만 평가해도 괜찮은 것인지는 좀 더 따져봐야 할 필요가 있다. 필자는 일제시기 지방정치 과정에서 형성된 '公(公職, 公論)'은 대개 군면 단위 '관료-유지 지배체제'를 매개로 형성된 '擬制的(혹은 似而非) 公'에 다름 아니었다고 생각한다.[25] 참고 삼아 밝히면, '행세'란 흔히 '되지 못하게 處世하는 것', 또는 '行勢道하는 것'을 가리키는 말이다.[26]

다른 한편, '협력론'을 제기하고 있는 논자들은 공통적으로 유지집단과 혁신청년집단을 농촌엘리트니, 유력자니 하는 모호한 개념으로 뭉뚱그리는 가운데, 양자 사이에 존재했던 정치적 계선을 무시하려는 경향, 심지어는 혁신청년집난의 존재 자체를 부정하려는 경향마저 보이고 있으나, 이는 지나친 역편향이라 여겨진다. 민족해방(민중)운동의 고조기, 지방정치의 주전선은 <총독부권력(미군정)+유지집단>과 <혁신청년집단+민중> 사이에서 형성되곤 했다. 이런 시기에는, 윤해동이 말하는 이른바 '식민지의 회색지대'는 어디에도 존재할 수 없었다.[27] '지배와 저항의 논리', '민족 및 계급

25) 일제하에서 형성된 '公(公職, 公論)'의 의미를 제대로 이해하려면, 군면 단위 '관료-유지 지배체제'의 구성이나 작동메커니즘은 물론이고, 이를 매개로 전개된 각종 지방정치(지방행정제도, 지방지배정책, 정치세력, 정치적 사건이나 현상) 양상을 구체적으로 분석하려는 노력이 선행되어야 한다.

26) 『우리말 큰 사전』(삼성출판사)에 보이는 '유지', '행세' 등에 대한 풀이는 '역사성'을 반영하지 않은 그야말로 한자 뜻풀이일 뿐이다. 하지만 '유지(양반) 행세하다'라는 말에 내포된 부정적 의미는 일종의 상식이다.

27) 윤해동은 논문의 제목(「식민지 '인식'의 회색지대」)과 달리 책 제목을 '식민지의 회색지대'로 고친 뒤, 머리말에서, '식민지에서의 회색지대란 저항과 친일(지배와 저항)이라는 이원론을 거부하는 지대'(앞의 책, 10면)라고 부연 설명한 바 있다. 하지만, 이런 규정은 논지를 흐릴 뿐 아니라 비생산적인 논쟁을 야기할 가능성이 크다. 요컨대 윤해동은 지배와 저항의 논리(힘관계)가 관철되지 않는, 그 어떤 '일상(생활)의 회색지대(공간)'가 식민지 사회 내부에 따로 존재한 것처

차별의 논리'는 부읍회나 각종 공공단체(조합)는 물론이고 시민대회나 공직자대회 내부에서도 강력한 규정력을 행사하곤 했다.

미셸 푸코가 말하는 '근대 규율권력', 또는 신기욱 등이 말하는 '식민지 근대(Colonial Modernity)'의[28] 삼투(내면화) 현상을 아무런 매개 없이 곧바로 식민권력, 즉 일제의 조선 지배에 대한 '동의(합의)'로 換置한 듯한 설명들도 동의하기 어려운 대목이다. 가령 마쓰모토(松本)는 「식민지기 조선인 하급 직원의 의식구조」에서, 조선인 농촌엘리트(근대를 소비하고 신체화한 자)들의 계몽활동으로 말미암아 민중들도 '근대'에 대한 강렬한 욕망(동경)을 가지게 되었다는 점을 강조한 바 있는데[29] 여기서도 '근대 규율권력 헤게모니'와 '식민권력 헤게모니'가 구분되고 있지 않다. 게다가 식민지 조선인들의 남다른 교육열을 '근대 규율권력 장치(결국은 식민권력 장치)를 실제로 경험하고자 하는 욕망', 또는 '식민지 근대'나 '식민권력' 자체에 대한 '동의(합의)'로까지 비약한 대목은 더더욱 무리라 본다. 일제시기 혁신청년집단이 주도한 민중야학운동(프로문화운동)은 경찰의 탄압과 지방유지들의 비협조(후원 중단, 비방과 밀고)로 말미암아 여러 가지 우여곡절을 겪었다.[30]

럼 주장하고 있으나, 그 같은 공공영역이나 시공간은 어디에도 존재하지 않았다.

28) 신기욱, 2001 「식민지의 사회운동과 역사변동」, 『현대 한국사회성격논쟁 — 식민지, 계급, 인격윤리 —』, 석현호·유석춘 공편, 전통과 현대, 참조.

29) "합의 형성에 성공한 것은 아니다."(松本武祝, 『朝鮮農村<植民地近代>經驗』, 42면)라는 단서를 달고 있기는 하나 "근대 규율권력 장치, 대중문화, 근대 미디어를 직접 경험한 조선인뿐만 아니라 경험할 수 없었던 대다수의 조선인 사이에서도 그것이 우수(등)한 것, 바라는 것, 할 수 있으면 향수하고 싶은 것이라는 감각이 넓게 공유되기 시작했다."(위의 책, 26～27면)는 표현 등이 그것이다.

30) 1930년대 초반 민중야학(특히 혁신청년이나 농민조합 등이 주도한 야학)에 대한 총독부와 지방유지들의 탄압양상에 대해서는 졸고, 1989 「1930年代 前半期 朝鮮人 大地主層의 政治的 動向」 『歷史學報』 제122집 참조. 오성철은 『식민지 초등교육의 형성』(교육과학사, 2000)에서, 일제시기 조선인의 교육열을 '민족(항일)의식의 발로'로 이해하는 견해들을 비판하면서, '근대교육'과 '사회이동'의 관계를 구체적으로 주목했다.(앞의 책, 371～405면 참조)

3. 유지집단과 혁신청년집단의 형성

1) 유지집단의 개념과 범주

'관료-유지 지배체제'란 총독부가 각종 '관료기구'와 '공직기구(자치 및 자문기구, 공공조합 및 단체)'를[31] 총동원하여 구축한 지방(촌락)지배의 '조직이나 제도', 혹은 그 '기제나 양식'을 말한다. 부여와 논산군의 '관료-유지 지배체제'도 다른 지역과 마찬가지로 郡面 廢合(1914), 朝鮮面制 실시(1917), 지방자치제 실시(1920), 농촌진흥운동(1932~1940) 등의 과정을 거치면서 그 나름의 제도적 기초를 완성하였다.

부여 논산지역에 존재한 유지집단의 실체를 구명하고자 할 때 먼지『忠淸南道道勢一斑』각년판에 실려 있는「有力者及資産家」집계표를 주목해야 할 필요가 있다. '郡勢(邑勢)一斑', 또는 '道勢一斑'類에 통상적으로 실리는 이 같은 집계표는 대개 군청 행정계의 보고를 토대로 도청 내무부가 총괄 작성했는데, 유력자란 군내에 거주하는 주요 공직자들을 이르는 말이었다.[32] 충남도청이 자산가와 유력자를 하나의 표로 집계한 것(양자의 합계도 제시하고 있다)은 이들이 바로 군 단위 유지집단의 골간이었기 때문이다.

---

31) 藤村德一이 편찬한『朝鮮公職者名鑑』(朝鮮圖書刊行會, 1927)에는 全國 13道, 12府, 220郡, 2,503面의「道評議會員」,「府協議會員」,「各府 學校組合 및 學校評議員」,「各府 町洞總代」,「郡 學校組合」,「郡學校評議會 議員」,「面協議會員」, 그리고「商業會議所議員」,「義勇消防組頭」,「農會幹部」,「水産會幹部」,「水利組合幹部」, 그리고「銀行」,「金融組合」,「金融信託業」,「保險會社」,「電氣工業」,「鐵道·運送·倉庫」,「製造工業」,「農林水産 및 工業」,「緒名(허가된) 請負業者 및 材料商」등의 名單이 실려 있는데, 이들 공직자들이 바로 군면 단위 유지집단의 골간을 이루었다.

32) 군 단위 행정기관의 기관장들은 대개 외지인들이었으므로 군내 유력자 범주에서 제외되었다. 일제시기 군면 단위에는 '다양한 명칭'을 가진 기관장과 유지들의 비공식 모임(官民相話會)이 존재했다.

표 1. 忠南地域의 有力者 및 資産家 分布 現況

(1932년 현재)

		대전	연기	공주	논산	부여	서천	보령	청양	홍성	예산	서산	당진	아산	천안	합계
유력자		35	49	64	58	49	19	14	81	44	6	30	24	48	37	558
자산가	5만 원 이상	8	5	21	36	14	16	8	14	17	9	19	14	30	21	232
	10만 원 이상	2	8	8	13	2	5	3	-	2	6	12	6	7	3	77
	20만 원 이상	7	1	-	1	-	1	1	-	-	-	3	2	2	-	18
	30만 원 이상	-	1	1	2	-	1	-	-	1	1	1	1	-	-	9
	40만 원 이상	-	-	1	2	-	-	-	-	-	-	-	1	-	-	4
	50만 원 이상	-	-	1	2	-	-	-	-	-	-	-	2	-	-	4
	백만 원 이상	-	-	1	-	-	-	-	-	-	1	1	-	-	-	3
	소계	17	15	33	56	16	23	12	14	20	17	36	26	39	24	347
합계		52	64	97	114	65	42	26	95	64	23	66	50	87	61	906

忠淸南道 內務局 編, 『道勢一斑』 1933년판 참조.

표 1에서 첫 번째로 주목되는 것은 유력자 숫자는 비슷한 데 반해, 자산가 숫자는 논산군이 압도적으로 많다는 점이다. 이는 유력자 분포는 군세와 거의 무관했음을 반증한다. 하지만 1932년 현재 청양군의 유력자 숫자가 왜 81명이나 되었는지(도청 소재지인 공주도 64명에 불과했다)는 알 수 없다. 부여군의 경우, 1930년대 중반 30만 원 이상을 소유한 자산가가 하나도 없었음에 반해 논산군은 6명이나 되었다. 두 번째로 주목되는 것은 1927년의 수치를 제외하면 부여군과 논산군의 유력자 숫자는 대략 40~50명 선이었다는 점이다. 1925년 2월 '공주 유지'들이 주최한 충남도지사 초청 간담회에 대략 30여 명의 유지들이 참석했다는 점,[33] 1934년 6월 『조선

33) "지난 5일 오후 1시부터 4시까지 公州郡 有志 약 30여 명이 충남 금융조합연합회 樓上에 회합 공주군을 순시차로 來臨한 本道知事 石鎭衡氏를 초대하야 다화회를 개최하였는데 민간이 제출한 제목은 如左한바 石지사는 民意를 존중한다는 의미로 고아원장이 종래 내무부장이던 것을 民間의 有力者로 추천하기로 하고 좌기 사항(교통, 교육, 면행정, 산업 기타 문제 —필자)을 토의하였다고 한

표 2. 부여 · 논산의 자산가 및 유력자 분포

자산가 \ 연도		1927	1932	1934	1935	1936	1937
5만 원	부여	21	14	10	29	48	39
	논산	32	36	35	43	33	35
	충남	233	232	221	430	307	293
10만 원	부여	16	2	2	10	4	4
	논산	12	13	13	24	16	16
	충남	101	77	80	123	100	100
20만 원	부여	5	-	-	1	1	1
	논산	7	1	1	9	1	2
	충남	28	18	19	48	30	32
30만 원	부여	-	-	-	-	-	-
	논산	-	2	3	4	3	3
	충남	1	9	11	13	15	12
40만 원	부여	-	-	-	-	-	-
	논산	-	2	2	-	1	2
	충남	2	4	3	9	3	5
50만 원	부여	-	-	-	-	-	-
	논산	1	1	1	1	1	1
	충남	5	4	5	6	6	6
100만 원	부여	-	-	-	-	-	-
	논산	-	-	-	-	-	-
	충남	3	3	2	1	1	1
유력자 \ 연도		1927	1932	1934	1935	1936	1937
부여		18 (39)	49 (65)	50 (62)	48 (88)	59(112)	-
논산		46 (98)	58(113)	55(110)	72(153)	50(105)	-
충남		464(837)	558(905)	549(879)	769(1,401)	612(1,074)	-

충청남도 편, 『도세일반』, 1928년판, 1933년판, 1935년판, 1936년판, 1937년판, 1938년판 참조. 괄호 안의 수치는 유력자와 자산가의 합계다.

다." 『동아일보』 1925년 2월 10일자, 「公州 有志 茶話會」.

중앙일보』의 「강경논산 소개판」에 소개된 논산군 내 각계 유지 숫자가 대략 25명 수준이었다는 점[34] 등은 군 단위(레벨) 유지집단의 규모가 대략 위와 같은 정도였음을 보여 준다.

하지만 표 2에 집계된 인물들을 군면 단위 유지집단의 전부라 판단해서는 곤란하다. 왜냐하면 레벨은 떨어지나 면 단위에도 군 단위만큼의 '각계 유지'들이 존재했기 때문이다. 요컨대 위의 집계는 모든 面에 십수 명씩 존재했던 △ 면협의원(10명 내외)이나 학교평의원(면당 1인) △ 농회, 삼림조합, 수리조합과 같은 면단위 공공단체(조합) 간부 △ 각종 유지단체(읍면번영회, 각종 기성회) 간부 △ 각 동리 구장(구장도 넓은 범위의 공직자였다) 등은 포함하지 않은 수치다. 군 단위 유지란 군 레벨에서 '유지 행세'를 할 수 있던 자이고, 면 단위 유지란 자기가 살고 있는(활동하고 있는) 면 레벨에서나 '유지 행세'를 할 수 있던 자였는데, 이들 간에는 명백한 서열이 존재했다. 물론 道나 洞里 단위에도 '유지 행세'를 하던 이들이 존재했다. 하지만 '道 有志(八道 有志)'니, '洞里 有志(마을 유지)'니[35] 하는 개념들

34) △ '논산 산업계 제일인자' 尹吉重 △ '독실한 종교가' 朴泰一(사찰 주지) △ '주도한 이론가' 朴在新(도평의회원) △ '刀圭界의 거성' 鄭潤海 △ '도규계 중진' 金憲植 △ '한약계 三雄' 李雲泳, 扈淳聖, 裵榮瀟 △ '착실한 실업가' 金相德 △ '객주계의 원로' 金敬植 △ '포목계의 獨步' 朴順圭 △ '만인 칭송하는 덕망가' 金哲洙 △ '사진술의 천재' 宋鼎斗 △ '곡물계의 인물' 畑田一藏(곡물검사소장) △ '실업계 중진' 朴泳來 △ '薄利 本位' 小川 △ '代書界 兩 權威' 趙英九, 趙炳武 △ '양복계의 패왕' 李**, 俞** △ '快活 勇敢한 인물' 村岡(경찰서장) △ '紙物 專業의 삼익사' 金鐵洙, 田在* △ '노력의 결정 恒産社 전무 金*漢. 『朝鮮中央日報』 1934년 6월 3일자, 「江景·論山 紹介版」. 1930년대 중후반 조선어신문사들은 경쟁적으로 지방소개판을 만들었는데, 이는 독자 및 광고모집의 중요한 수단으로 활용되었다.

35) 『동아일보』 1932년 9월 21일자, 「'洞里 有志'(아산군 인주면 공세리 유지 — 필자)가 貧民을 救濟」. '한국역사정보통합시스템'에 들어가 동아일보 기사색인을 검색하면, '有志'라는 단어가 들어간 기사제목이 무려 2,091개나 확인되는데, 가장 자주 보이는 것은 역시 道나 郡, 혹은 府·邑·面 有志라는 표현(지역명+有志)이다.

은 관행적인 표현일 뿐 정치사적으로(정치세력이나 집단이라는 관점에서) 볼 때는 큰 의미가 있는 용어는 아니었다.[36] 왜냐하면 일제하의 '관료-유지 지배체제'는 주로 군면을 단위로 작동되었기 때문이다.

2) 유지집단과 혁신청년집단의 분화

3·1운동을 전후한 시기 전국 각지에는 군수(면장)의 지지와 후원 가운데 면(주로 지정면) 단위의 청년수양회(초기청년회)가 우후죽순처럼 결성되었다. 이때 '유지청년' 주도로 조직된 청년수양회는 면협의회가 구성되기 이전 시기 일종의 '郡政 諮問機關(군민 대표)' 역할을 수행하기도 했다.[37] 그러나 1920년대 중반 무렵부터 상당수의 유지청년들이 면협의회(자문기구)나 학교평의회, 농회나 금융조합과 같은 공직기구에 진출하자,[38] 이들

---

36) '도나 촌락 단위의 유지'라는 뜻으로 '八道(朝鮮) 有志'니, '洞里(마을) 有志'니 하는 말을 관행적으로 쓰는 경우도 있었다. 하지만 이런 용어들은 '분석 개념'으로서는 그다지 큰 의미가 없다. 왜냐하면 일제시기 팔도(전국)나 촌락 단위의 '관료-유지 지배체제', 또는 '有志政治'는 존재하지도 않았을 뿐만 아니라, 정치사적으로 볼 때도 큰 의미가 없다고 보이기 때문이다.

37) 초기청년운동에 대해서는, 앞의 주 6)의 서덕순과 맹의섭의 사례연구를 참조할 것. 논산군 양촌면 인천청년회(1930년대 초반 논산지역에서 가장 강력한 혁신청년회로 성장하였다)의 경우는, 면 주재소의 일본인 순사가 義捐金을 약속할 정도로 총독부 권력과 우호적인 관계를 맺고 있었다.(『동아일보』 1925년 9월 17일자)

38) 1920년대 초반 조선인 유력자들은 지방제도 개정(지방 개량)이나 면 단위 자문기구 설립 등에 적극적인 반응을 보이지 않았다. 그러나 1924년경부터 자치권이나 참정권을 부여할지도 모른다는 기대감이 커지면서, 운동선의 분열(조선인 유력자들의 자문기구 및 공직 참여) 현상이 두드러지기 시작했다. 초기청년운동 주체들이 각종 자치(자문)기구나 공직기구에 적극적으로 진출하기 시작한 것도 이 같은 정세변화 가운데서였다.(한상구, 2005 「신간회의 반자치운동 노선과 민족협동전선노선」 『나라사랑 독립정신(학술논문집 I)』, 국가보훈처, 419~429면 참조) 예를 들면 부여 규암수양청년회의 중심인물이었던 李錫圭(면협의원 역임), 양촌면 인천청년회 부회장이었던 姜永植(면협의원 역임), 강경청년회

과 정치적 입장이 다른 청년(이른바 '사상운동'의 주체)들에 의해, 이른바 '청년회 혁신운동(혁신총회, 민중총회)'이 본격화되기 시작했다.[39] '혁신총회'의 주요 논제는 대개 △ 강령과 규약을 바꾸는 것 △ 민중(변혁) 지향적 활동(노동야학 개최, 소작문제 해결, 농민조합 조직 등 대농민 활동)을 강화하는 것 △ 조선청년총동맹에 가입하는 것 △ (무자격, 부적격) 회원을 정리하는 것 △ 회장제를 위원(장)제도로 바꾸는 것 △ 조직의 명칭을 바꾸는 것 등이었는데, 대부분의 초기청년회는 이 같은 '혁신총회'를 계기로 조직의 성격(활동의 주체)이 바뀌거나 유명무실해지는 경우가 많았다.

부여 논산지역의 초기청년회(논산청년회 1917년 창립)들도 1920년 중반 무렵부터 상당수의 유지청년(간부급 인물)들이 면협의회나 각종 공직기구에 진출하면서, 조직 자체가 유명무실해지거나 조직(간부진)개편에 대한 요구가 활성화되기 시작했다. 특히 강경지역의 경우는 강경청년회 회장이었던 尹吉重(대지주, 도평의원 역임)이 전횡을 일삼자, 혁신청년들은 1925년 11월 혁신총회를 개최한 뒤, 조직 개편과 동시에 조선청년총동맹에 '至急 加盟'할 것을 결의하는 등 활발한 움직임을 보였다.[40] '혁신총회'가 열리

회장이었던 尹吉重(학무위원, 도평의회원 2회 역임) 등이 그러한 유형의 인물들이었다.

39) 청년회 혁신운동에 대해서는 한국역사연구회 근현대청년운동연구반 지음, 1995 『한국근현대청년운동사』(청년사), 그리고 이에 대한 필자의 서평(졸고, 1995 「신간서평: 한국청년운동사의 새로운 이해」 『역사와 현실』 18호) 등을 참조할 것. 『동아일보』 기사 색인에 근거하여 정리하면, 1924년에는 거창, 포항, 풍산, 이천, 장호원, 함덕 등지에서, 1925년에는 삼천포, 안동, 김천, 창원, 김해, 하동, 순천, 안주, 벌교, 함흥, 예천, 영일, 공주, 김제, 청도, 순창, 광양, 예안, 영덕, 의성 등지에서, 그리고 1926년, 1927년(특히 1926년)에는 일일이 열거하기조차 힘들 정도로 많은 지역에서 '청년회 혁신운동(革新總會 開催鬪爭)'이 전개되었다.

40) 강경의 한 記者는 『동아일보』 1926년 1월 7일자 기사(「年頭의 江景相」)에서 강경청년회 혁신 사실을 다음과 같이 정리한 바 있다. "강경청년회는 과거 일년간을 두고 外爭內訌으로 안정될 날 없이 강경사회와 전조선을 喧動케 한 죄상을 들자면 一二가 아닌 문제 多端한 단체이다. 그리하야 소위 革淸大會도 있었

지는 않았으나[41] 1922년 2월에 창립된 양촌면 인천청년회도 이와 사정이 유사했다. 인천청년회의 경우 초창기에는 姜永植(1926년 현재 면협의원) 등 이른바 '유지청년'들이 주도권을 장악했으나[42] 1925년경부터는 張日煥, 權寧珉 등 이른바 혁신청년들이 조직 활동의 주도권을 장악한 것으로 보인다.[43]

더 나아가 부여 논산의 혁신청년들은 1920년대 후반경부터 군 단위로 조직을 확대하면서, 전국 단위 조직과의 연대(특히 청년동맹 가맹)도 강화하고자 했다. 물론 이런 시도는 경찰의 탄압과 자체 역량 미숙으로 말미암아 성공을 거두지는 못했다. 가령 논산지역의 경우, 1927년 9월 현재 8개의 청년회와 각각 2개의 무산청년동맹과 노동청년회가 활동하고 있었으나[44] 군 단위 청년조직(논산청년동맹)을 결성하는 데는 실패했다. 이런 사정은 부여군의 경우도 마찬가지였다. 부여지역의 혁신청년들도 1929년 5월경부터 부

고 革新派의 승리로 前日의 제도를 廢하고 半프로(프롤레타리아트의 준말 -필자) 식의 革年團體(혁신청년단체의 준말 — 필자)로 변혁되었다. 그러나 일반이 욕망하던 理想에는 부합되지 못하야 일반의 주목이 革淸派 금후의 행동에 집중되고 있다."

41) 창립 초기 인천청년회는 회관을 건립하고 야학을 운영하는 등 비교적 활발한 활동을 펼쳤으나, 곧이어 유명무실해진 것으로 보인다. 1924년 12월경 인천리 청년들은 '침체되었던 청년회'를 부흥시키기 위하여 '面內 一般有志의 義捐'을 모집하는 활동을 전개하였으나 경찰의 탄압과 '말 바꾸기'(의연을 약속했다가 돌연 취소함) 때문에 여러 가지 우여곡절을 겪었다.(『동아일보』 1925년 9월 17일자, 「警察 行動 如此/ 鄙陋한 巡査 行動과 無理한 警察의 彈壓」)

42) 1921년 4월 현재 인천리 청년회의 회장은 李仕鎬, 부회장은 姜永植, 총무는 徐琦勳이었다. 강영식은 청년회관 건립, 仁明女學校(예배당 내에 설립한 사설강습소) 설립 등에 많은 공을 세웠던 것으로 보인다. 『동아일보』 1921년 3월 29일자; 1921년 4월 24일자 기사 참조.

43) 1926년 5월 양촌청년회는 △ 소작권을 임의로 이동하거나 고율소작료를 부과하는 지주들에게 '警告文'을 발송하는 건 △ 隆熙皇帝 因山日에 회원 일동이 회합하여 애도행사를 갖는 건 △ 전북민중운동사건으로 복역 중인 張日煥의 가족을 위문하는 건 등을 결의하였다. 『동아일보』 1926년 5월 15일자.

44) 『동아일보』 1927년 9월 29일자.

표 3. 1929년 1월 현재 논산군의 사회운동단체 설립 현황

단체명	창립시기	회원수		현재 회장(위원장)
		창립시기	현재	
논산청년회	1923년 4월	61	98	許 璜
논산군 연산청년회	1926년 7월	37	41	吳仁燮
양촌면 인천청년회	1922년 2월	56	82	張日煥
은진면 해창리청년회		28		桂昌順
논산노동조합	1926년 4월	72	81	崔元燮
논산군 연산노동조합	1926년 5월	97	129	吳仁燮
성동면 노동청년회	1927년 4월	64	87	姜永培
성동면 노동청년조합	1927년 3월	56	65	崔光鎭
상월면 대명농민조합	1926년 10월.	57	83	金碩鉉
성동면 광흥친목회	1925년 3월	32	47	劉洪烈
논산용우친목회	1924년 4월	69	54	金奇性
성동면 농민회	1927년 9월	147	369	朴喜昌
채운농민회	1927년 2월	89	113	趙淳奎
논산형평사	1923년 3월	28	19	金大吉

『東亞日報』 1929년 1월 12일자, 「地方一覽(十一) 論山郡」 참조 작성.

여청년동맹을 창립하는 투쟁을 전개하였으나 뜻을 이룰 수 없었다.

1920년대 중반에 전개된 청년회 혁신운동과 신간회 설립운동은 (지방)자치운동에 대응한 일종의 '反自治運動'이었다. 따라서 청년회 혁신운동이 활발했던 지역에서는 대체로 신간회 설립운동도 활발했다. 부여 논산군의 경우도 한결같이 신간회운동이 부실했는데, 그 이유는 역시 청년회 혁신운동이 부진한 탓이었다.[45] 부여군의 경우 조직결성에는 성공할 수 있었으나 곧바로 유명무실해진 것으로 보인다.[46] 하지만 두 지역 모두 1920년대 중

45) 부여 논산지역의 청년회 혁신운동이나 신간회 지회운동에 대해서는, 졸고, 『일제하 농민조합운동 연구』와 『부여군지』·『논산시지』 등 참조.

46) 부여신간지회는 1929년 2월 辛鍾勳, 白南祺, 朴英達 등 읍내 인사(혁신청년들의 참여는 별로 없었던 것으로 보인다)들에 의해 창립되었다. 하지만 활동은 지지

후반기 '청년회 혁신운동' 과정을 거치면서 미약하게나마 지역사회운동의 주체세력을 형성할 수 있었다. 이런 과정에서 형성된 혁신청년들은 1930년대 초반경부터 부여농민조합 결성투쟁, 화성당 결성투쟁, 부여공산주의자협의회 활동, '논산 양촌 농민조합 데모사건'이나 '소작계조직협의사건' 등을 주도하였다.

그러면 부여 논산지역의 혁신청년은 대략 얼마나 되었을까? 물론 사상사건 관련자(논산 115명, 부여 138명)나 요주의・요시찰인(283명/14郡)만을 문제 삼는 경우(게다가 여기서 의병 및 3・1운동 관련자, 해외 독립운동가, 기타 외지 활동가 등을 제외하면) 아무리 지역사회운동이 활발했던 지역이라도 그 숫자는 100명 이상을 넘지 않았다. 하지만 일제시기 '요주의・요시찰인 명부'에 오른 이들은 공식적으로 총독부 경찰의 감시와 통제를 받던 거물급(제도적 관리 대상자, 서면 보고 대상자)들이었다.[47] 일제시기 군 경찰서나 면 수재소에는 공식적인 명부와는 별도로 비공식적인 명부가 존재했는데, 필자가 말하는 혁신청년집단이란 이들 모두를 포괄하는 개념이다.

지역마다 편차가 있기는 하나 1920년대의 경우 유지집단과 혁신청년집단의 출신성분(血緣, 地緣, 學緣)이나 사회적 구성은 크게 구별되지 않았을 뿐만 아니라 청년회 혁신운동이 부진했던 지역의 경우는 양자의 정치적 계선조차 불분명한 경우가 많았다. 하지만 1930년대에 들어(특히 광주학생운동 이후) 체제변혁적인 지역사회운동이 활성화되면서 양 집단은 정치적 입

부진했다. 논산군의 경우는 1929년 10월경 강경지역 혁신청년인 朴尙煥, 金星園, 片順甲 등에 의해 신간지회 설립준비위원회가 결성되었으나, 조직을 창립하는 데까지는 이르지 못했다. 이균영, 1993 『신간회연구』, 역사비평사, 참조.

47) 「요주의・요시찰인명부」를 작성하여 관리하는 것은 총독부 경찰의 공식(제도화된) 업무였다. 『동아일보 기사색인』을 검색하면, 「요시찰인 명부와 여관 숙박부를 조사/ 某某 密使가 들어왔다고」(『동아일보』 1925년 10월 31일자), 「요시찰인 조사 예비검속 前提?」(『동아일보』 1928년 11월 2일자), 「각 사회단체를 필두로 요시찰인 명부 정리」(『동아일보』 1930년 1월 7일자) 등등의 제목이 확인된다.

표 4. 忠南地域의 思想事件 關聯者 分布

(1935년 5월 현재)

	치안유지법	보안법	폭력행위처벌법	기타사상범죄	동맹휴교	기타주의자	합계
대전	12	21	66	10	11	16	66
조치원	1	29	11	2	0	15	58
공주	15	80	11	16	7	9	138
강경	20	34	13	17	2	29	115
부여	4	37	23	24	4	46	138
서천	3	22	12	0	2	49	88
보령	7	14	4	0	0	17	42
청양	7	114	27	1	1	16	166
홍성	10	22	21	17	8	16	94
서산	6	70	7	3	0	17	103
당진	10	8	8	3	5	20	54
예산	8	137	3	1	2	24	175
온양	12	6	0	0	3	23	46
천안	2	38	0	4	0	26	70
합계	117	632	146	98	37	323	1,353

「忠淸南道下の思想概況竝同道論山・夫餘・靑陽・禮山及唐津郡各思想善導機關の活動狀況」, 高等法院檢事局思想部, 『思想彙報』 第9號, 昭和十一年 十二月, 21~22면.

장(사상과 노선)은 물론이고 사회적 구성조차도 달라지기 시작했다. 특히 함경도지역처럼 혁명적 농노조운동이나 당재건운동이 활발했던 지역에서는 유지집단과 혁신청년집단 사이에 여러 형태와 내용의 '戰線'이 형성되곤 했다. 가령 혁명적 농조운동의 주체들이 표방한 '조선혁명은 토지혁명이다'라는 구호는 양 집단 사이에 존재했던 '화해할 수 없는' 적대적 모순관계의 일단을 잘 보여 준다. 당시 혁명적 농조운동의 주체들은 혁명적 농조와 당재건 준비조직을 결성한 이후 결정적 시기(日蘇·日美 開戰, 또는 공황 등으로 인한 체제 붕괴)가 도래하면 무장봉기를 통해서 '노농소비에

트(인민정부)'를 건설한다는 목표를 세우고 여러 형태의 투쟁을 전개하였다.[48]

물론 유지집단과 혁신청년집단이 사사건건 대립하고 갈등했던 것만은 아니었다. 사안에 따라서는, 총독부권력↔유지집단+혁신청년집단+지역주민, 심지어는 총독부권력+농민↔유지(지주)집단 사이에 戰線이 형성되기도 했다. 가령 국가자원(공공재) 배분 문제를 둘러싸고 지역과 지역 사이에 분쟁(민원·진정사건)이 발생할 경우, 전선은 더더욱 복잡다단해질 수밖에 없었다. 하지만 소작문제, 강제 농정 문제, 수리조합 및 삼림조합 문제, 부역이나 공과금(부과세) 징수 문제 등을 둘러싼 분쟁의 경우 戰線은 대체로 총독부권력+지주(유지)↔혁신청년집단+농민(주민)의 형태로 형성되곤 했다.

4. 유지집단과 혁신청년집단의 정치활동

이 장의 서술목적은, 부여 논산지역에서 전개된 '農民運動과 小作爭議', '民願·陳情活動', '思想善導活動' 등을 살피는 과정에서 양 집단 사이에 존재했던 정치적 입장 차이나 界線(戰線)을 분명히 드러내는 데 있다. 부여 논산지역에서 유지집단과 혁신청년집단의 정치적 계선이 분명해지기 시작한 것은 이른바 '청년회 혁신운동'이 본격화하는 1920년대 중후반 무렵이었다. 그러다가 1930년대 초반 혁명적 농조·노조운동이 고조되는 시기에 이르면, 양자 사이의 정치적 갈등은 서로가 서로의 존재를 부정하는 수준으로까지 발전했다. 1936년 고등법원 검사국이 발행한 『思想彙報』에는, 충남 각군의 사상운동 상황과 더불어 이른바 사상선도기관의 활동상을 보여주는 문건(「사상선도기관 활동상황」)이[49] 하나 실려 있는데, 위 자료는 양

48) 졸고, 1993 『일제하 농민조합운동 연구』, 역사비평사, 참조.

49) 「忠淸南道下の思想概況竝同道論山·夫餘·靑陽·禮山及唐津郡各思想善導機關の活動狀況」, 高等法院檢事局思想部, 『思想彙報』 第9號(昭和十一年 十二月).

자 사이에 존재했던 정치적 계선의 실체를 분명하게 보여 준다.

1) 농민운동과 소작쟁의

일제시기 유지집단이 보유한 '정치 자원'은 '재산(토지재산)'과 '사회활동 능력(공직수행 능력, 일본어 구사능력)', '當局 信用(공직 활동 경력)'과 '社會 人望(민원해결 역할에 대한 주민들의 기대)' 등이었으나, '유지 행세'를 위한 필수조건은 역시 '토지재산'과 '당국신용'이었다. 일제시기 지방유지들은 마을(농촌진흥회) 단위에 존재했던 구장이나 중견인물(청년)들과는 달리 소작인과 마름, 집사와 산지기 등 다양한 '아랫것(수하)'들을 거느리고 있었을 뿐만 아니라 다양한 '공직 활동'을 통해서 그 나름으로 '당국신용'을 꾸준히 축적해 온 이들이었다.

농촌진흥운동의 실시와 더불어 농회·금융조합·수리조합과 같은 공공단체나 조합, 또는 농촌진흥위원회·소작조정위원회·사상정화위원회와 같은 관민협동위원회 등을 매개로 한 농민(소작인 혹은 촌락) 지배가 어느 정도 가능해지면서, 일제하의 대지주들은 촌락보다는 부읍 등 도시지역에 거주하면서 농민들을 통제하는 전략을 선호하기 시작했다.[50] 왜냐하면 촌락에 거주하는 경우 촌락생활 특유의 面接性 때문에 '溫情主義(paternalism)'에 기댄 농민들의 泣訴나 '개기기(엉기기)'에[51] 무심할 수 없었으며,

50) 府나 邑地域에 거주하는 경우, '公職 活動(有志政治)'을 하는데도 유리(특권과 기회의 향유)할 뿐만 아니라 세금, 즉 지세할 호별할 등 면부과금이나 부역대납금 등의 각종 잡부담도 줄일 수 있었다. 농촌진흥운동기 각 지방마다 재지지주(촌락 혹은 면내 거주 지주)의 도시 이주가 문제시된 것도 이런 배경 때문이었다.

51) 일제하의 농민들은 자신들의 이익을 옹호하기 위해 흔히 속이기→굽실대기(비비기)→눈물짜기→개기기(엉기기)→막가기 등의 투쟁전술을 활용했다. 항간에 "이게 어디서 개겨"라는 말이 아직도 쓰이듯이, '개기기'(어원은 '밀가루를 개다' 할 때의 '개다'이다)는 당시나 지금이나 '돈 없고 빽 없는' 민중들이 여전히 반복하고 있는, 어찌 보면 대단히 '反社會的'인 투쟁전술이다. 하지만 '개기기'

표 5. 1930년 현재 관내·관외(管內·管外) 지주의 소작지 면적

(단위: %)

군명	군내지주	도내지주	도외지주	군명	군내지주	도내지주	도외지주
공주	75	15	10	연기	64	18	18
대전	62	18	20	논산	66	14	20
부여	57	18	25	서천	54	18	28
보령	54	19	27	청양	51	20	22
홍성	68	13	19	예산	59	17	24
서산	73	09	18	당진	62	12	26
아산	48	16	36	천안	46	13	41
충남	60	10	30	전국	69	18	13

朝鮮總督府 編, 1932『朝鮮ノ小作慣行』續篇, 3면 참조 작성.

심지어는 테러위협조차 감수해야 했기 때문이다. 재지 대지주들의 촌락 이탈은 농촌진흥운동이 활성화되면서 더욱 가속되었는데, 이때에 이르면 촌락 단위에서 私的으로 관행되던 溫情主義조차도 군면 단위의 '관료-유지 지배체제'를 매개로 구현되곤 했다.[52]

논산군의 경우 대지주(100정보 이상 소유자)나[53] 郡內 地主가 상당히 많았음에 반해 조직 농민운동은 지지부진한 편이었다. 예를 들면 논산군에는

나 '개기다'라는 말은『우리말 큰 사전』에 '입적'조차 되어 있지 않다. 위의 큰 사전은 '개개다'라는 말을 "성가시게 달라붙어 손해를 끼치다."라고 풀이하고 있을 뿐이다.

52) 일제시기에 만들어진『公山誌』(공주향교, 1923),『洪城郡誌』(洪城郡廳, 1925),『瑞山郡誌』(서산군청, 1927),『燕岐誌』(연기향교, 1934) 등에는 이전의『邑誌』에서는 거의 찾아볼 수 없었던 이른바「慈善」('社會奉仕') 항목이 덧붙기 시작했다. 위의『郡誌』에 소개되고 있는 인물들은「공신」,「효자」등과 달리 대부분 왕성한 사회활동을 전개하던 대표적인 지방유지들이었다.

53) 논산지역 대지주(100정보 이상 소유자)는 논산읍에 1명, 구자곡면에 4명, 성동면에 4명, 광석, 연산, 양촌면에 각각 1명이 거주하였으나 이들도 본가만 면내에 있었지 실제의 생활근거지는 대개 부(경성부)·읍(논산, 강경)지역이었다.

1920년대 중반 몇 개의 면 단위의 농민조합(노성면, 채운면, 성동면)이 결성되어 있었으나, 군 단위 합법 농조는 존재하지 않았다. 노성농조(=대명농조)는 1927년 12월에 열린 총회에서 농민총동맹 가맹을 결의하는 등 활발한 활동을 벌였으나 군 단위 농조를 결성하지는 못했다.54) 1927년 9월에 창립된 성동면 농민회는 1928년 3월 악지주와 마름들에게 조직 명의로 경고문을 발하거나 교섭위원들이 직접 지주가를 방문하는 등 활발한 투쟁을 전개했으나55) 곧이어 유명무실해진 것으로 보인다. 이런 연유로 논산지역의 對地主鬪爭은 개별 분산적인 행태로 진행될 수밖에 없었다. 이에 반해 지주와 마름들은 군·면 단위의 '관료-유지 지배체제', 특히 경찰기구나 농회, 소작조정위원회 등을 매개로 자신들에게 유리한 방향으로 분쟁을 조정해 나갈 수 있었다.

일제시기 논산지역에서 발생한 소작쟁의는 대부분 소작권 이동문제와 관련한 분규들인데, 신문보도에 따르면 △ 1923년 봄 경성 지주 尹德榮 △ 1924년 봄 유성 거주 지주 沈在厚 △ 1925년 봄 은진면 지주 姜永安 △ 1925년 7월과 11월 동양척식주식회사56)△ 1926년 봄 부적면 부황리 지주 金明洙 △ 1930년 봄 대구 지주 李章雨 △ 1933년 봄 경성 지주 李相玉 △ 1933년 봄 경성 대지주 閔丙奭 등의 소유 토지에서 쟁의가 발생하였다.(앞의 시군지 참조) 이 같은 사건들이 발생할 때마다 논산지역의 소작농민들은 경찰과 군면 등에 '조정 권한'을 위임하거나, 지주와 마름들의 공갈 협박에 '어찌할 줄 모르고 하날을 우러러 부르짖을 뿐'이었다.57) 당시 신문들

54) 『중외일보』 1927년 12월 10일자. 대명농조의 조직부서는 집행위원회(장), 서무부, 재무부, 조사부, 교양부, 구조부 등이었는데, 당시 총회에서 논의된 안건은 조선농민총동맹 가맹, 농민야학 후원, 조합원 계급의식 각성, 조합원 단결 공고화 등이었다.

55) 『조선일보』 1928년 4월 1일자.

56) 사건이 발생하자 '(성동면) 우곤노동조합'이 공동 이양을 시도하는 등 '대책 강구'에 나섰다고 보도하고 있으나(『동아일보』 1925년 7월 1일자), 이는 통상의 '조합(union)'이 아니라 일종의 '두레조직'으로 추정된다.

57) 『동아일보』 1925년 11월 7일자, 「全收穫을 다 바쳐도 猶爲不足하는 東拓/ 논산

은 대부분의 소작사건이 군당국, 경찰, 군농회, 소작조정위원회 등의 중재로 '圓滿 解決'된 것처럼 보도하고 있으나, 재지지주 토지에서 발생한 사건들의 경우는 반드시 그렇지만은 않았던 것으로 보인다.

1930년대 전반기에 발행한 부여지역의 '농민조합 결성 투쟁사건', '화성당 사건', '부여공산주의자협의회사건', 그리고 논산 양촌면 '적기시위사건'과 '소작계조직혐의사건' 등은 모두 혁신청년들이 농민을 조직화하는 과정에서 발생한 사건들이었다. 특히 1930년 9월경부터 시작된 부여지역의 군단위 농민조합 결성투쟁은 상당한 준비과정을 거친 연후에 시도되었으나 경찰의 탄압으로 말미암아 성사가 여의치 않았다. 부여지역의 농민조합 결성투쟁은 1931년 6월에야 서면대회 형식으로 결실을 맺을 수 있었다.[58] 하지만 그해 8월 경찰이 조합의 간판을 강제로 철거하자 부여지역의 혁신청년들은 비합법적(지하화)인 방법으로 조직 결성을 추진할 수밖에 없었다. 1931년 말부터 부여지역에서 화성당사건,[59] 부여공산주의자협의회사건, 칠모회사건 등 각종 비밀결사사건이 속출한 것은 이러한 배경 가운데서였다.

1931년 10월경에 조직된 '부여 공산주의 연구협의회'(1933년 3월 공산주의연구협의회로 명칭변경)는 책임대표자(이호철), 조사부(노명우), 조직부(柳基燮), 선전부(吳祺泳), 평의원(강일구, 최재봉) 등의 부서를 두고, 야학 및 연극공연(프로문화운동) 등을 통해 농민들을 조직화하는 투쟁을 전개하였다. 위 사건으로 실형을 선고받은 9인을 제외한 나머지 45명의 관련자들은 대부분 농민이나 머슴들이었다. 논산 양촌면에서 발생한 적기시위사건은 1932년 5월경 경찰이 '머슴계(노동조합)' 설립(창립총회)을 불허하자 농

군 동척 소작인들의 곤경」.

58) 부여농민조합은 각지에서 민중야학을 운영함과 동시에(야학 활동을 기초로 하여 농민조합을 조직했다고도 볼 수 있다) 조직 확대를 목적으로 홍산면 조현리, 규암면 합송리, 남면 마정리, 장암면 장하리 등지에 공동경작지와 공동퇴비장을 설치하기도 했다.

59) 예심종결서에 따르면 화성당의 행동강령은 '노동자 농민층에 들어가 의식을 조장하고 당원을 모집하는 것'이었으며, 부서는 비서부(강성구), 계획부(서진), 조직 선전부(유기섭) 등이었다고 한다.

민(주로 머슴)들이 적기시위를 감행한 사건인데, 위 사건으로 공판에 회부된 혁신청년은 權寧珉, 崔業同, 李指用, 韓承基, 孫永植, 韓泰洙, 金在用, 金在喜, 崔業同, 崔培玉 등이었다.(검사국 송치자 19명) 양촌면에서는 1933년 10월경에도 '소작계'를 조직하려 했다는 혐의로 愼杓晟 등 5명의 혁신청년이 검거되는 사건이 발생했다.(앞의 시군지 참조)

'유지집단'과 '혁신청년집단'의 관계는 운동의 조건과 정세에 따라 끊임없이 유동하였으나 혁신청년집단 내부에 공산주의 사상의 영향(조선공산당이나 국제공산당의 지도)이 강화되면서 양자의 관계는 점점 더 적대적인 관계로 발전했다. 1930년 3월경 양촌면 인천리에서 발생한 청년회원과 소방조원 사이의 폭행사건은 이를 보여 주는 단적인 사례라 할 수 있다. 신문보도에 따르면, 양촌면 소방조두 姜某가[60] 인천청년회의 허가도 받지 않고 청년회관에서 소방조 '出初式'(宴會 포함)을 개최한 것 때문에 위와 같은 폭행사건이 발생했다고 하나[61] 裏面의 이유는 유지집단과 혁신청년집단 사이의 뿌리 깊은 불신과 적대감이었다고 판단된다. 사건 발생 며칠 뒤 양촌청년회 집행위원이었던 권영민이 경찰에 피검되었는데, 당시 신문은 피검 사유를, "거번 인천 청년회와 양촌 소방조의 충돌되었든 일에 관한 일이나 아닌가"라고 추측하였다.[62]

일제시기 식민지 농민들이 '관료-유지 지배체제'나 '식민지 지주제'를 정면으로 부정하면서 체제변혁적인 계급투쟁을 전개할 수 있었던 것은 혁신청년집단의 '지도'가 존재했기 때문이었다. 물론 혁신청년집단의 지도가 농민운동 내부에 언제나 관철될 수 있었던 것은 아니었다.[63] 농민들은 농민

---

60) 1931년 현재 양촌면 消防組頭는 초기 청년회 활동을 주도했을 뿐만 아니라 회관 건립 자체에도 크게 기여한 姜永植이었다. 安齊霞堂, 1932 『忠淸南道發展史』, 421면 참조. 강영식(현직 면협의원)은 1930년대 초반 『동아일보』 논산(양촌) 분국(지국)장이나 기자(권영민, 신표성 등등)들이 각종 결사사건으로 대거 검거된 이후 동아일보 논산지국의 고문역을 담당하기도 했다. 『동아일보』 1933년 5월 28일자.

61) 『동아일보』 1931년 3월 7일자.

62) 『동아일보』 1931년 4월 11일자.

운동이 퇴조하는 시기에는 '관료-유지 지배체제'와 타협하기도[64] 했다. 그러나 고조기가 도래하면 농민들은 혁신청년집단과 '連帶'('指導'의 수용)하는 가운데 '관료-유지 지배체제'(총독부권력과 유지집단의 지배)를 전면적으로 부정하는 투쟁에 떨쳐나섰다. 해방공간의 인민위원회운동은 '관료-유지 지배체제'를 분쇄하기 위한 농민들의 자치기구 건설투쟁, 즉 일종의 대항(대안) 권력운동이었다.

2) 민원·진정 활동

일제하의 조선사회는 '공식적인 정치(정당과 의회정치)'가 부재한 '식민지 사회'였다. 총독부권력은 일본인이건 조선인이건, 유지건 일반주민이건, 어느 누구에게도 공식적인 정치참여의 기회를 허용하지 않았다. 3·1운동 이전 시기까지 총독부권력은 정치적 갈등이 발생할 때마다 물리적 강제력에 의존하여 문제를 해결해 나가곤 했다. 하지만 위험부담의 측면에서건 비용의 측면에서건 모든 정치적 갈등을 오로지 물리적 폭력만으로 풀어 갈 수는 없는 노릇이었다. 어떤 형태로든 정치적 갈등을 완화하고 조정할 수 있는 조절장치가 필요했다. 총독부권력이 유지집단을 포섭하여 '관료-유지 지배체제'를 형성한 것, 그리고 비공식부문의 정치, 특히 '민원 및 진정활동'을[65] 의도적으로 '허용'하거나 '장려'한 것 등은 어찌 보면 '헤게모니적

---

63) 졸저(『일제하 농민조합운동 연구』, 역사비평사, 1993)를 포함하여 대부분 농민운동사 연구들은 일제하의 농민들이 높은 수준의 도덕성과 정치사회의식(민족의식과 계급의식)을 가지고 있었던 것으로 부당하게 전제해 온 감이 없지 않다. 이에 대해 李潤甲은, 농민들의 정치사회의식은 몇몇 지역(운동의 선진지역)과 시기(운동의 고조기)를 제외하면 대체로 낮은 수준(封建的 班常意識)이었다는 주장을 개진한 바 있다.(이윤갑, 2001 「1920년대 농민층의 계급의식 형성에 관한 연구」『역사와 현실』 39호)

64) 소작쟁의도 어찌 보면 농민들의 민원활동이라 할 수 있다. 이럴 경우 군면 단위 '관료-유지 지배체제', 즉 각종 공공조합이나 단체, 또는 유지집단은 농민들에게 일종의 '비빌 언덕'이기도 했다.

지배(합의에 기초한 지배)'를 관철시키기 위한 노력의 일환이었다고 할 수 있다. 이런 과정에서 총독부권력은 민원·진정활동을 통해서 지방유지나 주민들을 체제 내로 포섭할 수 있었던 반면, 지방유지나 주민들은 '관료-유지 지배체제'를 매개로 한 비공식적인 정치를 통해서 자신들의 정치적 요구나 불만을 해소해 나갈 수밖에 없었다.[66]

'관료-유지 지배체제'를 매개로 한 비공식 부분의 정치는 자치기구나 공직기구 이외에 시민회나 기성회,[67] 有志懇談會나[68] 公職者大會,[69] 시민대회나 면민(군민)대회[70] 등을 매개로 전개되었다. 치안유지 명목 등으로 일

---

65) 일제시기부터 공직자라는 말과 함께 '民願'이라는 말이 자주 쓰였다. 민원이란 요즘의 의미대로라면 국가(행정)권력의 공적 활동(국가의 공공서비스 활동)에 대한 국민(지역주민)들의 요구나 불만을 지칭한다. 『東亞日報 索引』을 보면 「民願 陳情」이라는 항목이 보이는데, 여기에 등장하는 사건들은 대부분 ① 도청, 학교, 세무서 등 관공서 유치문제 ② 철도와 도로와 항만 등 사회간접 자본 유치문제 ③ 수리조합 설치 반대문제 ④ 호별세 등 각종 부과금 문제 ⑤ 공장 유치 및 시장 설치 허가문제 등과 관련한 사건들이다.

66) 일제시기 有志集團 內部의 '序列'은 대체로 民願·陳情活動 過程에서의 역할, 달리 말하면 '유지 행세'를 할 수 있는 역량 유무에 따라 결정되었는바, 上位 序列은 늘 군이나 면(읍) 단위의 '日本人 有志'들의 몫이었다.

67) 일제시기 『동아일보』 기사제목을 검색하면 '期成會'라는 단어가 들어간 기사가 무려 1,631개(期成會+有志=70건, +陳情=80건, +大會=95건)나 확인된다. 일제시기 제법 규모가 있는 민원·진정사건이 발생하면 해당 지역 유지들은 예외없이 기성회를 조직하고 활동하였다.

68) 특정지역에 민원이 발생하면 제일 먼저 해당지역 유지들의 '간담회'(면장, 군수는 물론이고 해당 사건의 관련 공직자나 실무 관료가 참여하는 경우도 허다했다)가 열리는 것이 보통인데 지역 '공론'은 해당지역 주민대회가 아니라 대개 그런 간담회(혹은 그 이전에 암암리에 이루어진 관료와 유지의 담합)에서 결정되었다. 가령 교육관련 민원이 발생하는 경우 유지간담회(혹은 시민대회)는 대개 해당 지역 학무위원이 '주선' 혹은 '주도'하였다. 주민 의견은 오로지 '유지', 즉 '관료-유지 지배체제'를 매개로 해서만 반영되었다.

69) 일제시기 『동아일보』 기사제목을 검색하면, '公職者'(200건), 혹은 '公職者大會'(62건)라는 단어가 들어간 기사가 많이 산견된다. 민원사건과 관련하여 열린 공직자대회의 경우 '總辭退'를 결의하는 경우가 종종 있었다.

부의 대회가 금지되는 경우(특히 1931년에 많았다)도 있었으나 대부분의 대회는 溫情主義(一視同仁의 恩惠)를 집단적으로 호소하는 활동에 다름 아니었다. 민원 · 진정사건은 대개 총독부 국가권력, 즉 '관료-유지 지배체제'를 인정하는 위에서 전개된 것이었으므로, 체제변혁운동으로까지 발전하는 경우는 극히 드물었다.

부여 논산지역에서 민원 · 진정활동이 가장 활발했던 곳은 역시 강경이었는데, 그 이유는 다른 지역에 비해 대단히 강력한 일본인 사회가 존재했기 때문이었다.[71] 예를 들어 △ 1911년 대전-강경 간 호남선 개통(1912년 강경-이리-군산 노선, 1914년 이리-목포 노선 개통) △ 1920년 공립상업학교 설립 △ 1922년부터 1924년까지 실시된 강경천 제방공사(총공사비 36만 5,000원) △ 1931년의 읍 승격 및 시가지 구역 확장 △ 1936년 강경천 및 논산천 개수사업(총공사비 520만 원)[72] 등은 모두 강경지역 일본인들의 민원 · 진정활동에 힘입은 것이었다. 일제시기 강경지역의 일본인들은 민

70) 한상구, 2000 「일제시기 시민대회의 전개양상과 성격」 『전국역사학대회발표문』 참조. 누차 강조하듯이, 이 같은 대회의 정치사회적 의미를 제대로 구명하려면 '관료-유지 지배체제'의 구성이나 작동방식(지방정치문화) 등을 구체적으로 이해해야 한다.

71) 다른 지역의 사례이긴 하나, 雄基의 한 기자가 작성한 '지방논단'(「시민대회를 보고」)은 민원 · 진정운동 과정에서 일본인 유력자들이 얼마나 중요한 역할을 담당했는지를 잘 보여 준다. 웅기 시민대회에서 '철도기성 동맹회' 회장을 선출할 때 조선인 면장이 조선인 참석자들에게, "회장은 일본인으로 투표해 달라"는 부탁을 했는데, 위 기사를 집필한 기자는 이를 듣고, 처음에는 "하필 일본인 회장이라야 합니까" 하고 떠들고 싶었으나, 곧바로 조선사람 가운데는 "市의 사업을 위하야 헌신적으로 노력하는 有權者", 즉 '행세하는 사람'이 없다는 사실을 깨닫고 참을 수밖에 없었다는 것이다. 雄基 一記者, 「市民大會를 보고」, 『동아일보』 1924년 2월 5일자.

72) 1928년 7월 정무총감이(『동아일보』 1929년 7월 5일자), 그리고 1929년 4월 조선총독이 논산을 방문했을 때(『동아일보』 1929년 4월 28일자), '논산 강경 유지'(논산천개수기성회)들은 줄기차게 논산 및 강경천 改修를 진정하고 탄원하였다.

원·진정활동을 통해서 관청(법원, 각종 공공 조합과 단체), 학교(상업학교와 보통학교), 공원과 신사, 갑문 및 운하, 도로, 주택, 전기, 상하수도 등 도시기반 시설을 두루 갖춘 식민도시를 건설할 수 있었다. 특히 읍내를 관통하며 흘렀던 강경천 물길을 도시 외곽으로 돌린 뒤 갑문과 운하를 조성한 것, 그리고 치열한 로비(혹은 탄원, 진정)를 통해 1936년 520만 원의 국비가 투여된 대대적인 제방공사를 완료한 것 등은 강경 거주 일본인들이 이루어낸 커다란 성과였다. 한 조사에 따르면, 1910년부터 1945년까지 강경 인근에서만 총 45개소에 달하는 수리시설(제방)이 설치되었다고 한다.[73)]

물론 조선인 유지들도 도시발전(지역개발) 과정에서 중요한 역할을 담당하였다.[74)] 가령, 1931년 현재 충남 도평의회원은 尹吉重(강경읍 대지주)과 西島寅吉(강경읍 대지주), 1933년 도회원은 朴在新(1931년 강경 면협의원)과 姜永植(양촌면 도평리 대지주, 양촌면 면장 역임), 1937년 도회원은 姜永植과 裵榮春(대지주, 논산면 면장), 1941년 도회원은 武本榮一(배영춘) 등이었는데,[75)]이들은 민원사건이 발생할 때마다, 유지간담회나 면민대회를 수시로 개최하는 등 활발한 활동을 보였다. 이른바 '강경유지간담회'의 '決議'는 지방정치의 실상('관료-유지 지배체제'의 작동방식)과 관련하여 우리들에게 시사하는 바가 많다. 1930년 4월 '강경 유지' 10여 인의 발기로 개

73) 鄭然泰, 2003「조선말 일제하 자산가형 지방유지의 성장 추구와 이해관계의 중층성 — 포구상업도시 강경지역 사례 —」『韓國文化』31, 301~305면 참조.

74) 강경지역의 面政(상하수도 등 도시 기반시설 관련 정책) 과정에서도 민족적 차별이 자주 문제시되었다.(『동아일보』 1925년 9월 11일자, 「면 당국의 등한과 조선인 시민 불평/ 강경면의 차별적 시설」) 하지만 이런 류의 사건으로 말미암아 시민(면민)대회가 조직되는 경우는 그리 많지 않았다.

75) 1930년대 동아일보 강경지국이나 논산지국의 고문은 윤길중, 강영식, 배영춘(이상 도의원 역임), 곽해봉(의사, 해방공간에서 좌익활동) 등 논산지역의 거물급 유지들이었다. 이런 사실은 조선어 신문사 지방지국이 지방정치(유지정치)의 주요한 매개였음을 말해 준다. 조선어 신문사 지방지국과 군면 단위 '관료-유지 지배체제'의 상관성(시기별 변화 추이) 문제는, 일제시기 지방정치의 특징은 물론이고 유지집단과 혁신청년집단의 정치적 계선을 따질 때도 눈여겨보아야 할 중요한 주제다. 하지만 여기서는 지면관계상 구체적인 설명은 생략한다.

최된 '강경유지간담회'는 "一. 강경 부면장은 강경면민 전체의 의사로 斟酌하야 人選키를 面及郡 當局에 진정할 事, 一. 강경면 부면장은 가급적 강경 시민중에서 선임할 事, 一, 右 실행방법을 講究及 此를 실행키 위하야 昭和 5년 4월 3일 오후 2시에 中町 江景青年會館에서 市民大會를 개최할 事" 등을 결의했는데,[76] 이는 대부분의 시민대회가 지역유지들의 '합의'에 따라 개최되었음을 보여 준다. 일제시기 전국 각지에서 무수히 개최된 시민대회(면민, 군민대회)는 명실상부한 '公論 형성의 場'이 아니라 '公論'(결의 채택)이나 '대표역'(진정위원 선출)을 '詐稱'하기 위한 '명분 축적용 의례'인 경우가 허다했다.[77] 각종 민원사건 관련 보도를 보면 '郡內 一般 言論', '民衆의 意思', 또는 '面民 不平', '人民 怨聲', '民怨 沖天', '怨聲 藉藉' 등의 표현이 자주 눈에 뜨이는데, 이는 단순한 수사에 불과한 것이었다. 이런 기사들은 대부분 아무런 근거 제시도 없이 '~하더라'는 식으로 주민들의 반응을 설명하고 있다.

민원·진정사건은 강경지역에서만 발생한 것이 아니었다. 신문보도에 따르면 논산(읍면)지역에서도, 시장 위치, 면장 유임, 보통학교 설립(입지 선정), 하천 개수, 교장의 학생 폭행, 면 폐합, 교량 설계 변경, 수리조합 설립, 악질 마름, 면장의 학원 방매 등과 관련한 민원사건들이 발생했다.[78]

---

76) 『동아일보』, 1930년 4월 4일자, 「江景 有志 간담회/ 副面長 후임문제로」.

77) 1924년 1월 보통학교 증축비용 문제(호별 부과금 분담 문제)를 협의하기 위해 면 주최로 열린 창원군 진동면 면민대회(500여 면민 참여)는 한 기자의 참관기에 따르면, 오후 1시부터 군수 이하 다수 군청 직원들이 나와 "장돌뱅이 약장사처럼 되지 아니한 총독정치 광고를 하기에 열중"하다가, 오후 4시경쯤에야 "동면 면장의 산업, 교육, 기타 각방면의 講話와 一同의 결의가 有하였다"고 한다. 『동아일보』, 1924년 1월 27일자, 「진동면 면민대회를 본 感想」.

78) 각 사건에 대한 자세한 소개는 『논산시지』 참조. 지방지국 기자들은 보도기사뿐만 아니라 '지방논단(동아일보)', '지방시론(조선중앙일보)', '순회탐방', '지방소개판' 등의 지면, 또는 자선봉사나 교육계몽 활동, 각종 지역행사 주최 및 후원 등을 통해서 지방정치, 특히 민원·진정활동에 깊숙이 개입했다. 각주 5)의 지헌정, 맹의섭 사례연구 참조.

일제하에서 발생한 민원·진정사건은 관과 주민 간의 갈등관계 때문에 발생한 것도 드물게 확인되나 대부분의 사건은 국가자원(이른바 公共財) 배분문제를 둘러싼 지역과 지역 간의 갈등 형태로 표출되곤 했다. 가령 '두마면 假戶稅告知書 부정 발부 사건'이나 '성동면장 부당 사직 권고 사건' 등은[79] 행정관청(군청, 면사무소)과 지역주민 사이에서 발생한 사건이나 1927년 5월에 발생한 논산군청 이전 관련 민원 등은 면과 면, 같은 시기 연산 공립보통학교 설립위치 관련 민원은 동리와 동리, 1933년 3월에 발생한 황산나루 渡船權 관련 민원은 군과 군 사이의 갈등이 표면화된 사건이었다.[80]

이 같은 민원·진정사건은 부여지역에서도 빈발했다. 신문보도에 따르면 부여지역에서는 면사무소·보통학교·시장 등의 입지 선정 문제, 수리조합 설치문제, 도로 수리(부역)문제, 곡물검사문제, 하천 개수문제, 전기요금 인하문제, 공립보통학교 학년 연장 문제 등과 관련한 민원사건이 발생했다(앞의 『부여군지』 참조). 부여군 규암면에서 발생한 학교설립 위치 문제를 둘러싼 민원사건은 우리들에게 지방정치의 또 다른 실상을 적나라하게 보여 준다. 위 민원사건은, 1923년 규암지역의 유지청년(규암청년수양회)들이 '보통학교 설립 기성회'를 조직하면서부터 시작되어 몇차례 우여곡절을 겪다가 1931년 학교 설립 위치 문제를 둘러싸고 面內 有志들 사이에 내분이 발생하여 경쟁적으로 道와 총독부에 진정서를 제출한다든가, '面民有志會(議)'를 유혈이 낭자한 난투장으로 만드는 등의 추태를 보이다가 결국은 학교 설립 자체가 무산되는 것으로 끝이 났는데,[81] 신문기사를 중심으로 사건의 전개과정을 따라 읽어 가다 보면, 일제하의 지방정치(민원·진정활동, 유지정치) 실상, 달리 말하면 '식민지적 공공성'의 실체를 뚜렷이

79) 『동아일보』 1925년 12월 1일자; 1926년 1월 11일자. 두마면 사건의 경우 '洞民大會'가 열리기도 했다.

80) 『동아일보』 1927년 5월 21일자; 1927년 5월 6일자; 1933년 3월 8일자 등 참조.

81) 扶餘 一記者, 「(지방논단) 부여군 당국의 무책임 — 言明한 위치에 설정하라 —」 『동아일보』 1931년 7월 2일자 참조.

확인할 수 있다.

뿐만 아니라 1930년에 조직되어 8년여 동안 활동한 부여 金川改修期成會는 1937년 11월 말 총공비 230만 원의 대규모 개수공사 기공식을 거행하였는데, 해당 기성회 활동과 관련한 다음과 같은 보도기사는 기성회를 매개로 한 민원·진정활동의 실상을 잘 보여 준다.[82] 위 기사에서 주목되는 대목은 △ 기성회 설립 당시 회장은 일본인 유지 스기 사부로(杉三郎)였으나 현회장은 일제시기 군수와 도평의회원 등을 역임한 池喜烈이었다는 점 △ 기성회의 주요 구성원은 해당 사업과 밀접한 이해관계를 가진 부여군 내의 유력 지주들이었다는 점 △ "8년 동안 3천여 원의 비용을 들여 要路 當局에 대한 탄원 혹은 주의를 촉하며 또는 일반의 여론을 환기하여 동정을 구하는 등 장구한 시일을 한결같이 꾸준히 노력한 결과" 커다란 성과를 거둘 수 있었다는 점 △ 기공식과 축하회에 총독부 내무국장, 충남도지사 등 관민 각계 인사 200여 명이 참석했다는 점 등인데, 대부분의 기성회는 이 같은 형태와 내용으로 민원·진정활동을 전개하였다. 또한 1937년 12월 부여군 구룡면사무소 위치를 문제를 둘러싸고 발생한 민원사건은 지역 여론의 형성 주체가 대개 해당지역 '유지'(공직자)들이었다는 점을 잘 보여 준다. 위 사건이 발생했을 때, 면내 각리 구장, 구룡면협의원, 기타 유지 등은 廳舍新築期成會(위원 20명)를 조직한 뒤 일체 권한을 위임받았는데,[83] 여기서 말하는 公論이란 기성회 구성원들의 '담합' 그 이상도 이하도 아니었다.

물론 지방제도 개정(자치권 및 참정권 확대)이나 공공재 배분을 둘러싼 민원·진정활동을 '식민지 공공성의 확대(公論 造成)' 과정이라 말할 수도 있다. 하지만 이런 과정에서 형성된 '공공성'은, '관료-유지 지배체제'의 구성이나 작동방식, 각종 정치적 사건이나 현상들을 구체적으로 구명하지 않고는 그 역사성을 제대로 설명하기가 어렵다. 민원·진정사건의 경우를 보면 대부분의 사건이 민원 발생→유지(공직자) 간담회 개최(관료와 유지 간

---

82) 『동아일보』 1937년 11월 26일자; 1937년 12월 4일자.

83) 『동아일보』 1937년 12월 24일자.

의 담합이나 뒷거래, 사이비 '공론' 확정)→기성회 조직 및 시민대회 개최(결의 및 진정위원 선출)→각급 기관(군, 도, 총독부, 일본 정계 요로) 진정 및 탄원, 고위 관료를 상대로 한 로비와 뒷거래(뇌물, 향응) 등의 순서로 진행되고 있었음을 알 수 있다. 물론 일부 사건의 경우 집단적인 폭력시위가 발생하거나 경찰의 탄압으로 주민대회가 무산(금지)되는 경우도 있었다.[84] 하지만 대부분의 주민대회는 관료와 유지(공직자)들 간의 담합에 의해서 조직되었다. 이런 대회의 경우, 주민들은 일종의 동원된 들러리일 뿐이었다.

그러면 혁신청년집단은 이 같은 민원·진정활동에 대체 어떤 반응을 보였을까? 이 문제를 따질 때 먼저 유념해야 할 점은, 첫째, 대부분의 민원진정사건은 총독부권력과 주민 사이의 갈등이라기보다는 국가자원(공공재) 배분문제를 둘러싼 지역과 지역 간의 갈등인 경우가 많았다는 사실, 둘째 그 성패는 다른 무엇보다 해당 지역 내에 '행세하는 유지'(특히 '當局信用'을 가진, 특히 일본인 유력자)가 얼마나 많은가(이른바 '유지정치' 역량)에 따라 결정되었다는 사실, 셋째, 이 같은 체제내적 성격 때문에 대부분의 사건은 총독부권력의 '善處'(一視同仁의 恩惠)에 호소하는 형태로 진행될 수밖에 없었다는 사실 등이다. 주지하듯이 일제하의 혁신청년집단은 일제의 조선 지배, 더 나아가서는 식민지 조선사회(식민지 반봉건사회, 혹은 자본주의 사회) 자체를 근본적으로 부정하는 입장을 취하고 있었다. 하지만 민원·진정사건의 경우, 특히 국가자원배분 문제를 둘러싼 민원·진정사건의 경우는 개입하면 하면 할수록 일제의 조선 지배를 인정하는 자기모순에 빠질 수밖에 없었다. 이런 이유 때문에 혁신청년집단은 지역사회에서 발생한 각종 민원·진정사건에 소극적이거나 방관자적인 자세를 취할 수밖에 없

84) 관청과 지역주민 사이의 갈등 때문에 대회가 소집된 경우, 또는 혁신청년(청년회) 등이 대회를 주도하는 경우, 자주 경찰이 나서서 대회 자체를 원천봉쇄하곤 했다. 예를 들면, 「안성 경찰서 면민대회를 금지/ 청년회가 준비하는 중에 돌연 금지/ 安城川 堤防 賦役 問題 後報」(『동아일보』 1925년 6월 1일자) 등의 기사는 이를 보여 주는 하나의 사례다.

었다.

가령 동아일보사는 1930년 9월 19일부터 1931년 4월 23일까지 31개 도시를 순회하면서 '紙上座談會(主要都市巡廻座談)'를 개최했는데,[85] 신간회 회령지회 대표로 좌담회에 참여한 張順明(會寧共産主義者同盟事件 關聯者)의 다음과 같은 발언은 양 집단 사이에 존재했던 견해(계급적 관점) 차이를 잘 보여 준다. 장순명이 "여기서 發展이라 운운함은 즉 자본주의적 도시가 되는 것일 것입니다. 그러나 자본주의가 가지고 있는 자체 내의 矛盾은 회령의 자본주의적으로의 발전에도 모순을 남기게 됩니다."라는 취지로 여러 참석자들의 논의(회령 발전책)들을 밑뿌리부터 부정하자, 좌담 사회자인 동아일보 회령지국장은 "장선생 말씀은 자본사회의 모순과 더 발전의 가능성 없음을 보여 준 것이지만은 여기서는 現制度하에서 다소라도 유익한 점이 있을까 하는 소극적인 발전책을 운운할 수밖에 없습니다. 여러분의 말씀은 요컨대, 소공업을 일으키며 농촌을 진흥시키며 상업을 발전시키기 위하여 회령사람의 자각과 단결이 필요하다는 것이겠지요."라고 마무리 발언을 한 뒤 좌담회를 서둘러 종결지었다.[86] 이런 양상은 사회운동 단체 대표가 참여한 다른 지역의 사례에서도 종종 확인된다. 대부분의 혁신청년들은 어떤 사안(지역 민원)을 논할 때건, '무산자의 계급적 입장(이익)'을 굳건히 견지하였다.[87]

85) 주요 참석자는 △ 상공업 및 금융업(식산은행 지점 관련자) 관련자 △ 금융조합 농회 등 각종 공공조합(회사) 간부 △ 도평의원, 면협의원, 학교평의원 등 해당지역 공직자 △ 해당지역 내 각급학교 관련자(교사, 교장) △ 일부 지역의 경우 해당지역 신간회 지회 간부 등이었으며, 주요 의제는 상공업발전, 도시기반시설(도로, 철도, 상하수도, 전기시설) 확충, 각급 학교 증·신설 문제 등이었다. 신간회 지회가 없는 도시(31개 중 절반 이상의 도시)는 필자가 말하는 이른바 '유지'들만 좌담회에 참여했으며 청년동맹이나 농민조합 간부가 좌담회에 참가한 경우는 각각 2건뿐이었다.

86) 『동아일보』 1930년 12월 6일자.

87) 총독부의 농업창고설립계획에 대해 진주농민조합 간부 趙佑濟가, '우리 무산자에게는 하등의 이익이 없을 뿐 아니라 곡가완화상에도 아무 소득이 없는 사업'

물론 유지집단과 혁신청년집단의 政治的 界線이 분명하지 않았을 때에는 '유지'와 '유지청년'이 민원·진정활동을 함께 전개하는 경우가 종종 있었다. 예를 들면, 총독부권력이나 지주를 상대로 발생한 민원사건의 경우 1920년대에는, 지역사회운동(청년 및 농민단체) 단체가 먼저 나서 면민대회나 군민대회, 또는 농민대회나 소작인대회를 개최하는 등 민원 해결에 앞장섰다.[88] 하지만 1930년대의 경우에는 그럴 이유도 없었고(사상 노선의 차이), 또 그럴 수 있는 형편도 아니었다(당국신용 부재).

3) 사상선도활동

1930년대 초반은 민족해방운동의 두 번째(첫 번째는 3·1운동 직후 시기) 고조기였다. 이 시기 전국 각지에서는 민중들의 생존권 옹호투쟁(소작쟁의, 노동쟁의)과 더불어 각종 비밀결사운동(혁명적 농조·노조운동, 지역전위정치조직 결성, 당재건운동)이 활발하게 전개되었다. 특히 '광주학생운동'이나 '독서회운동' 등을 통해 의식화된 청년학생들이 '생산 현장 진출활동(농촌으로, 공장으로!)'을 본격화하자, 조선의 농촌사회 곳곳에서는 농민

이라 규정한 것(『동아일보』 1930년 11월 17일자), 또는 순천농민조합 간부 李榮敏이 각종 산업발전책을 평하면서, '현하의 상태로 보아서는 토지겸병과 자본집중을 俗成케 하는 반면에 다수의 민중에게는 실업, 도산, 이산 등 참상을 연출하는 경향이 적지 아니'하다고 주장한 것(『동아일보』 1931년 1월 29일자) 등은 이를 보여 주는 대표적인 사례라 할 수 있다.

88) 1920년대 전반기 함남지역에서 자주 조직된 '住民(군중)大會'는 당시의 신문보도에 따르면, 일종의 '人民大會'이자 '민중의회'였다고 한다. 1923년 8월 함남도민대회가 개최되자 동아일보는 사설(「咸南 道民大會의 성립 — 民衆議會의 先驅」)을 통해 당시 각지에서 열린 郡面 단위의 住民大會를, '과거에 산발적 우발적으로 열린 민중 자체의 자발적 會集'과는 그 성격이 구별되는 '계획적 목적 의식적인 인민대회'라고 그 성격을 규정한 바 있다.(『동아일보』 1923년 8월 29일자) 하지만 군면 단위 '관료-유지 지배체제'가 형성 발전되면서, 공개적(합법적)인 주민대회는 대부분 지배체제 내부로 흡수(포섭)되는 과정을 거쳤다.

들을 의식화(야학활동)하고 조직화(농민조합 결성)하는 활동이 활발하게 벌어졌다. 혁신청년이 한 명이라도 존재하는 동리에는 거의 예외 없이 '민중(노동・농민)야학'이 조직되었는데,[89] 야학운동은 일제시기 가장 대중성 있는 지역사회운동이었다. 1930년 5월 논산군의 야학활동가들은 '군내 야학생 연합 대운동회'를 개최하기 위해 20개의 야학에 운동회 개최 사실을 통지했는데, "미처 통지를 보(내)지 못한 학원도 많이 참가하기를 바란다"는 구절로 미루어 보면[90] 그보다 더 많은 야학이 활동하고 있었음을 알 수 있다. 「1931년의 농민운동 개관」에[91] 따르면, 1931년 한 해 동안 농조 결성투쟁, 소작 쟁의, 수세 불납투쟁, 수리조합 반대운동, 부역 반대투쟁 등에 참여한 농민 수는 대략 4만 2,800여 명(피검자 1,838명)에 달했다고 하는바, 이들 사건은 대부분 해당 지역의 혁신청년들에 의해 주도된 것들이었다.

사정이 이러하자 총독부는 1931년경부터 강력한 '농촌통제정책'과 더불어 '사상선도대책'을 마련하지 않을 수 없었다. 「좌익운동의 확대 강화, 특수하게 新幹會・青總을 중심으로 한 解消論의 전개 등에 대응하여 극좌적 경향을 저지하고 운동을 합법화시킬 수 있는 方策 如何」라는 총독부 경무국의 질의에 대한 각도 경찰부장의 답신 내용은 한마디로 줄여 말하면 '탄압'(금지와 엄벌)과 '선도'(개량화와 관제화)를 병행하는 것이었다.[92] 이 같은 전략은 1933년 들어 더욱 구체화되었는데, 그 핵심은 '농조'와 '야학'을

---

89) 졸저, 『일제하 농민조합운동 연구』 참조; 일제시기 전국 각지에 설립된 야학 수는 4만여 개, 학생수는 대략 연인원 300만 명 정도였다. 최근식, 1992 「일제시대 야학운동의 규모와 성격」, 고려대학교 석사학위논문 참조. 위 연구에 따르면, 1931년 현재 함경남도에는 2,700여 개의 야학(함남의 전체 동리 수는 2,941개)이 활동하고 있었으나, 1931년 말부터 본격화한 경찰과 지역유지들의 탄압으로 말미암아 1935년 현재는 365개의 '온건 착실'한 야학만이 명맥을 유지했다고 한다.

90) 『중외일보』 1930년 5월 31일자.

91) 『조선일보』 1932년 1월 1일~2월 28일자.

92) 朝鮮總督府警務局, 1931 『道警察部長會議諮問事項答申書』; 졸고, 『일제하 농민조합운동 연구』, 66~67면 참조.

해체시킴과[93] 동시에, 각종 '振興對策'을 마련하는 것이었다. 특히 1934년경부터 각종 비밀결사사건 피의자들이 속속 만기출옥하자, 지방 경찰은 이에 대한 대책 마련에 부심하지 않을 수 없었는데, 그 핵심은 전향할 가능성이 있는 자는 '선도'하고, 그렇지 않은 자는 '엄벌'하는 것이었다.[94] 예를 들면 혁명적 농조운동이 활발했던 명천·길주·성진지역에서는 이른바 「(함북 남부지역 3개 군)南三郡 思想淨化工作」이라는 거의 '공작' 수준의 탄압을 행하기도 했다.[95]

야학과 농조를 탄압하는 정책은 부여와 논산군에서도 실시되었다. 특히 이들 지역의 경우는 각종 비밀결사사건의 주모자들이 대부분 야학 지도자

---

93) 『동아일보』 1933년 4월 20일자 기사(「私設講習所와 農民組合 大整理/ 閉鎖와 善導의 兩刀로 處斷/ 總督府의 最後 斷案」)에 따르면, 총독부의 '농촌통제'와 '사상선도'를 위해 △ 강습소 877개, 서당 8,864개 가운데 '학술강습을 빙자하고 주의 보급에 열중'인 강습소는 강제 폐쇄하고 나머지는 보조금을 주어 관제화하는 정책 △ 농민조합은 1,100여 개, 가입자는 2만 5,000명인데, "다수가 주의적 색채를 띠었고, 그런 색채가 없다더라도 단결의 힘으로 현 사회제도의 질서를 문란케 하는 일이 많으므로 불온한 자는 단연 해체를 명령하고, 해산시키지 않고 선도할 가능성이 있는 자는 농무국과 협력하여 농촌진흥운동으로 방향을 전환케" 하는 정책 등을 실시했다고 한다. 총독부권력은 이를 구체적으로 실천하기 위한 또 다른 방안으로서, 농촌진흥운동기에 자연촌락을 단위로 '農村振興會'와 '振興夜學'을 설립했다.

94) "즉 사상이 전향할 만한 피의자와 범죄사실이 박약한 사람은 경찰에서 미리 그 사상을 교정토록 하야 검거 송국하지 아니하고, 이에 대한 희망이 없는 사람에 한하야 준엄한 처벌을 할 작정." 『동아일보』 1934년 6월 19일자, 「현재 취조받는 사상범 全朝鮮에 천여명/ 전남에 육백, 강원, 함남·북에 각각 백여명/ 사상선도 대책에 부심」.

95) 1936년 한 해 동안 함북 남부 3개 郡에서 검거된 혁명적 농조사건 관련자(총검거인원)는 무려 1,647명(검사국 송치인원 786명, 기소인원 429명)이었다. 사태가 이러하자, 함북 경찰은 해당 지역의 '유지'나 '끄나불'들을 총동원하여 '사상정화공작위원회'와 '自衛團'을 조직하였다. '淨化'는 '善導'보다 더 공세적이며, 폭력적인 사상대책이었다. 졸저, 『일제하 농민조합운동 연구』, 300~304면 참조.

들이었던 까닭에 야학에 대한 경찰의 탄압은 개량적인 야학까지 포함한 거의 拔本的인 수준이었다. 『동아일보』 1931년 10월 3일자 기사(「(江景時話) 兩夜學 閉鎖」)에 보이는 △ 4년 전 '지방유지'의 원조와 '商務會', '郡鄉校', '邑當局'의 후원으로 '자라오던' 두 개 야학이 군 당국의 인가가 없다는 이유로 군 경찰로부터 돌연 폐쇄 명령을 받았다는 대목 △ 하지만 "그 眞因을 군수로부터 들으면 인가가 없다는 것보다도 지도자가 주의 인물이니 자미 없다는 경찰당국의 말씽이 있어서 그리한 것이라"는 대목 등은 이를 보여 주는 하나의 사례라 할 수 있다. 게다가 야학 탄압은 결코 총독부 관료기구(경찰기구)만을 매개로 실행된 것이 아니었다. 이때에 이르면 야학활동에 호의적인 태도를 보였던 지방유지들조차도 경찰의 '지시'(명령)하에 (민중) 야학에 대한 지원을 중단하거나 적극적으로 이를 탄압하는 책동도 마다하지 않았다.

야학이나 농조를 탄압하는 활동 이외에 총독부는 '사상신도'를 실천하는 과정에서도 유지집단의 역량이나 자원을 적극적으로 활용하고자 했다. 충청남도에 사상선도기관이 조직된 것은 1935년 말경이었다. 이때 충남경찰은 경찰서장(위원장), 군수, 군내무주임, 서무주임, 각 관공서 소장, 기타 유력자들을 중심으로 사상선도기관(위원회)을 조직했는데, 「사상선도기관 활동상황」에 따르면, 사상선도기관에는 상임이사, 이사, 사무간사를 둘 수 있었으며, 수시로 위원회나 이사회를 개최할 수도 있었다. 하지만 사상선도기관은 엄밀하게 말하면 '기관'이 아니라 경찰이 주도하여 조직한 일종의 '관민협동위원(회)'였다.[96] '사상선도위원 규정 · 규칙'에서 주목되는 조항은, "(제1조) 사상 선도에 관한 사항을 연구하고 그것을 실행하기 위해 각각의 경찰서에 사상선도 위원을 둔다"는 것인데, 선도기관이란 각군 경찰이 '임명'한 '사상선도위원'에 다름 아니었다. 「사상선도기관 활동상황」을 토대로 사상선도위원의 구성이나 활동내용을 살피면, 촌락이나 군면 단위에서 '관

96) 부여경찰서는 1938년 5월 사상선도위원회를 상설조직인 明鄉會로 개편하였다. 『동아일보』 1938년 5월 7일자.

료-유지 지배체제'나 유지집단이 어떤 기능과 역할을 수행하였는가를 알 수 있다.

'사상선도위원 규정·규칙' 제2조는 사상선도위원의 구성과 역할이 무엇이었는가를 잘 보여 준다. 위의 규정은 사상선도를 위해 ① 직업의 소개 및 취직 알선 ② 사업 또는 생산자금 알선 ③ 영업 허가, 기타 편의 제공 ④ 해당 검사의 依囑에 의한 보호자 없는 자의 인수 ⑤ 재감 중에 있어서의 差入 ⑥ 금품을 대여하여 家鄕에 歸住시키는 것 ⑦ 身上 萬般의 상담 ⑧ 가족 및 이웃과 被疑者와의 融和 ⑨ 기타 경제적 원조를 주는 사항 ⑩ 婚姻의 媒介 ⑪ 復校 및 再就學의 알선 등을 수행할 것을 지시하고 있는데, 위에 명시된 활동들은 당연히 해당 지역 '有志'들의 몫일 수밖에 없었다. 또한 위의 규정 제6조에 보이는 "필요한 비용은 篤志家의 기부"에 의존한다는[97] 대목은 사상선도위원이 아닌 유지(자산자)들도 '수혜자 부담의 원칙(?)'에 따라 여러 가지 형태와 내용의 비용을 분담했음을 보여 준다.[98] 논산군의 경우, 민간인 유력자 135명(조선인 70명, 일본인 85명)이 대략 1만 원 가량의 선도자금을[99] 거출했다.

---

97) 앞의 「忠淸南道下の思想概況竝同道論山·夫餘·靑陽·禮山及唐津郡各思想善導機關の活動狀況」, 34면.

98) 예를 들면, 전남 화순군 동복면 대지주 吳建基는 1937년 현재 면협의회의원, 군농회 특별위원, 군소작위원회 예비의원, 공립보통학교 학무위원, 여고보 후원회 간사, 세무서 所轄 소득조사위원, 소방협회 도지부 평의원, 결핵예방협회 군지부 평의원, 도잠종조합 평의원 등의 직함을 가지고 있었는데, 그는 1939년 3월부터 1940년 4월까지 ① 神社 建築 寄附金 ② 警察署 義勇團 寄附金, 奉獻木代 및 奉贊會費 ③ 村道期成會 寄附金 ④ 軍事後援會 寄附金 ⑤ 志願兵 寄附金 ⑥ 愛國婦人會 篤志 寄附金 ⑦ 日本赤十字社 寄附金 ⑧ 靑年訓練生 寄附金 ⑨ 思想聯盟 支部 贊助金 ⑩ 皇軍 慰問金 ⑪ 國民總力昻揚大會 ⑫ 寄附金 ⑬ 忠魂塔 設立 海事協會 寄附金 ⑭ 消防組 寄附金 등의 명목으로 무려 1만여 원의 현금을 지출했다. 1939년 현재 오건기가 지세, 제3종소득세, 호별세, 동부가세(面賦課金) 등으로 지출한 금액은 모두 9,000여 원 정도였다. 洪性讚, 1922 『韓國近代 農村社會의 變動과 地主層 — 20세기 전반기 전남 화순군 동복면 일대의 사례』, 지식산업사, 116면, 264~268면.

표 6. 사상선도위원의 구성 및 선도자금액

	관공리	민간인 유력자	일본인	조선인	전체 위원수	선도자금 총액	대부자금액
논산	20	135	85	70	155	10,365	대부중
부여	16	50	28	38	66	4,365	90
청양	16	35	18	33	51	3,525	650
예산	26	39	25	40	65	1,316	700
당진	38	27	32	33	65	1,654	600
합계	116	286	188	214	402	21,225	2,040

「忠清南道下の思想概況竝同道論山・夫餘・青陽・禮山及唐津郡各思想善導機關の活動狀況」, 高等法院檢事局思想部, 『思想彙報』 第9號, 昭和十一年 十二月, 36~39면.

그러면 사상선도의 대상이 되었던 이들은 누구였을까? 당시 충남지역의 사상선도 대상 인물은 모두 24명이었는데, 이들의 신상을 밝히고 있는 부분을 정리하면 ① 實刑 與否: 실형 4명, 형집행유예 6명, 기소유예 1인, 기타 11명 ② 年齡 分布: 20~30세 12명, 30~40세 9명, 40세 이상 3명 ③ 善導 方法: 가정 위문 1건, 취직 알선 7건, 자금 대여 11건, 소작지 알선 1건, 부업기 대여 3건, 복교 알선 1건 ④ 對象者의 思想: 공산주의자 17명, 민족주의자 6명, 무정부주의자 1명 등임을 확인할 수 있다.[100] 이런 사실은 앞서 언급한, '가능성이 있는 자는 선도하고 그렇지 않은 자는 엄벌한다'는 전략이 충남지역에서도 실천되었음을 보여 준다. 당시 경찰이 중시했던 우선 선도 대상은, 집행유예나 그 이하의 형을 선고받은 적이 있는 '빈곤한 청년'들이었다.[101]

---

99) 1936년 현재 현미 상품 석당 가격은 28원, 중등지 논의 反当 가격은 140원 정도였다.

100) 앞의 「忠清南道下の思想概況竝同道論山・夫餘・青陽・禮山及唐津郡各思想善導機關の活動狀況」, 47~48면.

101) 자금융통은 무담보 연대보증의 형식(그 보증인 가운데 한 사람을 전임지도원으로 지정했다), 이율은 2푼에서 5푼, 변제는 연부상환 방식이 일반적이었다. 취직 알선의 경우는 선도위원이 대상인물의 신원보증인이 되어 민사상의 책

○ 논산군 선도사례 요약

<양촌면 인천리 張日煥> 치열한 의식을 소유한 공산주의자. 1934년 12월 치안유지법위반혐의로 검거돼 전주지법에서 1년 6월을 선고받고 복역 중인 자. 경찰서장 가정 방문하여 위문 위로하자 장일환 감격. 아직 전향하지 않았으나 좋은 결과가 예상됨.

<성동면 개척리 趙南錫> 일본 유학 중 공산주의 심취. 京都 방면 적색구원회(모플) 활동. 상당한 투쟁경력 보유자, 군청에 취직을 알선하는 방법으로 사상 선도, 온건 착실해지고 있음.

<강경읍 금정 韓禹錫> 1921년 11월 경성지법에서 강도예비 및 제령 위반죄로 8년 복역. 1930년 3월 강도상해죄로 경성복심법원에서 징역 10년형 선고. 복역 중 1936년 3월 나병으로 형집행정지 처분. 극빈 생활. 선도자금 100원 대여.

<강경읍 영정 片顯甲> 농후한 민족의식의 소유자. 뒤에 공산주의자가 되어 불온한 언동을 일삼음. 생계 곤란. 생계 보조를 목적으로 1936년 10월 '紹介業許可' 부여.

○ 부여군 선도사례 요약

<남면 송학리 許元龍> 1933년 12월 부여군 농촌적화비밀결사(협의회) 사건 관련자. 1935년 6월 공주지법 예심 免訴, 상당히 詭激한 사상의 소유자. 많은 부채 때문에 유일한 재산인 가옥까지 저당 잡힘. 소작지 알선. 가옥에 대한 저당 해제 등 생활안정 통한 선도 노력.[102)]

<홍산면 북촌리 張昌善> 협의회사건 관련자. 기소유예 처분. 생활 궁핍. 사상 위험. 1936년 9월 홍산면 소재 鴻業金山의 火藥出納 主任(월수 30원)으로 취직 알선.

<홍산면 조현리 金壬成> 협의회사건 관련자. 예심 免訴. 1936년 6월 홍산수리조합 水路 看視員(일급 80전)으로 취직 알선. 사상 완전 정화. 1936년 10월 面書記 筆記試驗 합격.

임을 지도록 했다.

102) "차제에 선도를 행하면 상당한 효과가 있을 것이라 믿어져 1936년 3월 이래 畓 6두락 반, 田 4두락의 소작지를 알선 취득케 하고 더욱이 선도자금 중 90원을 그에게 대여하여 가옥에 대한 저당권을 제거하는 등 오로지 그 생활안정의 길을 강구하여 그의 선도에 노력하고 있다."(앞의 자료, 41~42면)

<홍산면 조현리 李戶喆> 협의회사건 관련자. 징역 1년 6개월에 5년간 형집행유예 선고. 재판 과정에서 사상전향. 연초소매 및 음식점 영업 허가.

<장암면 장하리 姜聖模, 姜秉國, 姜柱求> 협희회(칠모회)사건 관련자. 각각 징역 1년에 집행유예 5년 선고. 농업 종사. 위 3명에게 副業 알선 명목으로 가마니틀 1대 기부.

이상에서 확인할 수 있는 것처럼 부여와 논산군의 사상선도 대상자는 각 지역의 주요 활동가(장일환, 이호철)나 빈곤한 청년들이었으며, 선도 활동은 대개 군면 단위의 '관료-유지 지배체제'를 매개로 전개되었다. 특히 장하리 청년들에 대한 사상선도 사례는 농촌진흥운동기 농가갱생 성공사례들과 그 내용이 흡사하다는 점에서 주목된다. 『農山漁村振興功績者名鑑』(1937)에 등장하는 갱생성공 사례를 분석하면 행정관청이나 경찰, 또는 유지나 금융조합의 선처(저리자금 대부, 소작지 제공, 토지구입 알선)로 갱생한 사례가 여럿 보이는데,[103] 이런 양상은 장하리의 선도사례에서도 거듭 확인된다.

5. 해방공간의 유지집단과 혁신청년집단

일제하의 유지집단과 혁신청년집단은 일제시기뿐만 아니라 해방공간에서도 뚜렷이 구별되는 정치활동을 전개하였다. 요컨대 유지집단과 혁신청년집단은 일제하에서 축적한 나름의 경험과 역량을 바탕으로 해방공간에서 우익운동(대한독립촉성회 군지부 활동, 한민당 활동)과 좌익운동(군 인민위원회 및 농민조합운동, 조선공산당=남로당 활동)을 이끌었는데,[104] 그

103) 졸고, 1984 「1932~1935년간의 조선농촌진흥운동」『한국사연구』 46호, 136면 참조. 충남지역의 마을진흥회 활동에 대해서는 김영희, 『일제시대 농촌통제정책 연구』(경인문화사, 2003) 제2부 「충청남도의 농촌통제정책의 양상과 지역유지의 활동」을 참조할 것. 논산군 광석면 갈산리 진흥회는 현직 면협의원이었던 방종구에 의해서 지도되었다.

매개는 우익의 경우는 '유지정치 과정에서 형성된 공직기구나 유지단체와 같은 네트워크', 그리고 좌익의 경우는 '농조(지역전위 정치조직, 당재건 조직)나 야학활동 과정에서 형성된 네트워크'였다. 물론 지역사회운동이 미약했던 지역, 즉 유지집단과 혁신청년집단의 정치적 계선이 불분명한 지역에서는, 초기 시기 양 집단의 차이나 경계가 모호한 경우도 적지 않았다. 하지만 미군정이 인민위원회를 부정하고 더 나아가 '贊反托(미소공위) 政局'이 조성되면서 양자 사이의 정치적 계선은 점점 더 분명한 형태로 벌어지기 시작했다.

1) 유지집단과 우익정치활동

해방과 동시에 부여와 논산군에도 건국준비위원회나 인민위원회가 조직되었다.[105] 하지만 1946년 초반에 이르면 미군정의 탄압으로 말미암아 급속도로 그 위세를 잃어 가기 시작했다. 『忠南地域特別調査報告書』(1945. 3.)에 따르면 1946년 2월 이전에 부여와 논산군의 행정기구와 경찰기구는 이미 해방 이전의 관료나 경찰, 또는 공직자들에 의해 장악된 상태였다. 1946년 2월 현재 △ 부여군수는 金箕貞(52세, 중학교 졸업, 해방 전 광산지

104) 졸저, 1994 『일제하 농민조합운동연구』, 역사비평사 참조. '전국인민대표자대회'(1945. 12. 8.)나 '전국농민조합총연맹결성대회'(1945. 11. 20.~22.)에 참여한 지역대표 가운데는 일제시기 지역사회운동(특히 혁명적 농조운동이나 당재건 운동)을 주도한 인물들이 많았다. 이는 혁신청년집단 나름의 네트워크가 해방 공간까지 유지되고 있었음을 말해 준다.

105) 커밍스의 연구에 따르면, 충남지역에 미군 군정중대가 진주한 것은 다른 지역보다 늦은 11월 초순경이었다. 당시 충남의 모든 군에는 인민위원회가 조직되어 행정과 경찰업무를 수행하고 있었으나, 잘 짜인 교통통신망 덕택에 군정중대는 큰 어려움 없이 치안을 안정시킬 수 있었다고 한다. 1945년 가을 충남 서북부지역의 몇몇 군에서 '폭동, 교란 및 군정에 대한 저항'이 있었으나 다른 군들은 비교적 순조롭게 '군정으로의 전환'이 이루어질 수 있었다는 것이다. B. 커밍스/김자동 역, 1986 『한국전쟁의 기원』, 일월서각, 417~423면 참조.

배인, 관리 경력 없음), 내무과장은 羅相元(45세, 중학교 졸업, 해방 전 아산군청 주임), 산업과장은 千泰植(39세, 중학교 졸업, 해방전 관리) △ 부여경찰서 서장은 鄭仁煥(34세, 중학 졸업, 해방 전 도경찰부, 현재 警視補), 조사과장은 鄭泰文(37세, 소학 졸업, 해방 전 대전경찰서 근무, 현재 경시보), 수사과장은 朱炳澤(41세, 소학 졸업, 해방 전 부면장, 현재 경시보) 등이었는데, 이들은 대부분 관료 출신들이었다.[106] 이런 사정은 논산군의 경우도 마찬가지였다. 해방 직후 논산 군청은 이른바 '불량 청년'들에게 접수되었으나, 군정중대가 논산에 진주하면서 통치기능이 곧바로 회복되었다는 것이다.[107] 1946년 초 논산군청 근무자는 90여 명이었는데, 군수는 都相奎(63세, 한학자, 서당 훈장, 3·1운동 가담),[108] 내무과장은 盧殷燮(44세, 도관리, 군서기 출신), 산업과장은 金養鉉(45세, 군속, 前부여군청) 등이었다. 강경경찰서는 해방 직후 '불량 청년'들에게 일시적으로 접수되었으나 현직 경찰들이 출근하면서 시시히 치인기능을 회복해 갔다고 한다. 딩시 경찰서장은 梁在德(48세, 前 도보안과장), 총무과장은 姜南熙(39세, 도경찰부 근무), 보안과장은 朴勤和(42세, 논산면 주재소 근무), 수사과장은 宋寅性(38세, 조치원 경찰서 근무) 등이었다.

---

106) "해방 이후 신군수가 착임하여 각 면장을 새로 임명하는 등 신국가 건설에 매진하고 있다. 이 지방의 人共勢力(인민위원회 세력) 가운데는 도덕 불량자가 많다. 악행동과 악선전으로 행정관료와 주민을 이간시켜, 자체적으로 행정기관을 수립하려고 군청을 침입하고 습격을 하였으나, 결국 그 목적을 이루지는 못하였다. 이런 과정에서 도피한 사람들도 있었다. 현재까지도 행정운영이 곤란하고 지도가 행해지지 않고 있을 뿐만 아니라 악질분자의 소행도 다소 보인다. 군청 직원 사상은 비교적 온건한 편이며 치안도 나아지고 있는 상황이다."(앞의, 『忠南地域特別調査報告書』)

107) 회고에 따르면 1945년 10월경 논산군 인민위원회(당시 위원장 조동순, 부위원장 서홍선)는 논산군수(정낙훈)를 참석시킨 가운데 정식으로 군청 접수식(인수인계식)을 거행했다고 한다.

108) 회고에 따르면, 도상규는 영명학교 교사 출신으로 당시 충남도지사였던 황인식의 스승이었다고 한다. 도상규가 논산군수를 역임한 것은 순전히 이 같은 연줄 때문이었다.

표 7. 부여군의 우익계 정당·사회단체 현황

단체명	회원수	소재지	주요간부	연령	학력 및 경력
독립촉성부여협의회	30명	읍내리	회장 南宮炫	38세	대학 졸업
			부회장 金鐵洙	40세	와세다대 전문부 졸업
			총무부장 崔榮哲	39세	중학 졸업
			선전부장 朴佑熙	32세	중학 졸업, 기독교신자
			조사부장 朴秉良	38세	중학 졸업
부여독립촉성청년회	400명	읍내리	회장 千炳万	35세	독립운동가
			부회장 金芝山	30세	
			총무부장 黃*	26세	
			조직부장 李善陽		
			선전부장 南宮格		

『忠南地域特別調査報告書』(1945. 3.)[중앙일보 현대사연구소, 1996『美軍CIC情報報告書(Ⅰ)』所收] 참조 작성.

미군정이 행정 경찰기구를 장악하자 부여와 논산지역의 유지집단은 혁신청년집단의 정치활동에 대항하여 각종 우익정치단체를 결성하기 시작했는데, 가장 영향력이 컸던 것은 '독립촉성 중앙협의회계(독촉계)' 단체들이었다. 위 보고서에 따르면 부여군의 우익단체들은 '일치단결하야 완전 자주 독립의 파쟁적 대립을 초월하야 융합을 도모하며 각자 자기의 직분을 다하야 국가의 동량으로서의 능력'까지 보일 정도였다는 것이다. 하지만 독촉계 청년회는 활동도 활발하지 못했을 뿐만 아니라 활동가도 극소수였던 것으로 보인다. 부여 독촉 청년회 회장인 천병만은 임시정부의 지시로 독립자금을 모금하기 위해 입국했다가 경찰에 체포되어 옥살이를 한 인물로서[109] 출옥 이후에는 향리에서 조선중앙일보 부여지국 기자 등을 역임했다. 해방 이후 천병만은 우익청년단체(민족청년단, 대한청년단) 간부와

109) 천병만은 3·1운동 직후 상해로 망명하여 임시정부 활동을 전개하다가 1943년 중국땅에서 순국한 千炳一의 동생이다. 천병만은 그의 형의 비밀지령에 따라 1937년경 조카인 千璟(병일의 아들)과 千龍九, 金鍾大 등을 朝鮮軍官學校에 입교시켰다고 한다.

표 8. 논산군의 우익계 정당·사회단체 현황

단체명	회원수	소재지	주요간부	연령	학력 및 경력
독립촉성논산협의회	180	논산읍	회장 尹珩重	46	중학, 기독교 회장
			부회장 陸完國	34	대학, 의사
			총무부장 沈相殷	38	중학, 상업조합 이사
			선전부장 朴昌來	40	중학, 천주교인
			조사부장 尹政	40	중학, 신문기자
대한독립촉성 논산청년회			회장 金鍾實	30	소학, 무직
			부회장 林順植	24	중학, 기독교인
			부회장 金武鎔	32	중학, 수리조합
			총무부장 李甫炯	31	중학, 상업
			선전부장 柳興善	28	소학, 무직
논신의용단	50	논산읍	위원장 金鍾秀	23	중학, 귀환병
			부위원장 吳鍾彦	23	중학, 귀환병
			총무부장 奇在洙	23	중학, 귀환병
			선전부장 金甲東	21	중학, 귀환병
논산부녀회	400	논산읍	회장 劉桂順	40	
			부회장 金*永	41	
			총무부장 柳萬熙	35	
			조직부장 李東順	35	

『忠南地域特別調査報告書』(1945. 3.)[중앙일보 현대사연구소, 1996 『美軍CIC情報報告書(Ⅰ)』 所收] 참조 작성.

부여면장, 치안대장 등을 역임했다. 독촉 부여협의회 부회장이었던 김철수는 제헌의원 선거에서 부여군 인민위원회 위원장 출신인 이호철을 누르고 제헌의원에 당선되었다.[110]

논산군의 경우는 부여군보다 유지집단의 활동역량(정치적 자원과 네트워크)이 강력했으므로 여러 계통의 우익단체들이 조직되는 등 상대적으로

110) 부여군의 제헌의회 선거는 독촉 회장과 부회장 출신이 갑구와 을구에서 동반 당선되는 것으로 막을 내렸다.

활발한 활동을 펼친 편이었다. 위의 자료에 따르면, 독촉 논산협의회와 청년회는 고적대를 앞세우고 각 면을 돌면서 시국강연, 삐라 살포, 기초 군사훈련 등을 전개했다고 한다. 독촉 논산협의회 회장이었던 윤행중은 일제시기 상업활동(명태 도매업 등)을 통해 거부를 축적한 인물인데,[111] 독촉계 논산청년회 회장이었던 김종실은 그의 수하(심부름꾼)였으며, 부회장인 임순식은 그의 사위, 논산부녀회 회장인 유계순(전직 교사)은 그의 처였다고 한다. 하지만 당시 논산에서 가장 활동적인 우익인사는 육완국(의사 출신)이었다. 그는 강경 호남병원 원장인 정진국의 사위로서 전쟁 후 도의원을 역임했는데, 그의 '물주(후견인)'는 성동면 대지주 尹夔炳(1932년 현재 248정보 소유, 일제시기 면협의원 등 다수 공직 역임)이었다. 『忠南地域特別調査報告書』는 우익단체 간부를 소개할 때, 학력·경력과 더불어 특별히 기독교인(교회 지도자)인가 아닌가를 밝히고 있는데, 그 이유는 공주 영명학교 출신들이 충남도청(도지사 黃仁植)의 요직과 각군 군수직을 거의 독식한 상태였기 때문이다.[112] 논산군의 거물 유지인 윤길중, 박재신, 강영식, 배영춘 등은 과거의 친일 경력(도의원 등 역임) 때문에 직접 정치 일선에 나설 수는 없었으나, 윤기병처럼 막후에서 뒷돈을 대는 등 그 나름의 활동을 지속하고 있었다고 한다. 논산지역의 우익단체 활동가들은 도의원급의 거물 유지는 아니나 일제시기부터 상당한 '유지기반'을 축적하고 있었던 인물들이었다. 독촉 논산협의회 선전부장인 박창래는 1938년 4월 동아일보 논산 지국장을,[113] 조직부장 윤정은 신문기자를 역임했던 인물이다.

111) 윤행중은 감리교 계통의 교회 지도자(장로)였다. 전쟁 전 논산읍장을 역임했던 윤행중은 전쟁 이후 민의원 선거에 출마했으나 낙선했다. 당시 논산지역에서는 '더 믿어라, 윤행중'이라는 말이 유행했었다고 한다.

112) 하지중장의 정치비서였던 윌리암스 중령은 영명학교 설립자인 윌리암스 목사의 아들로서, 공주에서 태어나 17세까지 공주에서 생활했다.(졸고, 「서덕순 사례연구」 참조) 『忠南地域特別調査報告書』(1945. 3.)에 따르면, 독립촉성 충남지부의 회장인 南天祐도 공주 영명학교(감리교계 학교) 출신이었다고 한다. 윤행중, 임순식, 이보형(부친이 목사였다고 함) 등도 감리교 계통의 교회 지도자였다.

2) 혁신청년집단과 좌익정치활동

부여군의 좌익정치활동은 이호철, 강성구, 오기영, 田泳哲 등 대부분 '협의회사건' 관련자들이 주도했다. 하지만 부여의 좌익단체들은 미군정의 탄압으로 말미암아 1946년 초반경부터 약세를 면치 못했다. 『忠南地域特別調査報告書』(1945. 3.)에 따르면 부여지역의 좌익단체들은 군민 지지를 획득하지 못하고 지하활동만으로 근근이 명맥을 이어가는 형편이었다고 한다. 이 같은 상황은 이른바 '찬반탁 정국' 과정에서 더욱 심화된 것으로 보인다. 부여지역의 좌익들은 조선공산당의 지시대로 모스크바삼상회의 결정안을 총체적으로 지지하는 노선을 따랐는데, 이로 말미암아 군민들로부터 '다소간 반감'을 사기도 했다는 것이다. 위 자료에 따르면, 당시 부여군 청년동맹은 미군정의 압박으로 지하활동만 겨우 가능한 상태였으며, 농민조합도 '표면 활동'이 거의 없는 상태였다고 한다.

일제시기 부여군 내에서 좌익세가 가장 강력했던 마을은, 장암면 장하리(주요지도자: 강성구, 강일구 등),[114] 홍산면 조현리(주요 지도자: 이호철, 조병순 등),[115] 규암면 합송리(노명우, 오기영, 장창선 등), 부여면 중정리

113) 『동아일보』 1938년 4월 12일자.

114) 반제격문사건과 화성당 사건에 연루된 바 있는 姜星求 △ 야학교사로서 부여지역 사회운동에 적극 가담한 姜日求와 (崔在鳳, 그리고 △ 칠모회의 나머지 멤버인 姜秉國, 姜聖模, 姜桂求, 姜秉郁, 姜秉煥 등이었다. 게다가 협의회사건의 주모자격인 이호철(강석기의 셋째아들인 姜鎔求의 제자)을 비롯하여, 같은 사건으로 검거된 노명우, 강석갑과 이동석 등도 강석기나 강철구의 영향하에 있었던 인물이었다. 장암마을의 민족민중운동을 좀 더 구체적으로 살피려면 필자가 집필한 『부여군지』 이외에 장세옥, 1997 「일제하 부여지역 동족마을의 농민운동 연구 — 부여 장정마을을 중심으로 —」, 고려대학교 교육대학원 석사학위논문 참조.

115) 협의회 사건으로 검찰에 송치된 54명의 청년들 가운데 조현리 출신자가 무려 30명이나 되었다. 검거 당시 마을 장정들이 없어 조현리는 거의 폐농 지경이었다고 한다. 이호철은 협의회 사건 직후 전향했는데, 이는 일종의 '위장술'이

표 9. 부여군의 좌익계 정당·사회단체 현황

단체명	회원수	소재지	주요간부	학력 및 경력
부여군 인민위원회	다수	규암면	위원장 李戶喆	일본대 정경과 중퇴
			부위원장 趙榮九	
			간부 宋義淳	
			간부 金潤會	
부여청년동맹	300명	규암면	회장 玄忠得	중학졸업, 정미소경영
			부회장 李万基	중학졸업
			간부 金鍾万	
			간부 鄭泰淳	
			간부 金在悳	
			간부 許植	
			간부 姜秉一	
부여군 농민조합	각 면 대부분	규암면	위원장 閔泳曾	
			부위원장 尹正大	
			총부부장 李祐植	
			간부 宋完成	

『忠南地域特別調査報告書』(1945. 3.)[중앙일보 현대사연구소, 1996 『美軍CIC情報報告書(Ⅰ)』 所收] 참조 작성. 전국인민대표자대회 참여자는 宋義淳, 趙榮九, 李戶喆 등이었다.

(유기섭, 유인성, 유인철, 최상은) 등이었다. 이들 마을은 공통적으로 혁신청년 주도의 야학운동이 활발했던 곳이었다. 일제시기 부여군에는 18개(실제는 더 많았을 것이다)의 크고 작은 야학이 존재했는데, 이를 주도했던 혁신청년들은 전시총동원정책이 실시되는 상황 속에서도 경조사 참여 등 다양한 '관계 맺기'를 통해서 '해방' 무렵까지 자신들 나름의 네트워크를 유지하고 있었다고 한다. 회고에 따르면, 해방 공간에서 맹활약한 좌익청년들은 대부분 야학교사(지도자)였던 혁신청년들과 '사제관계'를 맺었던 이들이

었다고 한다. 대종교운동에도 깊이 관여했던 이호철은 제헌의원 선거에서 낙선했으나 한국전쟁 직후에 실시된 지방자치 선거에서 도의원에 당선되었다.

었다고 한다.[116] 이런 사정은 논산군의 경우도 마찬가지였다.

논산군 인민위원회는 1945년 10월경 '군청 접수'를 시도하는 등 상당히 활발한 활동을 전개하였다. 특히 논산지역의 혁신청년인 權寧珉, 愼杓晟,[117] 趙重滾[118] 등은 도 단위 활동에서도 두각을 나타냈다.[119] 논산군 인민위원회 위원장인 尹希重(1930년대 초반, 논 271정보, 밭 38정보, 기타 27정보 소유)은[120] 일제시기 조선중앙일보 전무역을 수행하기도 한 인물로서, 조동순

116) 졸고, 1990「일제하 함안지역의 민중운동」『민족지평』2호, 참조. 함안지역의 중심 활동가였던 안창준 씨의 회고에 따르면, 인민위원회, 농민조합, 청년동맹 등에서 활동한 젊은이들은 대부분 함안농조 조합원이었거나 농조에서 운영했던 동리 야학의 학생들이었다고 한다.(위의 논문, 228면 참조)

117) 신표성은 1920년대 초반부터 서울청년회, 경성노동회, 전진회 등에 관계한 인물로서 1925년 1월 군산청년회, 군산노동연맹회 등이 주최한 '레닌 추도 강연회'에서「조선 농촌에서 본 레닌」이라는 강연을 했을 정도로 나름대로 이론적 수준이 있는 마르크스레닌주의자였다. 신표성은 1926년 2월경부터 조선공산당 대전야체이카의 책임자로 활동하다가 1928년 2월 제4차 조선공산당사건, 1932년 6월 양촌면 적기 시위사건으로 검거 투옥되기도 했다. 신표성은 1944년 건국동맹 충남북지부 책임자로 활동하였으며, 해방 이후에는 충남도인민위원회(부위원장), 민주주의민족전선(중앙위원, 충남지부 기획부장) 등에서 활동하였다. 그는 남로당 간부로 활동하다가 1947년 10월 체포되어 취조를 받던 중 사망했다.

118) 조중곤은 일본유학(日本大) 이후 1927년 조선공산당에 입당한 뒤『제3전선』편집위원, 조선프롤레타리아예술동맹(KAPF) 중앙집행위원, 신간회 동경지회 회원 등으로 활동하다가 1928년 제4차 조선공산당사건 때 검거되어 실형을 살았다.(1930년 3월 출옥) 해방 이후 충남도 인민위원회, 전국농민조합총연맹 충남도 위원 등을 역임하였으며 1948년 8월 해주에서 열린 남조선인민대표자대회에서 제1기 최고인민회의 대의원으로 선출되었다.

119) 회고에 따르면, 한국전쟁 시기까지 공주를 포함한 충남 남부지역 좌익운동의 중심지는 '논산', 특히 양촌면과 성동면이었다고 한다. 양촌면은 일제시기부터 혁신청년운동(적기시위 및 소작계사건 발원지)이 강력했던 곳이었다.

120) 윤희중은 일제시기 조선중앙일보의 전무를 역임했을 뿐만 아니라(여운형계 인물이었다고 한다) 이문당, 논산곡자회사, 동아상사, 주식회사 삼환 등에 많은 자본을 투자하기도 했다. 일제시기 尹希重은 趙東珣과 함께 자기 집에 노

(초대 논산군 인민위원회 위원장),[121] 신표성 등과 긴밀한 관계를 유지했던 인물이었다. 당시 인민위원회 부위원장이었던 서홍선은 일제 말기 가야곡면 면장(군산부협의원) 등을 역임한 인물로서, '군청 접수'를 진두지휘하는 등의 활약상을 보였다고 한다. 논산군의 좌익계 정치활동을 지도한 또 다른 지도자는 논산읍 인민위원회 위원장이었던 곽해봉이었다. 곽해봉은 논산 출신은 아니었으나 1930년대 초반 논산읍에 병원(천성당병원)을 설립한 후, 딱한 처지의 사람들을 무료로 치료해 주는 등 상당한 인심을 얻은 인물이었다.[122] 양촌면과 더불어 논산의 '모스크바'라 불렸던 성동면의 주요 활동가는, 일제시기부터 조동순, 신표성 등과 동지적 관계를 맺고 있었던 소철영(성동농민회 간부),[123] 소진봉(야학 활동),[124] 조남석(사상정화 대상자) 등이었다.[125]

앞의 『충남정세조사보고』에 따르면 논산군 인민위원회는, '행동이 대체

동아학회를 설립하기도 했다.(『조선일보』 1923년 10년 16일자) 「長安 甲富 秋收 調査」(『삼천리』 제8권, 1936년 1월호)라는 글에 따르면, 1936년 당시 경성에 거주했던 윤희중의 소작료 수입은 대략 1,200석 정도였다고 한다.

121) 회고에 따르면, 초대 논산군 인민위원회 위원장인 조동순은 윤희중과 처남매부 간이었으며 신표성은 그와 동문 수학(대전 기성면 평촌리 이현산의 훈학)한 사이였다고 한다.

122) 곽해봉은 전쟁시기 입산투쟁을 하다 체포되어 사형에 처해졌다고 한다. 회고에 따르면 그가 체포되어 논산으로 끌려왔을 때 많은 이들이 그의 처지를 동정하여 선처를 호소하였다고 한다.

123) 『중외일보』 1927년 11월 4일자. 蘇喆永(혜화전문 출신)은 일제시기 자신의 고향(성동면 개척리)에서 농민회와 야학을 조직하는 활동을 전개했다.(『동아일보』 1929년 1월 12일자)

124) 소진봉은 소철영과 당질간이다. 소진봉은 조중곤의 뒤를 이어 논산군 농민조합장을 역임하였다. 그는 전쟁 후 두 아들과 함께 월북했다고 한다.

125) 성동면 개척리 출신 대지주 趙煥九(1932년 현재 132정보 소유, 면장 역임)는 일제시기 집안 청년 교육을 위해 家塾(소두형의 훈학)을 열었을 뿐만 아니라 동네의 무산아동 교육을 위해 '성동면 학원'을 설립하기도 했다.(1928년) 성동면 개척리 출신의 좌익 활동가들은 대부분 이런 분위기 가운데서 성장한 진주 소씨와 풍양 조씨가의 청년들이었다.

표 10. 논산군의 좌익계 정당·사회단체 현황

단체명	회원수	소재지	주요간부	연령	학력 및 경력
논산인민위원회		논산읍	위원장 尹希重	45	한학, 지주
			부위원장 徐鴻善	44	중학, 前군산부회의원
			부위원장 尹漢炳	40	한학, 약종상
			총무부장 趙東珣	41	한학, 양조업
			조직부장 金寅鎮	32	소학, 공산주의자
			선전부장 裵榮喆	40	중학, 前忠盟團 상무이사, 잡지 『내선일체』 기자
논산읍인민위원회		논산읍	위원장 郭海鳳	45	전문학교, 의사
			부위원장 朴順哲	38	소학, 전기회사 수금원
			총무부장 金鍾喆	47	한학, 前중선일보 지국장
			선전부장 兪萬濬	35	중학, 중선임업회사 사원
논산읍합동노동조합	60	논산읍	조합장 朴鍾夏	45	농업, 중학졸
			부조합장 高興三	63	소학, 驛什長
			총무부장 朴長吉		사임
			선전부장 羅承斗	27	중학, 前순사
			조직부장 李奎先	43	소학, 인쇄직공
논산농민조합	각 면 대부분	논산읍	조합장 趙重滾	41	소학, 공산주의자
			부조합장 黃益善	41	소학, 농업
			총무부장 李判金	38	한학, 농업
			조직부장 張宗鉉	42	소학, 농업
			선전부장 趙漢哲	36	중학, 무직
논산청년동맹		논산읍	위원장 崔元洛	37	중학, 만주 진출 회사원
			총부부장 黃甫益	28	소학, 농업
			선전부장 朴鳳鵬	34	소학, 농업
			조직부장 黃圭煥	31	소학, 무직
논산부녀동맹		논산읍	위원장 鄭玉景	38	소학, 산파
			총무부장 南珍熙	40	소학, 산파
			교화부장 徐 杉	32	소학, 산파
			조직부장 朴南紅	30	소학, 가정부인
			선전부장 朴敦順	29	소학, 가정부인

표 10. 계속

단체명	회원수	소재지	주요간부	연령	학력 및 경력
논산응징사동맹	30	논산읍	위원장 沈宜淳	48	소학, 한학, 군청
			부위원장 池判永	32	소학, 점원
			부위원장 金鍾文	33	소학, 과자상
			총무부장 姜鎬錫	34	소학, 상업
			조직부장 黃一成	40	소학, 무직
			선전부장 姜孟熙	35	소학, 상업
논산국군준비대	40	논산읍	위원장 趙東珣	41	한학, 양조업
			부위원장 郭海鳳	45	전문학교, 의사, 공산주의자
			총무부장 朴鳳鵬	34	소학, 농업
			조직부장 鄭樂信	35	중학, 무직

『忠南地域特別調査報告書』(1945. 3.)[중앙일보 현대사연구소, 1996 『美軍CIC情報報告書(Ⅰ)』 所收] 참조 작성. △ 전국인민위원회대표자대회 참여자는 徐鴻善, 徐好善, 趙東珣 △ 전국농민조합총연맹 결성대회 참여자는 張宗鉉, 黃益善, 金翊洙 △ 충남도인민위원회 참여자는 權寧珉, 愼杓晟, 趙重滚 등이었다.

적으로 불순하고 노동조합, 농민조합과 협력하여 일반인에게 테러를 쓰고, 각 면을 돌아다니며 소작료를 3·7제로 해야 한다는 등 소작인을 선동'하는 활동을 전개했다고 한다. 한가지 흥미로운 점은 위의 자료에 보이는, '幹部의 思想은 別로 無하고, 帝國主義下에 親日派들이 大部分임. 其中 共産主義者가 何人 있음'이라는 대목이다. 물론 초기 시기 좌익계 단체 간부들 가운데는 일제시기 '공직자'(예를 들면 서홍선)나 이른바 '정치 건달'들도 일부 포함되어 있었다. 하지만 이는 '통일(연합)전선'을 중시하던 시기의 과도적 현상에 불과하였다. 회고에 따르면, 조동순, 조중곤, 곽해봉, 소진봉 등은 전쟁 직전 시기까지 지속적으로 각종 지하 활동(군당 활동)을 지도했다고 한다.

6. 맺음말

본 논문에서 필자가 논증하고자 한 것은 대체로 세 가지였다. 첫째는 일제하의 유지집단과 혁신청년집단의 분화과정과 존재양태를 밝히는 것, 둘째는 유지집단과 혁신청년집단의 정치적 계선을 드러내는 것, 셋째는 해방공간의 정치활동 과정에서 양 집단이 각자 어떠한 정치활동을 전개했는가를 밝히는 것 등이 그것이다. 앞의 논의들을 바탕으로 세 가지 문제 제기에 대한 필자 나름의 결론을 요약하면 아래와 같다.

첫째, 초기청년운동의 주체인 '유지청년'들은 창립 시기부터 총독부권력과 우호적인 관계를 유지했을 뿐만 아니라 총독부권력으로부터 '郡民 代表' 자격을 부여받기도 했다. '유지청년'과 '혁신청년(민중청년·좌익청년)' 사이에 정치적 계선이 형성되기 시작한 것은 1920년대 중반 무렵부터였다. 이때부터 상당수의 유지청년들은 지방유지로서의 半공식적인 지위를 '공인'받은 가운데 군면 단위 '관료-유지 지배체제'를 매개로 활발한 공직활동을 전개했으며, 혁신청년들은 그와는 반대로 청년총동맹, 농민총동맹과 같은 전국 규모 조직과의 연계를 강화하는 가운데 다양한 형태와 내용의 지역사회운동을 주도하였다. 특히 1930년대 초반 신간회(삼총) 해소투쟁을 경과하면서, 양 집단은 여러 사안을 둘러싸고 뚜렷한 정치적 입장 차이를 보였다.

둘째, 유지집단과 혁신청년집단의 정치적 계선은, 소작쟁의나 조직 농민운동, 각종 민원·진정 활동, 사상선도 활동 과정에서 더욱 극명히 드러났다. 특히 소작쟁의와 조직 농민운동은 양 집단 사이에 존재한 정치적 계선의 실재를 보여 주는 대표적인 증거라 할 수 있다. 양 집단 사이에 존재한 정치적 계선은 군면 단위 '관료-유지 지배체제'를 매개로 실행된 사상선도 활동을 통해서도 그 실상을 엿볼 수 있다. 상당수의 농가갱생 성공사례가 유지들의 선처와 후원을 통해 '만들어진 것'이었듯이, 사상선도 활동도 유지들의 참여와 후원 가운데서 이루어졌다.

셋째, 유지집단과 혁신청년집단은 해방공간에서도 서로 다른 정치노선을 걸었다. 즉 일제시기의 유지집단은 우익(독촉)계 단체의 중심역할을 담당했음에 반해, 혁신청년집단은 좌익계 단체의 중심 역할을 수행했다. 해방 직후 시기 양 집단이 일시적으로 연대한 사례도 없지 않으나, 이들 사이에 존재한 정치적 계선은 '찬·반탁 정국'을 경과하면서 더욱더 극명한 형태로 드러나기 시작했다. 하지만 농지개혁과 한국전쟁을 경과하면서 양 집단 사이에 존재했던 정치적 계선은 현실 정치적인 의미를 상실한 채 급속히 소멸되고 말았다. 부여 논산지역의 좌익활동가들은 전쟁을 거치면서 대부분 사망했거나 월북했다고 한다.

최근 '이항대립적 역사인식' 극복을 표방하며 기존의 日帝時代史像을 해체하려는 시도가 한창이다. 이른바 '협력론', '식민지 공공성론', '식민지 근대성론'(식민지조합주의론) 등은 이러한 경향을 반영한 대표적인 '담론'들이라 할 수 있다. 하지만 역편향을 경계하지 않는 경우, 이 같은 담론들은 일제시대사 인식을 온통 잿빛으로 만들 가능성도 적지 않다. 이런 잿빛 인식이 횡행할 경우, 친일파 청산은 물론이고 사회정의를 실현하기 위한 정치적 실천의 방향도 애매모호해질 수밖에 없다. 물론 일제시기 지방유지들이 정치사회활동을 친일·반일이라는 단순 잣대에 의거해 재단하려 해서는 안 된다. 시기와 지역과 사안에 따라 지방유지집단의 정치사회활동 내용이나 의미는 각기 달랐을 수 있다. 하지만 사회정의를 실현하려면 '直의 원칙'에 근거한 褒貶이 마땅히 실천되어야 하며 이를 위해서는 이들의 정치사회활동에 대한 엄밀한 평가가 뒤따라야 한다. 왜냐하면 공동체의 현재와 미래에 대한 희망은 '진보에 대한 막연한 신념'보다 '정의에 대한 믿음'을 통해 더 튼실히 싹틀 수 있다고 믿기 때문이다.[126)]

---

126) 졸고, 2005 「(시론) 과거는 짐이자 힘이다」『역사와 현실』 57 참조.

참고문헌

『東亞日報』(1920~1940), 『中外日報』(1926~1931), 『中央日報』(1931~1933), 『朝鮮中央日報』(1933~1936).

藤村德一, 『朝鮮公職者名鑑』, 朝鮮圖書刊行會, 1927.

『忠淸南道道勢一斑』 各年版(1928, 1933, 1935, 1936, 1937, 1938).

「忠南道下の思想概況竝同道論山・夫餘・靑陽・禮山及唐津郡各思想善導機關の活動狀況」 [高等法院檢事局思想部, 『思想彙報』 第9號(昭和十一年 十二月)].

『忠南地域特別調査報告書』(1945. 3.) [중앙일보 현대사연구소 편, 『美軍CIC情報報告書(Ⅰ)』 1996, 所收].

並木眞人, 1993 「植民地期朝鮮人の政治參加について」 『朝鮮史硏究會論文集』 31.

金翼漢, 1996 『植民地期朝鮮における地方支配體制の構築過程と農村社會變動』, 東京大學校大學院人文社會系硏究科東アジア歷史社會專門分野 博士學位論文.

최봉대, 1998 「농지개혁 이후 농촌사회의 정치적 지배집단의 형성 — 1950년대 경기도 용인군 관내 면의원 및 면장 충원실태 분석을 중심으로」 『1950년대 남북한의 선택과 굴절』, 역사비평사.

松本武祝, 1998 『植民地權力と朝鮮農民』 社會評論社.

辻洪範, 1999 「植民地期實力養成運動における連續と轉換 — 載寧靑年會幹部の地域有力者層による活動(1920~1927) —」 『朝鮮史硏究會論文集』第37號.

신기욱, 2001 「식민지의 사회운동과 역사변동」 석현호・유석춘 공편, 「현대 한국사회성격논쟁 — 식민지, 계급, 인격윤리 —」, 전통과 현대.

鄭然泰, 2003 「조선말 일제하 자산가형 지방유지의 성장추구와 이해관계의 중층성」 『韓國文化』 31호.

부여군지편찬위원회, 2003 『부여의 역사』.

板垣龍太, 2003 「植民地期朝鮮の地域社會における<有志>の動向 — 慶北尙州の支配構造の變容と持續」 『東アジア近代史』 第6號.

김영희, 2003 『일제시대 농촌통제정책 연구』, 경인문화사.

윤해동, 2003 「식민지 인식의 회색지대 — 일제하 공공성과 규율권력」 『(한국의 근대성과 식민주의 비판) 식민지의 회색지대』, 역사비평사.

김동명, 2004 「이념과 현실 — 조선인과 일본인의 관료복무」 『일제 강점기 한국인의 삶과 민족운동』, 한일관계사연구논집 편찬위원회 편, 경인문화사.

정연태, 2005「日帝の地域支配開發と植民地的近代性 ― 浦口商業都市江景地域の事例」『近代交流史と相互認識Ⅱ ― 日帝支配期』, 宮嶋博史・金容德 編, 慶應義塾大學出版會.

松本武祝, 2005『朝鮮農村の<植民地近代>經驗』, 社會評論社.

논산시지편찬위원회,『논산의 역사』(발간 예정).

찾아보기

ㄱ

ㄷ

ㄹ

ㅁ

ㅂ

ㅅ

ㅇ

ㅊ

ㅋ

ㅌ

ㅍ

ㅎ

Abstract

Modern Society and Culture in Korea III

Colonial Modernity and Korean Reaction in the 1920s and 1930s

Tae-Eok Kwon, Kyu-Young Chung, Woo-Yong Chun,
Keong-Il Kim, Young-Mi Kim, Soong-Gyo Chung,
Dae-Won Yoon, Sang-Tae Kim, and Su-Gol Ji

This book is composed of joint research on the colonial modernity in Korea and the reactions of the Korean people during the 1920s and 1930s. The book consists of the following nine themes.

① The Japanese Colonial Authorities' Policy of Assimilation (同化政策論; Japanese: *dōka seisakuron*; Korean: *donghwa jeongchaeknon*) in the 1920s and 1930s

The present study examines the Japanese colonial authorities' policy of assimilation in the 1920s and the 1930s, respectively. In the 1920s, the colonial authorities implemented a gradual policy of assimilation that, under the motto of the "harmonization of Japan and Korea" (日鮮融和; Japanese: *Nissen yūwa*; Korean: *Ilseon yunghwa*), claimed that Japan and Korea were to be harmonized with one another on an equal footing. In the 1930s, they sought to inculcate the Korean peasantry with Japan's state ideology of Shintoism (國家神道; Japanese: *Kokka Shintō*; Korean: *Gukga Sindo*) by implementing the policy of the cultivation of the mind-field (心田 開發; Japanese: *shinden kaihatsu*; Korean: *simjeon gaebal*).

② The '1 *myeon* (面) - 1 *Botong-Hakgyo* (普通學校) plan' and the Korean primary education system, 1928-1936

This paper investigates how Korean primary education changed with the execution of the '1 *myeon* (面) - 1 *Botong-Hakgyo* (普通學校) plan' of the Japanese Colonial Government. As a result of the plan, at least one public primary school had been established in each Korean *myeon* (面) by 1936. However, the rate of enrollment was still under 30% nationwide and the number of years required for primary school education was shortened to four. Moreover, in the primary school education system, vocational subjects and teaching, especially agricultural practices, were stressed the most. In essence, the Korean primary education of this period seemed to have returned to the 'Simple and Practical Education' (簡易實用教育) system of the 1910s.

③ The World of Professionals Living in Seoul during the Japanese Colonial Era, 1910-1930

The present study explores the world of professionals residing in Seoul from the 1910s to the early 1930s in terms of changes in the classification of professions, professional regulations, actual employment and unemployment, and professional circumstances and organizations. It concludes that while the traditional view of professions, as represented by the four classes (士農工商: literati, peasants, artisans, merchants; Chinese: *shi-nong-gong-shang*; Korean: *sa-nong-gong-sang*; Japanese: *shi-nō-kō-shō*), was dissolved in the process of colonization and a new group of professions emerged in conjunction with modern education, the world of professions as a whole was strictly controlled by there gulations established by the colonial power.

④ Urban Problems and the Residents' Movement (住民運動; Japanese: *jūmin undō*; Korean: *jumin undong*) in Seoul in the 1920s and 1930s

The present study examines the urban problems and the consequent residents' movement in Seoul during the 1920s and 1930s. With an increase in its population, contemporary Seoul saw the rise of such urban problems as a lack of housing, traffic congestion, water shortages and insanitation. This study microscopically explores the Korean response to colonial modernity by way of the people's reaction to urban problems such as these and of their formation of residents' organizations.

⑤ The "New Women" (新女性; Japanese: *Shinjosei*; Korean: *Sinnyeoseong*) and Socialism in Korea during the 1920s and 1930s

This study examines the "new women" and the advent of socialism in Korea, both of which arose in the 1920s to 1930s, with a particular focus on the socialist women's movement that was likewise initiated in the 1920s. It concludes that while the socialist women's movement, like the liberal women's movement before it, may have demanded the overthrow of traditional customs, it failed to resolve problems unique to colonial women due to its strict adherence to class reductionism.

⑥ Confucian Intellectuals' Understanding of "Modernity" and "Coloniality" in the Early 1920s

This analysis explores the understanding of "coloniality" and "modernity" held by the Confucian intellectuals of Korea in the early 1920s, with a primary focus on Bak Eun-sik (朴殷植) and Seol Tae-hui (薛泰熙). It argues that these intellectuals, spurred by the trend of idealism, were able to reexamine both Confucianism and modernity in the early 1920s and, by linking the two through this reinterpretation, came to propose a kind of Confucian utopianism. The present study concludes that this new ideological perspective was the final stage in a process of connecting Confucianism and modernity that had actually begun in the 19th century with the "Eastern way, Western matter" (東道西器; Korean: *Dongdo Seogi*) notion.

⑦ The "New Intellectuals"' (新知識人; Japanese: *Shinchishikijin*; Korean: *Sinjisigin*) Understanding of "Modernity" and "Coloniality" in the 1920s and 1930s

This study explores the understanding of "coloniality" and "modernity" held by the "new intellectuals" of Korea in the 1920s and 1930s, with a focus on their self-government movement (自治運動; Japanese: *jichi undō*; Korean: *jachi undong*). Here, the "new intellectuals" are classified in to right-wing nationalists, left-wing nationalists and socialists, and the differences between their respective views of modernity are analyzed. The conclusion is that the right-wing nationalists equated capitalist development with modernity and therefore had a positive view of the latter, where as the left-wing nationalists and socialists saw modernity as a "liberation" that negated their colonial reality.

⑧ The Ideological Trends of Korean Protestant Intellectuals in the 1930s
The present study examines the ideological trends of Korean Protestant intellectuals in the 1930s, with a focus on the careers and ideologies of members of the Positive Faith League (積極信仰團; Japanese: *Sekkyoku Shinkōdan*; Korean: *Jeokgeuk Sinangdan*). The Positive Faith League was founded in Seoul in the 1930s by Korean members of the Presbyterian and Methodist churches and of the YMCA. By exploring the ideologies and praxes of these figures, this study elucidates the vision of colonial modernity that was held by Korean Protestants.

⑨ Local Leaders (有志集團; Japanese: *yūshi shūdan*; Korean: *jiyeok yuji*) and Innovative Youth Groups (革新青年集團; Japanese: *kakushin seinen shūdan*; Korean: *hyeoksin cheongnyeon jipdan*) in Buyeo (扶餘) and Nonsan County (論山郡; Korean: *Nonsan-gun*) in South Chungcheong Province (忠淸南道; Korean: *Chungcheong-namdo*) during the Japanese Colonial Period
This study explores the confrontation between local leaders and innovative youth groups during the Japanese colonial era, with the cases of Buyeo and Nonsan County in South Chungcheong Province cited as examples. It first examines the formation of local leaders and innovative youth groups, then explores these groups' respective political activities in terms of the peasants' movement (農民運動; Japanese: *nōmin undō*; Korean: *nongmin undong*) and tenancy disputes (小作爭議; Japanese: *kosaku sōgi*; Korean: *sojak jaeng'eui*), petitions of the populace and ideological guidance. The study concludes by stating that the local society of Korea (地域社會: Japanese: *chiiki shakai*; Korean: *jiyeok sahoe*), under a colonial ruling system dominated by bureaucrats and local leaders, came to be divided by generation and ideology, and that such division continued into regional politics even after the Liberation.

필자소개(논문게재순)

권태억(서울대학교 국사학과 명예교수)
정규영(청주교육대학교 교수)
전우용(한양대학교 동아시아문화연구소 연구교수)
김경일(한국학중앙연구원 사회학과 교수)
김영미(국민대학교 연구교수)
정숭교(친일반민족행위자재산조사위원회)
윤대원(규장각한국학연구원 HK연구교수)
김상태(서울대학교병원 병원역사문화센터 교수)
지수걸(공주대학교 역사교육과 교수)

서울大學校 奎章閣韓國學硏究院 韓國學共同硏究叢書 12

한국 근대사회와 문화 III

—1920 · 1930년대 '식민지적 근대'와 한국인의 대응—

편자 서울대학교 규장각한국학연구원

2007년 12월 31일 초판 제1쇄 발행
2016년 10월 30일 초판 제3쇄 발행

발행인 성낙인
발행처 서울대학교출판문화원
(08826) 서울 관악구 관악로 1
마케팅팀 (02) 889-4424, 880-7995
Fax (02) 888-4148

E-mail snubook@snu.ac.kr
Home-page http://www.snupress.com

출판등록 제15-3호

ISBN 978-89-521-1874-5 93300

2008년 대한민국학술원 우수학술도서

서울대학교 규장각한국학연구원 한국학공동연구총서

한반도와 만주의 역사 문화
이병근, 정인호, 권재일, 서대석, 김시준, 노태돈, 송기호

한국병합의 불법성 연구
이태진, 김기석, 백충현, 이근관, 신효숙, 이용권

한국 근대사회와 문화 I: 19세기 말에서 20세기 초를 중심으로
이병근, 송기중, 권영민, 한철호, 배항섭, 이윤상, 도면회, 왕현종, 노대환, 김종서, 류방란, 권태억

역주 증수무원록언해
송철의, 이현희, 장윤희, 황문환

한국 근대사회와 문화 II: 1910년대 식민통치정책과 한국사회의 변화
권태억, 박명규, 정연태, 마쓰다 도시히코, 이윤상, 김상태, 도면회, 오성철, 조재곤, 신동원

한국 근대 초기의 언어와 문학
이병근, 송철의, 정승철, 임주탁, 류양선

역주 오륜행실도
송철의, 이현희, 장윤희, 황문환

전통 구비문학과 근대 공연예술 I: 연구편
서대석, 손태도, 정충권

전통 구비문학과 근대 공연예술 II: 자료편—『매일신보』 소재 자료
서대석, 손태도, 정충권

전통 구비문학과 근대 공연예술 III: 자료편—면담·작품·사진 자료
서대석, 손태도, 정충권

일제 식민지 시기 한국의 언어와 문학

이병근, 송철의, 정승철, 이종묵, 임주탁, 류양선

일제 식민지 시기의 어휘: 어휘를 통해 본 문물의 수용 양상

송철의, 이현희, 이용, 양정호, 서형국, 이지영

한국 근대사회와 문화 III: 1920 · 1930년대 '식민지적 근대'와 한국인의 대응

권태억, 정규영, 전우용, 김경일, 김영미, 정숭교, 윤대원, 김상태, 지수걸